刑事訴訟法
第7版

寺崎嘉博・長沼範良・田中 開 [著]

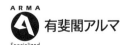

第7版はしがき

　本書の初版は2001年に出た。当時，執筆者3人全員が司法試験考査委員だったので，多くの受験生が読者になってくれた。その勢いが二十数年後の今日まで続くとは思いもしなかった（「本書で勉強したら合格した」という声を多く聞く）。厚顔の中年男は老眼の高齢者となり，3人ともに大学を退職した。とは言え，まだまだ3人とも矍鑠としており，意気軒昂である。老骨に鞭打って，第7版の執筆に当たった。

　昨年の法改正（令和5年法律28号，同66号）では，刑事訴訟法に関する改正や新設がきわめて多くの条数に及んでいる（なお，第7版には，第6版刊行後の令和4年法律67号による改正も含む）。第7版では，以下のような改訂をした。

　①（逮捕，勾留，起訴，記録閲覧等の各段階での）犯罪被害者等の情報保護，被告人の公判期日への出頭確保（監督者制度や報告命令制度の創設，判決宣告後の出頭の義務付け等），国外逃亡の抑止（GPS装着，出国制限制度の創設等）等を説明し，②新しい判例を紹介し（『刑事訴訟法判例百選』第11版の判例番号も付けた），③統計上の数字などを見直して，④読者が理解しやすいように，記述・表現や説明の仕方を工夫した。

　初版時の担当者・神田裕司氏が，今回，第7版の編集を担当してくれた（初版当時はまだ不惑前だった同氏も定年で退職し，継続雇用になっている。時の移ろいを実感する）。私たち3人から，最後に，神田氏に厚く御礼を申し述べたい。

　　2024年10月　　　　　　　　　　　　　　　執筆者一同

初版はしがき

この10年ほどに限っても，刑事訴訟法の分野で，いくつかの大きな動きが見られる。例えば，被疑者段階での弁護の充実をはかろうという趣旨から，当番弁護士制度が生まれ，1992（平成4）年には，全国的に確立した。国選弁護人を被疑者にも保障しようという動きもある。

また，犯罪が組織化・密行化している現状に対処するため，1999（平成11）年には，「犯罪捜査のための通信傍受に関する法律」が成立し，関連する法改正が行われた。

さらに，犯罪被害者を保護・支援しようという意識の高まりを背景に，さまざまな法的措置もとられている。2000（平成12）年には，「犯罪被害者等の保護を図るための刑事手続に付随する措置に関する法律」が成立し，これに関連した，刑訴法などの改正が行われた。

この『刑事訴訟法（アルマシリーズS）』は，当然のことながら，これらの動きも視野にいれて，刑事訴訟法の概略をわかりやすく述べたものである。

本書では，ある程度すでに刑事訴訟法を学習してきて，さて，もう少し詳しく勉強しようかなという人たちだけでなく，はじめて刑事訴訟法を学ぼうとする人たちも読者として想定している。そこで，初学者にも理解できるように，分かりやすく説明するという基本的姿勢をとっている。文章も，できるだけやさしく，あまり難しい言葉や漢字は使わないように，心がけた。また，理解を助けるために，図解や表を用いている。さらに，さまざまな考え方や用語・概念などは，できる限り刑事訴訟法の条文から説き起こすように努めた。刑事訴訟法の学習に当たっては，まず条文を理解することが大切だと考えているからである。

同時に，コンパクトな作りにしては，基本書として十分に活用できる内容になっているものと自負している。コンパクトな教科書ではあるも

のの，本書では，重要な項目は必ず論じる，という姿勢でのぞんだ。

　このような特徴をもっているので，大学での講義のテキストとしてはもちろんのこと，読者がひとりで刑事訴訟法を学ぶときにも，本書は役に立つと思う。司法試験をはじめ，各種の資格試験などの参考書としても，十分に活用できると考えている。

　本書は，執筆者3人が，それぞれ分担箇所を独自に執筆したものではあるが，それらの原稿を3人が読み，何度も会って議論をし，意見を交換して修正を重ねたものである。最初の文章がほとんどなくなるほどに修正された箇所さえある。

　各箇所の執筆者が文責を負うのはもちろんである。しかし，3人の考えがお互いに影響を与えているのであって，それぞれが主張を貫き独自の見解に固執するのではなく，よい意味での妥協をしているといってよい。しかも，3人の基本的な立場は，ほぼ共通しているので，読者は，単独の執筆者の著書と同じく，とりたてて不都合を感じることなく読み進み，そして，本書の内容をよく理解することができるのではないだろうか。

　本書を読んだあと，「刑事訴訟法がよくわかった」と，読者が言ってくれることを願っている。

　なお，本書では，参考とした多くの教科書・論文等を個別に示すことはできなかった。この点，先輩や友人のご理解とご海容をお願いする次第である。

　最後になったが，本書の作成に当たって，有斐閣の神田裕司さん，赤羽一博さん，五月女謙一さんには，ご迷惑をおかけし，また，ひとかたならずお世話になった。私たち3人から厚くお礼を申し上げたい。

　2001年7月

執筆者一同

著者紹介（執筆順，[ ] 内は執筆箇所）

長沼　範良　[**序章，第1章，第5章，第7章，第8章**]
（ながぬま　のりよし）

　1955 年　生まれ
　1978 年　東京大学法学部卒業
　元成蹊大学教授
　主要著作
　　「公訴時効の起算点」松尾浩也先生古稀祝賀論文集（下巻）（1998 年，
　　　有斐閣）
　　『演習刑事訴訟法』（共著，2005 年，有斐閣）
　　『刑事法演習（第2版）』（平川宗信らと共著，2008 年，有斐閣）

田中　開　[**第2章**]
（たなか　ひらく）

　1954 年　生まれ
　1977 年　東京大学法学部卒業
　現　在　法政大学名誉教授・弁護士
　主要著作
　　「警察に対する不服申立て及び懲戒の制度」内藤謙先生古稀祝賀・刑事
　　　法学の現代的状況（1994 年，有斐閣）
　　「アメリカにおける銃器規制」松尾浩也先生古稀祝賀論文集（上巻）
　　　（1998 年，有斐閣）
　　「『ビッグデータ時代』における位置情報の収集と連邦憲法修正4条」
　　　井上正仁先生古稀祝賀論文集（2019 年，有斐閣）

寺崎　嘉博　[**第3章・第4章・第6章**]
（てらさき　よしひろ）

　1951 年　生まれ
　1976 年　北海道大学法学部卒業
　現　在　弁護士，博士（法学・北海道大学）
　主要著作
　　山口厚ほか編『寺崎嘉博先生古稀祝賀論文集［下巻］』（2021 年，成文
　　　堂）「主要著作目録」所載の著書・論文等
　　「証拠法における『正統性（Legitimität）』について」早稲田大学法学
　　　会百周年記念論文集　第3巻（2022 年，成文堂）

凡　例

法令の略語

　刑事訴訟法の条文は原則として条数のみ示し，刑事訴訟規則の条文は「規」と略記した。その他は有斐閣六法の略語によった。

　本文中での略記は以下の通りである。

　　刑訴法　　　　刑事訴訟法（昭和 23 法 131）

　　刑訴規則　　　刑事訴訟規則

　　旧刑訴法　　　刑事訴訟法（大正 11 法 75）

　　旧々刑訴法　　刑事訴訟法（明治 23 法 96）

　　刑事収容法　　刑事収容施設及び被収容者等の処遇に関する法律

　　警職法　　　　警察官職務執行法

　　公害罪法　　　人の健康に係る公害犯罪の処罰に関する法律

　　裁判員法　　　裁判員の参加する刑事裁判に関する法律

　　銃刀法　　　　銃砲刀剣類所持等取締法

　　通信傍受法　　犯罪捜査のための通信傍受に関する法律

　　麻薬特例法　　国際的な協力の下に規制薬物に係る不正行為を助長す
　　　　　　　　　る行為等の防止を図るための麻薬及び向精神薬取締
　　　　　　　　　法等の特例等に関する法律

判例集・判例雑誌の略語

　　刑集　　　　　大審院刑事裁判集および最高裁判所刑事判例集

　　民集　　　　　最高裁判所民事判例集

　　裁判集刑事　　最高裁判所裁判集　刑事

　　高刑集　　　　高等裁判所刑事判例集

　　高刑裁特　　　高等裁判所刑事裁判特報

　　下刑集　　　　下級裁判所刑事裁判例集

　　刑月　　　　　刑事裁判月報

　　判時　　　　　判例時報

　　判タ　　　　　判例タイムズ

　引用判例中，刑事訴訟法判例百選［第 11 版］（2024）に掲載されたものは，その解説番号を付した。

統計資料について

　統計の数字は，主に最新の「司法統計年報」（https://www.courts.go.jp/app/files/toukei/718/012718.pdf）に依拠し，「令和 4 年における刑事事件の概況（上）」法曹時報 76 巻 2 号〔2024〕および「令和 4 年の検察事務の概況」同 75 巻 12 号〔2023〕も参照した。その他の資料に依拠した場合はサイトの URL を示したものもある。

目　次

序　章　1

1	刑事訴訟法の意義と目的 ……………………………1
2	司法制度改革 ………………………………………12

第1章　手続の関与者　15

1	刑事事件の処理 ……………………………………15
2	裁判所 ………………………………………………18
3	検察官 ………………………………………………23
4	被疑者・被告人 ……………………………………25
5	弁護人 ………………………………………………27
6	その他の関与者 ……………………………………34

第2章　捜査　39

1　捜査の概要 …………………………………………39

　　1　捜査の意義（39）　2　捜査手続の流れ（39）
　　3　捜査機関（40）　4　憲法と捜査手続（44）

2　捜査の端緒 …………………………………………45

　　1　意義・種類（45）　2　検視（46）　3　告訴・告
　　発・請求（47）　4　自首（51）　5　職務質問（52）
　　6　職務質問に伴う所持品検査（54）　7　自動車検問
　　（56）

vii

3 任意捜査と強制捜査 ·· 57

　　1 捜査の基本原則 (57)　　2 強制処分と任意処分 (59)

4 逮捕と勾留 ··· 63

　　1 意義 (63)　　2 運用状況 (64)　　3 逮捕 (64)
　　4 勾留 (74)　　5 逮捕・勾留に伴う諸問題 (83)

5 被疑者等の取調べ ·· 92

　　1 取調べと自白 (92)　　2 被疑者の取調べ (93)
　　3 第三者の取調べ (101)　　4 起訴後の取調べ (103)
　　5 他人の刑事事件についての合意 (103)

6 捜索・差押え・検証 ··· 104

　　1 概説 (104)　　2 令状による捜索・差押え・検証 (106)
　　3 令状によらない捜索・差押え・検証 (114)　　4 電磁
　　的記録の取得・保全 (118)　　5 身体検査 (121)　　6 鑑
　　定嘱託 (123)　　7 電気通信の傍受 (126)

7 捜査の限界 ·· 133

8 被疑者の防御 ··· 141

　　1 被疑者の権利 (142)　　2 接見交通と接見指定 (144)
　　3 証拠保全 (151)　　4 違法捜査に対する救済 (152)

9 捜査の終結 ·· 154

　　1 警察における処理 (154)　　2 事件送致後の捜査 (156)
　　3 検察官の事件処理 (156)

第3章　公訴　159

1 公訴提起の基本原則 ·· 159

　　1 国家訴追主義・起訴独占主義 (159)　　2 起訴裁量
　　（起訴便宜）主義 (160)　　3 不告不理の原則 (168)
　　4 起訴状一本主義 (169)

2　公訴の提起 ……………………………………………170

　　　1　公訴提起の種類（170）　　2　起訴状の提出（171）
　　　3　審判対象の設定権（172）

3　訴訟条件 ……………………………………………176

　　　1　訴訟条件とは何か（176）　　2　訴訟条件を欠く場合の
　　　処理（179）

4　起訴状の記載 ……………………………………………189

　　　1　被告人を特定する事項（190）　　2　個人特定事項の秘
　　　匿（193）　　3　公訴事実と訴因（196）　　4　罪名（203）
　　　5　その他の記載事項（204）

第4章	公判の手続　207

1　公判廷の構成 ……………………………………………207

　　　1　裁判所の構成（207）　　2　除斥・忌避（209）
　　　3　被告人の出頭（212）　　4　弁護人の出頭（213）

2　公判手続の流れ ……………………………………………216

　　　1　公判の準備（216）　　2　冒頭手続（236）　　3　証拠調
　　　べ（241）　　4　弁論（253）　　5　判決（254）
　　　6　その他の場合（255）

3　公判の諸原則 ……………………………………………257

　　　1　公判中心主義（直接主義・口頭主義）（257）　　2　迅速
　　　な・公開の裁判（258）

4　訴因の変更 ……………………………………………261

　　　1　訴因変更の手続（261）　　2　訴因変更の範囲（262）
　　　3　訴因変更命令（269）　　4　訴因の変更と訴訟条件（271）
　　　5　罪数の変化と訴因（273）

5　特別な手続 ……………………………………………275

目　次　ix

6 簡易な手続 ……………………………………………………………277

第5章 証拠法 281

1 証拠法の意義 ……………………………………………………281

　　① 証拠法とは（281）　② 証拠裁判主義（282）
　　③ 自由心証主義（283）

2 証拠と証明 ………………………………………………………286

　　① 事実認定のしくみ（286）　② 証拠の種類・性質（290）
　　③ 証明のプロセス（293）

3 被告人の供述 ……………………………………………………306

　　① 被告人の供述と自白（306）　② 自白の証拠能力（308）
　　③ 自白の証明力（317）

4 被告人以外の者の供述 …………………………………………324

　　① 供述の機会および内容（324）　② 公判期日における
　　供述（325）　③ 公判期日外の供述（伝聞法則）（327）
　　④ 共同被告人の供述（353）

5 非供述証拠 ………………………………………………………356

　　① 非供述証拠の意義と特色（356）　② 科学的証拠（359）
　　③ 違法収集証拠の排除法則（363）

第6章 実体判決と形式裁判 371

1 公判の裁判 ………………………………………………………371

　　① 判決・決定・命令（371）　② 実体判決（371）　③
　　形式裁判（376）

2 裁判の効力 ………………………………………………………378

　　① 裁判の成立とその言渡し（告知）（378）　② 裁判の確

定と確定力（380）

第7章　上訴　383

1 上訴制度 ……………………………………………383

2 控訴 …………………………………………………385

3 上告 …………………………………………………400

4 抗告 …………………………………………………404

第8章　非常救済手続　411

判例索引　417

事項索引　426

Column 目　次

序　章

刑事訴訟法の編別構成（4）

当事者主義（10）

第1章　手続の関与者

弁護人・代理人・補佐人（28）

第2章　捜査

司法警察と行政警察（41）

警察の組織・警察官の階級（42）

行政検視と司法検視（47）

告訴と被害届の違い（48）

親告罪と告訴の効力（49）

犯罪捜査規範（58）

強制処分と任意処分の区別をめぐる学説の状況（61）

捜査関係事項照会（62）

憲法との関係（63）

個人特定事項の秘匿措置（67）

「勾留の理由・必要」と「逮捕の理由・必要」（75）

一罪（一逮捕）一勾留の原則（89）

旧刑訴法との違い（96）

録音・録画制度の創設（98）

重要参考人（102）

検証としての性質を有するとされた例（105）

領置における「遺留物」（106）

差押えの対象（107）

捜索差押許可状（109）

捜索・差押えの際の写真撮影（113）

緊急捜索・差押え（117）

越境リモートアクセス（118）

電磁的記録の取得・保全に関する手続法の整備（121）

意識不明の被疑者からの無令状での採血（125）

尿の採取（125）

呼気検査（126）

通信傍受法の制定（126）

傍受の方法（127）

将来の発生犯罪の嫌疑を理由とする令状の発付（129）

暗号技術を活用する傍受の導入（131）

コントロールド・デリバリー（135）

自己負罪拒否特権と黙秘権（142）

法律上の報告義務と黙秘権（143）

面会接見・電話接見（150）

第3章　公訴

検察審査会（162）

付審判請求（準起訴）手続（164）

公訴権濫用論（164）

ウィップラッシュ傷害事件（182）

赤碕町長選挙違反事件（183）

公訴時効の本質（184）

被告人の特定（190）

訴因の予備的記載・択一的記載（203）

2項違反か3項違反か（206）

第4章　公判の手続

国外逃亡の抑制（224）

証拠開示（229）

被害者特定事項の秘匿（238）

個人特定事項の秘匿（239）

証人の保護（246）

被害者参加（251）

予審制度（258）

訴訟指揮権と法廷警察権（259）

高田事件（260）

同一罰条説，法律構成説，事実記載説（266）

第5章　証拠

関連性（287）

公訴事実，証拠により証明すべき事実，罪となるべき事実（289）

推定規定（296）

「任意」（314）

供述書・供述録取書（316）

非伝聞（330）

再伝聞（344）

DNA 分析（361）

第7章　*上訴*

一部上訴（387）

控訴審の構造（392）

いわゆる「攻防対象論」（393）

異議申立て（408）

序章

ここでは，刑事訴訟法の目的や司法制度改革など，本書全体にかかわる事柄を述べる。そこで，本書全体を通読した後に，再度本章に目を通してほしい。

1　刑事訴訟法の意義と目的

刑事訴訟法の意義　　刑法（明治40年法律45号）をはじめとするさまざまな刑罰法令は，犯罪の成立要件や個別の罪の構成要件を規定している。現実にそれらの規定に該当する犯罪がなされたか否かについては，所定の手続・方式に基づいて，権限がある機関（裁判所）の判断が示されなければならない。そのための手続を「刑事手続」あるいは「刑事訴訟」という。わが国では，日本国憲法31条が「法律の定める手続によらなければ」「刑罰を科」すことができない旨を定めているので，刑事手続に関して法律の定めが必要である。そして，刑事手続ないし刑事訴訟に関する法律の中心となるのは，いうまでもなく「刑事訴訟法」（昭和23年法律131号）である。もっとも，刑事「訴訟」とはいいつつも，その手続は刑事事件が裁判所で審理されている局面だけを想定してい

るわけではない。広い意味では，刑事手続は，捜査に始まり，裁判所の審理を経て，刑の執行に至るまでの全段階を含むものといえるし，さらに，もともとは刑事手続とは別の目的・要件・効果による警察の諸活動なども刑事手続に密接に関連している場合がある。そこで，本書では，捜査が開始される前の段階から，捜査，審理を経て，刑事事件の決着がつけられるまでの過程を検討の対象とする（刑の執行に関する部分は取り上げない）。

刑事手続の法源　　（1）　刑事手続を規律する規範のうち，最も重要なものは「日本国憲法」（1946〔昭和21〕年11月3日公布，1947〔昭和22〕年5月3日施行）である。大日本帝国憲法は，いくつかの人身の自由を列挙し，それらは法律によることなしに侵害されない旨のいわゆる「法律の留保」の規定を置いたが（23条・25条），人身の自由の内容を直接に規定していなかった。これに対して，現行憲法は，旧刑事訴訟法下での刑事手続の実態を反省するとともに，アメリカ憲法からの示唆を得て，人身の自由に関する具体的な規定を数多く置いたのである。このうち特に，憲法31条は，「何人も，法律の定める手続によらなければ，その生命若しくは自由を奪はれ，又はその他の刑罰を科せられない」と定め，刑罰権の行使について法定手続を要求しているが，さらに，法律に基づいた「適正な手続」（due process of law）によらなければ刑罰を科すことができないことを明らかにしたものと解されている。また，被疑者・被告人らの権利保障として，身柄拘束や捜索・押収に関する保障（憲33条〜35条），弁護人を依頼する権利（憲34条・37条3項），公平・迅速・公開の裁判を受ける権利（憲37条1項），証人審問等の権利（憲37条2項），黙秘権の保障や自白利用の制限（憲38条），二重の危険の禁止（憲39条），刑事補償（憲40条）など

が具体的に定められた。そのほか，各種の人権保障規定（憲11条以下）や司法に関する諸規定（憲76条以下）なども直接・間接に刑事手続を規律している。

（2）　刑事手続に関する中心的な法律は，「刑事訴訟法」（昭和23年法律131号。1948（昭和23）年7月10日公布，1949（昭和24）年1月1日施行）である。わが国で近代的な刑事手続を定めた法令が最初に制定されたのは，1880（明治13）年の「治罪法」（明治13年太政官布告37号）であるが，その後，1890（明治23）年の「刑事訴訟法」（明治23年法律96号。「旧々刑訴法」と呼ばれる），1922（大正11）年の「刑事訴訟法」（大正11年法律75号。「旧刑訴法」と呼ばれる）を経て，現行憲法の制定に伴い，全面的な法改正作業により内容を一新したものが，現行の刑事訴訟法である。旧刑訴法と比較すると，当事者主義構造の強化，捜査活動の適正化，自白法則・伝聞法則の採用，上訴制度の改革などの点で，刑事手続の基本的な仕組みが大きく改められたといえるであろう。

このほかに，刑事手続を規律する主要な法律として，次のようなものがある。①刑事手続を担う組織等に関する法律としては，裁判所法，検察庁法，弁護士法，裁判員の参加する刑事裁判に関する法律，検察審査会法，警察法，総合法律支援法，②特殊な手続，あるいは刑事手続に関連ないし付随する手続・権限を定めたもの等としては，警察官職務執行法，犯罪捜査のための通信傍受に関する法律，法廷等の秩序維持に関する法律，犯罪被害者等の権利利益の保護を図るための刑事手続に付随する措置に関する法律，刑事事件における第三者所有物の没収手続に関する応急措置法，刑事訴訟費用等に関する法律，刑事確定訴訟記録法，少年法，③外国との協力に関すること等を定めた法律としては，国際捜査共助等に関する法律，逃

亡犯罪人引渡法などがある。

（3）　最高裁判所が憲法77条1項により定めたものとして，「刑事訴訟規則」（昭和23年最高裁規則32号。1948〔昭和23〕年12月1日公布，1949〔昭和24〕年1月1日施行）がある。刑事訴訟法が明文で規則の定めるところに委ねたもの（たとえば，逮捕状の記載事項に関する200条1項）のほか，刑事手続を円滑に実施するために数多くの事項が規定されている。刑事手続の対象者の権利・義務については，法律の定めるところによるべきであるから，刑事訴訟規則が規律することができるのは，細目的・補充的な事項に限られる。ただし，刑事手続の実際の運用にとっては重要な意義を有する規定も少なくないので，注意が必要である（例えば，交互尋問に関する規199条の2以下の規定など）。

Column　刑事訴訟法の編別構成

　　刑事訴訟法は，現行憲法の制定に伴い，全面的な改正法として内容を一新したものであるが，編別の構成の仕方は，旧刑訴法のものをほぼ踏襲した。そのため，「第1編　総則」，「第2編　第一審」，「第3編　上訴」，（第4編以下，略）という構成をとり，そして，第2編をさらに細分して，「第1章　捜査」，「第2章　公訴」，「第3章　公判」としている（なお，第2編の第4章および第5章は，後の改正により追加されたもの）。これは，体系的・論理的な立法の在り方であるが，各条文が必ずしも手続の順序に従ってはいないし，同一の事項について関連する規定が散在することにもなる（例えば，証人尋問については，第2編第3章中の304条や304条の2のほか，第1編第11章の定める143条以下の規定を参照しなければならない）。さらに，捜査段階で捜査機関が行使する権限について，裁判所が行使する権限を定めた総則の規定を準用するものがあるので，必要な条文を検索する際には注意が必要である。

刑事訴訟法の目的

（1） 刑事訴訟法1条は，「この法律は，刑事事件につき，公共の福祉の維持と個人の基本的人権の保障とを全うしつつ，事案の真相を明らかにし，刑罰法令を適正且つ迅速に適用実現することを目的とする」と規定して，刑事訴訟の目的を明らかにするとともに，その解釈・運用の指針を示した。本条前段は，目的達成の方法ないし在り方を示し，後段は目的の内容を示したものである。すなわち，刑事手続とは，「公共の福祉」と「基本的人権」を全うするという方法により，「事案の真相」を解明して，刑罰権を「適正」・「迅速」に実現することを目指すものである。

「公共の福祉」および「基本的人権」は，いずれも日本国憲法に由来する概念である（前者につき憲12条・13条，後者につき憲11条・97条）。刑訴法1条は，刑事手続に関するものであるから，ここでの「公共の福祉の維持」とは，刑事手続において犯人を特定して処罰することにより，侵害された法秩序を回復することを意味する。いっぽう，「基本的人権の保障」は，刑事手続に関しては人身の自由がとりわけ重要である（捜査段階について⇨45頁）。犯人を特定して処罰するという目的を遂行する過程において，捜査機関・裁判所等は種々の権限を行使することになる。しかし，それらの権限行使の対象者の側から見ると，プライバシーの利益を侵害されたり，身柄拘束という重大な不利益を被ったりすることにもなる（しかも，たとえ被疑者・被告人であったとしても，裁判所が罪を犯したものと認定した判断が確定するまでは，刑罰権をもって処断される地位にあるわけではない）。そこで，犯人処罰という公共目的のための活動であっても，対象者の人権に十分に配慮した手続が要求されることになるのである。例えば，憲法35条を見てみよう。捜査機関が証拠を収集

するために，人の住居に立ち入って，証拠物を捜索し，これを差し押さえるという処分を行うことは，対象者（必ずしも被疑者に限られるわけではない）の住居の平穏という利益や証拠物についての財産権等を侵害する行為である。もしも捜査機関限りの判断で，そのような処分が必要だと認められさえすれば当該処分を実施できるとすると，あまりに証拠収集の利益のみを重視しすぎた結果となる。そこで，あらかじめ，そのような処分の根拠について中立公正な立場からの司法判断を経由させるという手続的な権利保障の方法を定めたのである（いわゆる「令状主義」。⇨59頁）。このように，刑事手続に関する憲法上の人権保障は，それ自体がすでに，公共の利益と対象者の保護という相対立する利益の調整の結果を明らかにしている場合であると考えられるため，憲法13条の「公共の福祉」を直接の根拠として，憲法31条以下のそれぞれの「基本的人権」の保障すべき範囲を制約的に解釈することは適切ではない。したがって，刑訴法1条にいう「公共の福祉」と「基本的人権」も，単に対立・拮抗する関係にあるのではない。同条は，刑事手続における公共の目的のためであっても個人の基本的人権に配慮すべきこと，しかし，その人権保障にはすでに一定の調整がなされていることを示したものと理解すべきである。

（2）刑事手続は，犯罪事実の存否を明らかにし，犯人の処罰に関して決定するものである。そこでは，「事案の真相」が解明されなければならない。この点で，私的自治が支配し，当事者の意思が一定の拘束力を有する民事訴訟とは異なる（民訴159条・179条・266条・267条等参照）。このように，犯罪の有無および内容を正確に明らかにすることが刑事手続の最も重要な目的であるとする考え方を「実体的真実主義」という。もちろん，解明すべき真実とは，犯罪

にまつわる過去の歴史的事実すべてではなく，刑罰法令の適用・実現のために必要な事実（被告人の罪責に関する事実，量刑に関する事実，訴訟手続上の事実。⇨293頁）に限られるし，解明の方法も証拠による認定といういわば相対的発見にとどまる。そして，真相の解明に全力を尽くしても，なお一定の事実について誤認の生じ得ることは，裁判という人為的な制度にとって宿命的といわざるを得ないが，刑罰という重大な不利益を考慮すると，同じく「真相の解明」が達成できないにしても，誤って無実の者を処罰する結果よりも，真犯人の処罰を逸することのほうを，やむを得ない選択としなければならない。これを実質的に支えているのは，検察官が被告人の罪責について「合理的な疑いを超えて」立証できない以上これを処罰することはできないという考え方である（⇨304頁）。判例は，このことを別の表現を用いて，「疑わしいときは被告人の利益に」認定すべきことは「刑事裁判における鉄則」であるとしている（最決昭50・5・20刑集29巻5号177頁〈百選A55〉）。

　解明の対象となる「事案」とは，検察官が訴訟の対象として設定した具体的犯罪事実である（「訴因」という。⇨196頁）。すなわち，当事者である検察官が主張・立証しようとする具体的犯罪事実をめぐって証拠の取調べが行われるのであって，裁判所が職権で犯罪事実を探知するわけではない。また，証拠調べの手続は，検察官，被告人・弁護人の当事者双方が攻防を尽くすことにより，「事案の真相」を浮き彫りにしようとする方法をとっている（⇨241頁）。裁判所は，原則として，職権で証拠調べをし，あるいは検察官に対して犯罪事実の立証を促す義務を負わない。このように，当事者による主張・立証や意見陳述を公判手続の基本に置き，裁判所の職権活動は補充的なものにとどめる考え方を「当事者主義」という（これに

1　刑事訴訟法の意義と目的　　7

対して，裁判所の職権による訴訟追行を基本としてとらえる考え方を「職権主義」という）。現行法が採用した訴因制度，当事者主導の証拠調べは，当事者主義に基づいたものである。

（3）「刑罰法令を適正」に「適用実現する」とは，まず，認定された事実について刑罰法規を正しく適用し，（有罪であれば）適切な量刑を図ることを意味する。すなわち，刑罰権の適正な実現を目的としている。

さらに，「適正」な実現とは，刑罰権実現の手続そのものが適正であることも意味する。すなわち，1条は，適正な手続によることなく犯人を処罰することはできないことを明らかにした。そもそも，刑罰は「法律の定める手続」（憲31条）によらなければ科すことができないが（なお，人権B規約9条1項のいう「法律で定める理由及び手続」もこの趣旨を含んでいる），これは手続が形式的に法定されていることばかりでなく，その手続が実質的にも適正であることを要求しているものと解すべきである。そして，刑事訴訟法の各条項の解釈は，この見地からなされなければならない。そこで，たとえば，偽計による取調べによって被疑者の自白を獲得する方法は，1条所定の精神にかんがみると避けるべきものであるとされるし（最大判昭45・11・25刑集24巻12号1670頁〈百選69〉。⇒311頁），また，証拠を収集する手続に違法があった場合に，その証拠を公判廷で用いることができるかどうか（「証拠能力」の有無）については，1条の定める見地からの検討が要求されるのである（最判昭53・9・7刑集32巻6号1672頁〈百選88〉。「違法収集証拠の証拠能力」の問題である。⇒363頁）。

「事案の真相」の解明と「適正」な手続は，そのいずれもが刑事訴訟法の目的であるから，両者が同時に貫徹されることが望ましい。

実際にも，たとえば，偏った裁判をするおそれがある裁判官の排除（20条・21条。⇨209頁），弁護人による援助（30条。⇨27頁），起訴状における予断の防止（256条6項。⇨169頁），適正な証拠調べの順序・範囲（297条）などは，真実発見と適正手続とのいずれにも資するものといえるであろう。しかし，違法収集証拠の証拠能力について検討する場合のように，両者の衝突を問題にせざるを得ない場合もある。そのような場合，適正手続の保障を重要な目的として明示した刑事訴訟法の趣旨からは，真実探求の活動も適正手続の要請により一定の範囲で抑制されることもあると解すべきであろう。その限界は，個々の問題状況ごとに慎重な検討が必要であり，真実発見と適正手続の調和というような方法で直ちに解決できるわけではない。

（4）　刑事裁判は，犯人処罰による法秩序回復という観点から，また刑事手続からの被告人の早期解放という要請からも，「迅速に」なされることが必要である。まず，刑事裁判を早期に決着させ，処罰・不処罰について判断がなされることについて実効性を確保するために，「迅速」な手続が要請される（刑事手続の進行があまりに遅れた場合，たとえ内容的に妥当な判断がなされたとしても，本来その法的判断がもつべき意味合いも大幅に減少せざるを得ないであろう）。そのために，公判期日の指定などに工夫がこらされ（273条1項・276条・277条・281条の6，規303条），公判が始まる前には十分な準備をすることとし（規178条の2以下の定める「事前準備」。⇨227頁。さらに，一定の事件についてなされる「公判前整理手続」。⇨228頁），適正・迅速な手続の実現を目指している。そして，一般的に裁判が迅速に行われるように，審理期間の目標が定められ，関係する各機関にはそれぞれ制度上の責務が課されている（裁判の迅速化に関する法律。この法律は，

1　刑事訴訟法の意義と目的　　9

民事・刑事に共通するものである）。

　いっぽう，審理が長期化すれば，被告人には証拠の散逸等による防御上の不利益が生じるおそれがあるし，被告人であることに伴う社会的不利益を被ることにもなりかねない。そこで，被告人には，「刑事事件において」「迅速な……裁判を受ける権利」（憲 37 条 1 項）が保障されている（なお，人権 B 規約 9 条 3 項のいう「妥当な期間内に裁判を受ける権利」も同旨である）。1 条が「迅速に」手続を進行させるべき旨を定めたのは，この見地をも踏まえているのである。もっとも，実際には裁判の遅延が生じる事態もないわけではない。そこで，判例は，「被告人の権利が害されたと認められる異常な事態」が生じたときは，その審理を打ち切るという「非常救済手段」をとることを認めている（最大判昭 47・12・20 刑集 26 巻 10 号 631 頁〈百選 A30〉。⇨260 頁）。

Column 当事者主義

　当事者主義という概念の最も普通の用い方は，本文で述べたように，検察官，被告人・弁護人による主張・立証や意見陳述を公判手続の基本において，裁判所の職権的な活動は補充的なものにとどめるという考え方をさすものである。このような考え方を「当事者追行主義」ということもある。刑事訴訟法は，刑事訴訟における審理・判決の対象を，検察官が主張・立証の対象として設定した具体的犯罪事実である「訴因」であるものとし（256 条 3 項。⇨196 頁），証拠調べの方式として，検察官，被告人・弁護人が請求したものを第一次的なものとし，裁判所の職権による証拠調べは補充的なものとするが（298 条。⇨242 頁），これは，現行法が設計した刑事手続が当事者追行主義に基づくものであることをよく示している。しかしながら，当事者主義とは，当事者の主導する公判手続という側面にとどまるものではなく，被告人には当事者たるにふさわしい地位を与えて，その権利を保障すべきであるという要請ないし目

標としての性格も有している。被告人に保障される黙秘権・弁護人依頼権，さらには人身の自由に関する種々の権利は，まさしく被告人に（さらには，被疑者にも），当事者たる地位を認めて適正な刑事手続を実現するためのものというべきである。そして，その限りでは，形式的に当事者追行主義を貫徹するのではなく，むしろ被告人の権利保障の観点からこれを実質的に修正すべき事態も想定されることになるのである（たとえば，証拠開示に関する議論。⇒229頁）。

刑事手続の実際　わが国では年間で100万件弱の刑事事件が処理されている。その基本的な手続の流れおよびそれらに関与する人々は，第1章で示されるとおりであるが，刑事手続全体を通して見たいくつかの特徴は，次のようなものといえるであろう。①犯人の発見と確保，証拠の収集と保全を内容とする捜査手続では，捜査機関がその権限を行使して，綿密な活動を行っている。そこでは，捜査活動の対象者である被疑者その他の者の人権が制約されるため，ときには鋭い衝突・対立が生じることがある。②検察官は，捜査の結果，特定の罪について十分な嫌疑があり，かつ処罰するのが適切かつ相当であると考えるときは，事件を裁判所の審理の対象とするため，公訴（⇒159頁）を提起する。このように検察官が厳格な起訴基準をとっているためもあって，裁判所が被告人を有罪と判断する割合は，きわめて高率である。③道路交通事件その他の比較的軽微な犯罪については，略式手続（⇒170頁）により罰金刑が科されている。量的に見れば，刑事事件の大多数は略式事件である。④公判が開かれる事件でも，ほとんどの事件では，被告人の罪責の有無は争いにならず，刑の量定が直接の関心事となっている。それらの事件では，捜査段階で作成された供述調書（⇒316頁）その他の書類を簡潔に取り調べること等により，罪とな

1　刑事訴訟法の意義と目的　11

るべき事実が認定されている。⑤しかし，罪責について争いがある事件では，公判において当事者間で激しい攻防がくり広げられ，被告人の有罪・無罪を決するために相当の日時を要することがある。そして，裁判所の認定した事実が果たして客観的真実に沿うものであるのかについて，極めて高い関心が払われている。⑥裁判所の判決に不服があれば，さらに上級の裁判所で審理が尽くされるが，事件数からは量刑不当を争うものが多い。しかし，被告人を犯人と認定できるかについて争われ，上訴（さらには，再審）を通じて激しい攻防がなされることもまれではない。⑦被告人が犯したとされる事実について，慎重かつ綿密な審理を遂げて裁判所が判決に至ること（さらには，それを前提とするため，捜査機関も綿密な証拠収集活動を行っていること）を「精密司法」という用語で表現することがある。

　これらの現象の背景にある事情や法的根拠はどのようなものか。また，それぞれについてどう評価すべきか。刑事手続の各場面で慎重な検討を要するとともに，全体を振り返って刑事手続の在り方を反省する必要を忘れてはならないであろう。

2 司法制度改革

司法制度改革に至るまで

現行刑事訴訟法が制定されてから1世紀近く経過したが，その間に司法制度についてさまざまな検討がなされてきた。その中でも，昭和30年代に深刻な問題となった訴訟遅延に対処する等のため，1962（昭和37）年に設置された臨時司法制度調査会は，法曹一元問題，裁判官および検察官の任用・給与に関する制度等を中心と

して検討した（「法曹一元」とは，裁判官の採用につき，法律家としての社会経験を積んだ弁護士有資格者から登用する制度のことで，最初から一定の者を裁判官に任用するキャリア・システムに対するものである）。同調査会が 1964（昭和 39）年に出した意見書は，当時の司法制度全般にわたって検討を加えた総合的な改革の指針ともいうべきものであった。しかし，意見書に従って制度改革を進めようとする裁判所・法務省とこれを厳しく批判する弁護士会との間の対立が激しく，法曹三者の合意を要する改革は著しく困難となり，裁判官等の待遇改善，裁判所調査官制度の拡充等の部分的な改革が行われるにとどまった。

司法制度改革と刑訴法改正

このように，20 世紀末まで司法制度全般にわたる本格的な改革がなされたとはいえない状況にあったが，裁判の遅延，紛争解決のコスト，専門的な紛争解決の在り方，これを支える法曹の機能の強化，さらには法曹養成の在り方等，多方面にわたる抜本的な改革の必要があることが次第に認識されるようになってきた。刑事裁判だけに限ってみても，国民の参加する刑事裁判，被疑者への公的な弁護の供与，審理の充実・迅速化をはじめとする多くの課題の存在が明らかとなった。そこで，1999（平成 11）年に司法制度改革審議会が設置され，司法制度全般にわたる詳細な検討を行い，2001（平成 13）年 6 月にその報告書を提出した。同報告書のうち，刑事司法制度の改革に関連する部分では，①刑事裁判の充実・迅速化，②被疑者・被告人の公的弁護制度の整備，③公訴提起の在り方，④新たな時代における捜査・公判手続の在り方，⑤犯罪者の改善更生，被害者等の保護の諸点について，具体的な提言が示されたのである。これを受けた立法作業により，「裁判員の参加する刑事裁判に関す

る法律」（平成16年法律63号）および「刑事訴訟法等の一部を改正する法律」（平成16年法律62号）が，2004（平成16）年5月に成立し，公布された。そして，これらの法律は，2009（平成21）年5月までに段階的に施行された。

その後の動き　刑事訴訟法は，その後もいくたびかの改正がなされた。それらのうち重要なものとして，①被害者特定事項の秘匿および被害者参加（平成19年法律95号），②公訴時効期間の一部改正（平成22年法律26号），③電磁的記録にかかる証拠収集（平成23年法律74号），④証拠収集の在り方などについての大幅な改正（平成28年法律54号），⑤拘禁刑の導入（令和4年法律67号），⑥保釈制度の改正および被害者特定事項の秘匿強化（令和5年法律28号）があげられる。

第1章 手続の関与者

刑事手続にはさまざまな者がそれぞれの立場で関与する。本章では，刑事手続の流れを簡単にスケッチした後，主要な関与者の役割を検討する。

1 刑事事件の処理

（1）　刑事手続は，個々の犯罪に関し犯人の処罰について判断するために設けられた一連の手続である。それは，大まかにいえば，捜査にはじまり，公訴の提起を経て，第一審の公判手続，さらに上訴審の手続へと段階的に処理されていく。刑事手続の対象となる事件は，例えば強盗殺人事件のように極めて重大なものから，軽微な道路交通法違反事件に至るまで千差万別であるが，ここでは，これからの説明を理解するための前提として，架空の事例に沿って，手続の概略と関与者について概観しよう。

〈事例〉　A 会社は，会計事務処理のためのコンピュータ・ソフトを設計・開発して顧客に販売する事業を展開していたところ，機密にしていた新製品の内容が発売直前に競業他社に流れ

1　刑事事件の処理　　15

ため，多額の損害を被ることになった。社内調査の結果，開発に従事していた従業員Ｘが，Ａ会社所有の機密資料を勝手に売り渡していた疑いが強まったので，Ａ会社は，Ｘの処罰を求めるためにその処理を刑事手続に委ねる判断を固めた。

（2）　Ｘがある特定の罪を犯したとしてこれを処罰すべきか否かは，最終的には裁判所の判断が確定することにより決められる。したがって，犯人Ｘ，あるいは被害者Ａ会社というのは，あくまでもその時点における一つの仮説的存在であるが，これらの者が刑事事件に登場することを契機として，さまざまな立場の者が刑事手続に関与することになる。Ａ会社は，犯罪被害があったとして，その旨を警察に届け出た。警察は，届出の内容に沿う事実（Ｘによる窃盗，横領または背任あるいは不正競争防止法違反の事実）があったかを判断するために，各種の証拠を収集・保全するよう努めるであろう。このような過程で，警察官は「司法警察職員」として（189条），また，Ｘは「被疑者」として，刑事手続上の地位を占めているのである。Ａ会社は，犯罪被害について告訴をすれば「告訴人」として（230条），一定の権利・義務の主体になる。捜査の過程で，Ｘの逃亡を防ぐためにこれを逮捕したり，証拠物を押収するためにＸの自宅や競業会社を捜索したりすることが必要になるかもしれない。その場合には，原則として，逮捕状，捜索差押許可状が必要であるが，これらの令状を発付するのは「裁判官」である（199条・218条）。捜査の過程で一定の処理がなされると，「検察官」の判断を経ることになる。検察官は，「検察事務官」を指揮して捜査を遂行したり，捜査の結果を基礎にしてＸを起訴すべきかを判断する（247条）など，重要な職責を有している。一方，被疑者Ｘは，自己の

権利・利益を擁護するために法律専門家の援助を必要とするであろう。その役割は，弁護士であるＹが「弁護人」に選任されることによって遂行するのである（30条）。

（3）　検察官が，Ｘは自己の管理するＡ会社の物を領得したとして，業務上横領の罪で起訴したとしよう。この段階から，Ｘは「被告人」としての地位に立つことになる（249条・256条2項1号）。一方，事件の審理を担当するのは，「裁判所」である。公判審理を遂行することを特に強調する場合，「公判裁判所」「受訴裁判所」ということもある。公判に関与するのは，当事者である被告人Ｘ，検察官，弁護人である。公判では，検察官の主張する業務上横領の事実が認められるか否かをめぐって，当事者による立証活動が繰り広げられる。公判の記録は公判調書として整理されるが，それらの書類の作成については，「裁判所書記官」が重要な役割を果たしている（規37条）。公判の段階では，被害者Ａ会社は背景に退いているといえよう。刑罰権の行使を請求するのは，被害者自身ではなく，検察官の任務だからである。被害者が公判に登場するのは，主に「証人」としてである（143条。もっとも，この事例では被害者が法人であるため，証人となるのは，その役員や従業員らである。なお，数度にわたる法改正により，証人の保護が強化されたほか，被害者による意見陳述の制度が設けられ，被害者参加の手続が新設され，さらに，証人保護の措置が強化された。⇨246頁 *Column*）。裁判所は，検察官による証明が十分であると判断すれば，被告人Ｘを業務上横領の事実で有罪と認定することになる（333条）。起訴された犯罪事実とはやや異なる事実により（例えば窃盗として）処罰するためには，検察官による起訴状変更の手続が必要である（312条）。被告人，弁護人，検察官から上訴の申立てがなければ判決は確定し，Ｘは言い渡された刑の

1　刑事事件の処理　　17

執行を受けなければならない。もしも，上訴が申し立てられたのであれば，上訴審の判断が確定してから，刑事事件としての処理が終結することになるのである。刑の執行について指揮をするのは，検察官である（472条）。これに対して，検察官の立証活動によって犯罪の証明がなされたとはいえないときは，無罪判決を言い渡す（336条）。無罪判決が確定すると，「被告人であった者」は，裁判費用を補償されるし（188条の2），抑留・拘禁（逮捕または勾留による身体拘束）に対しては刑事補償の請求をすることができる（憲40条，刑事補償法）。

　（4）　そのほか，事件の内容や性質によっては，警察官以外の司法警察職員が捜査を担当したり，被害者らが告訴人・告発人・請求人として一定の権利・義務を負ったり，鑑定人・通訳人・翻訳人の専門的知識・経験を必要としたりすることがある。また，一般国民が刑事司法に関与するものとして，「検察審査会」があるほか，一定の重大事件について裁判員が公判審理に参加することがある。

2 裁 判 所

裁判所・裁判官

　（1）　すべて司法権は裁判所に属するので（憲76条），刑事手続の中でも裁判所の判断がさまざまな局面で示される。捜査の段階では，主として，裁判官が逮捕・勾留・捜索・押収等の強制処分の適否を審査して，不当な人権侵害を抑止する任務を果たしている。公判の段階では，一人または複数の裁判官で構成する（一定の事件では，さらに裁判員が参加する）公判裁判所が，手続の主宰者として訴訟の合理的な進行を図る

とともに，両当事者の主張・立証を検討して適正な判断を下すよう努めることになる。

(2) 裁判所の組織・配置は，ピラミッド型の構造をもっている。それぞれの裁判所は，**図表 1-1** に掲げた一定数の裁判官で構成されている。裁判官とは，最高裁判所長官以下の官名の総称である（裁5条）。裁判官は，その職責の重要性にかんがみ任命資格が厳密に法定されているし（裁41条〜46条），その職権行使の独立性を担保するため強い身分保障を受けている（憲78条・79条3項6項・80条2項，裁48条）。

図表 1-1

最高裁判所		最高裁判所長官（1名） 最高裁判所判事（14名）
高等裁判所	8庁。東京・大阪・名古屋・広島・福岡・仙台・札幌・高松	高等裁判所長官（8名） 判事 （例外的に，判事補も）
地方裁判所 家庭裁判所	50庁。各都道府県庁所在地のほか，函館・旭川・釧路	判事 判事補
簡易裁判所	438庁	簡易裁判所判事

(3) 裁判所という言葉は，いくつかの意味で用いられる。その一つは，国の組織としての裁判所であって，司法行政上の単位になっている。それぞれの裁判所は，裁判官その他の職員と庁舎をもち，裁判事務を中心としてさまざまな活動を行っている。これを「国法上の意味における裁判所」という。憲法や裁判所法では，この意味で用いられることが多い。なお，庁舎の意味で用いることもある（裁69条など）。これに対して，裁判機関としての裁判所は，一人ま

たは複数の裁判官で構成され（一定の事件では，さらに裁判員が加わり），公判の審理その他の裁判事務を担当する。これを「訴訟法上の意味における裁判所」という。刑訴法で「裁判所」というときは，通例はこちらの用法である（例外として，管轄に関する規定など。⇒ 171頁）。

（4）　裁判所には，裁判官のほかに，裁判所書記官（裁60条），裁判所速記官（裁60条の2），裁判所技官（裁61条），裁判所調査官（裁57条），家庭裁判所調査官（裁61条の2）などが配置されている。裁判所書記官は，訴訟に関する書類の作成（規37条）等の重要な職責を有している。なお，刑事訴訟法の条文で「裁判所書記」とあるのは，「裁判所書記官」と読み替えることになっている（裁判所法等の一部を改正する法律〔昭和24年法律177〕附則3項）。

裁 判 員

（1）　諸外国の刑事手続では，刑事訴追の開始，あるいは事件の審理に当たり，一般国民の判断によって結論を下す制度を採用している例がある。すなわち，一般人で構成される陪審が，刑事訴追の開始について判断したり（「起訴陪審」「大陪審」などという），あるいは公判審理の結果，有罪・無罪について判断したりする（「審理陪審」「小陪審」などともいう）。また，裁判官と任期付きの一般人とで構成された「参審」によって裁判するものとする諸国もある。わが国でも，1923（大正12）年に陪審法が制定され，刑事公判で用いられていたが，戦時中の1943（昭和18）年にその施行が停止された。しかし，裁判所法3条3項は，陪審の採用があり得ることを前提とした規定であるし，広く国民の司法参加という観点から，一般人の参加する刑事裁判が重要な検討課題となっていた。2001（平成13）年に司法制度改革審議会が「刑事訴訟事件の一部を対象に，広く一般の国民が，裁判官

と共に，責任を分担しつつ協働し，裁判内容の決定に主体的，実質的に関与することができる新たな制度」（裁判員制度）の導入を提言したのをうけて，裁判員法が制定された。

（2）裁判員は，衆議院議員の選挙権を有する者の中から選任する（裁判員13条）。ただし，①高齢者，②学生・生徒，③重い傷病，同居親族の介護・養育の必要，事業の重要な用務を自ら処理しないと著しい損害を生じるおそれ，父母の葬式等の社会生活上の重要な用務，その他政令で定める事由により，裁判員の職務を行うのが困難な者等は，辞退の申立てができる（裁判員16条。とりわけ同条8号）。裁判員は，独立してその職権を行い（裁判員8条），法令に従い公平誠実に職務を行う義務，秘密を守る義務を負う（裁判員9条1項・2項）。裁判員の参加する「合議体」（複数の裁判官等が意思決定を行う組織のことをいう。対概念は「単独体」である）の構成は，原則として裁判官3人，裁判員6人である（裁判員2条2項本文）。評議の実効性の確保および個々の裁判員の主体的関与の観点からは，合議体の規模には一定の限度があるところ，対象事件が重大な事件に限られることから裁判官3人の関与が適切であるし，これに見合って国民感覚の反映という点から相応な人数の裁判員が関与すべきだからである。ただし，公判前整理手続（⇨228頁）により，公訴事実（⇨196頁）に争いがなく，検察官，被告人・弁護人に異議がない等の要件があるときは，裁判官1人と裁判員4人で構成される合議体で審理・裁判をすることができる（裁判員2条2項から4項まで）。なお，合議体を構成すべき裁判員の選任手続において，検察官および被告人は，裁判員候補者のうち4人までについて，理由を示さずに不選任の請求をすることができる（裁判員36条）。裁判員制度の対象事件は，国民の関心が高く社会的にも影響の大きい重大犯罪とす

べきであるので，①死刑，無期拘禁刑に当たる罪（例，殺人，現住建造物放火など），②法定合議事件（⇨207頁）のうち，故意の犯罪行為により被害者を死亡させたもの（例，傷害致死，危険運転致死など）が列挙されている（裁判員2条1項）。裁判官と裁判員との協働という要請から，有罪・無罪に関する事実の認定，法令の適用，刑の量定は，裁判官と裁判員の合議により行う（裁判員6条1項・66条1項）。その場合の評決は，裁判官および裁判員の双方の意見を含む合議体の過半数の意見による（裁判員67条1項）。他方，法令の解釈に係る判断や訴訟手続に関する判断は，専門的な法律判断を要するし，迅速な決定が必要でもあるから，裁判官のみの合議によるのである（裁判員6条2項・68条1項）。なお，裁判員については，その職務を行うについて，いくつかの保護措置がとられている。すなわち，出頭を容易にするための労働法上の不利益取扱いの禁止（裁判員100条），裁判員の個人情報の保護（裁判員101条），裁判員に対する接触の規制（裁判員102条）である。

　裁判員が関与する裁判では，いくつかの点で特色がある（それぞれの手続の詳細は，本書の各該当箇所を参照）。①裁判員制度の対象事件については，第一回公判期日前に，公判前整理手続（⇨228頁）に付さなければならない（裁判員49条）。一般人が裁判に関与するに当たっては，審理に要する見込み期間があらかじめ明らかになっているとともに，充実した審理が迅速になされることが必須の前提であるからである。②鑑定の結果報告までに相当の期間を要するときは，鑑定手続実施決定により，公判の開始前に，報告以外の鑑定の手続を行うことができる（裁判員50条）。公判が始まった後に鑑定のために審理が相当期間中断すると，それまでに得られた裁判員の心証（⇨285頁）が失われるおそれがあるし，裁判員の負担も過

大になるからである。③裁判官，検察官，弁護人は，裁判員の負担に配慮し，審理を迅速でわかりやすいものとするよう努めなければならない（裁判員51条）。④なお，控訴審については，特別の規定が設けられなかったので，刑訴法の原則どおり，裁判官のみで合議体を構成することになる。控訴審は，第一審判決の当否を事後的に審査する事後審（⇨392頁）と位置づけられるので，あらためて裁判官と裁判員とが協働して判断する必然性はないこと，控訴審の職務内容が裁判員の能力や負担にふさわしいとはいえないこと等がその理由であろう。

3 検 察 官

（1） 検察官は，犯罪の捜査から，公訴の提起，公判の立会い，裁判の執行まで，刑事手続の全段階にわたって関与する。とりわけ，公訴の提起に関する判断が，原則として検察官の裁量的判断にかかっているため，刑事事件の処理の上で大きな役割を果たしている。検察官は，訴追者として訴訟の原告的地位に立つ。もっとも，裁判所に「法の正当な適用を請求」する任務を負っているので（検察4条），有罪判決の獲得に向けてだけ活動すればよいわけではない。

（2） 検察官の行う事務を統括するところを，検察庁という（検察1条）。検察庁の組織・配置は，裁判所に対応している（**図表1-2**⇨24頁）。検察官とは，検事総長以下の官名の総称である（検察3条）。検察官は，通常の行政官とは異なり，任命資格が厳密に法定されているとともに（検察18条～20条），裁判官に準じた身分保障を受けている（検察25条）。

図表 1-2

最高検察庁		検事総長（1名） 次長検事（1名） 検事
高等検察庁	8庁。東京・大阪・名古屋・ 広島・福岡・仙台・札幌・ 高松	検事長（8名） 検事
地方検察庁	50庁。各都道府県庁所在地 のほか，函館・旭川・釧路	検事
区検察庁	438庁	副検事

（「検事正」は，地方検察庁の長たる検事であるが，官名ではない）

　(3)　検察官は，その職務権限が司法権の行使と密着しているた
め，通常の行政官とは異なり，職務の独立性が認められている。す
なわち，検察権の行使は，個々の検察官の権限であって，検事総長
や検事長らの補助機関としてなされるものではない（例えば，公訴
の提起は，東京地方検察庁検察官である検事Xとして権限を行使するので
ある。一般に行政庁の許認可などの権限が○○大臣によって行使され，
個々の担当官はその補助機関たるにすぎないのとは異なる）。このような
職務の独立性に着目して，検察官は「独任制の官庁」だといわれる。
もっとも，検察官はその所属する検察庁の長の指揮監督を受け（検
察7条〜10条），所属長は各検察官の事務を自己に引き取り，または
他の検察官に移転することができる（検察12条）。したがって，検
察官は，個々の職責を遂行するに当たり，組織としての統制の下に
あるといえる。このことを，「検察官同一体の原則」という。

　(4)　検察庁には，検察官のほか，検察事務官（検察27条），検察
技官（検察28条）などが置かれる。検察事務官は，検察官の補助者
として捜査をする（191条2項）。また，区検察庁においては，検察

官の事務を取り扱う者として，公訴の提起その他の職務に従事することがある（検察附則2条。「検察官事務取扱検察事務官」という）。

4 被疑者・被告人

被告人・被疑者とは

（1）「被告人」とは，公訴を提起された者で，公判において検察官と対向する当事者である。これに対して，「被疑者」とは，公訴の提起前において，犯罪の嫌疑により捜査の対象となっている者のことである。いずれも，刑事手続に単に「関与」する者というよりも，刑事訴訟における最も実質的な当事者として，刑事手続における権利・義務の主体となるのである。被告人と被疑者とを包括する名称はない。先の設例のように，ある犯罪事実の嫌疑を向けられた被疑者 X は，その事実により起訴されることにより，被告人 X となる（事件が裁判所に「係属」する）。場合によっては，同一人について複数の刑事事件が平行して処理されるため，甲事実については被疑者，乙事実については被告人（さらには，丙事実については，すでに有罪判決が確定していて受刑中）ということもあり得る。

（2）なお，「被告」という名称は，民事訴訟の用語であり，刑事事件では使用されない。「容疑者」という言い方は，日常用いられているが，刑訴法上の用語ではない。刑訴法では，ほかに，「犯人」という用語が使われることがある（189条2項・248条・255条など）。それらについては，それぞれの箇所の説明を参照されたい（⇨39頁，161頁，189頁）。

| 被告人の当事者能力・
訴訟能力 |

（1）　一般的に訴訟において当事者となり得る資格を「当事者能力」という。被告人の死亡，被告人である法人の消滅が，公訴不適法の事由とされているから（339条1項4号），反対に，すべての自然人および法人に対して公訴を提起することができると考えられる。すなわち，自然人については責任能力の有無には関係なく，当事者能力が認められる。また，法人格のない社団・財団または団体についても，法人と同様に当事者能力を認めてよい（規56条1項参照）。

（2）　これに対して，「被告人としての重要な利害を弁別し，それに従って相当の防御をすることのできる能力」のことを「訴訟能力」という（最決平7・2・28刑集49巻2号481頁）。被告人は，実質的な当事者として，自らの権利・利益をめぐって活発な主張・立証をする機会を保障されるべきであるから，逆に，それらの機会に相当の防御をすることができない者に対しては，公判審理の遂行が制約されるものと考えなければならない。そこで，訴訟能力が欠ける者は，314条1項にいう「心神喪失の状態に在る」ものとして，原則として公判手続を停止すべきものと考えられている（前掲・最決平7・2・28。なお，訴訟能力を回復する可能性がないときは，手続の打切りを考慮すべきである。その実例として，最決平28・12・19刑集70巻8号865頁〈百選51〉）。訴訟能力は，訴訟上の概念であるから，刑法上の責任能力とは必ずしも一致しないし，判断の時点も公判の当事者として訴訟行為をなすべきその時点だということになる。訴訟能力の中核となるのは，意思能力（自己の行為の結果を判断する精神的能力）のことである（28条参照。例えば，3歳の幼児には意思能力がない）。もっとも，意思能力はあっても，例えば，聴覚障害・手話未修得等

26　　第1章　手続の関与者

により，意思疎通が極めて困難なため，刑事手続上の権利や自己の置かれている状況を理解できない者などは，やはり訴訟能力が欠けているとすべきである（前掲・最決平 7・2・28。なお，最判平 10・3・12 刑集 52 巻 2 号 17 頁は，被告人がそのような状態には至っていないとした事例である）。

> **用 語 解** 訴訟行為 ─────────────────────
>
> 　刑事手続は，本章で見るように多くの関与者の行動から成り立っている。刑事手続を構成する行為で訴訟法上の効果と直接に結びつくものを「訴訟行為」という（27 条〜29 条・41 条・42 条・56 条参照）。訴訟行為には，意思表示を要素とするもの（例えば，各種の申立てなど）と，それ以外の事実行為（例えば，権利を告知することなど）の 2 つがある。また，だれがその訴訟行為をするかによって，①裁判所ないし裁判官によるもの（例，判決，逮捕状の発付），②訴追側または弁護側が行うもの（例，証拠調べの請求），③それ以外の第三者によるもの（例，告訴）に分類することも可能である。訴訟行為の多くは，その要件・方式が法定されており，それらを満たさない訴訟行為は不適法であって，訴訟法上の効果を生じさせない（「無効」である）。
>
> ─────────────────────────────────

5 弁 護 人

┌─────────┐
│ 弁護人依頼権 │
└─────────┘
　（1）　憲法 34 条前段は，身体の拘束を受けている者に対して，また憲法 37 条 3 項は，被告人に対して，それぞれ弁護人依頼権を保障した。これを受けて，刑訴法は，被告人または被疑者はいつでも弁護人を選任できることを定めている（30 条 1 項）。被告人は，刑事手続における主張・立証のために自らを代理する者が必要であるが，さらには，刑事訴追

5 弁 護 人　27

の対象として危険な地位にあること，相手方が法律家たる検察官であることから，特にその権利・利益を擁護すべき者による援助の必要性が大きいのである。これらの機能を果たすのが，弁護人である。捜査段階における被疑者についてもこれらの必要性が存在するといえるから（そのうちでも，逮捕・勾留されている被疑者については，憲法上の要請であるから），現行法は，被疑者にも弁護人選任権を保障したのである。この点で，被告人のみに限定していた旧刑訴法とは大きく異なる。

　(2)　憲法は，被告人に「資格を有する弁護人」の依頼権を保障している（憲37条3項）。弁護人の重要な職責にてらすと，法律家こそがその地位にふさわしい。そこで，刑訴法は，弁護人の資格として，「弁護士」であることを要求した（31条1項）。なお，地裁・簡裁では，裁判所の許可を受けて，弁護士でない者を弁護人に選任することもできる（31条2項。これを「特別弁護人」という。もっとも，実際には選任される例はほとんどない）。

Column　弁護人・代理人・補佐人

　本文で見たとおり，弁護人は，刑訴法の規定により選任されて刑事手続上の権利・義務を有する者であり，弁護士は，弁護士法の定める法曹資格を有するとして登録された者のことである。弁護人は，原則として弁護士から選任するのであるが，すべての弁護士が弁護人となるわけではない。特に大都市では全く刑事事件に関与しない弁護士も相当数にのぼる（民事事件のみを取り扱う弁護士である。なお，「弁護人」とは，刑事訴訟法の用語であり，民事事件では用いられない）。被告人が法人である場合には，公判廷で訴訟行為を代理する者として「代理人」を出頭させることができる（283条）。例えば，株式会社Xが法人税法違反で起訴された場合，代表取締役Aは会社を代表する者であるから（27条），Aの訴訟行為は被告会社Xの行為そのものとみられるが，これ以外のB

を代理人として出廷させてもよいのである。また，軽微な事件において
も，被告人の出頭義務が免除され，代理人の出頭が認められている
（284条但書）。なお，意思無能力者につきその法定代理人が代理する場
合（28条）や，特別代理人を選任する場合（29条）の定めもあるが，実
例はほとんどない。補佐人とは，被告人の一定の近親者が，審級ごとの
届出によって就く訴訟上の地位であるが（42条），これも実例はほとん
どない。

私選弁護・国選弁護

（1）　弁護人は，私選弁護人と国選弁護人
とに区分されるが，選任方式の違いによる
手続上の差異を除けば，基本的な権利・義務は同一である。

（2）　私選弁護人は，被告人・被疑者，および一定の関係人が選
任した弁護人である（30条）。「選任」とは，依頼者と弁護士との間
の私法上の契約ではなく，弁護人たる地位を付与するためになされ
る被告人らの訴訟行為のことを指している。公訴提起後であれば，
弁護人と連署した書面（弁護人選任届）を差し出して行う（規18条）。
被告人が黙秘して氏名すら記載しないときは，弁護人選任は無効で
あるし，そう解しても憲法37条3項・38条1項には違反しない
（最大判昭32・2・20刑集11巻2号802頁，最決昭40・7・20刑集19巻5
号591頁）。公訴提起前については，弁護人選任届を検察官または司
法警察員に差し出した場合に限り，第一審においてもその効力があ
るとされる（規17条）。刑訴規則17条所定の方式によらなくても，
起訴前に限った選任としての効力があるとも考えられるが，刑訴法
32条1項はそのような限定的選任を想定していないため，実務で
は，被疑者の署名を欠いた書面による弁護人選任は無効であるとし
ている（福岡地決昭47・6・27刑月4巻6号1244頁参照）。

（3）　これに対して，国選弁護人は，裁判所，裁判長または裁判

官が選任する弁護人である。憲法37条3項後段は，被告人が自ら弁護人を依頼することができないときは，国でこれを付するものとした。経済的理由などで弁護人を選任できない被告人にも，弁護人依頼権を実質的に保障する趣旨である（なお，人権B規約14条3項(d)）。

現行刑訴法が当初から国選弁護として規定していたのは，次の3つの場合である。①被告人が貧困その他の事由により弁護人を選任できないときは，裁判所は，その請求により，国選弁護人を付さなければならない（36条）。憲法37条3項の要請に基づくものであり，通常，被告人の国選弁護人といえばこの場合のことをいう。国選弁護人の選任請求権については，それを告げることになっている（「選任権の告知」。77条・272条，規177条。なお，国選弁護人の選任方式の改正に伴い，272条2項の教示が付け加えられた）。国選弁護人の選任請求も訴訟上の権利行使であるから，被告人に国選弁護人を通じて正当な防御活動を行う意思がないことが明らかであるような場合には，権利の濫用として選任請求を却下してよい（最判昭54・7・24刑集33巻5号416頁）。②被告人が未成年であるなどの事由で，弁護人を付する必要があるときは，裁判所は，職権で弁護人を付することができる（37条・290条）。憲法の直接の要請ではないが，裁判所が裁量によって後見的役割を果たすものである。③いわゆる必要的弁護事件（⇨213頁）について，弁護人が出頭しないとき，在廷しなくなったとき，または弁護人がないときは，裁判長は，職権で弁護人を付さなければならず，弁護人が出頭しないおそれがあるときは，裁判所は，職権で弁護人を付することができる（289条2項・3項）。

以上の①から③は，いずれも被告人の国選弁護に関するものであ

30　第1章　手続の関与者

るが，被疑者の国選弁護について2004（平成16）年以前は何らの規定もなく，被疑者には国選弁護人選任請求権はない（憲法上の要求として，抑留または拘禁された者に弁護人依頼権が保障されていること〔憲34条前段〕から，少なくとも逮捕または勾留された被疑者に弁護人選任権を認める必要があるが，そのことから直ちに，逮捕・勾留された被疑者に国選弁護人の選任請求権を与えるべきことにはならない）ものと解されていた。しかしながら，捜査段階での弁護の重要性を考えると，少なくとも，身体が拘束された一定の被疑者について，国選弁護人選任請求権を付与することは，立法政策としては十分に考慮に値するものと考えられる。司法制度改革に伴い，各地に被疑者の国選弁護を担当し得るだけの人的体制が整えば，刑訴法上，被疑者の国選弁護を導入することも可能であるので，2004（平成16）年の刑訴法改正により，被疑者の国選弁護の要件が定められるとともに，国選弁護人一般について，その選任に関する手続が整備されるに至った。

（4）　被疑者国選弁護の概要は，次のとおりである。まず，被疑者の請求による国選弁護人の選任は，①被疑者に対して勾留状が発せられており，②貧困その他の事由で弁護人を選任することができないときに認められる（37条の2）。

対象者を被勾留者に限定するのは，身体拘束下の被疑者に弁護人を付する必要が高いとはいえ，逮捕中の被疑者に国選弁護人の請求権を認めるほど手続に時間的な余裕があるとはいえないこと（⇨74頁），国選弁護人を選任すべき裁判官として勾留裁判官を想定できることなどの実際的理由によると思われる。

（5）　被疑者または被告人について国選弁護人を選任する事由は，貧困の場合とその他の場合とがありうるが，両者は選任請求手続で区別されている。すなわち，貧困を事由とする場合は，資力申告書

の提出で足りる（36条の2・37条の3第1項）。他方，資力が基準額（政令によれば，50万円）以上の者が選任請求をするには，あらかじめ，管轄区域内の弁護士会に弁護人選任の申出をした上で（31条の2），弁護士会から弁護人となろうとする者がいない等の事由を通知するという手続を経由しなければならない（36条の3・37条の3第2項・3項）。逮捕・勾留された被疑者に対して弁護人選任権を告げる際には，これらの手続に関して教示する（203条3項4項・204条2項3項・207条3項4項。被告人に対する同旨の規定として，272条2項）。

次に，裁判官が職権で国選弁護人を選任できる場合として，勾留中の被疑者について，精神障害その他の事由により弁護人の必要性を判断することが困難である疑いがある場合で，必要があるときが定められている（37条の4）。以上の請求・職権のいずれの場合でも，死刑または無期拘禁刑にあたる事件において特に必要があるときは，さらに1人の国選弁護人を付することができる（37条の5）。

(6) 国選弁護人に選任すべき者は，弁護士である（38条）。被疑者弁護の拡大により人的体制の強化が必要となるが，日本司法支援センター（法律支援13条）がその業務の一つとして，国選弁護人の候補の指名および通知等を行う（法律支援38条）。国選弁護人がその地位に就くのは，裁判官が選任したときであるが，その地位を離れるのは，手続の内容により異なる。まず，被疑者が釈放されたときは，選任の効力が終了する（38条の2）。被疑者が起訴されたときは，一般に起訴前の弁護人の選任は第一審においても効力を有するので（32条1項），被疑者の国選弁護人についても同様に被告人の弁護人となると解される。少年の被疑者を家裁に送致したとき（⇒155頁，157頁）は，国選弁護人選任の効力は失われる（少42条2項）。これらとは別に，後述する国選弁護人の解任に関する定めが

ある。

（7） なお，以上の国選弁護とは別に，職権で弁護人を付すべき場合として，公判前整理手続（⇨228頁）において弁護人がないときや弁護人に整理期日不出頭等の事由があるとき（316条の4第2項・316条の8），および即決裁判手続（⇨278頁）において弁護人がないとき（350条の18），ならびに請求により弁護人を付すべき場合として，即決裁判手続において同意の確認を求められた被疑者が弁護人を選任できないとき（350条の17）がある。

（8） 私選弁護人は，いつでも，また事由のいかんを問わず，辞任または解任により，その地位を離れる（ただし，訴訟遅延目的の権利濫用と認められるときは，解任は無効である。最見解昭62・2・3判時1228号54頁）。これに対して，国選弁護人は，一定の事由に基づき，裁判所，裁判長または裁判官が付したものであるから，弁護人から辞任の申出があり，あるいは被告人から解任の要求があっても，そのことだけで直ちに弁護人の地位を離れるわけではない。かつて判例は，国選弁護人が辞任を申し出た場合であっても，裁判所が，その申出に正当な理由があると認めて解任しない限り，その地位を失わないとした（最判昭54・7・24刑集33巻5号416頁）。現在では，公的な弁護の質を確保し，被疑者・被告人に効果的かつ実質的な弁護を与えるべきであるとの観点から，国選弁護人の解任事由が法定されている（38条の3。なお，解任するのは，起訴前は裁判官，起訴後は裁判所であって，被疑者・被告人の解任請求権，弁護人の辞任の自由はない）。解任事由は，①私選弁護人の選任等により国選弁護人が不要となったこと，②利益相反により弁護人の職務継続が不相当であること，③弁護人の心身故障等により職務遂行が不可能または困難なこと，④弁護人の任務違背により職務の継続が不相当であること，⑤弁護

5 弁護人 33

人に対する暴行等，被告人に帰責事由があり，職務の継続が不相当であることである（38条の3第1項）。④の事由は，弁護人として当然尽くすべき職責を明らかに果たしていない場合や，弁護活動が違法行為にわたるような事態を想定しているのであろう。

(9)　最近の実情をみると，地方裁判所で審理された被告人のうち，5分の4強に国選弁護人が，5分の1弱に私選弁護人がついており，弁護人のつかない被告人は1%に満たない。また，簡易裁判所では，国選弁護人が約9割，私選弁護人が約1割で，弁護人のつかない被告人は2%程度にすぎない。弁護人の果たすべき役割からして，被告人には弁護人がつくのが常態であるといってよい。

弁護人の権限　弁護人は，刑事手続においてさまざまな権限を有している（**図表1-3**）。弁護人自身の持つ権限として法定されている「固有権」や，被告人の訴訟行為を弁護人が代理行使するものとして法定されている「独立代理権」については，弁護人は，その地位に基づき独立にこれを行使することができる（41条）。また，刑訴法に個々の定めが置かれていない場合であっても，被告人・被疑者の訴訟行為のうち代理に親しむものは，弁護人の職責からみて代理行使を認めてよい。このことを説明するために，「包括的代理権」という用語が使われることがある。

6 その他の関与者

刑事手続には，そのほか多くの関係者が登場する。例えば，司法警察職員，告訴人・告発人・請求人，参考人・証人，鑑定人・通訳人・翻訳人などが，さまざまな立場から手続に関与することになる。

図表 1–3

		そ　の　例
固有権	弁護人のみが持つもの	被疑者・被告人との接見交通権（39条），書類の閲覧・謄写（40条1項），上訴審での弁論（388条・414条）
	被告人と重複して持つもの	証人尋問（304条2項），弁論（293条2項）
独立代理権	被告人の意思のいかんにかかわらず行使できるもの	勾留理由開示の請求（82条），保釈の請求（88条），証拠調べの請求（298条），異議申立て（309条）
	被告人の明示の意思に反しては行使できないもの	忌避の申立て（21条2項），上訴の申立て（355条・356条）
包括的代理権		移送の請求（19条），訴因変更等請求書面の謄本の送達を受けること（312条5項），証拠とすることの同意（326条）

それらについては，手続に登場する箇所での説明に委ねることとし，ここでは，被害者について概観しておこう。

被害者の地位

（この項目については，捜査および公判の手続について一応の理解を得てから読むほうがわかり易いであろう。）

（1）　犯罪の被害を受けた者は，まず，捜査の段階で登場する。捜査機関への被害届が捜査の端緒を提供することになるし，ときには，告訴人（230条）として種々の権利・義務の主体となることもある。また，捜査機関からの事情聴取をうけ，その結果としてなされた供述は，後の公判で一定の要件の下に証拠として用いられる。

6　その他の関与者　　35

刑事事件の訴追は，すべて検察官による「公訴」によってなされるため（247条），被害者自身が「私人訴追」によって裁判所に処罰を求めることはできない。しかし，検察官による起訴・不起訴の決定に当たっては，被害の状況，被害者の処罰感情等もまた考慮される（248条）。検察官の事件処理については，告訴人には一定の限度で通知ないし告知することになっているし（260条・261条），不起訴処分については，検察審査会への申立て，付審判請求（262条以下）等の手段で争う道も残されている。公判の段階では，被害者であることによる直接の権利・義務はなく，もっぱら検察官と被告人・弁護人とが対向することで審理が進められる。もっとも，証人として証言を求められる場合もあり，ときには被害者としての特殊な立場に配慮すべきこともある（被告人の退廷〔304条の2〕，公開の停止〔裁70条〕などのほか，法改正により証人一般の保護が強化された）。判決においては，被害回復の有無，被害者の心情などが量刑事情として重要な要素となる。なお，刑事手続とは別の手続で，暴力犯罪により死亡または重傷・重病・後遺障害の被害を受けた者については，犯罪被害者等給付金を支給する制度がある（「犯罪被害者等給付金の支給等による犯罪被害者等の支援に関する法律」に定められている）。

　（2）　しかしながら，被害者に関する刑事訴訟法の規定は断片的なものであり，その保護や利益主張の機会について十分な配慮がなされているとはいいがたかったため，2000（平成12）年にいわゆる犯罪被害者保護関連2法が制定された（「刑事訴訟法及び検察審査会法の一部を改正する法律」および「犯罪被害者等の保護を図るための刑事手続に付随する措置に関する法律」。なお，後者はその後の改正により，法律の名称も一部改められた）。被害者保護対策が必要とされるのは，被害者をいわゆる第二次被害（刑事手続に巻き込まれたこと自体に伴う苦

痛や不利益のこと）から守るべきこと，事件の直接の関係者である立場を尊重して被害者に捜査や裁判の進行についての情報や訴訟に関連する書類等を開示すべきこと，犯罪被害の回復が速やかに図られるべきことなど，各種の配慮が要請されるからである。

　さらに，犯罪被害者等基本法（平成 16 年法律 161 号）の制定により，被害者等の「尊厳にふさわしい処遇を保障」する観点から（犯罪被害基 3 条 1 項），適切な法制上の措置，刑事手続への参加機会の拡充が求められており，法整備や運用の改善がなされてきている。一方で，刑事手続の基本的な構造（あるいは，少年法における少年の健全育成という基本理念）については，被害者保護の要請によっても何ら変更を迫られるものではないから，刑事手続の目的とするところ（⇒5 頁）と整合的に制度設計をし，そのような運用の定着を図っていくべきである。

6　その他の関与者　　37

第2章	捜　　査

　刑事手続は，捜査に始まる。捜査では，迅速・確実な，犯人の特定・発見，証拠の収集・保全が求められるが，それは，被疑者をはじめ関係者の人権保障に細心の注意を払い，適正に行われなければならない。本章では，逮捕・勾留，捜索・差押えなどの強制捜査および強制によらない任意捜査の概要とその限界，被疑者の諸権利・防御活動などにつき学ぶ。

1　捜査の概要

① 捜査の意義

　捜査は，警察をはじめとする捜査機関が，犯罪があると考えるときに，犯人と思われる者（被疑者）を特定・発見し，必要な場合にはその身体（「身柄」とも呼ばれる）を拘束するとともに，証拠を収集・保全する，一連の手続である（189条2項参照）。これは，主として，検察官による起訴・不起訴の決定，および，公判における主張・立証活動に資することを目的としてなされる。

② 捜査手続の流れ

　捜査は，被害者からの被害届，警察官による職務質問，犯人の自首などをきっかけとして開始される。これらのきっかけは「捜査の端緒」と呼ばれる（⇨45頁）。

1　捜査の概要　　39

図表 2-1

①捜査の端緒（被害届・職務質問・自首など）
⇩
②捜査の実行（任意捜査・強制捜査）
⇩
③捜査の終結（事件の送致，起訴・不起訴の処分）

　捜査の実行に当たっては，強制でない処分（任意処分）により行うことを原則とする（任意捜査の原則）。被疑者に任意の出頭を求めて取り調べるのが，その一例である。しかし，必要な場合には，捜査は強制の処分（強制処分）によって行われる（任意捜査と強制捜査⇨57頁）。

　多くの事件では，まず警察が捜査を行い，一通りの捜査を終えると，検察官に事件が送致される。検察官は，通常，必要な補充捜査などを行った上で，起訴・不起訴の処分を決する。しかし，事件によっては，当初より検察官が主体となって捜査を行う場合もある。なお，犯情の特に軽微な窃盗など，一定の事件については，警察限りで事件処理が終了する（微罪処分⇨155頁）。

③　捜　査　機　関

意義と種類

　捜査機関とは，犯罪捜査の権限と職責を有する公務員の総称である。捜査機関として，刑訴法は，司法警察職員，検察官および（その補佐機関としての）検察事務官を規定している（**図表 2-2**⇨41頁）。

司法警察職員

　多くの事件では，捜査は警察官が主体となって実行される。警察は，犯罪の予防・鎮圧，交通の取締りなどの犯罪捜査以外の活動もその責務としているが（警察2条1項），刑訴法は特に，警察官が犯罪捜査を行う場合に「司法警察職員」（189条）と呼んでいる。警察官は，いかなる犯罪

図表 2-2

```
捜査機関
  ├─ 司法警察職員
  │      ├─ 一般司法警察職員（警察官。189条）
  │      └─ 特別司法警察職員（麻薬取締官など。190条）
  └─ 検察官・検察事務官（191条）
```

についても捜査をする権限があるが，「森林，鉄道その他特別の事項」（190条）に関する犯罪については，司法警察職員等指定応急措置法（昭和23年）により森林管理局署の職員などに，また，その他個々の法律により，労働基準監督官，海上保安官，麻薬取締官（員）などにも捜査権限が与えられている。これら警察官以外の捜査機関も，刑訴法では司法警察職員と呼ばれる（190条）。警察官を一般司法警察職員，特別の事項に関する捜査機関を特別司法警察職員と呼んで区別する場合もある。

Column 司法警察と行政警察

　警察の作用は，戦前，「行政警察」と「司法警察」に峻別されていた。前者は，警察機関が，固有の事務として行う諸活動であり，内務大臣の所管の下におかれた，後者は，検察官の「輔佐」として行う犯罪捜査活動であり（旧248条参照），司法大臣の所管の下におかれた。この区別は，フランス法に由来し，明治初年から認められていたが，戦後，犯罪捜査が警察固有の事務とされ（警察2条参照），警察官に独立の捜査主体としての地位が付与されたため，実質的な意味を失った。「司法警察職員」の語は，警察官といわゆる特別司法警察職員とを包括的に規定するための立法技術上の呼称にすぎないものといえる。

1　捜査の概要　41

| 司法警察員と司法巡査 |

司法警察職員は，上級の「司法警察員」と下級の「司法巡査」とに分けられる（39条3項参照）。逮捕状により逮捕する場合の逮捕状の請求（199条2項），告訴・告発・自首の受理（241条〜243条・245条）など比較的重要な権限は，司法警察員にのみ与えられている場合があるので，注意が必要である（司法警察員にのみ与えられている権限の主なものとして，このほかに，逮捕された被疑者に対する一連の手続〔203条1項・211条・216条〕，差押え・記録命令付差押え・捜索・検証・身体検査の令状の請求〔218条4項〕，鑑定留置・鑑定処分許可の請求〔224条・225条〕，変死体の検視〔229条2項〕がある）。警察官については，原則として巡査部長以上の階級にある警察官は司法警察員，それ以外の警察官は司法巡査とされているが（昭和29年国家公安委員会規則5号），特に必要のあるときは巡査の階級にある警察官であっても司法警察員に指定されることがある（各公安委員会の定めによる。189条1項）。

Column 警察の組織・警察官の階級

　中央警察機関として，内閣総理大臣の所轄下に国家公安委員会があり（警察4条），その管理の下に警察庁が置かれている（警察15条・17条）。捜査の関係では，「地方の静穏を害するおそれのある騒乱に係る事案」で，「国の公安に係るもの」についてなどが所掌事務とされている（警察17条・5条4項4号ロハ）。警察庁長官は，この事務につき都道府県警察を指揮監督することができる（警察16条2項）。地方警察機関として，都道府県知事の所轄下に都道府県公安委員会があり（警察38条），その管理の下に都警察および道府県警察の事務をつかさどるものとして警視庁および道府県警察本部がある（警察47条）。

　警察官の階級は，警視総監，警視監，警視長，警視正，警視，警部，警部補，巡査部長，巡査の9つである（警察62条）。警察庁長官は，警察官であるが，その職務上の地位からみて階級を有する警察官をもって

充てるのではなく，当然に最高位の警察官とされ，特に階級から除かれ
ている。なお，1967（昭和42）年に設けられた「巡査長」（の制度）は，
巡査のうち，勤務成績が優良で，実務経験の豊富な者に，第一線の巡査
の実務の指導および勤務の調整の職務を行わせようとするものであって，
階級ではなく，巡査の職名である。

検 察 官

検察官は，いかなる犯罪についても自ら捜
査することができる（検察6条，刑訴191条
1項）。また，その補佐機関である検察事務官は，検察官の指揮を受け
て捜査をしなければならない（検察27条，刑訴191条2項）。

検察官と司法警察職員

刑訴法が，まずはじめに，司法警察職員は，
犯罪があると思料するときは捜査するもの
とする（＝しなければならない）（189条2項）とし，続いて，検察官
は必要と認めるときは，自ら捜査することができる（191条1項）と
規定しているところから，一般に，司法警察職員が第一次的捜査機
関で，検察官は第二次的捜査機関だといわれる。実際にも，大多数
の事件については，まず警察によって捜査が行われた上で，事件が
検察官に送致され，検察官は，通常，警察による捜査の不十分と思
われる点を補充し，また不適正と思われる点を補正するなどの目的
で，さらに必要な捜査を行った上で，起訴・不起訴の処分を決する。
しかし，大規模な脱税・会社法違反や贈収賄のように複雑な法律問
題を含み，あるいは政治にかかわる事件については，法律家であり，
独立性もある検察官が主体となって捜査が行われることがある。

　旧刑訴法までは，検察官が捜査の主宰者であり，警察官は検察官
の「輔佐」（補助機関）としてその指揮を受けて捜査すべきものとさ
れていた（旧248条）。これと異なり，現行刑訴法は，両者をそれぞ
れ独立の機関として，「互に協力」（192条）する関係にあるものと

1　捜査の概要　　43

した。しかし、同時に、検察官は、司法警察職員に対して、「一般的指示」（193条1項），「一般的指揮」（193条2項），および具体的な指揮（193条3項）をすることができ，司法警察職員はこの指示または指揮に従わなければならない（193条4項・194条）と定められている。

このうち、一般的指示は、準則の制定によるものであって、検事総長による「司法警察職員捜査書類基本書式例」，各地方検察庁の検事正によるいわゆる微罪処分の基準準則（⇒149頁）などがある。また、一般的指揮は、検察官が捜査を行い、または行おうとする事件が、数個の警察にまたがり、または関連を持つような場合に、事件の捜査方針等について、関係の司法警察職員一般に対して指揮をなす場合をいい、具体的指揮は、検察官が自ら捜査をする場合に、個々の司法警察職員に命じてその補助をさせる場合をいう。

4 憲法と捜査手続

捜査の実行の過程においては、強制処分が用いられるのみならず、強制処分が用いられないにしても、捜査の対象とされている被疑者の権利・利益に影響を与える場合も少なくない。

現行憲法は、その31条以下に、刑事手続において人権を保障する規定を設けているが、被疑者段階に関しては、逮捕・勾留や捜索・押収についての令状の必要（令状主義）や弁護人依頼（選任）権などを定めた憲法33条，34条，35条，および、いわゆる黙秘権を定めた憲法38条が重要である。このうち令状主義は、逮捕・勾留等の強制処分の許否を、原則として、中立・公正な第三者的立場にある裁判官の事前の司法審査（令状審査）に委ねることにより、その適正・妥当な実施を図ろうとするものである。また、黙秘権や弁

44　第2章　捜　査

護人依頼権は，自白の強要など不当な方法による捜査を排除するとともに，強力な権限を有する捜査機関に比べて弱小な立場にある被疑者の防御活動を実効的にしようとするものである。

憲法のこれらの規定を受けて，刑訴法には，**図表2-3**のような規定が盛り込まれている。

図表2-3

憲　　法	刑事訴訟法
33条（逮捕についての令状主義，犯罪の明示）	199条1項（逮捕状），200条1項（罪名・被疑事実の要旨の記載）（→62条・64条［207条により準用］（勾留状））
34条（抑留・拘禁の理由の告知，弁護人依頼権）	203条・204条（逮捕の際の犯罪事実の要旨および弁護人選任権の告知），61条［207条により準用］（勾留の際の被疑事件の告知），30条（被疑者は「何時でも」弁護人を選任することができる），39条1項（接見［秘密］交通権）
34条（拘禁の理由の開示）	82条以下［207条により準用］（勾留理由の開示）
35条（捜索・押収についての令状主義，場所・物の明示）	218条（令状による差押え・記録命令付差押え・捜索・検証），219条（場所・物の明示）
38条1項（黙秘権）	198条2項（供述拒否権の告知）

2 捜査の端緒

1 意義・種類

捜査は，捜査機関が「犯罪がある」と考えるときに開始されるが（189条2項参照），そのように考えるきっかけを一般に「捜査の端

緒」と呼んでいる。捜査の端緒は，①被害者や被害関係者の届出，告訴・告発，②警察官による現認（現に犯罪を行っていることを認知したもの），職務質問，取調べ（取調べ中に他の犯罪〔余罪〕が判明したもの），③犯人の自首（刑42条，刑訴245条），など多種多様である（百選268頁）。捜査の端緒のうち，現行犯や取調べについては，後述するところに譲り，ここでは，それ以外のもので，法に規定があり，かつ，比較的に問題点を含んでいるものを幾つか紹介したい。

2 検 視

「変死者又は変死の疑のある死体」があるときは，検察官は，「検視」をしなければならない（229条1項）。検視とは，人の死亡が犯罪によるものであるかどうかを判定するために，死体の状況を見分する処分をいう（外表検査，着衣・携帯品・遺留品の調査，凶器・毒物等の有無の確認，写真の撮影，指紋の採取などに限られ，解剖や，死体の見分に必要な限度を超えた検証，捜索などはできない）。検視の結果，犯罪の嫌疑が生じたときは，鑑定処分許可状を得ていわゆる司法解剖を行うなどの捜査が開始されることとなる。

この検視の対象とされるのは，犯罪による死亡ではないと断定できない死体である（老衰死や通常の病死など自然死であることが明らかな死体はむろん検視の対象とならない。また，犯罪死であることが一見明白な場合は，検視をするまでもなく直ちに，検証などの捜査が開始されることとなろうが，実務上は，そのような死体はまれである。このほか，自然死ではないが，犯罪死でないことが明らかな場合〔明らかな飛び降り自殺，落雷による感電死など〕は，いわゆる行政検視の対象となるにとどまる）。検視の対象となるような死体が発見されるのは，警察官が警ら中に発見するか，一般人が発見して警察官に届け出る場合が大部

46 第2章 捜 査

分であって，この場合，まず，所轄の警察官によりいわゆる行政検視が行われ，もしその過程で犯罪によるものではないと断定することができないと思料されるに至ったときに，検察官による検視を求めるという順序を踏むのが通常である。

Column 行政検視と司法検視

一定の行政法規など（例えば，軽犯1条18号，医師21条，戸92条1項）を根拠として死体がある旨の届出ないしは報告を受けた警察署長（実際は所属警察官）が，公衆衛生，死因・身元の確認，死体の処理等の行政目的のために，現場に臨んでこれを見分する手続を「行政検視」と呼び，刑訴法229条の検視を「司法検視」と呼んで，区別することがある。

検視は，そのことがらの重大性にかんがみ，検察官の権限とされているが，検察事務官または司法警察員に行わせることもでき（229条2項。代行検視と呼ばれる），実務上は，ほとんどが，司法警察員により行われている。なお，代行検視は医師の立会いを求めて行うこととされている（医師が立ち会った場合には，通常，死体検案書が作成される）。検視は，急を要する処分であることから，令状は必要とされていない（原則として公益の代表者である検察官が行うべきものとされていること，捜査活動そのものではないことなども理由である）。令状なしで他人の住居に立ち入ることができるという見解があるが，他方，憲法35条に照らし疑問とする見解もある（もっとも，住居主が立入りに承諾を与えないことは，実際にはまれであろう）。なお，臓器移植との関係で調整のための定めがある（臓器移植7条）。

3 告訴・告発・請求

意　義

告訴・告発・請求は，いずれも，被害者，被害関係者や第三者など，犯人や捜査機関

2　捜査の端緒　　47

以外の者が捜査機関に対して，犯罪事実（被害事実）を申告するとともに，犯人の訴追・処罰を求める意思表示である。捜査の端緒である点では，単に犯罪事実を申告するにとどまる場合（被害の届出など）と変わらないが，受理・処理の手続や法律上の効果の点で異なるので注意が必要である。

告　　　訴

「犯罪により害を被った者」（＝被害者）は，告訴をすることができる（＝告訴権がある。230条）。被害者のほかに，法定代理人（親権者および後見人をいう）など被害者と特定の関係にある者も，告訴をすることができる（231条〜233条。なお，親告罪について234条がある）。

> **Column** 告訴と被害届の違い
>
> 犯罪による被害の事実を申告するにとどまり，犯人の訴追・処罰を求める意思の表示をしない場合は，単なる「被害届」であって，「告訴」に伴う法律上の諸効果（例えば，183条・260条〜262条）を生じない（なお，検察審査会法30条は，告訴人に加え，被害者も，申立権者に含めている）。しかし，いずれも，捜査の端緒となり，虚偽告訴罪（刑172条）の適用もあり，また，書面にとられた場合の証拠能力も同じである。

告訴は，書面または口頭で，検察官または司法警察員にする（241条。口頭のときは告訴調書を作る）。代理人によって告訴をすることもできる（240条前段）。告訴は，公訴の提起があるまで取り消すことができる（237条1項・240条後段・243条）が，いったん取り消した後は，再告訴はできない（237条2項。親告罪の場合に大きな意味を持つ）。

なお，司法警察員が告訴を受理したときは，速やかにこれに関する書類および証拠物を検察官に送付しなければならない（242条。246条にいう「特別の定」の一つ）。検察官は，告訴があった事件につ

いて、起訴・不起訴の処分をしたときは、速やかにその旨を告訴人に通知し、また、請求があれば不起訴処分の理由を告げなければならない（260条・261条。なお、262条、検審30条参照）。

親告罪と告訴

告訴（告発・請求）の有無が重要な意味をもつのは、いわゆる親告罪の場合である。親告罪とは、告訴がなければ公訴を提起することができない罪のことである。例えば、刑法典は、被害者の名誉の保全（秘密漏示等〔刑135条〕・名誉毀損等〔刑232条〕）、家族関係の尊重（親族相盗の場合〔刑244条・251条・255条〕）、および犯罪の軽微性（過失傷害〔刑209条〕・器物損壊等〔刑264条〕）を考慮していくつか親告罪を定めている。

　親告罪については、告訴がなければ起訴はできないが、捜査は、将来告訴が得られる見込みのある限り開始してよい。もっとも、そのやり方次第では、親告罪の趣旨に反する場合もあり得るので、特に強制捜査は慎重を期する必要があろう。

　親告罪の告訴は、原則として、「犯人を知った日」から6ヵ月以内にしなければならない（235条。なお、236条）。親告罪の告訴期間が制限されるのは、公訴提起の可否を必要以上に長い期間被害者等の意思にかからせて、不安定な状態を持続するのは適当でないからである。

Column 親告罪と告訴の効力 ━━━━━━━━━━━━━━━━

　親告罪では、告訴が訴訟条件（⇒176頁）となるため、その効力の及ぶ範囲が問題となる。この点に関し、「一個の犯罪事実（一罪）ないし共犯関係について、告訴の効力が全体に及ぶという原則」（告訴不可分の原則）があるとされる（告訴の取消しについても同様）。

　まず、「一罪の一部について告訴があった場合、その効力は、一罪の

2　捜査の端緒　　49

全部に及ぶ」(告訴の客観的不可分)。通常,告訴をする場合,被害事実の申告は必ずしも正確なものではあり得ないし,告訴人に訴追・処罰の範囲を限定する意思はないであろう。また,被害者等に事件の分割を許すべきではない。これらの理由から,明文の規定はないが,理論上認められている。この趣旨から導き出される例外として,一罪の一部だけが親告罪である場合(例えば,住居侵入・器物損壊)に,非親告罪の部分(すなわち,住居侵入)に限定してなされた告訴の効力は,親告罪の部分(すなわち,器物損壊)に及ばず,また,親告罪である一罪の各部分が被害者を異にする場合(例えば,1通の文書でA・B・C3名の名誉を毀損したとき),Aの告訴の効力は,B・Cに対する名誉毀損の部分には及ばないと解されている。

　つぎに,犯人が複数の場合,共犯者の一人(または数人)に対してした告訴であっても,その効力は共犯者全員に及ぶ(告訴の主観的不可分)。明文の規定がある(238条1項)。その趣旨は,告訴が本来犯罪事実を対象とするものであり,特定の犯人を選別するものではない(被疑者不詳でも告訴はできる)ということで説明されている。しかし,親族相盗の場合のように,親告罪であるかどうかがもっぱら犯人の人的関係で定まる場合(いわゆる相対的親告罪)には適切でない。そこで,人的関係のない者に対する告訴は(性質上,親告罪の告訴とはいえないから)人的関係のある共犯者に対してまでは効力が及ばないと解されている。

| 告　　発 |

告発は,第三者(すなわち,被害者その他の告訴権者,犯人および捜査機関以外の者)が,捜査機関に対して,犯罪事実を申告し,犯人の訴追・処罰を求める意思表示である(239条1項)。公務員がその職務を行うことにより犯罪を発見したときは,告発義務がある(239条2項)。一定の犯罪については,告発がなければ公訴を提起することができない(例えば,独占禁止法96条1項による公正取引委員会の告発,公職選挙法253条

50　　第2章　捜　　査

2 項による当該選挙管理委員会の告発，関税法 148 条 1 項による犯則事件における税関長等の告発など。なお，明文の規定はないが，同様に解されているものとして，議院における証人の宣誓及び証言等に関する法律 8 条の告発がある）。告発の手続や効果は，告訴の場合に準ずる（238 条 2 項・241 条〜243 条・260 条〜262 条・183 条，検審 30 条）。異なるのは，代理人によることができないこと（240 条参照），期間の制限（235 条）がないこと，起訴後の取消しや取消し後の再告発も禁止されていないこと（237 条参照）である。

> **請　　求**

　請求は，個別の法律の中で特定の罪について規定されている。例えば，刑法 92 条 2 項は，外国国章損壊等の罪につき，当該「外国政府の請求がなければ公訴を提起することができない」とし，また，労働関係調整法 42 条は，公益事業における争議予告義務違反の罪につき，「労働委員会の請求を待ってこれを論ずる」としている。これら「請求を待って受理すべき事件」（＝請求が訴訟条件となっている事件）については，告訴に関する規定の一部が準用される（237 条 3 項・238 条 2 項。235 条は準用されていない。また，260 条・261 条・183 条，検審 30 条）。

4 自　　首

　自首とは，犯人が，捜査機関に発覚する前（犯罪の発覚前または犯人のだれであるかが判明する前をいう。最判昭 24・5・14 刑集 3 巻 6 号 721 頁）に，自ら罪を犯したことを捜査機関に申し出ることをいう。捜査の端緒の一つであるが，刑法上，刑の減軽の理由となるため（刑 42 条），刑訴法では，告訴・告発の規定が準用され，手続が慎重に進められる（245 条）。

5 職務質問

　職務質問とは、警察官が、いわゆる挙動不審者等を発見した際、これを停止させて質問することをいう（警職2条1項）。職務質問は、主として、これから行われようとする犯罪の予防（防止）、および、すでに行われた犯罪の鎮圧を目的として、街頭などで日常的に行われている。その対象となるのは、「異常な挙動その他周囲の事情から合理的に判断して」、①罪を犯したと疑われる者、②罪を犯そうとしていると疑われる者（以上2つは、犯人的立場の者）、③すでに行われた犯罪について知っていると認められる者、④犯罪が行われようとしていることについて知っていると認められる者（以上2つは、被害者、目撃者その他参考人的立場にある者）、である（同項）。

　警察官は、これらの者を「停止させて質問する」ことができる（同項）が、その場で質問をすることが本人に対して不利であり、または交通の妨害となると認められる場合は、付近の警察署、派出所または駐在所に「同行」を「求めることができる」（警職2条2項。「任意同行」と呼ばれる）。しかし、これらの者は、刑事訴訟に関する法律の規定によらない限り、身体を拘束され、またはその意に反して警察署、派出所もしくは駐在所に連行され、もしくは答弁を強要されることはない（警職2条3項。憲33条・38条1項参照）。

> **有形力の行使**

このように、職務質問においては、逮捕の場合のような強制力を行使することはむろん許されない。しかし対象者が停止、応答ないし同行を拒むとき、その者に対する疑惑は深まることはあっても、解消することはない。それにもかかわらず、言語による説得のみが許され、「実力」（有形力）は一切行使することができないとすると、実際的でない結論に

52　第2章　捜　査

なるおそれがある。実力行使の許否につき，学説は，(a) 強制捜査による場合のほかは（いかなる意味においても）実力の行使はできないとするもの，(b) 実力の行使は原則として不適法であるが，重大な犯罪（殺人，強盗，重い傷害など）を犯したと疑われている者について，その容疑が極めて濃厚で，緊急逮捕も不可能ではないが，なお慎重を期するというような場合には，例外が認められるとするもの，(c) 強制捜査である身体「拘束」に至らない程度の自由の制限は許されるとするもの，に大別される。職務質問の実効性を確保するために合理的な，ある程度の実力行使は許されると解すべきだと思われるが，その限界は，個々の事案に即して，①職務質問の必要性の高さ（犯罪の重大さ・嫌疑の度合いなど），②対象者の対応（拒絶・協力の状況など），③対象者の状況（歩行者か自転車運転者か自動車運転者かなど），④実力行使の態様・程度，⑤自由制限の程度（時間等），などを総合的に判断して，決することとなろう。

　職務質問のための実力行使の許否・程度につき，一般的な基準を明確に示した最高裁判例は，これまでのところない。古い判例には，挙動不審者の追跡や背後から手をかける行為を適法としたものもある（最決昭 29・7・15 刑集 8 巻 7 号 1137 頁など）。さらに，任意捜査における有形力の行使に関する判例（⇨61 頁）や，所持品検査の許否に関する判例（⇨55 頁）などの趣旨を，職務質問のための停止行為についても推し及ぼせば，強制にわたらない程度の実力の行使は，必要性，（緊急性），相当性がある場合には許されることとなろう。実際に，最決昭和 53 年 9 月 22 日（刑集 32 巻 6 号 1774 頁）は，酒気帯び運転の疑いのある者が自動車を発進させようとした場合に，警察官が，窓から手を差し入れ，エンジン・キーを回転してスイッチを切り運転を制止した行為を，また，最決平成 6 年 9 月 16 日（刑

集48巻6号420頁〈百選2〉）は，覚醒剤使用の疑いのある者が自動車を発進させるおそれがあったため，警察官が，エンジン・キーを引き抜き取り上げた行為を，「職務質問を行うため停止させる方法として必要かつ相当な行為」だとしている。

このほか，最決平成15年5月26日（刑集57巻5号620頁〈百選3〉）は，警察官が，薬物使用等の疑いによる職務質問を継続するため，ホテル客室ドア敷居上辺りに足を踏み入れて閉められるのを防止した措置を，職務質問に付随する適法なものとする。

6 職務質問に伴う所持品検査

職務質問に伴う所持品検査は，職務質問の効果をあげる上で必要性，有効性の認められる行為である反面，その方法次第では対象者の権利を害するおそれもある。

警職法は，被逮捕者の身体について凶器の所持を調べることができるとするにとどまり（警職2条4項），職務質問に伴う所持品検査に関する直接の規定を設けていない。しかも，1958（昭和33）年に，所持品検査を許容する旨の法案が国会に上程されながら結局廃案に終わった（「凶器その他人の生命又は身体に危害を加えることのできる物件……を所持していると疑うに足りる相当な理由があると認められるときは……所持品を提出させて調べることができる」というものであった）。問題となるのは，相手方が所持品についての質問や提示の要求に応じない場合，その承諾なしに，①着衣や携帯品の外表に軽く手を触れて異常の有無を確かめる行為，②実力を行使して，所持品の内容を点検し，あるいは身体を捜検する行為，である。

学説は，(a)警職法2条4項や，銃砲刀剣類等を携帯・運搬していると疑われる者に対して一定の要件の下に提示，開示を認める銃

刀法 24 条の 2 による場合を除き，①②のいずれも許容されないとする見解，(b) ①までは，職務質問に付随する行為として，適法とみることができるが，②は，重大犯罪に関し，かつ容疑が極めて濃厚な場合に限って，例外的に許されるとする見解，(c) いわゆる警察比例の原則を適用し，所持品検査の必要性，緊急性を考慮し，侵害される個人の法益と保護される公共の利益との権衡を図りながら，相当と認められる限度で，いずれも許容する見解，などがある。

最判昭和 53 年 6 月 20 日（刑集 32 巻 4 号 670 頁〔米子銀行強盗事件〕〈百選 4〉）は，猟銃等による銀行強盗の容疑が濃厚な者が職務質問中に所持品の開披要求を拒否するなどの不審な挙動をとり続けたため，警察官が承諾なしに施錠されていないバッグのチャックを開き，内部を一べつして札束を発見した事案である。最高裁は，①所持品検査は口頭による質問と密接に関連し，かつ，職務質問の効果をあげるうえで必要性，有効性の認められる行為であるから，「職務質問に附随して」行うことができる，②任意手段である職務質問の付随行為として許容されるのであるから，所持人の承諾を得て行うのが原則であるが，「捜索に至らない程度の行為」は，「強制にわたらない限り」，承諾がなくても許容される場合がある，③そのような行為は，「所持品検査の必要性，緊急性，これによって害される個人の法益と保護されるべき公共の利益との権衡などを考慮し，具体的状況のもとで相当と認められる限度」においてのみ，許容される，として本件の開披行為を適法とした。しかし，承諾なしに，上着の内ポケットに手を差し入れて所持品（覚醒剤の包み）を取り出した行為（最判昭 53・9・7 刑集 32 巻 6 号 1672 頁〈百選 88〉），左足首付近の靴下の部分が膨らんでいるのを見つけ，中のもの（覚醒剤の包みや注射器等）を取り出した行為（最決昭 63・9・16 刑集 42 巻 7 号 1051

頁)，自動車内を丹念に調べて粉末入りビニール袋（覚醒剤）を発見した行為（最決平 7・5・30 刑集 49 巻 5 号 703 頁）は違法と判断された（いずれも，覚醒剤等の証拠能力は肯定する。⇨364〜367 頁）。

7 自動車検問

　職務質問の一変型として，警察官が一定の場所で通行者一般を対象に停止・質問を実施する場合がある。これを「検問」というが，とくに，走行中の自動車を停止させて運転者や同乗者に質問をする，いわゆる自動車検問がしばしば行われる。この自動車検問は，通常の場合，まず走行中の車両を（無差別的に）停止させた上でなければ，不審な事由の有無を判定できないため，いかなる法的根拠でできるのかが問題となる。

　警察実務上，自動車検問は，①交通違反の取締りを主な目的とする「交通検問」，②不特定の一般犯罪の予防・検挙を目的とする「警戒検問」，③特定の重大な犯罪が発生した際，犯人の検挙ないし情報の収集を目的として行う「緊急配備活動としての検問」，の 3 種に分けられる。

　このうち，緊急配備活動としての自動車検問（実例として，米子銀行強盗事件⇨55 頁）は，197 条の任意捜査として，あるいは（犯人車両の特定の状況等により）警職法上の職務質問として許されるであろう。

　交通検問について，最高裁は，違反多発地域等の適当な場所において，外観上の不審点の有無にかかわりなく，短時分の停止を求めて，必要な質問などをすることは，相手方の任意の協力を求める形で行われ，自動車の利用者の自由を不当に制約することにならない方法・態様で行われる限り，適法とした（最決昭 55・9・22 刑集 34 巻

5号272頁〈百選 A1〉)。同決定で，最高裁は，「交通の取締」を警察の責務の一つと定めた警察法 2 条 1 項を援用しつつ，運転者は，公道で自動車を利用できることに伴う当然の負担として，合理的に必要な限度の交通の取締りに協力すべきであることを実質上の根拠としている。

警戒検問の場合，このような自動車運転者の協力義務を適法根拠とすることは困難である。また，「犯罪の予防，鎮圧」を警察の責務の一つと定めた警察法 2 条 1 項が援用できるほか，直接の根拠規定は存在しない（なお，大阪高判昭和 38 年 9 月 6 日（高刑集 16 巻 7 号 526 頁〔続発していたタクシー強盗の予防・検挙のための検問〕）は，警職法 2 条 1 項を根拠規定とする）。したがって，停止させる方法は物理的強制などによらず，もっぱら相手方の任意の協力を前提として実施すべきであろう。

3 任意捜査と強制捜査

捜査は強制の処分（197 条 1 項但書）による強制捜査（逮捕・勾留，捜索・差押えなど）と，強制の処分でない，いわゆる任意処分による任意捜査（任意の出頭・取調べ，実況見分，聞込み，〔目視による〕尾行・張込みなど）の方法により，行われる。

1 捜査の基本原則

このような捜査活動に関する基本的な主義ないし原則として，一般に，強制処分法定主義，任意捜査の原則，および令状主義があるとされる。

| 強制処分法定主義 |

197条1項は，その本文で，「捜査については，その目的を達するため必要な取調をすることができる」と規定する。ここにいう取調べは，人の供述を求める狭い意味での取調べ（198条・223条）よりも広く，捜査活動一般をいうと解されている。これには，同項ただし書により，「強制の処分は，この法律に特別の定のある場合でなければ，これをすることができない」との限定が付されている。このように，捜査において，強制処分を用いるのは刑訴法にそれを許す特別の規定がある場合に限られるのであって，このことを一般に，「強制処分法定主義」と呼んでいる。

| 任意捜査の原則 |

強制処分法定主義は，強制処分が対象者の重要な権利・利益に対する実質的な侵害・制約を伴うものであるから，法定の厳格な要件・手続に従ってはじめて許されるべきだとの考えに基づくものと解される。さらに，強制処分がそのような性質を持つものであることからすると，強制処分が法律上許される場合であっても，できるだけ強制でない処分（任意処分）によるべきであるといえ，197条はこのような「任意捜査の原則」を定めたものだと一般に理解されている。そして，捜査の実際においても，「なるべく任意捜査の方法によって行わなければならない」（捜査規範99条）とされているのである。

Column 犯罪捜査規範 --

犯罪捜査規範は，警察法12条に基づいて制定された国家公安委員会規則であり，捜査に当たる警察官のための準則をまとめたものである。したがって，この規範に違反したからといって直ちに刑訴法上違法となるわけではない。例えば，犯罪捜査規範108条は人の住居等の任意の捜索を禁止しているが，住居主の完全に真意の承諾がある場合は，もはや

58　第2章　捜　査

強制処分とはいえないであろう。

令状主義

憲法33条および35条は，被疑者の身体拘束や捜索・押収は，原則として，あらかじめ裁判官の発する令状を得て行わなければならないものと規定し，これを受けて，刑訴法に必要な規定が盛り込まれている。このような事前の令状の必要は，「令状主義」と呼ばれているが，これは，これら強制処分が，対象者の重要な権利・利益に対する実質的な侵害・制約を伴うものであることにかんがみて，その許否を，原則として，中立・公正な第三者的立場にある裁判官の事前の司法審査（令状審査）に委ねようとするものであり，その趣旨は，強制処分一般に及ぶと解されている。

②　強制処分と任意処分

区別の基準

(1)　刑訴法は，何が「強制の処分」（197条1項但書）であるのかについて何らの定義も示していない。そこで，強制処分と任意処分との区別の基準が問題となる。

すなわち，刑訴法に直接の明文規定のある逮捕・勾留や捜索・差押えのように，対象者の抵抗を排して，その身体を拘束し，あるいは人の住居に立ち入って捜索をして，対象物を差し押さえるなど，物理的な作用を伴う処分については，それが強制処分であることは疑いないであろう。しかし，科学技術の発達に伴う機器等の高度化により，電子機器による通信の傍受（秘聴）・記録や高性能のカメラやビデオによる撮影・録画のように，直接の物理的侵入等を伴わずに容易に行い得る捜査手法も現れてきた。しかも，このような捜

3　任意捜査と強制捜査　59

査手法は，プライバシー等の権利意識の高まりとともに，対象者の重要な権利・利益に重大な影響を及ぼすことが認識されてきた。しかし，1999（平成11）年に電気通信の傍受について明文の規定が設けられる（⇒126頁）まで，刑訴法にこのような捜査手法を許す明示の個別的な規定は見当たらなかった。そこで，そのような捜査処分が強制処分に当たるか否か，当たるとすればそれを許す根拠規定となるものがあるか，が問題とされてきた（なお，218条3項参照）。

　また，強制処分に当たらない任意処分とされるものであっても，捜査上の処分である以上，対象者の権利・利益に多かれ少なかれ影響を与えるのであるから，そこにはやはりその実質に応じた合理的な許容限度があるべきではないか，もまた問題となる。

　(2)　このような強制処分と任意処分の区別の基準について，従前の通説は，物理的な実力ないしは強制力を用い，あるいは相手方に義務を負わせる処分が強制処分であるとしていた。その後，同意を得ずに個人の法益を侵犯するような場合はすべて強制処分になると解すべきだとする有力説も唱えられた（⇒61頁*Column*）。そのような状況の下で，最高裁は，「強制手段とは，有形力の行使を伴う手段を意味するものではなく，個人の意思を制圧し，身体，住居，財産等に制約を加えて強制的に捜査目的を実現する行為など，特別の根拠規定がなければ許容することが相当でない手段を意味する」（最決昭51・3・16刑集30巻2号187頁〈百選1〉）との基準を示すに至った。同決定は，①「個人の意思の制圧」と②「身体，住居，財産等の制約」を，強制処分か否かを判断する基準とするものである。通説的見解によれば，①は「相手方の明示または黙示の意思に反すること」，②は「（法定の厳格な要件・手続によって保護する必要のあるほど）重要な権利・利益に対する実質的な侵害ないし制約」，と言

い換えることができる。その後，最高裁は，電話の傍受は，「通信の秘密を侵害し，ひいては，個人のプライバシーを侵害する強制処分」であると明言し（⇨126頁），また，梱包内容のエックス線検査についても，「荷送人や荷受人の内容物に対するプライバシー等を大きく侵害する」強制処分だとした（最決平21・9・28刑集63巻7号868頁〈百選30〉）。そして，さらに，大法廷も，GPS捜査につき，「合理的に推認される個人の意思に反して……憲法の保障する重要な法的利益を侵害」するものとして，強制の処分に当たるとした（最大判平29・3・15刑集71巻3号13頁〈百選31〉⇨139頁）。

| 任意捜査の許容限度 |

前述の昭和51年3月16日最高裁決定は，任意捜査（における有形力の行使）の許容限度についても判示している。すなわち，同決定は，「強制手段にあたらない有形力の行使であっても，何らかの法益を侵害し又は侵害するおそれがある〔から〕……必要性，緊急性なども考慮したうえ，具体的状況のもとで相当と認められる限度において許容される」との基準を示した上で，酒酔い運転の嫌疑で警察署に任意同行されて取調べ中の被疑者が，突然退室しようとしたところ，警察官が説得のため両手でその左手首をつかんだ行為を，不相当でないとした。この「相当」性の基準は，その後も，例えば，宿泊を伴う取調べの適法性を判断する基準として応用されている（最決昭59・2・29刑集38巻3号479頁〈百選6〉参照。⇨95頁）。

Column　強制処分と任意処分の区別をめぐる学説の状況　～～～～～

　本文で紹介した有力説（⇨60頁）は，写真撮影や「秘聴」のような「新しいタイプの強制処分」については，刑訴法に根拠規定がなくても，実質的な令状主義の精神に従い，それぞれの処分の性質に応じた柔軟な規制をなした上であれば許されないわけではないとする。これに対して，

3　任意捜査と強制捜査　　61

強制処分法定主義を堅持すべきであるとの立場から，法定の厳格な要件・手続によって保護する必要のあるほど重要な権利・利益の実質的な侵害・制約を伴う場合にはじめて強制処分になると解すべきだとする見解が，現在では有力である。例えば，前説によれば街頭活動をする人の無令状の写真撮影も強制処分に属するということになろうが，後説によれば，任意処分としてその実質に応じた合理的な規制を講じていくべきこととなろう（最高裁の立場は，後説に近いもののように思われる。⇨136〜137頁）。後述する通信傍受法（⇨126頁）がすでに制定・施行されているので，前記「新しいタイプの強制処分」説は，その役割を終えたといえよう。

(3)　なお，問題となる権利・利益が人間としての存在にとって本質的なものであるなど，極めて重大なものであるときには，強制処分としてもそれを侵奪することは許されないとの見解も有力である（例えば，生命に危険のある外科的手術などが問題となる。なお，強制採尿に関する最決昭55・10・23刑集34巻5号300頁〈百選28〉の原審である名古屋高判昭54・2・14判時939号128頁も同様の観点に立つ）。

Column 捜査関係事項照会

捜査機関は，公務所（市役所など。裁判所・検察庁・警察も含む）または公私の団体（病院など）に照会して必要な事項（身上関係など）の報告を求めることができる（197条2項・5項）。相手方は，原則として報告義務を負うが，直接的に強制する方法はない。前記昭和51年3月16日最高裁決定（⇨60〜61頁）の立場によれば，任意捜査と解すべきものである。もっとも，報告がないと，担当者等の取調べ，さらには関係帳簿等の捜索・差押えなどが行われることもあり得る。

4 逮捕と勾留

1 意　義

　被疑者の身体拘束のための強制処分として，刑訴法は，「逮捕」（199条以下）と「勾留」（204条〜206条，207条〔60条以下の規定を準用〕）を規定している。逮捕とは，被疑者の身体を拘束し，引き続き短時間その拘束を続けるもの（処分）であり，勾留は，逮捕後なお引き続き比較的長期間の身体拘束の必要があるときに，被疑者の身体を拘束するもの（裁判およびその執行）である。

> ***Column*** 憲法との関係
>
> 　憲法33条のいう「逮捕」は，身体の拘束の「着手（開始）」をいう。刑訴法のいう逮捕に限らず，勾引（被告人・証人など特定の者を一定の場所に引致する強制処分。58条・68条・135条・152条など），勾留によって「はじめて身体を拘束する」場合も含む。着手後，拘束を続けるのは「抑留」（一時的な自由の拘束をいう）・「拘禁」（継続的な自由の拘束をいう）（いずれも，憲34条）である。刑訴法のいう逮捕は，逮捕の効力として，48時間ないし72時間の「留置」を認めているが，この（逮捕後の）留置は，憲法34条のいう「抑留」に当たる。憲法のいう逮捕と，刑訴法のいう逮捕とは観念をやや異にしているのである。刑訴法のいう勾留は，憲法34条のいう「拘禁」に当たる。
>
> **図表 2-4**
>
>
>
> 　（注）　○は，身体の拘束の着手

2 運 用 状 況

最近の運用では（2022〔令和4〕年），検察庁で起訴・不起訴等の処分を受けた26万1,614人の被疑者（交通事件を除く）のうち逮捕されたのは36.7%（警察逮捕が大部分で，検察庁逮捕は逮捕者総数の0.17%）である。逮捕されない，いわゆる在宅の被疑者が63.3%いることになる（もっとも，殺人などの重大事件では，逮捕される被疑者の割合は高くなる）。なお，逮捕された被疑者のうち84.4%が勾留された。

3 逮 捕

刑訴法は，通常逮捕（199条以下），緊急逮捕（210条以下）および現行犯逮捕（212条以下）の3種類を規定している。

通常逮捕

通常逮捕は，裁判官からあらかじめ逮捕状の発付を受けて行われるものである。憲法33条は，逮捕が個人の身体の自由を奪う重大な処分であることにかんがみて，この許否の判断は，原則として，裁判官の事前の司法審査（令状審査）によるものとした（令状主義⇨59頁）。通常逮捕は，同条の規定を受けた，逮捕の最も原則的な形態だといえる。

逮捕状による逮捕は，検察官，検察事務官，司法警察職員のいずれもなしうるが，逮捕状の請求は，逮捕が前述のような重大な処分であることにかんがみてその濫用を防ぐため，検察官と司法警察員（警察官の場合は，さらに国家公安委員会または都道府県公安委員会の指定する警部以上の者〔「指定司法警察員」と呼ばれる〕に限られる）に限り行うことができる（199条1項・2項）。

通常逮捕の要件としては，「逮捕の理由」と「逮捕の必要」とが，ともに備わっていなければならない。逮捕の理由とは，「被疑者が

罪を犯したことを疑うに足りる相当な理由」（199条1項・2項）のことである。逮捕の必要については，199条2項ただし書が「明らかに逮捕の必要がないと認めるときは」逮捕状を発付しないと規定している（現行法制定当時には，議論が十分に煮詰まらないまま，条文上は「必要」の語を省いたが，1953〔昭和28〕年改正の際，「明らかに逮捕の必要がないと認めるときは，この限りでない」という形で，裁判官に必要性の判断権〔および義務〕があることが示された）。このような規定の仕方は，逮捕状の請求・発付の手続は迅速性・緊急性を要するものであり，また捜査の比較的初期の段階であってそれほど多くの資料を要求することも難しいことなどを考慮したものである。逮捕の必要の内容に関する刑訴規則143条の3によると，被疑者に「逃亡する虞」もなく，「罪証を隠滅する虞」もないようなときには，逮捕の必要が認められないことになる。

　なお，199条1項ただし書は，一定の軽微な事件について逮捕をなし得るのは，「被疑者が定まった住居を有しない場合又は正当な理由がなく〔198条により捜査機関のなす〕出頭の求めに応じない場合に限る」と規定しているが，この住居不定や取調べのための出頭要求への不対応は，逃亡のおそれの強い場合を特に取り出したものであって，取調べの必要が直ちに逮捕の必要に当たるのではないと考えるのが一般的である。

　逮捕状の請求に当たっては，逮捕の不当なむし返し等を防ぐため，同一の犯罪事実または現に捜査中である他の犯罪事実について前に逮捕状の請求や発付があったときは，その旨を裁判所に通知しなければならない（199条3項，規142条1項8号）。

　逮捕状は，請求により，数通を発することができる（規146条）。また，令状の有効期間は，原則として発付の日から7日であるが，

より長い期間で発付されることもある（規300条）。これらは、被疑者の所在が明らかでないときなどに役立つ。発付された逮捕状には、罪名、被疑事実の要旨（憲33条参照）のほか一定の事項が記載される（200条）。逮捕に当たっては、被疑者に逮捕状を示すのが原則であるが（201条1項）、被疑者を発見した警察官が逮捕状を所持していないためこれを示すことができない場合（例えば、指名手配中の犯人をたまたま発見したような場合）において、急速を要するときは、①被疑事実の要旨、および、②逮捕状が発せられている旨、を告げて逮捕し、その後できる限り速やかに逮捕状を示せば足りる（201条2項。いわゆる緊急執行）。

　検察官または司法警察員は、性犯罪の被害者などの個人特定事項（氏名および住所その他の個人を特定させることとなる事項）について、必要と認めるときは、逮捕状の請求（199条2項本文）と同時に、裁判官に対し、被疑者に示すものとして、当該個人特定事項の記載がない逮捕状の抄本その他の「逮捕状に代わるもの」の交付を請求することができる（201条の2第1項・2項、規142条の2・144条の2）。逮捕状に代わるものの交付があったときは、被疑者を逮捕するにあたり、これを被疑者に示すことができる（201条の2第3項）。逮捕状に代わるものを所持しないため示すことができない場合であって、急速を要するときは、被疑者に対し、逮捕状に記載された個人特定事項のうち逮捕状に代わるものに記載がないものを明らかにしない方法により被疑事実の要旨を告げるとともに、逮捕状が発せられている旨を告げて、逮捕状により被疑者を逮捕することができる（201条の2第4項本文）。ただし、逮捕状に代わるものは、できる限り速やかに示さなければならない（201条の2第4項但書）。

Column 個人特定事項の秘匿措置

　刑事裁判を通じて性犯罪の被害者の氏名等が公になると，その名誉やプライバシーが害されるおそれがある。それを防ぐため，2007（平成19）年の刑訴法改正により，被害者特定事項の秘匿制度が導入された（⇨238頁 *Column* 被害者特定事項の秘匿）。

　この改正により，公開の法廷で被害者の氏名等が明らかになる事態を回避することはできるようになった。しかし，起訴状の公訴事実には，通常，被害者の氏名が記載されており，被告人に対しては，公訴の提起があったときに，裁判所から起訴状の謄本が送達される（271条1項）。その結果，被告人が犯行当時は被害者の氏名を知らなかった場合でも，起訴状謄本の送達により，それを必然的に知ることになる。被告人に被害者の氏名が知られることになると，その名誉やプライバシーが害されるだけでなく，例えば，被害者が捜査機関に被害を届け出たことを逆恨みした被告人から報復がなされる可能性もある。そのため，被害者がそれを恐れて，そもそも被害申告をしなかったり，いったん被害申告をしたものの，それを取り下げたりする例がみられた。そこで，起訴状の公訴事実において被害者を匿名で記載できるかという問題が議論された。また，加害者との関係で，被害者が特定されるような事項を秘匿する要請は，公訴提起以前の捜査段階でも存在する。そこで，手続の段階を問わず，必要な秘匿措置を採ることができるようにする法改正が検討され，2023（令和5）年5月，刑事訴訟法等の一部を改正する法律が成立し，2024（令和6）年2月に施行された。

1　秘匿の対象となる情報（201条の2第1項・271条の2第1項）

　(1)　(a)性犯罪に係る事件，および，(b)被害者の個人特定事項（氏名および住所その他の個人を特定させることとなる事項）が被告人・被疑者に知られることにより，①被害者等（被害者または被害者が死亡した場合もしくはその心身に重大な故障がある場合におけるその配偶者，直系の親族もしくは兄弟姉妹。201条の2第1項1号ハ(1)）の名誉または社会生活の平穏が著しく害されるおそれ，または②被害者やその親族の身体・財産に

4　逮捕と勾留　　67

害を加えまたはこれらの者を畏怖・困惑させる行為がなされるおそれがあると認められる事件，の被害者の個人特定事項

(2) 被害者以外の者で，その個人特定事項が被告人・被疑者に知られることにより，①その者の名誉または社会生活の平穏が著しく害されるおそれ，または②その者やその親族の身体・財産に害を加えまたはこれらの者を畏怖・困惑させる行為がなされるおそれがあると認められる者の個人特定事項

2　各手続段階における措置

(1) 逮捕手続における秘匿措置（⇨66頁）

被疑者に対し，「個人特定事項を明らかにしない方法により被疑事実の要旨を記載した逮捕状の抄本その他の逮捕状に代わるもの」を呈示（201条の2）

(2) 被疑者の勾留手続における秘匿措置（⇨76〜77頁。被告人の勾留手続における秘匿措置については271条の8）

①勾留質問等において個人特定事項を明らかにしない方法により被疑事件を告知（207条の2）

②被疑者に対し，「個人特定事項を明らかにしない方法により被疑事実の要旨を記載した勾留状の抄本その他の勾留状に代わるもの」を呈示（207条の2）

(3) 起訴状における秘匿措置（⇨193〜195頁「2　個人特定事項の秘匿」。訴因変更等の手続における秘匿措置につき312条の2⇨262頁）

①被告人に対し，「個人特定事項の記載がない起訴状の抄本その他の起訴状の謄本に代わるもの」（以下「起訴状抄本等」という）を送達（271条の2）

②弁護人に対し，起訴状に記載された個人特定事項のうち起訴状抄本等に記載がないものを被告人に知らせてはならない旨の条件を付して起訴状の謄本を送達（一定の場合には，弁護人にも起訴状抄本等を送達）（271条の3）

(4) その他の場面での措置

①検察官による証拠開示（299条1項・316条の14第1項）における秘匿措置（299条の4第2項・4項等・316条の23第2項）

②弁護人による訴訟書類等の閲覧・謄写（40条1項）における秘匿措置（271条の6第1項・2項）

③被告人その他訴訟関係人からの裁判書等の謄本等の交付請求（46条）における秘匿措置（271条の6第3項～5項）

④被告人からの公判調書の閲覧・朗読の求め（49条）における秘匿措置（271条の6第6項）

逮捕を行う場合において必要があるときは，人の住居等に入って被疑者を捜索することも許されるが（220条1項1号。憲35条参照），それが被疑者以外の住居等である場合は慎重な配慮が望まれる。なお，逮捕に際しては，その実効性を確保するために合理的に必要な実力の行使が許される（場合によっては武器の使用も許される。警職7条）。

| 現行犯逮捕 | （1）　現行犯逮捕は，現に罪を行っている，あるいは行い終わった直後の者（現行犯人）

の場合に，逮捕状なしに逮捕できるというものである（212条・213条）。捜査機関に限らず私人でも行うことができる（213条。この場合，直ちに検察官または司法警察職員に引き渡さなければならない〔214条〕）。

現行犯逮捕は，憲法33条の明記する，令状主義の例外の場合である。現行犯逮捕が無令状で許されるのは，①犯罪が行われたことおよび被逮捕者がその犯人であることが通常の場合に比べて明白で誤認のおそれが小さいため，裁判官による事前の令状審査の必要性が小さい，上に，②令状の発付を受けていたのでは犯人が逃亡しあるいは罪証を隠滅するおそれが強いため，その場で逮捕する必要性

4　逮捕と勾留　　69

が高い，ことによるものといえよう。

そこで，現行犯逮捕については，①「犯罪」が行われたこと，および，②被逮捕者がその「犯人」であること，が，逮捕者にとって明白であること（犯罪および犯人の明白性）が必要である。犯罪の成否の判断が不確実な場合は現行犯逮捕は許されないが，むしろ問題が多いのは，犯人の明白性である。この点で，犯行と逮捕との間が①時間的にそれほど隔たっていないこと（時間的接着性）と②場所的にも近接していること（〔その時間に対応した〕場所的近接性）が，犯人の明白性を判断する場合の重要な要素だとされる。逮捕に当たった警察官が犯行を直接目撃したのではなく，通報により現場に急行した場合が多く問題となる。判例として，①暴行，器物毀棄の犯人が犯行現場より 20 メートル離れた飲食店で手にけがをして大声をあげるなどしているところを犯行の 3, 40 分後に逮捕した事例（適法。最決昭 31・10・25 刑集 10 巻 10 号 1439 頁），②恐喝の犯人に似た者を犯行の 20 数分後に犯行現場から 20 数メートル離れた路上で逮捕した事例（犯人の明白性を認める状況がなく違法〔被害者と対面させ，その供述に基づいてはじめて犯人と認めえたケース〕。京都地決昭 44・11・5 判時 629 号 103 頁〈百選 12〉），などがある。なお，競馬の呑み行為の事案で，事前の内偵資料等に基づく知識によれば現行犯の存在を認知できる場合，現行犯逮捕が許される（東京高判昭 41・6・28 判タ 195 号 125 頁）。

逮捕の「必要」については，通常逮捕における 199 条 2 項ただし書のような規定はなく，実際上も逮捕の必要性は直ちに肯定できる場合が多いことから，この要件を不要とする見解もあった。しかし，身許が確実で逃亡のおそれがなく，罪証隠滅の可能性も乏しいという場合もあり得る。現在では，学説も実務の取扱いも，この要件を

必要とする立場で固まっている（大阪高判昭 60・12・18 判時 1201 号 93 頁〈百選 A2〉参照）。

(2) 212 条 2 項は，犯人として追呼されているなど経験則（⇒285 頁）上犯人である蓋然性がある程度高い者（＝同項各号の少なくとも一つに当たる者）について，本来の現行犯人の場合よりもやや時間的接着性の要件を緩めて，「罪を行い終ってから間がないと明らかに認められるとき」に，現行犯人とみなしている。これは「準現行犯人」と呼ばれる。この「間がない」かどうかは，逮捕者が逮捕時に認識した状況について判断されるべきものであるから，犯罪後の時間経過の長短のみで決まるものではない。犯罪との結びつきが消え去ることなく残存していて，そこから犯罪と犯人が明白といえるかが問題となる。例えば，内ゲバ事件発生の無線情報を受けて警戒中の警察官が，犯行の約 1 時間ないし 1 時間 40 分経過後に，犯行現場から約 4 キロメートルの地点で，職務質問のため停止を求めたところ逃走した（4 号該当）者が，腕に籠手を装着し（2 号該当），あるいは顔面に新しい傷痕があり血の混じったつばを吐いている（3 号該当）などの状況が認められたため，準現行犯人として逮捕したのは適法とされる（最決平 8・1・29 刑集 50 巻 1 号 1 頁〔和光大事件〕〈百選 13〉）。212 条 1 項の場合に比べて誤認の可能性は高いので，これらの要件は厳格に解すべきものである。

| 緊急逮捕 |

緊急逮捕は，一定以上の重大な罪の嫌疑が高い場合に，急速を要して，裁判官の逮捕状を求めることができないので，まず被疑者の身体を拘束した上で，その後，直ちに逮捕状を請求するものである（210 条）。

緊急逮捕の制度については，制定当初から，憲法 33 条の令状主義との関係で，合憲性に対する疑念があったが，最高裁は「〔210 条

のような〕厳格な制約の下に，罪状の重い一定の犯罪のみについて，緊急已むを得ない場合に限り，逮捕後直ちに裁判官の審査を受けて逮捕状の発行を求めることを条件とし，被疑者の逮捕を認めることは，憲法 33 条規定の趣旨に反するものではない」とした（最大判昭 30・12・14 刑集 9 巻 13 号 2760 頁〈百選 A3〉）。緊急逮捕の実際上の必要性は否定し難いであろうが，対象となる事件の限定が十分かなどに疑問も残り，その運用に厳格さを要求する意見は実務上も有力である。

　緊急逮捕については，通常逮捕の場合よりも要件が加重され，対象犯罪が一定の重大な罪に限られているほかに，通常逮捕の場合の「相当な理由」よりも高度な嫌疑である「十分な理由」が要求され，さらに，「急速を要し，裁判官の逮捕状を求めることができない」という「緊急性」が必要とされる。

　緊急逮捕に際しては，①犯罪の嫌疑が十分であること，および，②急速を要する状況があること，を被疑者に告げなければならない（210 条 1 項）。逮捕後は，「直ちに」，裁判官の逮捕状を求める手続をしなければならない（同項）。通常逮捕の場合と異なり，すでに逮捕はなされており，また早急に逮捕の適否につき裁判官の審査を受ける必要があるため，逮捕状の請求権者は司法警察員や検察官に限定されていない。逮捕状が発せられないときは，直ちに被疑者を釈放しなければならない。

| 逮捕後の手続 |

　司法警察員や検察官が逮捕状により被疑者を逮捕したときは，直ちに，犯罪事実の要旨，弁護人を選任することができる旨を告げた上で，弁解の機会を与えなければならない（203 条 1 項・2 項・204 条 1 項・5 項。その際，弁護人選任の申出，および請求による国選弁護人選任についての手続を教

図表 2–5

(1) 司法警察職員による逮捕の場合

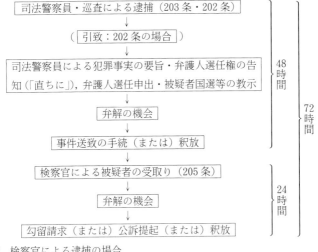

(2) 検察官による逮捕の場合

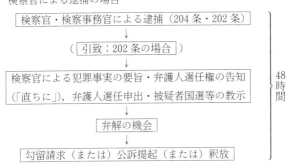

示することになっている。203条3項・4項・204条2項・3項。憲34条参照)。逮捕したのが司法巡査または検察事務官であるときは，直ちに，それぞれ司法警察員または検察官に引致した上で，同様の手続がとられる（202条)。実務では，この過程で，逮捕手続書および弁解録取書が作成される。

弁解の聴取やそれと並行して行われる捜査の結果，留置（身体拘束の継続⇒63頁参照）の必要がないと思われるときは，直ちに被疑者を釈放しなければならない（203条1項・204条1項）。一方，留置の必要があると判断するときは，司法警察員は，被疑者が現実に身体を拘束された時点から48時間以内に，書類および証拠物とともに，被疑者を検察官に送致する手続をしなければならず（203条1項・4項。246条にいう「特別の定」の一つ），検察官の場合は，やはり48時間以内に，公訴を提起するか，裁判官に勾留請求しなければならない（204条1項・4項）。検察官が司法警察員から事件の送致を受けた場合の制限時間は24時間であるが（205条1項・3項），この時間制限には，被疑者が現実に身体を拘束された時点から合計して72時間を超えることはできないとの制限が付されている（205条2項）。現行法は，このように厳格な時間制限を規定しているのである（ただし，206条）。

被疑者を現行犯逮捕あるいは緊急逮捕した場合の手続については，以上のような通常逮捕の場合の規定が準用される（216条・211条）。

4 勾 留

> 意　義

勾留とは，被疑者・被告人の身体を拘束する裁判（勾留状の発付）およびその執行（勾留状の執行。70条参照）をいう（被告人の勾留は，公判廷への出頭確保のためなされるものである）。刑訴法は，被告人の勾留について総則で規定し（60条以下），これを原則として被疑者の勾留に準用している（207条1項。この規定は，裁判官が，「勾留」という処分に関して，総則の規定する裁判所または裁判長の権限を，保釈に関するものだけを除いてすべて行使できるという意味である）。被疑者の勾留は，逮捕が先行

すること（逮捕前置主義⇒83頁），検察官の請求によること（204条1項・205条1項・206条1項），保釈が認められないこと（207条1項但書），勾留期間が短いこと（208条・208条の2を60条2項と比較せよ）などの点で，被告人の勾留と異なる（被告人の勾留や保釈については，⇒217頁，219頁）。

要　　　件

被疑者を勾留するには，まず，勾留の「理由」が必要である。それは，①被疑者が「罪を犯したことを疑うに足りる相当な理由」（60条1項本文。具体的根拠に基づいて犯罪の嫌疑が一応認められる程度であることを要する）がある場合で，かつ，②住居不定（同項1号）・罪証隠滅のおそれ（同2号）・逃亡のおそれ（同3号）の少なくとも一つに該当することである（なお，法定刑の軽い一定の罪については，住居不定〔同1号〕の事由に限られる。60条3項）。

しかし，例えば，①被疑者が，住居不定であるが，確実な身元引受人があって出頭確保のための手立てが講じられているため，勾留するまでの必要のない場合，②罪証隠滅のおそれはあるが，その現実的可能性が低い場合（最決平26・11・17判時2245号124頁〈百選14〉），③事案が極めて軽微なため勾留による身体拘束が相当でないと思われる場合，などもある。このような場合，裁判官は，勾留の「必要（性）」（ないし相当性）を欠くとして，請求を却下すべきだとされる（87条が，勾留の「理由」または「必要」がなくなったときは，勾留を取り消さなければならないと規定していることから，当初より，勾留の必要〔ないし相当性〕がない場合も，勾留請求を却下すべきだと解されている）。

Column　「勾留の理由・必要」と「逮捕の理由・必要」

一般に，「勾留の理由」と呼ばれるのは，（207条1項により準用され

4　逮捕と勾留　　75

る）60条1項本文，および同1号ないし3号に定める要件である。このうち，60条1項1号ないし3号に定める要件は，内容的には，前述の逮捕でいえば，（逮捕の）必要（性）に当たる事項であるが，講学上は，これを含めて勾留の「理由」と呼ばれている。

勾留の手続

被疑者の勾留は，検察官の請求（207条1項にいう「前3条の規定による勾留の請求」）を受けて，裁判官が勾留状を発することにより行われる（207条5項。被疑者への呈示は207条1項・73条2項。緊急逮捕・現行犯逮捕の場合は，211条・216条による準用。もし，制限時間内に公訴が提起されたときは，280条2項により，裁判官が職権で勾留するかどうかを決定するが，実務では，この裁判官の職権発動を促すため起訴状に「逮捕中求令状」という表示をする〔その裁判があるまで被疑者を留置しておくことが許される〕（⇒218頁）。なお，逮捕後勾留中の被疑者につき公訴が提起されたときは，特段の手続を要せず公訴提起の日から当然に被告人としての勾留が開始される）。

勾留請求を受けた裁判官は，被疑者に対し被疑「事件〔被疑事実〕を告げこれに関する陳述を聴」かなければならない（61条。憲34条参照）。このいわゆる勾留質問は，被疑者が，逮捕後はじめて中立・公正な立場にある者（裁判官）に弁解を聴いてもらえる機会として重要である。裁判官は，勾留の理由（あるいは必要ないし相当性）がないと認めるときは，勾留状を発しないで，直ちに被疑者の釈放を命じなければならない（207条5項）。勾留請求が，法定の時間制限内になされなかったときで，その遅延がやむを得ない事由に基づく正当なもの（突発的な交通途絶など）と認められない場合も，同様である（同項）。

検察官は，性犯罪の被害者などの個人特定事項について，必要と

認めるときは，勾留の請求（207条1項）と同時に，裁判官に対し，勾留を請求された被疑者に被疑事件を告げるにあたっては当該個人特定事項を明らかにしない方法によることおよび，被疑者に示すものとして当該個人特定事項の記載がない勾留状の抄本その他の「勾留状に代わるもの」を交付することを請求することができる（207条の2第1項，規147条の2）。裁判官は，勾留を請求された被疑者に被疑事件を告げるにあたって，当該個人特定事項を明らかにしない方法によるとともに，勾留状を発するときは，被疑者に示すものとして，当該個人特定事項を明らかにしない方法により被疑事実の要旨を記載した勾留状の抄本その他の勾留状に代わるものを交付する（207条の2第2項，規149条の2。被疑者への呈示は207条1項・271条の8第3項・73条2項）。この場合において，それにより被疑者の防御に実質的な不利益を生ずるおそれがあるとき（207条の3第1項2号）などは，被疑者または弁護人の請求により，当該個人特定事項の全部または一部を被疑者に通知する旨の裁判をしなければならない（207条の3第1項）。判例によれば，勾留を請求された被疑者に裁判官が被疑事件を告げるに当たり，207条の2第2項の規定する，個人特定事項を明らかにしない方法によったとしても，その余の事項から当該被疑事件を特定することができ，また，同条は，被疑者が弁護人に依頼する権利を行使することを妨げるものでもないから問題はない（最決令6・4・24裁判所時報1838号4頁）。

勾留の期間　被疑者の勾留期間は，原則として，検察官が「勾留の請求をした日から10日」である（208条1項。期間計算の場合の通則である初日不算入，休日除外などは，勾留期間の算定には適用しないのが実務・通説である。55条参照）。10日より短期の勾留状を発することはできないとされている。検

4　逮捕と勾留　　77

察官は，裁判官に対して，勾留期間延長の請求をすることができ，裁判官は，「やむを得ない事由がある」と認めるとき（例えば，被疑者多数，被疑事実多数など事案が複雑な場合）は，勾留期間を延長することができる。ただし，延長は，「通じて」10日を超えることはできない（208条2項。例えば，横浜地決昭42・2・2下刑集9巻2号161頁は，4日に限って勾留延長を認めた）。延長を2回以上する場合であっても，合算して10日以内でなければならない。内乱・外患等（刑77条以下）または騒乱（刑106条以下）の罪に当たる事件については，さらに5日を限度として延長できる（208条の2）。なお，勾留期間の短縮については必ずしも十分な規定がないが，裁判官は，勾留の理由または必要がなくなったときは，請求により，または職権で，勾留を取り消さなければならない（87条）。また，実務では，検察官の判断により勾留期間の途中で釈放することが行われている。

勾留の場所　被疑者は，裁判官が指定する「刑事施設」（勾留状に記載する。64条1項）に勾留される。「刑事施設」は，拘禁刑の執行のため拘置される者等のほか，刑訴法の規定により勾留される者も収容するが（刑事収容3条3号），警察の留置施設を刑事施設に代用することができる（刑事収容15条）。実務では，被疑者の勾留場所は，当該事件の捜査をしている警察署の留置場を指定し，起訴後はその事件の係属した裁判所に近い拘置所に移送する取扱いが多く行われている（なお，検察段階で逮捕された場合は，拘置所に直行する）。

　このような実務の運用は，法の規定する原則と例外とを逆にするものだとの批判もあるが，「代用」は必ずしも例外を意味しない。また，現状では，警察署の方が拘置所よりも施設数が相当多いため，近隣の留置場の方が，家族等の接見や差入れなどに便利であり，捜

査機関の取調べ等にとっても効率的である。しかし，このような運用は，被疑者がいわば捜査官の手中に置かれることから，自白の強要や利益誘導，弁護人との接見交通権等の権利侵害を誘発しやすいのであって，留置場の代用はやめるべきだ（つまり，すべて拘置所に勾留すべきだ）との批判も強く主張されている（このような批判にかんがみ，警察では，1980〔昭和55〕年4月以降，留置業務の担当部門を刑事課から捜査を担当しない総務課に移した。刑事収容16条3項参照）。将来の方向としては，拘置所の増設によって，留置場の使用頻度を減少させることが望ましいが，現状でも，裁判官としては，例えば，否認事件などのため特に自白の強要の危険が高いなどの事情があるときは，拘置所を指定するのが適切であろう。

　勾留場所の変更（移送）も可能である。検察官は，裁判官の同意を得て，被疑者を他の刑事施設に移すことができる（規80条・302条）。また，裁判官が，職権により移送命令を発することもできるとするのが判例である（最決平7・4・12刑集49巻4号609頁。もっとも，被疑者に移送請求権はなく，裁判官の職権発動を促すことができるだけである）。

不服申立て

　　　　　　　　　　　　裁判官がした「勾留……に関する裁判」に不服がある者は，その取消し・変更を請求することができる（429条1項2号）。請求を受けた裁判所は，合議体で決定をする（429条4項）。この手続を「準抗告」という（⇨409頁）。

　勾留請求認容の裁判（勾留状の発付。207条5項）に対して，被疑者が準抗告する場合，「犯罪の嫌疑がないこと」は理由にできない（429条2項は420条3項を準用している。犯罪の嫌疑の存否の判断は本筋の公判手続に委ねるべきである）とするのが通説であるが，被疑者段

4　逮捕と勾留　79

階については，事情が違うので，準抗告の理由になるとする見解が有力である。

逆に，勾留請求却下の裁判（釈放の命令。207条5項）に対して，検察官は，準抗告するとともに，釈放命令の執行停止を求めることができるか（432条は424条を準用している）。この点については，まさに勾留を継続するために却下への準抗告を許したので，それに必要な手続が行われる時間は身体拘束が認められるべきだという考えがあり，実務は，この立場で運用されているが，異論もある。

> **勾留の取消し・執行停止**

勾留の理由または勾留の必要がなくなったときは，裁判官は，被疑者・弁護人等，あるいは検察官の請求により，または職権で，勾留を取り消さなければならない（87条1項。検察官については，自ら被疑者を釈放することができるとされているから，実務上，取消請求をすることはまず考えられない）。

また，裁判官は，適当と認めるときは（例，病気治療のための入院，近親者の葬儀），勾留されている被疑者を親族，保護団体その他の者に委託し，または被疑者の住居を制限して，勾留の執行を停止することができる（95条1項。適当と認める条件を付することができる）。これは，勾留を一時的に解く制度である。裁判官は，勾留の執行停止の期間を指定・延長・短縮できる（95条2項〜5項）。また，被疑者の逃亡を防止するため必要があるときは，被疑者に対し，生活上または身分上の事項について報告を命ずることができる（95条の4。報告命令制度。被告人の場合につき⇨222頁）。さらに，被疑者に逃亡・罪証隠滅のおそれがあるとき，被疑者が被害者等の身体等に害を加えるなどの行為をしたとき，被疑者が正当な理由がなく命じられた報告をせずまたは虚偽の報告をしたとき，被疑者が住居の制限その

他裁判官の定めた条件に違反したときには，勾留の執行停止を取り消すことができる（96条1項）。裁判官はまた，勾留の執行停止をする場合において，「適当と認める者」を，その同意を得て「監督者」として選任することができる（98条の4第1項。監督者制度。被告人の場合につき⇒223頁）。裁判官は，監督者に対し，被疑者と共に出頭すること，被疑者の生活上または身分上の事項について，指定した時期に，または，それらの事項に変更が生じた場合には速やかに，報告することを命ずる（98条の4第4項）。監督者がその義務に違反した場合等には，監督者を解任するとともに，監督保証金の全部または一部を没取することができる（98条の8）。勾留の執行停止を取り消すときは，監督保証金の全部または一部を没取することができる（98条の11）。勾留の執行停止を受けた被疑者が期間満了後に出頭しない場合（208条の3），制限された住居を離脱した場合（208条の4），勾留の執行停止取消し後に検察官の出頭命令に違反した場合（208条の5）は，2年以下の拘禁刑に処せられる。なお，被疑者については保釈は許されない（207条1項但書）。

勾留理由の開示

憲法34条後段は，「要求があれば，その〔拘禁の〕理由は，直ちに本人及びその弁護人の出席する公開の法廷で示されなければならない」と規定し，これを受けて，刑訴法は，いわゆる勾留理由開示の制度を規定している（82条〜86条）。被疑者は，勾留質問の際に口頭で被疑事件の告知を受け（61条。憲34条前段参照），また後に勾留状を示されていて（73条2項），ある程度まで勾留の理由を知っているはずであるが，これだけの手続では被疑者の防御のために必ずしも十分でなく，また，その後の事情の変化もあり得るので考案されたとされる。勾留の理由（⇒75頁）は，公開の法廷で裁判官が告げ（83条・84条1項），

4　逮捕と勾留　81

関係人（検察官または被疑者および弁護人ならびにそれ以外の請求者）は
これに意見陳述ができる（84条2項）。勾留理由の開示は，直接に
勾留を取り消すための制度ではないが，準抗告や請求による勾留の
取消しなどに結びつき得るし，また，裁判官に対して勾留の要件に
ついて再考する機会を与えて，職権による勾留の取消しのきっかけ
となり，あるいは勾留延長につき慎重さを期待し得るなどの効果も
あろう。

外部との交通

弁護人その他の者との接見交通（面会）や，
書類その他の物（例えば，図書・衣類・日用
品類）の授受は，勾留中の被疑者にとって，防御の準備のためにも，
また拘禁に伴う苦痛を和らげるためにも，重要である。法は，弁護
人との接見交通は原則として自由とし（39条），その他の者との接
見交通については，法令（刑事収容法など）の範囲内で許すこととし
た（80条・81条。なお，逮捕されている被疑者の外部交通については，弁
護人との接見交通はできるが〔39条〕，それ以外の者との交通に関する規定
はない）。ここでは後者につき述べる（前者は，⇨144頁以下に譲る）。

　裁判官は，「逃亡し又は罪証を隠滅すると疑うに足りる相当な理
由」があるときは，検察官の請求により，または職権で，接見を禁
じ，または授受すべき書類，その他の物を検閲し，その授受を禁じ，
もしくはこれを差し押さえることができる（81条本文。接見禁止の当
否に関する審査・判断のあり方につき最決平31・3・13判時2423号111頁
参照）。接見禁止（命令）と呼ばれ，実務上は検察官の請求により行
われている。なお，この場合であっても，糧食の授受（いわゆる差
入れ）を禁止することはできない（81条但書）。

82　第2章　捜　査

⑤ 逮捕・勾留に伴う諸問題

> **逮捕前置主義**

現行法は，一般に，逮捕前置主義をとるものと理解されている。逮捕前置主義とは，被疑者の（＝起訴前の）勾留には，つねに逮捕が先行していなければならないという考え方をいう。これは，起訴前勾留の根拠規定である刑訴法207条1項が，勾留請求を「前3条の規定」（すなわち，逮捕に伴う処理を定めた204条から206条）によってのみ認めることから導かれるものである。逮捕を経ないで直接に勾留することも認める方が，身体の拘束期間を短縮できて，一見被疑者に有利なようであるが，刑訴法は，不当な身体拘束を防止するためには，逮捕，勾留と二段階に分け，各段階についてそれぞれ裁判官による司法審査に服させる（現行犯逮捕は例外である）方が優れている，との考えに立っている。

逮捕前置主義からすると，A事件（被疑事実）について，何ら逮捕がなされていない場合にいきなり勾留することが許されないことはいうまでもない。さらに，当初，A事件（例えば窃盗）の被疑事実で逮捕したが，その後，A事件については嫌疑が薄らいで勾留できない場合に，新たに嫌疑の生じたB事件（例えば傷害）で勾留すること（A→B）も，傷害についての逮捕を省略して直ちに勾留したことになるので，許されない。しかし，A事件について嫌疑が薄らぐことなく勾留ができる場合に，勾留の段階でB事件を追加すること（A→A＋B）は，A事件について適法に勾留が行われる以上，B事件を付加することを認めると否とを問わず被疑者が勾留されることに変わりがないことから，A事件の方を基準として逮捕前置主義が守られていれば足りる，と解されている。

4 逮捕と勾留　83

なお，この場合の「事件」は，公訴事実の同一性（⇨267頁）とほぼ同じ基準でその同一性が判定されるというのが基本的な考え方である（日時・場所の近接，方法・態様の類似，被害結果・内容の同一・類似等を総合して評価すべきであるが，捜査における事態の流動性などから，同一性はある程度ゆるやかに考えてよい）。例えば，Xがコカインの不法所持で逮捕された後，目撃者の記憶違いで，所持の日にちやコカインの分量が一部訂正されても，訂正後の事実による勾留請求は許される。これに対し，Xがコカインの不法所持で逮捕された後に，すべてを既に譲渡していたことが判明したときは，譲渡の被疑事実のみで勾留請求することは許されない（牽連犯ではなく併合罪と解されている）。

逮捕の違法と勾留

逮捕前置主義との関係で，逮捕が違法であった場合に，それに引き続いて行われる勾留請求が認められるのかが問題となる。この問題について，逮捕段階に「重大な違法」があった場合には，これを前提とする勾留請求は却下すべきであるという結論には，学説上ほとんど異論はなく，裁判例の多くも同様の考え方をとっている。

逮捕前置主義の趣旨は，本来，違法・不当な身体拘束を防ぐため，逮捕と勾留の二段階においてチェックをすることにある。しかし，例えば現行犯逮捕の場合には一段階目のチェック（令状審査）はないから，勾留請求の段階でその点も含めた審査が必要となろう（さもないと，証拠〔勾留中の自白など〕の証拠能力にからめて逮捕の適否を問題にするという形など，後の公判の段階でしか救済が図られないこととなる）。通常逮捕についても，令状発付の段階で手続上の瑕疵があったとか，実際に被疑者を逮捕する段階で違法があったということがあり得るにもかかわらず，逮捕に関する裁判や処分は準抗告

（429 条・430 条。⇨409 頁）の対象とならないのである（最決昭 57・8・27 刑集 36 巻 6 号 726 頁）。

逮捕に違法があればつねに勾留請求が許されないとするのも現実的ではない。それでは，逮捕段階にどの程度重大な違法があれば勾留請求を却下すべきか。勾留請求を違法とした裁判例として，①現行犯逮捕の要件を欠く逮捕（京都地決昭 44・7・4 刑月 1 巻 7 号 780 頁），②緊急逮捕後逮捕状の請求が「直ちに」行われたとは認められない場合（大阪地決昭 35・12・5 判時 248 号 35 頁），③逮捕状に裁判官の押印および契印が欠けていた場合（東京地決昭 39・10・15 下刑集 6 巻 9 = 10 号 1185 頁），④任意同行後の取調べが実質的には逮捕状によらない違法な逮捕といえる場合（富山地決昭 54・7・26 判時 946 号 137 頁〈百選 5〉。実質逮捕から勾留請求までの制限時間遵守と勾留請求の許否につき，⇨94 頁），などがある。

事件単位の原則

逮捕も勾留も事件（被疑事実）ごとに行われるべきだとの考え方を，「事件単位の原則」という（この原則は，身体拘束処分についての令状審査という原理から導き出されるものであり〔憲法 33 条は「理由となっている犯罪を明示する令状」を要求している〕，200 条や 64 条が，被疑事実の明示・特定を要求しているのは，このような考え方を表すものといえよう）。

一人の被疑者について被疑事実が複数（例えば A・B）存在し，A 事実を理由として逮捕・勾留されている場合に，通説および実務の運用では，もし B 事実（余罪）について逮捕・勾留する必要があるときは，B 事実を理由としてさらに（重複的に）逮捕・勾留しなければならない。そうしなければ，B 事実は当該身体拘束の根拠とはなっておらず，したがって，B 事実で逮捕・勾留の手続をとることのないまま，B 事実を考慮勘案して勾留期間の延長（208 条 2 項）な

4 逮捕と勾留 85

どを行うことは許されない。このような考え方を事件単位説と呼ぶ。事件単位の原則は，事件単位説の帰結である。事件単位説に対して，一人の人については一つの身体拘束しかあり得ないから，B事実による（二重）逮捕・勾留は認めるべきではないとする立場を人単位説と呼ぶ。この説では，被疑者は当初の手続上はA事実を理由として逮捕・勾留されたとしても，いったん身体拘束された以上，（潜在的な）B事実も当該身体拘束の根拠となっており，したがって，B事実を理由として勾留延長することもできるとする（B事実を接見指定の理由に援用することもできる）。事件単位説によれば，例えばA事実で逮捕・勾留してしばらく経ってからB事実で逮捕・勾留するとそのずれの分だけ身体拘束が長くなるという不利益も起こり得るが，しかし，人単位説によるように，手続上明示されていない理由によって身体拘束が長くなることはないのである。

このような事件単位説によれば，同様に，被疑者と弁護人との接見の日時・場所・時間を指定し（39条3項），接見・授受を制限する（81条）にあたり，B事実を理由として考慮・援用し，あるいは，起訴後に保釈を許すか否かを判断する際に，B事実の存在のみを考慮することは許されないこととなる（最決昭44・7・14刑集23巻8号1057頁〈百選A28〉参照）。

| 再逮捕・再勾留 |

（1）逮捕・勾留による身体拘束について，刑訴法は，厳格な時間制限を規定している（⇨72〜74頁，77〜78頁）。そこで，同一の事件（被疑事実）については逮捕・勾留は原則として一回しか許されるべきでないというのがほぼ一致した考え方である（「逮捕・勾留の一回性の原則」と呼ばれる）。

しかし，被疑者をA事実（例えば，窃盗）で逮捕・勾留したが犯罪の嫌疑が十分でないため釈放した後に，新たに重要な証拠を発見

したとか，逃亡や罪証隠滅のおそれが生じたなど，著しい事情変更があった場合にもA事実についてはもはや一切再度の逮捕・勾留が許されないとするのは実際上妥当ではない。そこで，再逮捕・再勾留は，①それを正当化する程度の著しい事情変更があり，かつ，②それを許すことが逮捕・勾留の不当なむし返しにならないと認められるときには，例外的に許すことができる，と一般に考えられている（裁判例として，東京地決昭47・4・4刑月4巻4号891頁〈百選16〉は，先行の勾留期間の長短，その期間中の捜査経過，釈放後の事情変更の内容，事案の軽重，検察官の意図その他の諸般の事情を考慮すべきものとする）。

（2）　このような場合とは異なり，先行する逮捕手続の違法を理由として勾留請求が却下された場合（⇨84～85頁）には，捜査機関の側にミス（違法）があるとともに，逮捕を必要とする事情に特段の変化がないから，再逮捕は許されないとする見解もある。しかし，つねに二度と逮捕できないとなると，それは現実問題として妥当であるまい。また，逮捕の違法については，勾留請求が却下されていったん被疑者が釈放されることにより一応の評価が下されているともいえよう。このような見地から，学説では，犯罪の嫌疑が極めて薄いのに逮捕した場合や，やむを得ない事由がないのに逮捕から勾留までの制限時間を遵守しなかった場合のように，違法の程度が重大であって，被疑者の基本的権利の侵害にわたる事案については，再逮捕は許されないが，緊急逮捕すべきところを現行犯逮捕したなど，逮捕の実体的要件はあるが逮捕手続の種類の選択を誤ったような形式的な瑕疵にとどまる場合には再逮捕が許されてよいとするのが一般的である。

（3）　なお，逮捕については，再度の逮捕のあり得ることを前提

4　逮捕と勾留　　87

とする規定がある（199条3項，規142条1項8号）が，勾留について
は特に明文の規定はない。しかし，被疑者の勾留について逮捕前置
主義がとられていることなどからすれば，法は再勾留を禁止する趣
旨とまでは解されない。ただし，勾留は逮捕に比べて身体拘束期間
が長いので，再勾留の許否の判断は，再逮捕の場合よりも厳格にな
されるべきである（勾留期間の短縮も考慮すべきであろう）。

分割の禁止 前述（⇨86頁）の逮捕・勾留の一回性の原
則からは，さらに，同一の事件（被疑事実）
についてはこれを「分割」して複数の逮捕・勾留をすることは許さ
れないと考えられている。すなわち，一個の被疑事実（例えばA
〔常習賭博〕）については一つの逮捕・勾留しか許されないから，こ
れを分割して（例えば，A_1〔2月1日の賭博事実〕とA₂〔2月19日の賭
博事実〕）それぞれについて，同時にまたは順次に，逮捕・勾留する
ことは許されない（前述の事件単位の原則によれば，被疑事実が同時に
複数〔例えばA，B，Cの3個〕ある場合には，その個数分，逮捕・勾留が
できることになる。しかし，分割の禁止からすると，各被疑事実〔例えば
A〕については一つ（一回）の逮捕・勾留しか許されないのである）。

　事件が同一かどうかの点については，実体法上の一罪を構成する
ような範囲の被疑事実とされている（実体法上一罪説〔通説〕。科刑上
一罪も，ここにいう「一罪」として扱われる）。問題となるのは，いっ
たん釈放後に同一犯罪の一部と見られる行為を新たに行ったような
場合（例えば常習賭博や常習傷害）で，多数の見解は，このように
「同時処理」が不可能であった場合は，例外的に新たな逮捕・勾留
を認める（具体的事例として，福岡高決昭42・3・24高刑集20巻2号114
頁参照。ただし，同決定は，一般論として，勾留は個々の犯罪事実ごとに
行われるもので，必ずしも罪数に拘束されないとする〔単位事実説〕）。こ

れに対し，その行為がはじめの逮捕・勾留前に発生していたが，釈放後にはじめて発覚したような場合については消極的に解すべきものとされる（そのような事案につき，一罪一勾留の原則（⇒*Column*）に反しないとした裁判例として，福岡高決昭 49・10・31 刑月 6 巻 10 号 1021 頁参照。また，仙台地決昭和 49・5・16 判タ 319 号 300 頁〈百選 17〉参照。なお，最決平 30・10・31 判時 2406 号 70 頁は，併合罪関係にあるケースにつき，同時処理義務を認めて勾留請求を却下した原決定を是認できないとした）。

なお，分割の禁止によれば逮捕・勾留が許されないときであっても，前述の再逮捕・再勾留（⇒86 頁）が許されることはありうる（前掲・仙台地決昭 49・5・16 参照）。

Column 一罪（一逮捕）一勾留の原則

　従来，実体法上一罪説の立場から，分割の禁止を（狭義の）一罪一勾留の原則と呼び，逮捕・勾留の一回性の原則を広義の一罪一勾留の原則と呼ぶことも行われてきたので注意されたい。

別件逮捕・勾留

（1）　別件逮捕・勾留とは，捜査機関が，いわば本命視している被疑事実（本件）について被疑者を取り調べる目的で，それとは異なる被疑事実（別件）によって逮捕・勾留し，その身体拘束期間を，本件についての取調べに利用する捜査手段をいう。特に，①重大な本件（強盗殺人など）で逮捕・勾留する要件が欠ける場合に，無関係の軽微な別件（例えば軽微な窃盗）について逮捕・勾留の請求がなされたときに，逮捕状・勾留状の発付が許されるか，②別件による逮捕・勾留が，現実に，主として本件の取調べに利用されたときに，そのことを理由として当該逮捕・勾留が違法となるか，という形で問題となる。

4　逮捕と勾留　　89

（2）　判例の状況　　別件逮捕・勾留の問題は，判例上，帝銀事件の上告審判決（最大判昭 30・4・6 刑集 9 巻 4 号 663 頁）を契機として注目されるようになった。最高裁は，これまでのところ，その適法性の判断基準について明確な判断を示していない（もっとも，狭山事件最高裁決定〔最決昭 52・8・9 刑集 31 巻 5 号 821 頁〕は，傍論ではあるが，「専ら，いまだ証拠の揃っていない『本件』について被告人を取調べる目的で，証拠の揃っている『別件』の逮捕・勾留に名を借り，その身柄の拘束を利用して，『本件』について逮捕・勾留して取調べるのと同様な効果を得ることをねらいとしたものである，とすることはできない」と述べており，これが一応の基準を示唆したものとみる余地もある）。しかし，下級審の裁判例の中には，別件による逮捕・勾留の請求の際には表に出ていなかった本件被疑事実に着目して，別件逮捕・勾留自体を違法とするものも少なくない。その代表例とされる蛸島事件判決（金沢地七尾支判昭 44・6・3 刑月 1 巻 6 号 657 頁）は，①逮捕・勾留手続を自白獲得の手段視する点で刑訴法の精神にもとる，②別件による逮捕・勾留期間満了後に改めて本件によって逮捕・勾留することを予定している点で，公訴提起前の身体拘束について厳しい時間的制約を定めた刑訴法 203 条以下の規定を潜脱する，③別件による逮捕・勾留がもっぱら本件の捜査に向けられているにもかかわらず，被疑者は実質的に，その本件を逮捕・勾留の理由として明示する令状によらず身体を拘束されることになるから，憲法 33 条・34 条に違反する，という 3 つの理由を挙げて，当該別件逮捕・勾留自体を違法としている。

（3）　本件基準説と別件基準説　　蛸島事件判決にも見られるように，令状請求の時点では表に現れていなかった本件を基準にして，別件による逮捕・勾留が，実質的には，本件について逮捕・勾留し

たものといえる場合には，当該逮捕・勾留自体が違法だとする考え方を「本件基準説」と呼び，学説の多数説である。これに対して，別件を基準にして，別件について一応逮捕・勾留の理由と必要がある以上，別件による逮捕・勾留自体が違法とはいえず，本件については余罪取調べ（⇨100頁）の許される範囲の問題として処理しようとする考え方を「別件基準説」と呼ぶ（下級審の裁判例には，両説のいずれか典型的なものに二分できないものも相当数ある。別件基準説に立ちながら，本件基準説の発想を大幅に取り込んだ裁判例として，例えば，浦和地判平2・10・12判時1376号24頁〈百選18〉がある）。

　実際には，逮捕状の請求を受けた令状裁判官は，本件とは無関係の別件の資料だけを手にするのであるから（規142条以下），本件については認識を持たないのが通常である。そこで，多くの場合，別件による逮捕・勾留が，現実に，主として本件の取調べに利用されたときに，そのことを理由として当該逮捕・勾留が違法となるか，という形で問題となる。そのためもあって，別件基準説に立ちながら，別件についてほとんど取調べがなされなかったような場合は（結果的に見ると）そもそも別件について逮捕・勾留の必要がなかったといえ違法だ，との理論構成をとる見解が，実務家の間で有力である（「新しい別件基準説」と呼ばれる。この説によれば，別件についての取調べがある程度実質的に行われていれば当該逮捕・勾留自体は適法であり，本件については余罪取調べの範囲の問題として処理すべきこととなる）。しかし，この説が，取調べの必要の有無で逮捕・勾留の必要を判断するものだとすれば，疑問がある。

　この点で，起訴前の身体拘束期間は，逮捕・勾留の理由とされた被疑事実について，被疑者の逃亡および罪証隠滅を阻止した状態で，起訴・不起訴の決定に向けた捜査（取調べに限られない）を行うため

の期間であるから，身体拘束の途中で身体拘束の理由とされた被疑事実（別件）についての捜査が完了した場合には，その時点で身体拘束の継続の必要性が失われ，それ以後の身体拘束は違法となる（当該捜査を行うために合理的に必要と考えられる期間以後の身体拘束も同様）とする有力説が注目される。

（4）　その他の問題　　別件逮捕・勾留中の本件取調べによって得られた自白の証拠能力（⇨308頁）を否定した裁判例には，逮捕・勾留自体を不適法としたもの（例えば蛸島事件判決。⇨90頁），余罪取調べの限界を逸脱して違法だとしたもの（例えば，福岡地判平12・6・29判タ1085号308頁。⇨101頁）などがある。

もし，別件による逮捕・勾留自体が違法である場合，それに引き続く本件による逮捕・勾留が許されるか。これは，再逮捕・再勾留の問題の一つの応用場面であるが，実質的にみて本件による逮捕・勾留のくり返しであり，許すべきでないであろう。

5 被疑者等の取調べ

1 取調べと自白

被疑者のみならず，被害者や目撃者など，その供述が重要な証拠となることが見込まれる者について，その供述を得るため取調べ（取調べの意義につき，⇨58頁）を行うことは，捜査上必要不可欠のことである。刑訴法は，「被疑者」の取調べ（198条）と「被疑者以外の者」の取調べ（223条）に分けて規定している。

取調べは，被疑者にとって直接的な弁解の機会を持つことでもある（203条1項参照）が，その過程において虚偽の自白の誘発や不当

92　第2章　捜　　査

な人権侵害のおそれもある。

②　被疑者の取調べ

被疑者の任意出頭・取調べ

捜査機関は，犯罪の捜査をするについて必要があるときは，被疑者の出頭を求め，これを取り調べることができる（198 条 1 項）。被疑者は，逮捕または勾留されている場合（⇒96 頁）を除いては，出頭を拒むことができる（同項但書。また，いったん出頭しても，いつでも退去できる）。取調べに応じて供述するかどうかも，被疑者の任意である（⇒95〜96 頁）。もし任意に出頭し，供述したときは，これを調書に録取することができる（198 条 3 項）。この被疑者供述調書（供述録取書⇒316 頁）は，被疑者に閲覧させ，または読み聞かせて，誤りがないかを問い（いわゆる「読み聞け」），被疑者が増減変更の申立てをしたときは，その供述を調書に記載しなければならない（198 条 4 項）。被疑者が調書に誤りがないと申し立てたときは，捜査機関は署名・押印を求めることができる（198 条 5 項）。それに応ずるかどうかもまた被疑者の任意である。被疑者の供述調書は，被疑者の署名または押印があるとき，一定の条件のもとで後に公判廷で証拠として用いることができる（⇒315 頁）。

被疑者の弁護人または弁護人となろうとする者（「弁護人等」という）が，任意取調べ中の被疑者との間で立会人のない接見（面会）の申出をした場合には，捜査機関は，速やかにそのことを被疑者に告げて弁護人等と接見するか任意の取調べを継続するかを確認しなければならない（東京高判令 3・6・16 判時 2501 号 104 頁〈百選 38〉。逮捕・勾留中の被疑者と弁護人等との接見交通については⇒144 頁）。

なお，捜査に関しては，被疑者その他の者の名誉を害しないよう

に注意すべき旨の訓示規定があることに留意しなければならない（196条）。

任意同行に引き続く取調べの限界

このような任意出頭・取調べの一形態として，捜査官がいわゆる在宅（＝身体不拘束）の被疑者の住居や職場に直接出向いて出頭を求め警察署等の取調べ場所へ同行する場合は，事実上強制に近づく可能性があるため，任意出頭一般と区別して，「任意同行」と呼ぶことがある（198条1項。197条とする見解もある。なお，警職法による任意同行とは異なる。⇨52頁）。同行の時刻（深夜，早朝など），その方法（捜査官の人数，態度など），被疑者の対応状況，同行後の取調べの状況（取調べの時間，場所，方法・態様，監視状況）などを総合的に考慮して，強制の実質を備えるに至ったと判断される場合は，その時点で逮捕があったものとみられ（令状が発付されていれば令状による逮捕とみることもできる），身体拘束の起算点に影響するほか，身体拘束自体の適法性にも問題を生ずる。例えば，東京高判昭和54年8月14日（刑月11巻7＝8号787頁〈百選15〉）は，任意同行が，逮捕と同一視できる程度の強制力を加えられていたもので，実質的には逮捕行為に当たり違法だったとし，また，富山地決昭和54年7月26日（判時946号137頁〈百選5〉）は，事実上被疑者を常時監視下におきつつ，午前8時ころから翌日午前零時ころまで取調べが行われた事案において，少なくとも夕食時である午後7時以降の取調べは実質的には逮捕状によらない違法な逮捕状態でなされたものであるとした。

なお，このように実質的な逮捕に至っている場合には，それに引き続く勾留請求の許否（⇨84〜85頁）が問題となる。この点で，前記富山地決は，「実質逮捕の時点から計算しても制限時間不遵守の

問題は生じない」事案において，「約5時間にも及ぶ逮捕状によらない逮捕という令状主義違反の違法は，それ自体重大な瑕疵であって，制限時間遵守によりその違法性が治ゆされるものとは解されない」として勾留請求却下に対する準抗告申立てを棄却した。一方，前記東京高判は，①緊急逮捕の要件は備わっていたこと，②約3時間後には通常逮捕の手続がとられていること，③制限時間不遵守の問題は生じないこと，を理由に，実質的逮捕の違法性の程度はその後の勾留を違法にするほど重大ではないとする。

さらに，このような実質的な逮捕にまでは至っていないが，取調べが任意捜査として相当性を欠き違法とされる場合もある。この点で，最高裁は，「任意捜査の一環としての被疑者に対する取調べは，……強制手段によることができないというだけでなく，さらに，事案の性質，被疑者に対する容疑の程度，被疑者の態度等諸般の事情を勘案して，社会通念上相当と認められる方法ないし態様及び限度において，許容される」との一般基準を示している（最決昭59・2・29刑集38巻3号479頁〈百選6〉，最決平元・7・4刑集43巻7号581頁〈百選7〉⇨61頁）。被疑事実が重大な場合，その限界判断は微妙である。最高裁は，殺人事件の被疑者を4夜にわたりホテルに宿泊させて連日取調べが行われた事案（前掲・最決昭59・2・29），および，強盗殺人事件の被疑者について徹夜で合計22時間に及ぶ取調べが行われた事案（前掲・最決平元・7・4）において，「必ずしも妥当でない」としながら，事案の具体的状況の下ではやむを得なかったと判断している（いずれも，〔反対〕意見が付されている）。

| 供述拒否権の告知 |

被疑者の取調べに際しては，取調官は，被疑者に対し，「あらかじめ，自己の意思に反して供述をする必要がない旨を告げ」なければならない（198条2

5　被疑者等の取調べ　　95

項）。これを供述拒否権の告知という（黙秘権の告知とも呼ばれる。
「黙秘権」につき，⇨142頁）。この告知は，被疑者の身体拘束の有無
を問わず要求される。なお，犯罪捜査規範は，この告知は，取調べ
が相当期間中断した後再びこれを開始する場合または取調警察官が
交代した場合には，改めて行わなければならないとしている（捜査
規範169条2項）。供述拒否権（黙秘権）の不告知はもちろん違法で
あるが，判例によれば，それだけで自白の証拠能力が失われるもの
ではない（⇨313頁）。

Column 旧刑訴法との違い ━━━━━━━━━━━━━

　　旧刑訴法では，「被告人ニ対シテハ丁寧深切ヲ旨トシ其ノ利益ト為ル
ヘキ事実ヲ陳述スル機会ヲ与フヘシ」という被告人訊問に関する訓示的
な規定が被疑者の訊問にも準用されていた（旧刑訴135条・139条）に
すぎない。これに対して，現行刑訴法は，供述拒否権の告知を義務づけ
るとともに，強制，拷問，脅迫による自白など，任意にされたものでな
い疑いのある供述は公判において証拠として用いることができないこと
としている（319条1項・322条1項但書。⇨308頁）。

　　なお，198条2項は，現行刑訴法制定当初，「あらかじめ，供述を拒
むことができる旨を告げなければならない」との規定であったが，施行
後，捜査機関内部に不満が強く，1953〔昭和28〕年の部分改正の際に，
規定削除の当否が議論されたのち，現在の表現に修正することで落ち着
いた。

━━━━━━━━━━━━━━━━━━━━━━━━━━━

> **身体拘束中の取調べ**

在宅の被疑者の取調べとは異なり，逮捕・
勾留により身体を拘束されている被疑者の
取調べについては，供述拒否権との関連で，被疑者に出頭・不退去
（滞留）義務があるかという問題がある。

　すなわち，198条1項ただし書は，被疑者は，「逮捕又は勾留さ

96　第2章　捜　査

れている場合を除いては」出頭を拒み，または出頭後，何時でも退去することができると規定している。したがって，在宅の被疑者については，出頭自体を拒み，あるいは出頭後も自由に退去できることに疑問はない。しかし，逮捕・勾留中の被疑者については，法の文言を素直に読めば，留置場や拘置所の居房から警察署等の取調室への出頭を拒み，あるいは出頭後に取調室から留置場等へ退去することはできないこととなる。学説はかつて，この点をとらえて，被疑者には「取調受忍義務」があると解していた（ただし，受忍義務を伴う取調べ自体は任意捜査とされ，また，逮捕・勾留は取調べを目的とする制度であるとまでみることは，慎重に避けられている）。捜査実務も，受忍義務を肯定する立場で行われているといってよいであろう（最高裁は，傍論ではあるが，「身体の拘束を受けている被疑者に取調べのために出頭し，滞留する義務があると解することが，直ちに……その意思に反して供述することを拒否する自由を奪うことを意味するものでない」としている。最大判平 11・3・24 民集 53 巻 3 号 514 頁〈百選 34〉）。このような考え方に対しては，「〔供述拒否権が告知され〕供述の義務はないといっても，〔取調室まで出頭し取調べがすむまで留まる義務があるとすれば〕実質的には供述を強いるのと異ならない」との観点から，受忍義務を否定する立場が学説では有力であったが，文理との関係で難がある。そこで，現在では，逮捕・勾留されている被疑者には「出頭拒否および退去の自由」はないが，供述をする義務だけでなく取調べに応ずる義務もない（出頭後取調べを拒んだ場合，翻意させるための説得が長時間にわたることは許されない）とする見解が有力である。

このように解釈は分かれているが，現実に重要な問題は，身体拘束下の取調べにおいて被疑者の供述の任意性をいかにして確保するかにある。この点で，2016（平成 28）年 6 月，任意性が争われたと

きに備えて，一定の事件について取調べ状況の録音・録画を義務づけることを内容とする改正法（平成28年法律54号）が公布され，2019（令和元）年6月1日から施行された（録音・録画制度の創設⇒*Column*）。

今後さらに，立法論として，一定の場合に弁護人の立会いを必要的なものと認めることも考えられる。これと関連して，アメリカの連邦最高裁判所は，1966年のミランダ判決（Miranda v. Arizona, 384 U.S. 436（1966））において，取調べに際しての弁護人の立会いを被疑者の権利と認めた。わが国では，議論は多様に展開されているが，弁護人の立会権は法文上は認められていないと捜査実務では解されている。

Column 録音・録画制度の創設 --

　近年，被疑者の取調べを適正化するために取調べの全面的な録音・録画を義務づけるべきだとし，あるいはこれと併せて，取調べに弁護人が立ち会うことを権利として認めるべきだとする議論（いわゆる取調べの可視化論）が有力に主張される一方，これに対して，わが国の刑事司法においては被疑者の取調べが真相解明にとって重要であることなどを根拠として，可視化に真っ向から反対する意見も根強かった。後者の見解は，刑事免責（⇒166頁），有罪答弁の制度などの導入を考慮すべきだとするほか，通信・会話の傍受，おとり捜査，捜索・押収，参考人の取調べや証人尋問請求（⇒102頁）など広範な証拠収集手段の要件の見直しを図ることと併せてはじめて，証拠収集における被疑者の取調べの比重を相対的に低下させることも可能になるとするものである。

　このような状況の中，検察・警察における録音・録画の試行状況などもふまえた法制審議会の答申を受けて，2015（平成27）年3月，①取調べの録音・録画制度の導入，②合意制度（⇒275頁）および刑事免責制度（⇒166頁）の導入，③通信傍受（⇒126頁）の対象犯罪の拡大，実施

方法の合理化・効率化などを柱とする，刑事訴訟法等の一部を改正する法律案が国会に提出され，翌 2016（平成 28）年 5 月に成立，6 月に公布された。

取調べの録音・録画　取調べの録音・録画の対象となるのは，①死刑または無期拘禁刑に当たる罪に係る事件，②短期 1 年以上の拘禁刑に当たる罪であって故意の犯罪行為により被害者を死亡させたものに係る事件，③司法警察員が送致・送付した事件以外の事件（①・②を除く），である（301 条の 2 第 1 項 1 号〜3 号。以下「対象事件」という）。①および②は裁判員制度対象事件（および内乱事件の一部。刑 77 条 1 項 1 号・2 号前段）であり，③は検察官独自捜査事件（検察官が直接告訴・告発等を受けまたは自ら認知して捜査を行う事件）である。

検察官・検察事務官または司法警察職員は，対象事件についての逮捕・勾留中の被疑者の取調べ（198 条 1 項）または弁解の機会（203 条 1 項，204 条 1 項，205 条 1 項）（以下「取調べ等」という）に際しては，原則として，取調べ等の開始から終了に至るまでの間における被疑者の供述およびその状況を記録媒体に録音・録画しなければならない（301 条の 2 第 4 項）。例外は，ⓐ機器の故障その他のやむを得ない事情により，記録ができないとき，ⓑ被疑者が記録を拒んだことその他の被疑者の言動により，記録をすると被疑者が十分な供述をすることができないと認めるとき，ⓒ当該事件が指定暴力団の構成員による犯罪に係るものであると認めるとき，ⓓ被疑者の供述およびその状況が明らかにされた場合には被疑者もしくはその親族の身体・財産に害を加えまたはこれらの者を畏怖・困惑させる行為がなされるおそれがあることにより，記録をすると被疑者が十分

な供述をすることができないと認めるとき，である（301条の2第4項1号〜4号）。

検察官が，対象事件である被告事件の公判において，当該事件についての被疑者としての取調べ等の際に作成された供述調書・供述書であって，被告人に不利益な事実の承認を内容とするものの証拠調べを請求した場合において，被告人または弁護人が任意性に疑いがあるとして異議を述べたときは，原則として，任意性立証のため，当該書面が作成された被疑者としての取調べ等の開始から終了に至るまでの間における供述およびその状況を前述のように録音・録画した記録媒体の証拠調べを請求しなければならない（301条の2第1項。また，同条3項）。例外は，録音・録画の例外事由があるため記録が行われなかったことその他やむを得ない事情によって記録媒体が存在しないときである（301条の2第1項但書）。検察官が記録媒体の証拠調べを請求しないときは，裁判所は，決定で，当該書面の証拠調べ請求を却下しなければならない（301条の2第2項）。この場合でも，裁判所が当該書面を職権で採用して取り調べることは禁止されない。

余罪の取調べ

捜査機関が，被疑者をある被疑事実で逮捕・勾留し，その身体拘束中に，身体拘束の根拠となっている被疑事実とは異なる被疑事実（余罪）についても取り調べることは，実務ではしばしば行われている。このような余罪の取調べの許否・限界の問題は，従来，別件逮捕・勾留の問題として議論されることが多いが，理論的には，より一般的に論じられるべきものである。

従来の裁判例は，逮捕・勾留が違法であれば，その間の余罪取調べも違法となるという点では，ほぼ一致している。問題は，逮捕・

勾留自体は適法な場合であっても，その間の余罪取調べに限界があるかである。この問題について，従前は，取調受忍義務や事件単位の原則と結びつけていくつかの見解が主張されていたが，現在は，身体拘束と取調べとは理論上完全に分離すべきだとの立場をとり，余罪の取調べが具体的状況のもとにおいて実質的に令状主義を潜脱するものであるときには，違法であって許容されないとする考え方が有力である（そのような考え方を示す裁判例として，大阪高判昭59・4・19高刑集37巻1号98頁〔神戸まつり事件〕。なお，福岡地判平12・6・29判タ1085号308頁参照）。

いずれの考え方をとるにしても，少なくとも，①余罪が身体拘束の根拠となっている被疑事実と同種であるとか，密接に関連する場合（最決昭52・8・9刑集31巻5号821頁〔狭山事件〕参照。⇨90頁），②被疑者が自ら進んで余罪について自白した場合，③余罪が身体拘束の根拠となっている被疑事実に比して相当軽微なものである場合，などにおいては，余罪の取調べも許されるといえよう。

③ 第三者の取調べ

被疑者以外の者の
任意出頭・取調べ

捜査機関は，犯罪の捜査をするについて必要があるときは，被疑者以外の者の出頭を求め，これを取り調べることができる（223条1項）。これは，被害者・被害関係者・目撃者等の参考人や重要参考人（捜査規範102条）に供述を求めるために行われる。これらの者を取り調べたときは，供述調書を作成することができる（223条2項）。この参考人供述調書も，一定の条件のもとで後に公判廷で証拠として用いることができる（321条1項2号・3号。⇨332頁）。

Column **重要参考人**

被疑者は犯罪の嫌疑を受けて捜査の対象とされた者をいう（⇨25頁）が，その程度に達しない場合には重要参考人と呼ばれたりする。重要参考人を取り調べているうちに嫌疑が生じて，被疑者として取り調べるときは，供述拒否権の告知（⇨95頁）が必要となる（223条2項は，198条2項を準用していない）。調書の様式も異なり，被疑者供述調書には供述拒否権の告知をした旨の記載がある。

| 証人尋問の請求 |

被疑者以外の者の取調べは，被疑者の取調べと同様，任意の取調べであるが，①犯罪の捜査に欠くことのできない知識を有すると明らかに認められる者が，この取調べに対して，出頭または供述を拒んだ場合（226条），および，②この取調べに際して任意の供述をした者が，公判期日においては，前にした供述と異なる供述をするおそれがあり，かつ，その者の供述が犯罪の証明に欠くことができないと認められる場合（227条1項），には，「第一回の公判期日前に限り」，検察官は，裁判官にその者の証人尋問を請求することができる。この裁判官による証人尋問は，強制処分である。

これらの証人尋問の請求を受けた裁判官は，証人の尋問に関し，裁判所または裁判長と同一の権限を有する（228条1項）。この規定（および規302条）により，証人尋問の方法や手続について，刑訴法第1編総則第11章「証人尋問」の規定（143条以下）が準用される。裁判官は，捜査に支障を生ずるおそれがないと認めるときは，被告人，被疑者または弁護人を証人尋問に立ち会わせることができる（228条2項）。

証人尋問の結果作成された証人尋問調書は，裁判官の面前での供述を録取した書面として，捜査機関の作成した供述録取書よりも緩

やかな条件のもとに，後の公判で証拠として用いることができる（⇨332 頁，336 頁）。

④　起訴後の取調べ

　起訴後も，公訴の維持（追行）のために取調べが必要となることはあり得る。また，それを禁止する明文の規定もない。しかし，起訴後，とりわけ第一回公判期日以後においては，公判中心主義（⇨257 頁）の要請があり，また，被告人は純粋に当事者の地位につく。そこで，捜査機関が当該公訴事実について被告人を取り調べることは許されないのではないかとの疑問がある（198 条も「被疑者」と規定する）。最高裁は，起訴後の取調べは「当事者たる地位にかんがみ……なるべく避けなければならない」が，直ちに違法となるわけではないとする（最決昭 36・11・21 刑集 15 巻 10 号 1764 頁〈百選 A14〉。197 条は「必要な取調」ができると規定し任意捜査について何ら制限をしていないことを理由とする）。しかし，第一回公判期日後については，法廷で供述を求めるべきだとする見解も有力であり，また，その後の下級審の裁判例には，第一回公判期日前に限られるとするもの（大阪高判昭 50・9・11 判時 803 号 24 頁）や，原則として弁護人を立ち会わせなければならないとするもの（東京地決昭 50・1・29 刑月 7 巻 1 号 63 頁）も現れている。

　なお，被告人といえども，起訴されていない余罪については被疑者であるから，その取調べは，原則として許される。

⑤　他人の刑事事件についての合意

　2018（平成 30）年 6 月から施行された協議・合意制度（350 条の 2）については後述する（⇨275 頁）。

6 捜索・差押え・検証

① 概　　説

　捜査機関は，証拠物（例えば覚醒剤）などのいわゆる物的証拠（⇨291頁）を収集・保全するため，捜索・差押え・検証の処分をすることができる（218条・220条）。捜索とは，物の発見を目的として，人（被疑者など）の身体，物（カバンなど），または住居その他の場所について調べるもの（222条1項・102条1項参照），差押えとは，物の占有を強制的に取得するもの，検証とは，場所，物，人などについて，その存否，性質，状態，内容等を五官の作用で認識・保全するものである。なお，捜索は，人（被疑者）の発見を目的として行われる場合もあるが（220条1項1号参照），以下では，物の発見を目的とする場合を中心として扱う。

　これらの処分も，相手方の承諾が得られ，あるいは何人の承諾も必要としない場合には，任意処分として行うことが可能である。例えば，承諾による捜索は令状がなくとも許される（ただし犯罪捜査規範108条は人の住居等の任意の捜索を禁止する）。また，検証が任意処分として行われる場合もあり，これを実況見分と呼んでいる（例えば，窃盗被害者の住居に赴き，その承諾のもとに住居内で物色状況を見分する場合や，公道上での自動車事故による過失運転致死傷事件につき事故の状況を見分する場合）。しかし，そうでない限り，強制処分として，裁判官の令状を得た上で実施するのが原則である（令状主義。憲35条，刑訴218条。なお，憲法35条にいう「捜索」とは検証も包含すると解されている）。ただし，憲法35条は，憲法33条の場合を例外と定めているので，適法な逮捕の場合には，無令状でもよい（220条）。なお，

104　第2章　捜　　査

被疑者などが「遺留した物」（遺留物）または所有者・所持者・保管者が「任意に提出した物」（任意提出物）の占有を捜査機関が取得する場合（これを「領置」という）には令状は必要ない（221条）。占有の取得自体は強制を伴わないため憲法35条の「押収」には含まれないからである。もっとも，いったん領置したのちの効果は，差押えの場合と同じであり（提出者等の還付請求があってもこれを拒むことができる），刑訴法上，捜査機関の行う「押収」（222条1項・430条など）には差押えと領置を含む。

なお，捜査機関が行う捜索・差押え・検証については，公判裁判所が行う場合に関する規定が大量に準用されている（222条）ので，注意が必要である（例えば，提出命令に関する99条3項は捜査機関には準用がない）。

(用語解) 押 収 ━━━━━━━━━━━━━━━━━━━━━

　押収の語は多義的に用いられている。憲法35条の「押収」は差押え・記録命令付差押え（99条1項・99条の2・218条1項）を指すが，刑訴法上，捜査機関が行う「押収」には，差押え・記録命令付差押え（218条1項），領置（221条）が含まれ，公判裁判所の行う「押収」（103条～105条・420条2項など）にはこれら（99条1項・99条の2・101条）のほか，提出命令（99条3項。物を特定して所有者，所持者または保管者にその提出を命ずる裁判）が含まれる。

━━━━━━━━━━━━━━━━━━━━━━━━━━━━━━━

Column **検証としての性質を有するとされた例** ━━━━━━━━━

　最高裁は，①梱包内容のエックス線検査（最決平21・9・28刑集63巻7号868頁〈百選30〉⇨61頁），②電話傍受（最決平11・12・16刑集53巻9号1327頁〈百選32〉⇨126頁），③差押えの対象外の物件の写真撮影（最決平2・6・27刑集44巻4号385頁〈百選33〉⇨103頁*Column*）は，検証としての性質を有するとした。しかし，GPS捜査については，（刑訴法上の）検証と同様の性質を有するものの，検証では捉えきれない性

質を有する，とした（最大判平29・3・15刑集71巻3号13頁〈百選31〉
⇨138頁）。

Column 領置における「遺留物」━━━━━━━━━━━━━━

「遺失物」よりも広い概念であり，自己の意思によらず占有を喪失し
た場合に限られず，自己の意思によって占有を放棄し，離脱させた物も
含む。例えば，被疑者等が「不要物として公道上のごみ集積所に排出し，
その占有を放棄していた」「ごみ」は，遺留物として領置できる（最決
平20・4・15刑集62巻5号1398頁〈百選9〉。排出されたごみは，その内
容が見られることはないという期待があるとしても，捜査の必要がある場合
には，221条により領置することができる，とする）。

これに対し，被疑者がその居住するマンションの敷地内にあるごみ集
積所に捨てたごみは，管理会社等の占有下にあり遺留物ではない。この
ごみを，警察官が，①その所持者である管理員から任意提出を受けて領
置するのは適法であるが（東京高判平30・9・5判時2424号131頁〈百選
8〉），②承諾も令状もなくごみ集積所に立ち入り回収するのは違法であ
る（東京高判令3・3・23判タ1499号103頁）。

━━━━━━━━━━━━━━━━━━━━━━━━━━━━━━━━

以下，令状による場合（⇨2）と令状によらない場合（⇨3）に
分けて概観するが，検証の一種である身体検査については，刑訴法
が，身体の安全，プライバシー保護の観点から特に慎重な手続によ
ることとしていることにかんがみ，項目を分けて説明したい（⇨5。
なお，電磁的記録の取得・保全については4で取り扱う）。

2　令状による捜索・差押え・検証

捜索・差押えの対象

検察官，検察事務官または司法警察職員は，
「犯罪の捜査をするについて必要があると
き」は，裁判官の発する令状により，差押え，捜索または検証をす
ることができる（218条1項）。差押えの対象は，「証拠物」または

106　第2章　捜　査

「没収すべき物」と思料されるものである（222条1項・99条1項。証拠物につき，⇨291頁，没収につき刑19条参照）。捜索は，被疑者などの身体，物または住居その他の場所についてすることができる（222条1項・102条）が，被疑者以外の者については「押収すべき物の存在を認めるに足りる状況」のある場合に限られる（102条2項）。なお，刑訴法が差押え，捜索の順で規定しているのは，捜索は差し押さえるべき物の発見のための（付随的）手段と見たためであろう。しかし，実際には，捜査機関が，まず住居等に立ち入り，捜索し，発見された対象物を差し押さえるのが通常の流れである（憲法35条も侵入・捜索・押収の順で規定する）。実務でも，一般に，捜索，差押えの語順が用いられ，令状も「捜索差押許可状」と表示するのが通例である。

Column 差押えの対象 ------------------------------------

　差押えは，物の占有を強制的に取得するものである性質上，その対象は無形のものではなく，占有可能な「有体物」に限ると伝統的には考えられている。したがって，例えば，預金債権など，無形の権利それ自体は差し押さえることができず，人の会話やコンピュータに入力されている情報そのもの（磁気ディスクの形になっていれば可能）もやはり差押えの対象とならないとされる（ただし，麻薬特例法はこれとは別に債権の差押えを予定した規定を持っている）。また，生きている人の身体やその一部は，物とはいえず，差押えの対象にならないとされるが，体内の尿は差押えの対象となるというのが判例である（⇨139～140頁）。

　郵便物等の差押えについては特別の規定がある（222条1項・100条）。

　報道機関に対する捜索差押えは，報道の自由，さらには報道のための取材の自由と衝突するおそれがある。最高裁は，報道機関が犯行（現場）の状況を収録した取材ビデオテープ（取材フィルム）の押収（差押え）の可否を決するに当たって，基本的に，「適正迅速な捜査を遂げる

6　捜索・差押え・検証　107

ための必要性」（公正な裁判を実現するに当たっての必要性）と報道機関が受ける不利益を，個々具体の事案ごとに，比較衡量すべきものとしている（最決平2・7・9刑集44巻5号421頁〈百選19〉，最大決昭44・11・26刑集23巻11号1490頁〔博多駅事件〕参照）。

令状の請求・発付　令状の請求権者は，検察官，検察事務官または司法警察員であり（218条4項），逮捕状の場合よりも範囲が広い（64頁と対比）。請求に当たっては，差し押さえるべき物など所定の事項を記載した令状請求書および一定の資料（疎明資料）を提出する（規155条・156条）。請求を受けた裁判官は，①「被疑者……が罪を犯した」（規156条1項参照）ことと②証拠等の存在の蓋然性（規156条3項参照）（①・②を捜索・差押えの「理由」と呼ぶ）につき判断する。このほか，裁判官は差押えの「必要」についても審査できると解されており（218条1項は「必要があるとき」と規定している），「犯罪の態様，軽重，差押物の証拠としての価値，重要性，差押物が隠滅毀損されるおそれの有無，差押によって受ける被差押者の不利益の程度その他諸般の事情に照らし明らかに差押の必要がない」（最決昭44・3・18刑集23巻3号153頁〈百選A4〉）と認められるときは，請求は却下される。

捜査機関の請求に応じて裁判官が発付する令状（「捜索差押許可状」，「検証許可状」など）には，①被疑者の氏名，罪名，②捜索すべき場所・身体・物，差し押さえるべき物，検証すべき場所・物，③有効期間（原則として7日。規300条），などが記載される（219条1項。なお，被疑者の氏名が明らかでないときは，人相，体格その他被疑者を特定するに足りる事項で被疑者を指示することができる〔219条3項・64条2項〕。逮捕状の場合と異なり，被疑者不詳ということもある）。このような令状の記載は，憲法35条が「捜索する場所及び押収する物を明示

108　第2章　捜　査

する令状」を要求していることを受けたものである。この要求は，起源を遠く遡れば17世紀のイギリスにおいて対象不特定のいわゆる一般令状（general warrant）が濫用され，その弊害が痛感されたことにある。場所や物が特定明記されることによって，捜査機関による処分が厳格に枠づけられるのである。もっとも，実際には，令状請求時までに対象物の個別的特徴までは判明していないこともあるので，どの程度まで特定明記すべきかが問題となる。実務上用いられた記載例として，特定の物を列挙したのち「その他本件に関係ありと思料せられる一切の文書及び物件」としたものがあるが，最大決昭和33年7月29日（刑集12巻12号2776頁〈百選20〉）は，物の明示に欠けるとはいえず，適法だとした。

Column 捜索差押許可状

実務では，捜索と差押えを同一場所，同一機会に行うことが多く，そのため，捜索，差押えがそれぞれ別個の令状によって行われることはまれで，通常ほとんどの場合，「捜索差押許可状」という一通の令状によって行うのが例である。

捜索・差押え・検証の実施

令状により捜索・差押え・検証を実施する際には，「処分を受ける者」に令状を示さなければならない（222条1項・110条）。令状は捜索・差押え・検証の開始前に示すのが原則である（これは，処分の存在と内容を事前に示すことによって手続の適正・円滑な実施を図るためである）が，証拠隠滅の防止等その実効性確保のため必要があるときは，短時分の室内立入りが先行することもあり得る（最決平14・10・4刑集56巻8号507頁〈百選A5〉は，警察官が，覚醒剤事犯の被疑者の宿泊するホテル客室のドアを，来意を告げずに，マスターキーで開けて入室し，その後直ちに令状を呈示したことを，捜索差押えの実効

6　捜索・差押え・検証　　109

性を確保するためにやむを得ないもので適法とする）。

　捜索・差押えの実施に当たっては，錠をはずし，封を開き，その他「必要な処分」をすることができる（222条1項・111条）。また，検証については，身体の検査，死体の解剖，墳墓の発掘，物の破壊その他「必要な処分」をすることができる（222条1項・129条。なお，規101条）。ただし，必要であればどのような処分もすることができるわけではなく，当該捜索・差押えや検証の実効性を確保するために必要であり，かつ社会通念上相当な態様で行われる限りで許される（例えば，合鍵の入手が比較的容易なのに錠や扉を壊すようなことは許されない）。

　111条の「必要な処分」として許されたものとしては，マスターキー（合鍵）による開錠（前掲・最決平14・10・4），土地の掘起し，隠匿容器の破壊，フィルムの現像（東京高判昭45・10・21高刑集23巻4号749頁）などがある。また，そのままでは内容を認識することのできない，コンピュータの磁気ディスクなどの記録データを，モニター上に表示したり，プリントアウトすることも，実務上，「必要な処分」として許されると考えられている。このほか，捜査官が来たと知れば，開扉を拒み，直ちに証拠隠滅の行為に出ることが十分予測される場合に宅配便の配達を装って玄関扉を開けさせた行為を，「必要な処分」として許されるとした裁判例もある（大阪高判平6・4・20高刑集47巻1号1頁）。なお，捜索・差押えに付随する「必要な処分」なので，検証の場合のような身体の検査や死体の解剖などは含まれない。

　捜索・差押え・検証の実施中は，出入禁止等の措置をとることもできる（222条1項・112条）。また，被処分者の利益保護と手続の公正の担保のため，立会人が必要とされ，公務所内であればその長な

ど，その他の住居等では住居主等を立ち会わせなければならない（222条1項・114条。なお，113条が準用されないので，被疑者には立会権がない。むしろ，捜査機関の判断で立ち会わなければならないことがある。222条6項）。特に，女子の身体の捜索については，急速を要する場合を除いて，成年の女子の立会いが必要である（222条1項・115条）。日の出前，日没後には，令状に夜間でも実施できる旨の記載がなければ，人の住居等に立ち入って捜索・差押えをすることはできない（222条3項・116条1項。例外として，116条2項・117条。検証については，222条4項・5項が定めている）。

| 捜索・差押えの範囲 |

刑訴法は，捜索の対象として「身体」，「物」（所持品），および「場所」を区別している（222条1項・102条1項）。これは，身体や物の捜索によって侵害される人身の自由やプライバシーの利益は，場所に対する捜索によって侵害されるプライバシーの利益とは質が異なり，別個の保護に値するからだといえよう。

　もっとも，特定の場所（住居，事務所等）に対する捜索令状により捜索を実施する際，捜索場所内に所在する物（家具，金庫，カバン，備品など）については，一般に，捜索の対象として特にその物が個別に明示されていなくても，当該場所に対する令状によりそれを捜索できることには争いがない。そこに所在する物に対するプライバシーの利益は，通常，場所に対するそれに包摂されているといえ（当該場所に所在する物は通常その場所の管理権に属すると説明することもできる），また，令状を発付する裁判官もそれを前提として，場所に対する捜索令状を発付しているといえるからである。このことは，物がその場所に置かれている場合と，人がたまたま携帯している場合とで変わりあるまい（最決平6・9・8刑集48巻6号263頁〈百選21〉

6　捜索・差押え・検証　111

は，マンションの居室内で，同居人が携帯するボストンバッグを捜索でき
るとした。また，最決平19・2・8刑集61巻1号1頁〈百選22〉は，被疑
者方居室に対する捜索差押許可状により同居室を捜索中，宅配便の配達員
によって被疑者宛てに配達され，同人が受領した荷物についても，同許可
状に基づき捜索できるとする）。しかし，捜索場所に現在する人の身体
や，捜索場所にたまたま居合わせた第三者（訪問者など）の所持品
（カバンなど）については，同様に解することは困難である。令状記
載の捜索場所についてのプライバシーの利益とは別個独立のプライ
バシーの利益が存在するからである。もっとも，例えば，場所に対
する捜索の実施中に，その場に所在した物を身体や所持品に隠した
と疑われる状況がある場合には，捜索に対する直接の妨害を排除し
その目的を達するために必要不可欠な最小限度の実力行使として，
人の身体や所持品の捜索も許されるというべきであろう。

　次に，令状によって差し押さえることができるのは，令状記載の
物件であって，かつ被疑事実と関連するものに限られる（「関連性」。
令状にも「本件に関係ある……」などと記載される）。したがって，捜索
の過程でたまたま別件の証拠物を発見したとしても，これを差し押
さえることは許されないが，それが同時に本件の証拠物となりうる
ときは許される（最判昭51・11・18判時837号104頁〈百選23〉は，暴
力団組員らによる恐喝被疑事件での捜索中に得られた，賭博開張の模様が
克明に記録されたメモにつき，令状記載の「暴力団を標章する……メモ等」
に当たるとした。なお，同判決は，令状に明示された物であっても，捜査
機関が「専ら別罪の証拠に利用する目的」で差し押さえることは許されな
いとする。いわゆる別件捜索・差押えにつき，広島高判昭56・11・26判時
1047号162頁参照）。関連性の存在が差押えの「正当理由」であるこ
とを考えると，一般論としては，差し押さえようとする物件と当該

被疑事実との関連性をその場で確認すべきであるが，現場の状況等（例えば妨害を受ける危険，内容確認の困難性）によっては，確認することなしに差し押さえることもやむをえない（最決平10・5・1刑集52巻4号275頁〈百選24〉は，内容を確認せずに行われたフロッピーディスク等の差押えを適法とする。また，最決令3・2・1刑集75巻2号123頁〈百選25〉は，リモートアクセス（⇒118〜119頁）による電磁的記録の複写の処分を許可した捜索差押許可状の執行に当たり個々の電磁的記録について個別に内容を確認することなく複写することが許されるとする。いずれも，被疑事実と関連する情報が記録されている蓋然性が認められることを前提としている）。なお，関連性も差押えの必要性も認められるが，事件と無関係の多数の第三者のプライバシー保護の観点から，差押えが相当性を欠く場合もあり得る（この点，東京地決平10・2・27判時1637号152頁は，捜査機関が被疑者の特定のため行った，インターネット接続会社の管理する，ホームページ開設者428名分の顧客データを記録したフロッピーディスク1枚の差押えを違法とするが，差押えの対象である有体物ごとに相当性を判断すべきであるから，その結論は疑問である）。

Column 捜索・差押えの際の写真撮影

捜索・差押えの際に捜査機関が，証拠物の証拠価値を確保するために，発見したときそのままの状況を写真撮影することや，手続が適法に進行したことを示すため，捜索・差押えの実施状況を写真撮影することは，捜索・差押えに付随するものとして許されるが，それ以上に差押えの対象外の物件を撮影することは，いわば無令状の検証であって許されない（最決平2・6・27刑集44巻4号385頁〈百選33〉の原決定参照）。

押収拒絶権　公務員が保管・所持する物について「職務〔公務〕上の秘密」に関する旨の申立てがあったときは，監督官庁（国会議員の場合は所属の議院，国務大臣の場

合は内閣）の承諾がなければ差し押さえることができない。もっとも，監督官庁は「国の重大な利益」を害する場合を除いては，承諾を拒むことができない（222条1項・103条・104条）。また，医師，弁護士等が，業務上委託を受けたため保管・所持する物で，他人の秘密に関するものについては，差押えを拒むことができる（222条1項・105条）。他人の秘密に関与することの多い業務に就いている者に対して，秘密の保持を認め，業務者に対する社会的信頼を守ろうとする趣旨である（なお，差押えを拒み得るのは105条に列挙された者に限られるとするのが通説である。証言拒否権につき⇒246頁）。もっとも，本人（委託者）が承諾した場合や，被疑者のためだけにする「権利の濫用」と認められるときは，差押えを拒絶できない。

――――――――
捜索・差押え
後の手続
――――――――

捜索をしたが証拠物も没収すべき物も発見されなかったときは，捜索を受けた者の請求により，その旨の証明書（「捜索証明書」）を交付しなければならない（222条1項・119条）。差押えをしたときは，その目録（「押収品目録」）を作成し，これを所有者・所持者・保管者等に交付する（222条1項・120条）。刑訴法は，差し押さえた物の保管，廃棄，売却，還付，仮還付，および贓物の被害者への還付につき規定している（222条1項・121条〜124条，規98条。なお，222条1項但書参照）。

③　令状によらない捜索・差押え・検証

――――――――
令状主義の例外
――――――――

憲法35条は，同33条（適法な逮捕）の場合を例外とする。これを受けて，刑訴法は，被疑者を「逮捕〔種類は問わない〕する場合において」必要があるときは，令状なしに人の住居などに立ち入って被疑者を捜索し，また

「逮捕の現場」で，令状なしに捜索・差押え・検証をすることを認める（220条1項〜3項）。現行犯逮捕（⇨69頁）とともに，強制処分についての令状主義の例外に当たるものである。

　逮捕に伴う捜索・差押えが無令状で許される根拠については，①逮捕の現場には逮捕の理由とされた被疑事実に関する証拠の存在する蓋然性が一般的に高いため，裁判官による事前の司法審査を介在させるまでの必要がないからだとする見解（相当説）と②逮捕の際には被逮捕者によって関係証拠が隠滅されることを防止し，それを保全する緊急の必要があるため，令状の発付を待てないからだとする見解（緊急処分説）に大別される。このうち，緊急処分説も，逮捕現場に関係証拠の存在する蓋然性が高いことは前提としており，両説の差異は，令状主義の例外を，事前に令状を得ることが不可能な場合に限定すべきか否か，という点に関する考え方の違いにある。

　　　　　限　　界　　　いずれの考え方に立っても，捜索・差押えの対象は，それが逮捕に付随して行われるものである以上，逮捕の理由とされた被疑事実に関する証拠物に限定されることには争いがない（例えば，殺人事件で逮捕した被疑者が覚醒剤を所持していた場合，この逮捕を根拠として無令状で覚醒剤を差し押さえることはできず，覚醒剤不法所持で現行犯逮捕してこれに伴い覚醒剤を差し押さえるか，裁判官から差押許可状の発付を得て差し押さえるか，任意提出を求めて領置するかのいずれかしか方法はない。⇨112頁）。このほかに，凶器や逃走用具が対象物として挙げられることがあるが，これらは，220条によるというよりも，逮捕に対する妨害を排除してその目的を達するため必要不可欠な措置として，そもそも逮捕自体の効力により行うことができるものだといえよう（なお，凶器を用いた強盗などの事案では，凶器は証拠物でもある）。

6　捜索・差押え・検証　115

両説の差異は、「逮捕する場合」（時間的限界），および，「逮捕の現場」（場所的限界）の解釈の違いとなって現れる。すなわち，相当説によれば，時間的には，逮捕行為が（結局のところ）開始されている限り，捜索を開始した時点で逮捕に着手している必要はないし，逮捕完了後も，さらには逮捕が失敗に終わったときでも，証拠存在の蓋然性には変化がない以上，捜索・差押えは可能である。また，場所的には，令状を得たとしたら捜索が可能な範囲，すなわち，逮捕場所と同一の管理権が及ぶ範囲内の場所およびそこに所在する物が捜索の対象となる。これに対し，緊急処分説によれば，証拠隠滅のおそれがなければならないから，時間的には，逮捕に着手していることが必要であり，また，被疑者が身動きできなくなり，逮捕の現場から連行され，あるいは，逃走した後には，捜索・差押えはできず，場所的には，被逮捕者の身体およびその手の届く範囲内にある場所・物ということになる。

実務は相当説の考え方に近い立場に立つとされる。例えば，最大判昭和36年6月7日（刑集15巻6号915頁〈百選A6〉）は，「逮捕する場合において」とは，「単なる時点よりも幅のある逮捕する際」をいい，「逮捕との時間的接着」は必要とするが，「逮捕着手時の前後関係は……問わない」とし（被疑者が他出不在であったため，帰宅次第緊急逮捕する態勢の下に捜索・差押えがなされた事案において，「時間的に接着して逮捕がなされる限り」適法だとした），また，「逮捕の現場で」とは「場所的同一性を意味するにとどまる」とする。下級審の裁判例では，ホテル5階の待合室で現行犯逮捕（大麻所持）し，引き続き7階客室を捜索したことを適法としたもの（東京高判昭44・6・20高刑集22巻3号352頁〈百選26〉）などがある。

現行法が令状主義を原則とする以上，その例外を事前に令状を得

ることが不可能な場合に限定する緊急処分説の方が，その趣旨に適合する考え方であるといえる。もっとも，緊急処分説の立場に立つとしても，家族や共犯者といった被逮捕者以外の第三者による証拠隠滅のおそれをも考慮に入れて，捜索・差押えの時間的・場所的限界につき柔軟な解釈をすることが必要であろう。

なお，被逮捕者の身体・所持品については，逮捕場所から移動して捜索・差押えが行われたとしても，そのことから直ちに，前述のような無令状の捜索等が許される実質的な理由が失われるわけではない。そこで，一般に，逮捕場所で直ちに捜索・差押えを行うことが適当でない具体的状況があるときには，速やかに最寄りの適切な場所まで被逮捕者を連行した上，これを実施することも許されると解されている（最決平 8・1・29 刑集 50 巻 1 号 1 頁〈百選 27〉は，公道上で逮捕後，約 3 キロメートル離れた警察署まで連行し，逮捕から約 1 時間後に行われた身体・所持品に対する捜索・差押えを，「逮捕の現場」における捜索等と「同視」でき適法とした）。

このほか，逮捕・勾留されている被疑者の指紋・足型を採取し，身長・体重を測定し，写真を撮影することは，被疑者を裸にしないかぎり，令状がなくても許される（218 条 3 項。⇨136 頁）。

Column　緊急捜索・差押え

　緊急逮捕（⇨71 頁）に対応するような緊急捜索・差押え・検証は，現行法では認められていない。緊急差押え（および緊急検証）の制度の創設は，1951（昭和 26）年から 1952（同 27）年にわたる法制審議会で，刑訴法改正の問題点の一つとして審議の対象となったが，憲法上疑義があるとして見送られた。

6　捜索・差押え・検証　117

④ 電磁的記録の取得・保全

通常の記録媒体の差押え

電磁的記録それ自体は無形の情報であるため差押えの対象とならないが（⇒107頁 *Column*），それが記録された記録媒体（電子計算機，磁気ディスク，CD-Rなど）は，令状により差し押さえることができる（218条1項）。

電気通信回線で接続している記録媒体からの複写

差し押さえるべき物が電子計算機であるときは，当該電子計算機に電気通信回線で接続している記録媒体であって，当該電子計算機で作成もしくは変更をした電磁的記録または当該電子計算機で変更もしくは消去をすることができるとされている電磁的記録を保管するために使用されていると認めるに足りる状況にあるものから，その電磁的記録を当該電子計算機または他の記録媒体に複写した上，当該電子計算機または当該他の記録媒体を差し押さえることができる（218条2項）。これは，差押対象物であるコンピュータで作成したメールを保管しているメールサーバや，当該コンピュータで作成した文書ファイルを保管しているストレージサービスのサーバなどからデータを複写して差し押さえるものである（いわゆる「リモートアクセス」）。令状には，「差し押さえるべき物」である電子計算機のほか，「差し押さえるべき電子計算機に電気通信回線で接続している記録媒体であって，その電磁的記録を複写すべきものの範囲」を記載しなければならない（219条2項）。

Column 越境リモートアクセス

最決令和3年2月1日（刑集75巻2号123頁〈百選25〉）は，刑訴法が「日本国内にある記録媒体を対象とするリモートアクセス等のみを想

定しているとは解されず，電磁的記録を保管した記録媒体が同条約〔＝サイバー犯罪に関する条約（平成24年条約7号）〕の締結国に所在し，同記録を開示する正当な権限を有する者の合法的かつ任意の同意がある場合に，国際捜査共助によることなく同記録媒体へのリモートアクセス及び同記録の複写を行うことは許される」とする。

なお，逮捕現場における無令状の処分ができる旨の規定はなく，また，総則規定の準用もないから，逮捕の現場において無令状で電気通信回線で接続している記録媒体からの複写を行うことはできない。

記録命令付差押え

検察官，検察事務官または司法警察職員は，犯罪の捜査をするについて必要があるときは，裁判官の発する令状により，「記録命令付差押え」（電磁的記録を保管する者その他電磁的記録を利用する権限を有する者に命じて必要な電磁的記録を記録媒体に記録させ，または印刷させた上，当該記録媒体を差し押さえること。99条の2）をすることができる（218条1項）。これは，プロバイダ等をしてサーバコンピュータ等から必要なデータをCD-R，プリンタ用紙等に記録・印刷させて，差し押さえるものである。

令状には，「記録させ若しくは印刷させるべき電磁的記録及びこれを記録させ若しくは印刷させるべき者」を記載しなければならない（219条1項）が，通常の差押えのように個別の記録媒体自体（電子計算機等）を特定して記載する必要はない。

対象者の協力が期待できない場合には，通常の記録媒体の差押え処分によることとなる。

なお，220条1項2号に記録命令付差押えが掲げられていないから，逮捕の現場において無令状で記録命令付差押えをすることはで

6　捜索・差押え・検証　119

きない。

電磁的記録に係る記録媒体の差押えの執行方法

「差し押さえるべき物」が「電磁的記録に係る記録媒体」（電子計算機等）であるときは，捜査機関は，その差押えに代えて，①当該記録媒体に記録された電磁的記録を他の記録媒体に複写し，印刷し，または移転した上，当該他の記録媒体（CD-Rや印刷物）を差し押さえ，または，②差押えを受ける者に当該記録媒体に記録された電磁的記録を他の記録媒体に複写させ，印刷させ，または移転させた上，当該他の記録媒体を差し押さえることができる（222条1項・110条の2）。これは，差押えの対象となっている記録媒体が大容量のサーバであるなどの場合に，捜査上必要な電磁的記録（データ）のみを複写等した上で，差し押さえるものである。

　なお，「移転」とは，電磁的記録をCD-R等の他の記録媒体に複写した上，元の記録媒体からは電磁的記録を消去することをいう。

処分を受ける者に対する協力要請

差し押さえるべき物が電磁的記録に係る記録媒体であるときは，捜査機関は，処分を受ける者に対し，「電子計算機の操作その他の必要な協力を求める」（協力要請）ことができる（222条1項・111条の2。検証にも準用される）。

通信履歴の電磁的記録の保全要請

検察官，検察事務官または司法警察員は，差押えまたは記録命令付差押えをするため必要があるときは，電気通信を行うための設備を他人の通信の用に供する事業を営む者または自己の業務のために不特定もしくは多数の者の通信を媒介することのできる電気通信を行うための設備を設置している者に対し，その業務上記録している電気通信の送信元，送信先，通信日時その他の通信履歴の電磁

的記録のうち必要なものを特定し，30日を超えない期間を定めて，これを消去しないよう，書面で求めることができる。この場合において，当該電磁的記録について差押えまたは記録命令付差押えをする必要がないと認めるに至ったときは，当該求めを取り消さなければならない（197条3項）。消去しないよう求める期間については，特に必要があるときは，30日を超えない範囲内で延長することができるが，通じて60日を超えることができない（197条4項）。これは，プロバイダやLAN設置者などが業務上保管している通信履歴（通信内容は含まない）のデータについて，暫定的に残しておくよう求めるものであり，当該データを入手するためには，別途，裁判官の令状が必要である。この求めを行う場合において，必要があるときは，みだりにこれらに関する事項を漏らさないよう求めることができる（197条5項）。

Column 電磁的記録の取得・保全に関する手続法の整備 ━━━━━

　近年におけるいわゆるサイバー犯罪（インターネット詐欺，電磁的記録不正作出など）その他の情報処理の高度化に伴う犯罪等の実情に鑑み，これらの犯罪に適切に対処するため，2011（平成23）年6月，「情報処理の高度化等に対処するための刑法等の一部を改正する法律」（平成23年法律74号）が成立し，2012年（平成24）年6月，施行された。手続法の整備として，①電気通信回線で接続している記録媒体からの複写の導入（⇨118頁），②記録命令付差押えの新設（⇨119頁），③電磁的記録に係る記録媒体の差押えの執行方法の整備（⇨120頁），④保全要請に関する規定の整備（⇨120頁）等が行われた。

⑤　身体検査

検証の対象が人の身体であるときは，検証許可状ではなく，「身

体検査令状」という特別の令状が必要とされる（218条1項。なお，刑訴法上，身体検査には，このほか，後述する鑑定処分としての身体検査がある〔225条・168条1項〕。⇨123〜124頁）。令状の請求に際しては，身体の検査を必要とする理由，対象者の性別および健康状態を示さなければならない（218条5項）。令状を発する裁判官は，適当と認める条件（身体検査の場所・時期を指定し，医師の立会いを要求するなど）を付することができる（218条6項）。身体検査令状には，①被疑者の氏名，罪名，②検査すべき身体および身体の検査に関する条件，③有効期間などが記載される（219条1項，規157条）。

身体検査の実施に当たっては，対象者の性別，健康状態その他の事情を考慮した上，特にその方法に注意し，その者の名誉を害しないように注意しなければならず（222条1項・131条1項），特に女子の身体検査については，例外なく医師または成年の女子の立会いが必要である（131条2項）。対象者が正当な理由がなく身体検査を拒んだときは，過料に処しかつ費用賠償を命じ（222条1項・137条。裁判所に請求する。222条7項），さらに罰金・拘留に処することもできる（222条1項・138条）。このような間接強制では効果がない場合には，直接強制の方法で身体検査を行うこともできる（222条1項・139条。なお，140条）。

身体検査においては，身体の傷痕（注射痕など）等の検査，肛門・陰部等体腔の検査（例えば覚醒剤を隠匿しているかを検査するため）のほか，指紋・掌紋・足型の採取，身長や体重の測定，写真撮影等をすることができ，必要があれば着衣を脱がせ裸にすることもできる。しかし，血液・胃液などの体液の採取，皮膚片など身体の組織の一部の採取など，医学上の知識と技術を要する処分は許されない。この場合は，適任者に鑑定を嘱託し，あわせて裁判官から鑑定処分

許可状の発付を受けなければならない（⇨124〜125頁）。

　なお，適法な逮捕に伴う場合の無令状の検証（220条）には，身体検査を含むと解されているが，検証の一種だという形式的な理由で，令状なしに認めるのは疑問であり，身体の捜索として許される程度にとどめるべきだとの見解が有力である。

⑥　鑑　定　嘱　託

　検察官，検察事務官または司法警察職員は，犯罪の捜査をするについて必要があるときは，被疑者以外の者に鑑定を嘱託することができる（223条）。これを鑑定嘱託と呼ぶ（公判段階で裁判所の命ずる鑑定につき，⇨248頁，327頁）。捜査機関が，特別の学識経験のある者（165条参照）に，その知識等に基づいて知ることのできる一定の法則とか，これをある事項に適用して得られた具体的事実判断について報告を求める処分である。例えば，殺人被疑事件につき，被害者の死亡原因（死因）や死亡時刻を調べるため法医学者になされる鑑定嘱託などである（このほか，犯行時および現在の精神状態〔心神喪失等〕，医療行為の適不適，アルコールないし薬物の影響，薬物の品質，血液型の判定，銃砲の性能，筆跡の同一性，火災の原因など，鑑定嘱託事項は多様である。なお，⇨359〜362頁）。依頼に応じるかどうかは任意であり，また宣誓はなされない（223条以下には166条を準用する規定がない）。鑑定の嘱託を受けた者を，鑑定受託者と呼ぶ。

　被疑者の心神（精神状態）または身体に関する鑑定を嘱託するについては，病院その他の相当な場所に被疑者を留置すること（鑑定留置）が必要となる場合がある。この場合は，捜査機関から裁判官にその処分を請求し，裁判官は，その請求を相当と認めれば鑑定留置状を発する（224条・167条1項・2項，規158条の2・130条の2）。

6　捜索・差押え・検証　　123

留置の場所は，精神科病院等の病院施設のほか拘置所等の刑事施設である。保安上の人的・物的設備が十分でない病院等について，被疑者の逃亡等のおそれが強い場合には，司法警察職員に被疑者の看守が命じられることもある（224条2項・167条3項）。留置期間には法律上の制限が設けられていないが，一般に鑑定受託者の申出に基づいて必要な期間が定められる（適宜，延長・短縮ができる。224条2項・167条4項）。鑑定留置については，勾留に関する規定が原則として準用される（224条2項・167条5項）。被疑者が勾留されている場合は，鑑定留置の期間中，勾留の執行が停止されたものとして扱われる（224条2項・167条の2）。

鑑定受託者が，鑑定をするについて，住居等への立入り，身体の検査，死体の解剖，墳墓の発掘，物の破壊をする必要がある場合には，裁判官の許可を受けて，これをすることができる（225条・168条1項）。許可の請求は，検察官，検察事務官または司法警察員が行う（225条2項）。裁判官は，請求を相当と認めるときは，許可状を発付する（225条3項・225条4項・168条2項）。鑑定受託者は，この鑑定処分許可状を，処分を受ける者に示さなければならない（225条4項・168条4項）。なお，身体の検査については，裁判官は，適当と認める条件を付することができる（225条4項・168条3項）。

鑑定受託者による鑑定結果の報告を公判で証拠として用いることにつき，⇨341頁。

体液等の採取

捜査の過程で，血中アルコール濃度の測定，血液型の検査，人の同定などのために，体内にある血液，胃液などの体液や，毛髪，皮膚片など身体組織の一部を採取し検査する必要が生じることがある。これらの処分は，専門的知識・技術を必要とするため，検証としての身体検査では許さ

れず，鑑定受託者が鑑定処分許可状を得て身体検査として行うこととなる。

この場合，検証としての身体検査に関する諸規定のうち，実施についての注意（131条1項），女子の身体検査における医師または成年女子の立会い（131条2項），身体検査拒否に対する過料・刑罰の制裁（137条・138条）などの規定は準用されている。しかし，身体検査を拒んだ者に対する直接強制に関する規定（139条）は準用されていない（225条4項・168条6項。172条も準用されていない）。そのため，対象者が拒否したときは，直接強制をすることはできない。そこで，例えば血液の強制採取（強制採血）の場合には，鑑定処分許可状のほかに身体検査令状（⇨121～122頁）も併せて発付を得ているのが実務の運用である（併用説。学説の多数でもある）。

Column 意識不明の被疑者からの無令状での採血 ----------------

交通事故を起こし，意識不明の被疑者から，無令状で，その血液を採取した手続を違法とし，これを資料とした鑑定結果の証拠能力を否定した裁判例がある（仙台高判昭47・1・25刑月4巻1号14頁〈百選A7〉）。

Column 尿の採取 --

覚醒剤自己使用の事犯では，尿の検査が決定的な採証手段である。被疑者が任意の採尿に応じない場合，従前の実務では，体液の一種ともいえることもあって，血液の採取と同様に，鑑定処分許可状と身体検査令状の発付を得て，採尿を実施していた。しかし，その後，最高裁は，特別の捜索差押令状（いわゆる強制採尿令状）によるべきものとし，以後，実務の運用は変更された（⇨140頁）。

なお，最決平成17年7月19日（刑集59巻6号600頁）は，医師が，救急患者から治療目的で承諾なく採取し，必要な治療・検査の過程で違法薬物の成分を検出した場合に，捜査機関に通報することは正当行為として許容されるものであって，警察官が差押許可状により尿を入手した

6　捜索・差押え・検証　125

過程に違法はないとする。

Column 呼気検査 〜〜〜〜〜〜〜〜〜〜〜〜〜〜〜〜〜〜〜〜〜〜〜〜〜〜〜〜

　酒気を帯びて車両等を運転することの防止を目的として実施される呼気検査（道交67条3項）は，通常，対象者の同意を得てなされるが，これを拒んだり妨げたりした者は処罰される（道交118条の2）。そのため，黙秘権の侵害となるとの見解もあるが，供述を得ようとするものではないから，間接強制の規定は憲法38条1項に反しないとするのが判例である（最判平9・1・30刑集51巻1号335頁〈百選A8〉）。

〜〜〜〜〜〜〜〜〜〜〜〜〜〜〜〜〜〜〜〜〜〜〜〜〜〜〜〜〜〜〜〜〜〜〜〜〜〜

7 電気通信の傍受

　「通信の当事者のいずれの同意も得ないで電気通信の傍受を行う強制の処分」については，別に法律で定めるところによる（222条の2）。犯罪組織による薬物の密売事犯等では，取引や連絡に電話等の電気通信が巧妙に使用されることなどから，その摘発には，通信傍受が有効な手段となる。しかし，電話傍受などの通信傍受は，「通信の秘密〔憲法21条2項〕を侵害し，ひいては，個人のプライバシーを侵害する強制処分」である（最決平11・12・16刑集53巻9号1327頁〈百選32〉）。そこで，「犯罪捜査のための通信傍受に関する法律」（通信傍受法。平成11年法律137号）で定める厳格な要件・手続により実施されなければならない。

Column 通信傍受法の制定 〜〜〜〜〜〜〜〜〜〜〜〜〜〜〜〜〜〜〜〜〜〜〜〜

　通信傍受が強制処分に当たることは，近年，ほとんどの学説や裁判例が認めるところであった（科学技術の応用により有形力の行使や物理的な侵入を伴わないものの，人のプライバシーないし通信の秘密を制約・侵害するものであることがその理由である）。刑訴法には，そのような通信傍受を正面から許す明文の規定はなかったが，覚醒剤密売事犯の捜査におい

て，裁判官から「検証」許可状を得て，電話による通話を傍受することが試みられ，一定の限定的な条件の下にその許容性・適法性を認める裁判例も現れた（東京高判平 4・10・15 高刑集 45 巻 3 号 85 頁，札幌高判平 9・5・15 判タ 962 号 275 頁。その判断は，通信傍受法の成立後ではあるが，最高裁によっても肯認された。前掲・最決平 11・12・16）。そして，1999（平成 11）年 8 月に，組織的犯罪対策に関する刑事法整備の一環として，通信傍受法が成立し，2000（平成 12）年 8 月 15 日から施行された。以後，「通信の当事者のいずれの同意も得ないで電気通信の傍受を行う強制の処分」（222 条の 2）はすべて同法によらねばならず，検証の方式を用いることは許されない。

Column　傍受の方法

通信や人の会話を傍受（秘聴・盗聴）する方法には，電話等につながる通信線に傍受装置を接続して行うもの（いわゆるワイヤータッピング wiretapping），小型のマイクロフォン等の機器により直接に会話を傍受する方法（いわゆるバッギング bugging），がある。通信傍受法は，前者に関するものである。

傍受の要件・手続

傍受の対象となる「通信」（通信傍受 2 条 1 項）には，固定電話，携帯電話はもとより，ファックス，さらには電子メールなども含まれる。対象犯罪は，通信傍受法の制定当初，特に通信傍受が必要不可欠と考えられる組織的な犯罪に限定すべきとの観点から，薬物関連犯罪，銃器関連犯罪，集団密航に関する罪，および組織的な殺人の罪の 4 種に限定されていたが（通信傍受 3 条 1 項各号・制定時の別表〔現在の別表 1〕），現に一般市民にとって脅威となり社会問題化している特殊詐欺や組織窃盗，暴力団事犯等の組織犯罪に適切に対処しつつ，取調べおよび供述調書への過度の依存からの脱却を図るため，2016（平成 28）年の法改正（平成 28 年法律 54 号）により，①殺傷犯関係，②逮捕・監禁，略

取・誘拐関係，③窃盗・強盗，詐欺・恐喝関係，④児童ポルノ関係，の罪が追加された（通信傍受3条1項各号・別表2。組織的な事案に限定するため，「当該罪に当たる行為が，あらかじめ定められた役割の分担に従って行動する人の結合体により行われるものに限る」とされている。通信傍受3条1項1号）。

傍受令状は，検察官（指定検事）または司法警察員（指定された警視以上の警察官等）の請求により，地方裁判所の裁判官が発付する（通信傍受4条・5条。発付件数は，2021（令和3）年は40（百選270頁），2022（令和4）年は53，2023（令和5）年は40。すべて携帯電話）。令状の発付には，①対象犯罪が犯されたと疑うに足りる十分な理由があり，それが数人の共謀によるものであると疑うに足りる状況があるときなどにおいて，②当該犯罪の実行等に関連する事項を内容とする通信（犯罪関連通信）が行われると疑うに足りる状況があり，かつ，③他の方法によっては捜査が著しく困難であること，が必要とされる（通信傍受3条1項）。傍受期間は10日以内を原則とし，延長は可能であるが，通じて30日を超えることができない（通信傍受5条・7条）。

傍受実施の際は，通信手段の傍受の実施をする部分を管理する者またはこれに代わるべき者（通信管理者等〔通信傍受5条4項〕）を立ち会わせなければならない（通信傍受13条。ただし，後述する特定電子計算機を用いる傍受では立会いは不要。⇒131頁。また，一時的保存を命じて行う傍受では，傍受した通信を再生している間のみ立会いが必要。⇒130頁）。傍受実施中に行われた通信であって，傍受令状に記載された傍受すべき通信に該当するかどうか明らかでないものについては，該当するかどうかを判断するため，必要最小限度の範囲に限り，傍受できる（通信傍受14条）。傍受実施中に，令状記載の犯罪以外

の犯罪であって，対象犯罪に当たるもの，または死刑，無期もしくは短期1年以上の拘禁刑に当たるものを実行したこと，実行していること，または実行することを内容とするものと明らかに認められる通信が行われたときは，これを傍受できる（通信傍受15条）。

Column 将来の発生犯罪の嫌疑を理由とする令状の発付 ━━━━

通信傍受は，多くの場合，継続的に行われる覚醒剤取引等を対象にするため，傍受がなされる前提は過去に犯された犯罪事実であるとしても，実際に傍受される会話等の内容は，これから行われるであろう犯罪事実に関するものであることが大部分である。しかし，刑訴規則156条1項は，その文言上，既に行われた犯罪を理由として，その証拠収集のために令状を発することを前提としている。そこで，通信傍受法では，対象犯罪が犯され，かつ，引き続き同一または同種の犯罪が同様の態様で行われると疑うに足りる十分な理由があるときなども，傍受令状の発付が可能とされている（通信傍受3条1項2号・3号）。

━━━━━━━━━━━━━━━━━━━━━━━━━━━

暗号技術を活用する
傍受

（1）一時的保存を命じて行う傍受　検察官または司法警察員（以下「検察官等」という）は，傍受令状請求の際に裁判官の許可を受けて，通信管理者等に命じて，傍受令状記載の「傍受ができる期間」内において検察官等が指定する期間（以下「指定期間」という）に行われる全ての通信について，原信号の暗号化をさせ，かつ，当該暗号化により作成される暗号化信号について一時的保存をさせる方法により，傍受をすることができる（通信傍受20条1項〔通信管理者等の立会いは不要〕・4条3項）。検察官等は，指定期間内は，傍受の実施の場所に立ち入ってはならない（通信傍受20条5項）。

その後，検察官等は，傍受の実施の場所において，通信管理者等に命じて，さきに一時的保存をされた暗号化信号について，復号を

6　捜索・差押え・検証　129

させることにより，傍受した通信を復元させ，再生をすることができる（通信傍受21条1項前段）。再生をしている間は，通信管理者等の立会いが必要である（通信傍受21条1項後段・13条）。

暗号化・復号に用いる変換符号（鍵）は，裁判官の命を受けて，裁判所職員が作成し，通信管理者等に提供する（通信傍受9条1号）。

（2）特定電子計算機を用いる傍受　　検察官等は，傍受令状請求の際に裁判官の許可を受けて，通信管理者等に命じて，傍受の実施をしている間に行われる全ての通信について，原信号の暗号化をさせ，かつ，当該暗号化により作成される暗号化信号を傍受の実施の場所（捜査機関の施設等）に設置された特定電子計算機（通信傍受23条2項）に伝送させた上で，次のいずれかの傍受をすることができる（通信傍受23条1項・4条3項）。ⓐ暗号化信号を受信するのと同時に，復号をし，復元された通信について，傍受をすること（通信傍受23条1項1号）。ⓑ暗号化信号を受信するのと同時に一時的保存をする方法により，傍受をすること（通信傍受23条1項2号）。ⓑの場合，検察官等は，一時的保存をした暗号化信号について，特定電子計算機を用いて，復号をすることにより，傍受をした通信を復元し，再生をすることができる（通信傍受23条4項）。特定電子計算機は，ⓐによる傍受をした通信にあってはその傍受と同時に，また，ⓑによる再生をした通信にあってはその再生と同時に，全て，自動的に，暗号化の処理をして記録媒体に記録する機能を有している（通信傍受23条2項3号）。それにより捜査機関による改ざんが防止されるため，通信管理者等による立会いは不要である（通信傍受23条1項後段）。

暗号化・復号に用いる変換符号（鍵）は，裁判官の命を受けて，裁判所の職員が作成し，通信管理者等や検察官等にそれぞれ必要な

ものを提供し，また，記録媒体中の暗号化された通信の復号に必要な鍵は自ら保管する（通信傍受9条2号）。

Column 暗号技術を活用する傍受の導入 ━･━･━･━･━･━･━

　従来，①傍受の実施に立会人が例外なく必要とされているため，その確保が通信事業者にとり大きな負担となり，捜査機関が捜査の必要に応じて臨機に通信傍受を行う上での支障ともなっていた。また，②傍受は，通信が行われたときにリアルタイムで聴取等をすることを前提としているため，捜査官や立会人は，傍受の実施の期間中，常に待機し，長時間にわたり通話を待ち続けなければならないという非効率的な事態が生じていた。これらのことが，客観的証拠の収集方法としての通信傍受の活用を妨げる結果となり，取調べへの過度の依存を生じる原因の一つとなってきた。そこで，より効果的・効率的な傍受を可能にするため，2016年（平成28年）の法改正（平成28年法律54号）により，導入され，2019（令和元）年6月1日から施行された。

━･━

> **傍受の記録等**

傍受（再生）した通信については，全て，録音その他の適切な方法により記録媒体に記録しなければならず，その記録媒体には立会人による封印が必要である（通信傍受24条1項・25条1項・2項。特定電子計算機を用いる傍受では，立会い・封印は不要。通信傍受26条1項・23条1項後段）。記録媒体は，遅滞なく，傍受令状を発付した裁判官が所属する裁判所の裁判官に提出しなければならない（通信傍受25条4項・26条4項）。検察官等は，傍受した通信の内容を刑事手続において使用するための記録（傍受記録）を作成しなければならない（通信傍受29条）。また，通信の当事者に対し，傍受終了後30日以内に，傍受の実施につき通知しなければならない（通信傍受30条。ただし，捜査が妨げられるおそれがあるときは，60日以内の期間を定めて延長できる）。裁判官

6　捜索・差押え・検証

がした通信の傍受に関する裁判や，捜査機関がした通信の傍受（再生）に関する処分に対しては，不服を申し立てることができる（通信傍受33条）。

電気通信を用いない口頭の会話の傍受

通信傍受法の成立により，通信の当事者のいずれの同意も得ない電気通信の傍受は，すべて同法によらねばならないこととなったが，同法は，電気通信を用いないで行われる口頭の会話の傍受は規制対象としていない。前出の最決平成11年12月16日を前提とすれば，このような単なる口頭会話の傍受は検証許可状により行いうると解することも不可能ではないが，しかし，高度のプライバシーの利益が認められる住居等の場所内で行われる口頭会話の傍受については，電気通信の傍受よりも法益侵害性が類型的に高いこと，対象の特定が既存の検証が予定している方式に合致しうるか疑問であることから，消極的に解すべきだとの見解が，学説では有力である。

同意傍受・秘密録音・逆探知

電気通信に限らず，通信や会話の一方当事者の同意に基づく傍受・録音（同意傍受）や，一方当事者自身によるいわゆる秘密録音については，発信者（話者）のプライバシー権の主要な要素である通信（会話）内容の秘密性は相手方に委ねられており，その相手方がそれを処分するのであるから，完全な意味でのプライバシー権の侵害はなく，強制処分とまではいえないであろう。もっとも，発信者（話者）のプライバシー権への期待も全く保護の必要がないわけではないから，同意傍受や秘密録音は，傍受や録音をする正当な理由があり，当の会話もプライバシーをそれほど期待しえない状況でなされるものであるような場合などに限定して許される，と考え

るべきであろう（千葉地判平3・3・29判時1384号141頁〈百選10〉参照）。

　なお，身代金目的誘拐事件の際などに実施される犯人からの脅迫電話の発信元（電話番号）を一方当事者の同意で逆探知することについては，従来の実務・学説は，脅迫罪の現行犯人の逮捕への協力であることを正当化の根拠としてきたが，正当防衛ないし緊急避難的状況の存在を根拠にする見解も有力である。

7　捜査の限界

　犯罪の捜査は，科学技術が進歩するにつれて，有形力の行使や物理的な侵入を伴わずに実施できるようになってきているが，これと並行して進行した人権意識の高まりの結果，対象者のプライバシーなどの重要な権利・利益を実質的に制約・侵害するか否かが，当該捜査方法の適否を判断する際の重要な問題となっている。また，捜査活動は，その公正さへの国民の信頼なくしては存立し得ない。さらに，対象者の身体を傷害し，その生命を危険にさらしかねないような処分や，人間としての人格の尊厳を侵害するような処分は，令状によってもやはり許されないのではないかという問題もある（⇒62頁）。このような観点から，重要な捜査方法であるが，刑訴法にこれを許す明示の個別的な規定が見当たらないいくつかのものについて，その限界をみることとしたい。

おとり捜査　おとり捜査は，「捜査機関又はその依頼を受けた捜査協力者が，その身分や意図を相手方に秘して犯罪を実行するように働き掛け，相手方がこれに応じ

て犯罪の実行に出たところで現行犯逮捕等により検挙する」（最決平16・7・12刑集58巻5号333頁〈百選11〉）捜査方法である。おとり捜査は，薬物の密売など，国民生活に対する弊害が大きい重大な罪でありながら，きわめて秘密裏に，また組織的に行われるため，通常の捜査方法によっては検挙が困難な犯罪に対して有効であるが，その反面，本来犯罪を防止すべき国家が一種の詐術（おとり）を用いて人を犯罪行為に誘い込むものであるため，捜査の公正さないし廉潔性（への国民の信頼）の観点から疑問とされてきた（現在では，国家による法益侵害の惹起・助長という点に違法性の実質があると考える見解が有力である。なお，憲法13条に基づく人格的権利・利益〔人格的自律権〕の侵害を指摘する見解もあるが，犯罪についてそのような権利・利益を認めることには疑問がある）。

　おとり捜査が強制の処分による捜査方法だとすれば，「特別の定」がない以上許されないこととなる（197条1項但書）。しかし，おとり捜査は，その実施が対象者の意思に反しているとしても，一般に有形力の行使を伴わず行われ，また，相手方の重要な権利や自由の侵害も通常は認められないから，任意捜査の範疇に含まれるといえよう（銃刀所持27条の3，麻薬58条，あへん45条は，刑訴法上おとり捜査を行い得ることを前提とするものと考えられる）。

　おとり捜査が任意捜査であるとしても，無制限に許されるわけではない。この点で，従来の学説，および下級審の裁判例（例えば，東京高判昭57・10・15判時1095号155頁〔覚醒剤の密売〕，横浜地判平10・3・18判時1646号171頁〔拳銃・実包の密売〕）は，もともと犯意のなかった者に積極的に犯意を誘発させて犯罪に導く場合（犯意誘発型）は違法であり，もともと犯意を有していた者につきその犯意を強化しあるいはその現実化の機会を提供したにすぎない場合（機

会提供型）は適法だとするいわゆる二分説を基調としてきた。最高裁も、「少なくとも、直接の被害者がいない薬物犯罪等の捜査において、通常の捜査方法のみでは当該犯罪の摘発が困難である場合に、機会があれば犯罪を行う意思があると疑われる者を対象におとり捜査を行うことは、刑訴法197条1項に基づく任意捜査として許容される」（前掲・最決平16・7・12〔大麻密売の事案〕）として、これまで二分説的な発想で適否の判断を積み重ねてきた下級審裁判例の方向性を基本的に是認した。

　薬物や銃器の取引は（組織的・）密行的に行われるため、おとり捜査を用いる必要性は一般に高いが（一般的必要性）、それに加えて、おとり捜査によらなければ当該犯罪の捜査が困難だという特別の必要性（補充性）がなければならない。その上で、対象者の犯意の有無、捜査機関の働きかけの態様・程度、対象者の対応状況などを考慮して、当該おとり捜査の適否が判断されることとなろう。その結果、おとり捜査が違法と判断された場合、対象者を無罪とする考えもあるが、詐術によるにせよ、自らの意思で犯行に及んだ以上、実体法上犯罪不成立とはいえまい。むしろ、手続の違法に着目して、司法の廉潔性の保持および違法捜査の抑止の見地から、証拠排除、場合によっては公訴棄却などの手続打切りの措置をとるべきこととなろう。

Column　コントロールド・デリバリー

　外国からの貨物に覚醒剤等の規制薬物や拳銃などが隠匿されていることが通関等の段階で判明したときに、（密）輸入の実行者（＝末端の者）をただちに検挙することなく、そのまま監視を続け、その貨物の届け先等を確認することによって、背後の首謀者を含む関係人を検挙しようとする捜査方法を「監視付移転（コントロールド・デリバリー：controlled delivery)」と呼ぶ。禁制品を押収しないで流通させるライブ・コントロールド・デリバリーと無害の物品に入れ替えて流通させるクリーン・コントロールド・デリバリーとがある。麻薬特3条・4条・8条，銃刀所持31条の17参照。

写真撮影・録画

　捜査のためにする写真やビデオの撮影・録画は，機械的に正確に犯人や犯行の状況を捉える重要な証拠収集方法であるが，その反面，対象者の意思に反して，容貌・姿態・行動などを写すものであるため，いわゆる肖像権などとの関係で，その許否，限界が問題となる（なお，これとは別に捜索・差押えの際の写真撮影が問題となることがある。⇨113頁*Column*）。

　刑訴法は，身体の拘束を受けている被疑者の写真を撮影するには令状によることを要しないと規定する（218条3項）のみである。だからといって，これ以外の場合はつねに令状を要するわけではなく，任意捜査の一環として許される場合もある。例えば，最高裁も，許可条件に違反したデモ行進の状況や違反者を警察官が写真撮影した事案において，「何人も，その承諾なしに，みだりにその容ぼう・姿態を撮影されない自由を有〔し〕……警察官が，正当な理由もないのに，個人の容ぼう等を撮影することは，憲法13条の趣旨に反し，許されない」としつつ，「現に犯罪が行なわれもしくは行なわれたのち間がないと認められる場合であって，しかも証拠保全の必要性および緊急性があり，かつその撮影が一般的に許容される限度をこえない相当な方法をもって行なわれるとき」は，「撮影される本人の同意がなく，また裁判官の令状がなくても，警察官による個人の容ぼう等の撮影が許容される」とする（最大判昭44・12・24刑集23巻12号1625頁〔京都府学連デモ事件〕。最判昭61・2・14刑集40巻

1号48頁〔自動速度監視装置による運転者の容貌の撮影〕も同旨）。この最高裁判例は，現行犯ないし準現行犯的状況に言及しているが，これは，事案に即した判示にとどまり，そのような場合に限られるわけではない。その後，最高裁は，既に行われた犯罪の犯人特定のためのビデオ撮影（隠し撮り）について，「捜査機関において被告人が犯人である疑いを持つ合理的な理由」が存在し，かつ，当該撮影は，「強盗殺人等事件の捜査に関し，防犯ビデオに写っていた人物の容ぼう，体型等と被告人の容ぼう，体型等との同一性の有無という犯人の特定のための重要な判断に必要な証拠資料を入手するため，これに必要な限度において，公道上を歩いている被告人の容ぼう等を撮影し，あるいは不特定多数の客が集まるパチンコ店内において被告人の容ぼう等を撮影したものであり，いずれも，通常，人が他人から容ぼう等を観察されること自体は受忍せざるを得ない場所におけるもの」であるから，「捜査目的を達成するため，必要な範囲において，かつ，相当な方法によって」行われたものといえ適法だとした（最決平20・4・15刑集62巻5号1398頁〈百選9〉）。

　これらの事例は，公共の場所（公道上など）にいて，「プライバシーの正当な期待」を自ら一部放棄しているとみることのできる対象者の場合である。これに対して，例えば，（憲法35条の保障が及ぶ）住居内の普通では外から見えないような場所にいる人を対象にして，望遠レンズや暗視装置を用いて，その容貌・姿態（や住居内の様子）を撮影するような場合には，その対象者は一般にプライバシーを正当に期待できる状況にあるといえ，令状（おそらくは検証許可状）によらなければ許されないこととなろう。

　なお，犯罪未発生の場合について，あらかじめ証拠保全の手段・方法をとっておく必要性・緊急性があり，社会通念上相当な方法に

よるときは，高度の蓋然性をもって犯罪の発生が予測される場所を継続的，自動的に撮影・録画することも許される，とした裁判例がある（東京高判昭 63・4・1 判時 1278 号 152 頁。派出所前歩道上の電柱に設置したビデオカメラによる撮影・録画）。

> **GPS 捜査**

GPS 捜査とは，「車両に使用者らの承諾なく秘かに GPS 端末を取り付けて位置情報を検索し把握する刑事手続上の捜査」（最大判平 29・3・15 刑集 71 巻 3 号 13 頁〈百選 31〉）である。近年，この GPS 捜査が，捜査官が（目視により）行う尾行等を機械的に補助するもので任意捜査として許容されるとの見解に立って，行われていた事案があったようである。しかし，学説では，①（容易かつ低コストで，秘密裏に，対象者の動静を長期間継続的に監視し，その結果を記録・分析することもできる GPS を利用した）GPS 捜査は，その運用次第では，対象者の交友関係，信教，思想・信条等の個人情報を網羅的に明らかにして，プライバシーを大きく侵害する危険性を内包しているから，「尾行等の補助手段」としての利用をこえて，対象車両の動静を長期間にわたり継続的・網羅的に探索し膨大な記録を残しているような場合には，「尾行等に必要な自動車の断片的な位置情報にとどまらない要保護性の高いプライバシーを類型的に侵害する危険を現実化させたもの」といえ強制処分と解すべきだとする見解（検証許可状による実施も可能ではあるが立法的措置が求められるとする），さらには，②情報の濫用的収集・不当な目的外利用を防止して GPS 捜査（監視）の実施を適正化するため，GPS 捜査はすべて，強制処分として通信傍受法のような立法による厳格な要件・手続により行われるべきだとする見解，などが主張されていた。そして，下級審の裁判例は，強制処分に当たるとしたものと，任意処分であるとしたものに分かれ

138　第 2 章　捜　査

ていた（名古屋高判平28・6・29判時2307号129頁〔強制処分〕，広島高判平28・7・21高刑速平成28年241頁〔任意処分〕）。

　そのような状況の中，最高裁大法廷は，GPS捜査は強制処分であり，かつ，その実施には立法的措置が望ましい，との判断を下した（前掲・最大判平29・3・15）。すなわち，大法廷は，①GPS捜査は，「公道上のもののみならず，個人のプライバシーが強く保護されるべき場所や空間に関わるものも含めて，対象車両及びその使用者の所在と移動状況を逐一把握することを可能にする」ものであって，「個人の行動を継続的，網羅的に把握することを必然的に伴うから，個人のプライバシーを侵害し得る」，②また，「そのような侵害を可能とする機器を個人の所持品に秘かに装着することによって行う点において，公道上の所在を肉眼で把握したりカメラで撮影したりするような手法とは異なり，公権力による私的領域への侵入を伴う」，③憲法35条の保障対象には，「住居，書類及び所持品」に準ずる私的領域に「侵入」されることのない権利が含まれる，④それゆえ，「個人のプライバシーの侵害を可能とする機器をその所持品に秘かに装着することによって，合理的に推認される個人の意思に反してその私的領域に侵入する」捜査方法であるGPS捜査は，「個人の意思を制圧」して「憲法の保障する重要な法的利益を侵害」するものとして，「強制の処分」に当たる，とした。そして，その上で，大法廷は，GPS捜査は，「刑訴法上の『検証』と同様の性質を有するもの……『検証』では捉えきれない性質を有する」から，「立法的な措置が講じられることが望ましい」とした。

強制採尿

　覚醒剤取締法違反の罪は，現在，大きな社会問題となっており，刑事手続上の対応が迫られている。捜査段階では，覚醒剤自己使用罪の被疑者が尿の任

意提出を拒んだ場合に，強制的に採取することが許されるかが問題
となる。実務では，従前は，医師により，治療・診察に通常用いら
れるカテーテル（ゴム製の導尿管）を尿道に挿入するという方法を用
いて，また実施の手続としては鑑定処分許可状と身体検査令状との
併用により実施されてきた（⇒125頁*Column*）。このような強制採尿
は，採取された尿は決定的な証拠となる反面，「身体に対する侵入
行為であるとともに屈辱感等の精神的打撃を与える行為」（後掲・最
決昭55・10・23）である。そこで，人間の尊厳を侵すもので許され
ないとの見解もあったが（裁判例として，後掲・最決昭55・10・23の
原判決），最高裁は，「被疑事件の重大性，嫌疑の存在，当該証拠の
重要性とその取得の必要性，適当な代替手段の不存在等の事情に照
らし，犯罪の捜査上真にやむをえない」場合には，「最終的手段と
して」行うことも許されるとした（最決昭55・10・23刑集34巻5号
300頁〈百選28〉。実施に当たっては「被疑者の身体の安全とその人格の保
護のため十分な配慮」が施されるべきだとする）。実施の手続について，
最高裁は，従来の実務の運用とは異なり，捜索差押令状によるべき
ものとするが，しかし，身体の検査に関する218条6項の規定を準
用して，令状には「医師をして医学的に相当と認められる方法によ
り行わせなければならない」旨の条件の記載が不可欠だとしている。
同決定に対しては，立法によることなく，判例で一種の新しい強制
処分（令状）を創出したものといえ疑問だとの批判も有力であるが，
以後の実務はこの「強制採尿令状」により行われている。

　なお，身体を拘束されていない被疑者を採尿場所へ任意に同行す
ることが不可能と認められる場合には，「強制採尿令状の効力とし
て」，「採尿に適する最寄りの場所〔病院や警察署の医務室〕まで……
連行」でき，その際，「必要最小限度の有形力を行使することがで

きる」とするのが判例である（最決平 6・9・16 刑集 48 巻 6 号 420 頁
〈百選 29〉）。

ポリグラフ検
査・麻酔分析

ポリグラフ検査とは，被疑事実に関する質
問について被疑者に答えさせ，その生理的
な反応（呼吸運動，皮膚電気反応，および脈
拍）を測定することにより，被疑者の認識の有無や有罪意識を判定
しようとするものである。ポリグラフ検査が黙秘権を侵害するかに
ついては争いがあるが，生理的な反応が証拠とされるにすぎないの
で黙秘権の侵害とはならないとするのが多数である。しかし，内心
の意識を探ろうとするものであるため，個人の尊厳ないし思想良心
の自由の保護の観点から，その強制的な実施は許されないであろう。
もっとも，実際は，被検査者の承諾を得て実施されている。また，
その実施は，心理学・生理学その他検査に必要な知識および技術を
習得した者が行わなければならない（検査結果回答書の証拠能力につ
き，⇨361 頁）。

麻酔分析は，アミタール，ペントタールなどの溶液を被検者の静
脈内に注射し，半睡半覚の状態にして質問に答えさせる検査である。
麻酔によって被検者の抑制力を奪い，意識下にあるものを引き出そ
うとするもので，黙秘権，さらには人格の尊厳を侵害するものとい
えよう。被検査者の承諾があっても，供述をとる手段として用いる
ことは許されない。

8 被疑者の防御

捜査機関は，逮捕・勾留，捜索・差押えなどの強制処分を行い，

かつ組織的に捜査をすることができる。それに比べると，被疑者は非力だといえよう。そこで，被疑者にはいわゆる黙秘権や弁護人依頼権をはじめとする諸権利が与えられている。被疑者は，それらを正当に行使して，不当な捜査活動から自らの権利・利益を守るとともに，公判における主張・立証活動に向けての準備を行うことができる。

1 被疑者の権利

黙 秘 権

「何人も，自己に不利益な供述を強要されない」（憲38条1項）。これは，アメリカ合衆国憲法ないし各州憲法に規定されている「自己負罪拒否の特権」（privilege against self-incrimination）に由来し，わが国では，一般に「黙秘権」と呼ばれている。

Column 自己負罪拒否特権と黙秘権 ---------------------------

アメリカ合衆国憲法修正5条は，「何人も，刑事事件において自己に不利益な証人（a witness against himself）になることを強制されない」と定めている。この規定は誰にでも，一般市民として「法律上の供述義務」があることを前提としている。自己負罪（法廷で自分に刑事責任があると認める証言をすること）を法律で義務づけられない，という修正5条は，これを「特に免除」するという意味で，まさしく「特権」（privilege）なのである（アメリカでは，わが国と違い，被告人にも証人適格がある。⇒245頁）。捜査機関による自白の強要のような「事実上の強制」は，法的義務ではないから，自己負罪拒否特権とは別の問題（つまり，強制により得た自白は証拠となしえないという自白法則の問題⇒308〜309頁）だと考えられてきた。

これと異なり，わが国では，黙秘権（憲38条1項）の保障は法律上の強制（法律で供述義務を課すこと）だけでなく，事実上の強制（例えば，

142　第2章　捜　査

捜査段階における強制）をも禁止するものだと考えられている。

　もっとも現在では，アメリカでも，自己負罪拒否特権は法律上の強制だけでなく，事実上の強制をも含むものと解されている。

憲法38条1項は，「不利益な供述」の強要を禁止しているが，刑訴法は，被疑者・被告人に不利益な供述か否かを問わず，一切の供述をしない権利を保障している（311条1項・198条2項。以下，「包括的黙秘権」と呼ぶ）。

憲法は「不利益」供述の強要を禁止し，刑訴法は包括的黙秘権を保障する。このような憲法と刑訴法との規定の文言の違いについては，①刑訴法は憲法の保障を被疑者・被告人の地位にかんがみ拡張したものと解する見解，②憲法は被疑者・被告人については（それ以外の者とは異なり）包括的黙秘権を保障したものだと解する見解，③被疑者の場合は（現に捜査の対象になっているのであるから）本人の意思に反する限りにおいて，すべて憲法にいう「不利益な供述」に含まれるという見解，などがある。

Column　法律上の報告義務と黙秘権

　純然たる刑事手続に限らず，実質的に刑事責任追及の作用を一般的に有する手続には，憲法38条の保障が及ぶ（最大判昭47・11・22刑集26巻9号554頁〔川崎民商事件〕）。ところで，行政法規の中には，報告義務などを課し，それに応じないときは刑罰を科すものも少なくない。しかし，刑罰によって報告を義務づけることが黙秘権侵害に当たらないか，という疑問がある。最高裁は，交通事故を起こした運転者らに「事故の内容」などの報告を義務づけていた旧道路交通取締法施行令67条2項は，「不利益な供述」の強要（憲38条1項）に当たらない，と判示した（最大判昭37・5・2刑集16巻5号495頁〈百選A9〉）。同施行令は「事故の態様」に関する事項の報告を義務づけているにすぎず，刑事責任を問

8　被疑者の防御　　143

われるおそれのある「事故の原因」などの報告義務を課したものではないからだ、というのである。現行の道路交通法は、「事故の態様」を掲げた規定になっており、合憲性が肯定されている（最判昭 45・7・28 刑集 24 巻 7 号 569 頁）。

また、最高裁は、医療事故の事案で、「死体を検案して異状を認めた医師は、自己がその死因等につき診療行為における業務上過失致死等の罪責を問われるおそれがある場合にも」警察署へ届け出る義務（医師 21 条）があると解しても憲法 38 条 1 項に反しない、とする（最判平 16・4・13 刑集 58 巻 4 号 247 頁）。

|弁護人の援助を受ける権利|

黙秘権とならんで被疑者にとって重要な権利に、弁護人の援助を受ける権利（弁護人依頼権、弁護人選任権）がある。憲法は、被告人にはつねに弁護人依頼権があるとし（憲 37 条 3 項前段）、被疑者についても、身体の拘束を受けたときに限ってではあるが、弁護人依頼権を認めている（憲 34 条前段）。そして、刑訴法は、さらに一歩を進めて、被疑者も、身体拘束の有無を問わず、つねに弁護人選任権があると規定している（30 条 1 項。公訴提起後にはじめて弁護人の選任が認められていた旧法〔旧刑訴 39 条 1 項〕とは、大きく異なる〔⇨28 頁〕）。

② 接見交通と接見指定

|接見交通権|

身体の拘束を受けている被疑者・被告人（以下「被疑者ら」という）は、外界から遮断され、精神的にも不安定な状態にある。そこで被疑者らを精神的に支え、あるいは法的な助言をする者が必要になる。家族や恋人、同僚など（以下、「家族ら」という）は精神的な支えとなるであろう

144　第 2 章　捜　査

し，弁護人（39条1項にいう「弁護人となろうとする者」を含む）は法的助言を与え，被疑者らの権利が十分に行使されるよう援助してくれるであろう。これらの人々から援助を受けるために，被疑者らは家族らや弁護人と面会しなければならない。この面会を「接見」または「接見交通」と呼んでいる（接見に際して，書類や物の授受が許されることがある）。

接見交通には，①家族らとの接見交通（80条。勾留されている場合である。207条1項によって被疑者にも準用される）と②弁護人との接見交通（39条）がある。被疑者らの逃亡や罪証隠滅を防ぐため，家族らとの接見交通には制限が課される。まず，必ず職員が立ち会う。また裁判官は，逃亡し，または罪証を隠滅すると疑うに足りる相当な理由があるときは，検察官の請求により，または職権で，勾留されている被疑者らと家族らとの接見を禁じ，または，授受すべき書類その他の物を検閲し，その授受を禁じ，もしくはこれを差し押さえることができる（81条本文。接見禁止の当否に関する審査・判断のあり方につき最決平31・3・13判時2423号111頁参照）。しかし，糧食の授受を禁じ，またはこれを差し押さえることはできない（81条但書）。

被疑者らは，弁護人とは立会人なくして接見することができる。また書類や物の授受をすることもできる（39条1項。書類・物の授受は，接見場所の職員を介して行われる）。

弁護人との接見交通は，被疑者らの基本的な権利であると同時に，弁護人の固有権（⇒34頁）でもある。接見交通を権利として見るとき，接見交通権と呼ぶ（立会人なしで接見できることから秘密交通権とも呼ばれる。福岡高判平23・7・1判時2127号9頁〈百選37〉は，39条1項は，捜査機関が立ち会わないことにとどまらず，接見終了後においても，

8　被疑者の防御　145

接見内容を知られない権利を保障したものだとする）。憲法 34 条前段は，身体拘束中の被疑者らに弁護人依頼権を与えているが，それは「単に被疑者が弁護人を選任することを官憲が妨害してはならないというにとどまるものではなく，被疑者に対し，弁護人を選任した上で，弁護人に相談し，その助言を受けるなど弁護人から援助を受ける機会を持つことを実質的に保障している」のであり，刑訴法 39 条 1 項の規定は，この憲法の趣旨にのっとって設けられたものである（最大判平 11・3・24 民集 53 巻 3 号 514 頁〈百選 34〉）。

　接見交通は，しかし，全く自由に行われるものではない。法令で，①被疑者の逃亡，②罪証の隠滅，または③戒護に支障のある物の授受，を防ぐため必要な措置を規定することができる（39 条 2 項，規 30 条，刑事収容 118 条・220 条参照）。

| 接見指定 |

　さらに，検察官，検察事務官または司法警察職員は，捜査のため必要があるときは，公訴の提起前（＝被疑者の接見）に限り，弁護人との接見または授受に関し，その日時，場所および時間を指定することができる（39 条 3 項本文。検察庁に送致する前は警察の捜査主任官が指定し，送致後は主任検察官が指定している）。これを接見指定という。

　接見指定は，刑訴法において身体の拘束を受けている被疑者の取調べが認められていること（198 条 1 項），被疑者の身体の拘束については最大でも 23（内乱罪等に当たる事件については 28）日間という厳格な時間制限があること（203 条〜205 条・208 条・208 条の 2 参照），などを考慮して，「被疑者の取調べ等の捜査の必要と接見交通権の行使との調整を図る」趣旨で置かれたものである（前掲・最大判平 11・3・24）。

　そして，刑訴法 39 条 3 項ただし書は，「被疑者が防禦の準備をす

る権利を不当に制限するようなものであってはならない」と定め，接見指定が「飽くまで必要やむを得ない例外的措置であ」ることを明らかにしている（前掲・最大判平11・3・24）。つまり，刑訴法39条は，1項で自由な接見交通という原則を定め，3項で捜査機関が接見を指定できるという例外を規定しているのである。

　なお，判例によると，起訴後勾留中の被告人が，同時に余罪である被疑事実についても逮捕・勾留されている場合に，捜査官らは，被告事件について防御権の不当な制限にわたらない限り，被疑事件について接見指定できる（最決昭55・4・28刑集34巻3号178頁〈百選36〉。なお，最決昭41・7・26刑集20巻6号728頁〔千葉大チフス菌事件〕）。

　（1）　指定の方式　　現行法施行後かなり早くから，接見指定の方式として，いわゆる一般的指定制度がとられていた。

（用 語 解）　**一般的指定制度** ──────────────────

　　検察官は，接見指定を必要と考える事件について，まず，一般的指定書（「〔接見の〕日時，場所および時間を別に発すべき〔具体的〕指定書のとおり指定する」という書面）を被疑者が身体拘束されている施設の長に対して発する。弁護人は，検察官のもとに赴いて，日時，場所および時間の細目を記入した具体的指定書の交付を受け，これを施設の担当官に示してはじめて接見ができるという方式がとられた。この方式を一般的指定制度という（「面会切符制」とも呼ばれた）。

────────────────────────────────

　一般的指定制度は，①検察官がまず一律に接見を禁止した上で，具体的指定書により個別的にこれを解除するものであるから，刑訴法39条の原則（自由な接見）と例外（接見指定）を逆転するものだ，②一律に指定することになるので，指定要件を不問にするに等しい，③書面の受取り・持参の要求は弁護人に不必要な負担を課し，当事

者主義の理念にかんがみ不当だ，などと批判された。そして，一般的指定を違法な接見指定処分だとして準抗告で取り消す裁判例が相次ぎ（鳥取地決昭42・3・7下刑集9巻3号375頁など），学説の多くもこれを支持した。

　このような状況を受けて，1988（昭和63）年4月1日，法務省は法務大臣訓令に基づく事件事務規程第28条の改廃によって従来の「一般的指定書」を廃止し，新たに「通知事件」制度を導入した。これは，①接見指定の必要があり得ると認める事件について，検察官が，あらかじめ（具体的）指定権を行使することがある旨の「通知」を留置担当官に発する。②この通知があった場合，弁護人から接見の申入れを受けた留置担当官は必ず検察官に連絡を入れて指定権を行使するかどうか確認することを要する，という制度である。留置担当官から連絡を受けた検察官は，①指定の必要がないときにはそのまま接見させ，②指定の必要があるときは，弁護人と協議の上，具体的な日時等を指定する。現在の接見の実務においては，接見指定書の受領（ファクシミリ送信も含めて）・持参にこだわらず，電話等口頭で指定する柔軟な運用がなされている。

　(2)　指定の要件　　捜査機関は，「捜査のため必要があるとき」接見指定をすることができる。ここにいう「捜査のため必要」とは何かについては，2つの説が代表的である。1つは，接見をされると被疑者から供述をとりにくくなるとか，罪証隠滅のおそれがあるなど，広く捜査遂行上障害が予想される場合を「捜査のため必要」と解する説である。この説は，つまるところ，捜査の必要が接見交通に優先するという理解であって，接見指定の趣旨である「調整」の見地からは是認できない。最高裁（前掲・最大判平11・3・24，⇒140頁）は，接見指定の趣旨は「調整を図る」ことにあるとして

いるのである。いま 1 つの説は，接見指定が捜査の必要性と被疑者の防御との調整を図る制度だという認識を前提にして，現に被疑者を取調べ中である場合は，接見指定ができると解するものである。このほか「現に取調べ中」に限らず，現場検証・実況見分への立会い，取調べに付随する面通しなどをも含むとする見解や，取調べや検証等への同行が確実かつ具体的に予定されている場合まで含むとする見解もある。

　最高裁大法廷（前掲・最大判平 11・3・24）は，39 条 3 項の「捜査のため必要があるとき」とは，接見を認めると「取調べの中断等により捜査に顕著な支障が生ずる場合に限られ」るとした。具体的には，「現に被疑者を取調べ中である場合や実況見分，検証等に立ち会わせている場合」のほか，「間近い時に右取調べ等をする確実な予定があって，……接見等を認めたのでは，右取調べ等が予定どおり開始できなくなるおそれがある場合」は，原則として「取調べの中断等により捜査に顕著な支障が生ずる場合」に当たる。

　そして，この要件が具備され，接見指定をする場合には，捜査機関は「弁護人等と協議してできる限り速やかな接見等のための日時等を指定し，被疑者が弁護人等と防御の準備をすることができるような措置を採らなければならない」（前掲・最大判平 11・3・24）。とりわけ，「弁護人となろうとする者と被疑者との逮捕直後の初回の接見」は，「速やかに行うことが被疑者の防御の準備のために特に重要」であるから，捜査機関としては，「即時又は近接した時点での接見を認めても接見の時間を指定すれば捜査に顕著な支障が生じるのを避けることが可能かどうかを検討し，これが可能なときは……被疑者の引致後直ちに行うべき……手続……を終えた後において，たとい比較的短時間であっても……接見を認めるようにすべ

8　被疑者の防御　　149

き」である（最判平 12・6・13 民集 54 巻 5 号 1635 頁〈百選 35〉）。

　なお，接見交通権の不当な侵害があっても，直ちに自白の任意性に疑いが生じるものではない，というのが判例である（最決平元・1・23 判時 1301 号 155 頁〈百選 72〉）。しかし，少なくとも接見交通権の趣旨を没却するような重大な違法のある場合には，証拠能力を否定すべきであろう（通常は自白の任意性に疑いがあるものと見てよかろう。⇨312〜313 頁）。

Column　面会接見・電話接見

　被疑者らには，弁護人との立会人なしの接見交通権（秘密交通権）が保障されているが，立会人なしで書類・物を授受することは許されない（⇨145 頁）。被疑者らの逃亡・罪証隠滅，戒護に支障がある物の授受を防ぐことと秘密交通権の保障とを両立させるには，特別の施設が必要である（39 条 2 項参照）。そこで，弁護人との接見は，通常，接見室で行われる。取調べのため検察庁に待機中の被疑者と接見したいと申し出た弁護人に対し，接見指定の要件がないのに，接見室がないことを理由に検察官が断った事案で，最高裁は，弁護人が接見を申し出た場合，その申出が「面会接見」（「秘密交通権が十分に保障されないような態様の短時間の『接見』」。正規の接見室ではないが，例えば同行室で逃亡等を防ぐため立会人を付すなどして行われる面会）でも差し支えない趣旨か否かを，検察官は確認すべきだ，とする（最判平 17・4・19 民集 59 巻 3 号 563 頁〈百選 A10〉）。さらに最高裁は，検察官が確認もせず，弁護人の申出に対して何らの配慮もしなかったことは違法だ，と述べ，検察官に「配慮義務」（面会接見ができるように配慮すべき義務）を課した。

　なお，外部交通のひとつの試みとして「電話接見」が行われている。電話接見とは，電話（テレビ電話を含む）によって弁護人と被疑者らとが簡単な打合せをするものである。弁護人がもよりのアクセス・ポイントに赴き，被疑者らと電話を使って通話をする方式で，試行的に実施されている。弁護人と被疑者らとの会話が捜査官に聞かれないのであれば，

秘密交通権の侵害はない。最近は，刑事手続の IT 化の議論と関連して，オンライン接見の法制度化を求める動きもある。

3 証 拠 保 全

捜査機関は，強制処分によって証拠を収集・保全することができるが，被疑者・被告人には強制処分権が認められていない。検察官は，「公益の代表者」（検 4 条）であって，被疑者・被告人に有利な証拠をも収集・保全する義務があると考えることもできるから，被疑者・被告人に代わって，検察官が証拠を収集・保全してくれることを期待できなくもない。とはいえ，被疑者・被告人に有利な証拠がつねに十分に収集・保全されるとは限らない。そこで，刑訴法は，被疑者・被告人または弁護人が，将来の公判に備えて，有利な証拠を収集・保全する必要があるとき，強制処分を裁判官に請求できる規定をおいた。

将来公判廷に提出する予定の証拠物や証拠書類が滅失・毀損したり，証人になってもらう予定の人が死亡し，あるいは，長期間，海外に行くなどして，公判廷で証言できない場合もあり得る。このような事態を避けるために，被疑者・被告人に有利な証拠について，あらかじめ裁判官に収集・保全してもらうことが，ここにいう証拠保全である。

被疑者・被告人または弁護人は，「あらかじめ証拠を保全しておかなければその証拠を使用することが困難な事情がある」ときは，「第一回の公判期日前に限り」，裁判官に押収，捜索，検証，証人尋問，鑑定処分を請求することができる（179条1項）。この請求を受けた裁判官は，その処分に関し，裁判所または裁判長と同一の権限

を有する（179条2項）。具体的には，押収すべき物などの所在地，証人の現在地などを管轄する地裁や簡裁の裁判官に対し，事件の概要，証明すべき事実，証拠とその保全の方法，証拠保全を必要とする事由を記載した書面で請求する（規137条・138条）。

4 違法捜査に対する救済

捜査の過程で違法なことが行われた場合に，どのような救済手段または対抗措置があるだろうか。当該刑事手続内で認められるものとして，準抗告，証拠排除，および公訴棄却，また，当該手続外で認められるものとして国家賠償請求，刑事罰，懲戒処分，および人身保護手続がある。

準抗告　裁判官のした勾留・押収・押収物還付に関する裁判や鑑定留置を命ずる裁判，あるいは，捜査機関のした接見指定（⇨146頁）や押収・押収物還付に関する処分に不服がある者は，裁判所にその取消し・変更を請求することができる（429条・430条）。この請求が，実務上および講学上，「準抗告」と呼ばれているものである（⇨409頁）。捜査機関の処分は，法的性質からすれば行政庁の処分である。だが，準抗告は特に刑事手続内で迅速に処理しようという趣旨で設けられたものだから，捜査機関の処分は準抗告で争うべきであって，これとは別に行政訴訟を提起することはできない（430条3項。なお，行審7条1項6号）。逮捕（最決昭57・8・27刑集36巻6号726頁参照）や検証（捜索差押えの際の写真撮影につき，最決平2・6・27刑集44巻4号385頁〈百選33〉参照）は準抗告の対象とはならないというのが判例である。立法論としては，準抗告の対象をもう少し広げるべきではないかという考えが，学説で有力に主張されている。

| 証拠排除 |

公判段階で認められるものとして，まず，強制・拷問・脅迫等による不任意自白の排除法則がある（319条1項。⇒308頁以下）。そのほかに，物証については，いわゆる違法収集証拠の排除法則が判例上認められている（⇒363頁以下）。

| 公訴棄却 |

捜査手続に著しいデュー・プロセス違反があり，証拠排除ではまかなえない場合がある。そのような捜査に基づく公訴提起は無効で，裁判所としては公訴を棄却（338条4号）すべきだとする見解がある。しかし，最高裁は，捜査手続における違法はその後の公訴提起の効力には影響しないという立場をとっており，まれに下級審が公訴棄却の判決をした場合も，最高裁段階ではすべて破棄されている。軽微な道交法違反の事案において暴力的な逮捕がなされた場合（いわゆるウィップラッシュ傷害事件・最判昭41・7・21刑集20巻6号696頁〈百選A13〉），捜査の遅延のため少年が成年に達し，家庭裁判所送致の機会が失われた場合（最判昭44・12・5刑集23巻12号1583頁，最判昭45・5・29刑集24巻5号223頁）などがそれである（⇒182頁）。もっとも，おとり捜査に基づく起訴の場合など，今後の展開の余地も全く考えられないわけではない（⇒135頁）。

| 刑事手続外の救済 |

比較的，実効性があると思われるのは，国家賠償法に基づいて，国または地方公共団体に損害の賠償を求める方法であろう（国賠1条）。このほかの手段として，当該捜査官に対する懲戒処分（国公82条，地公29条），刑事罰（刑193条等），不当な拘束から自由を回復する手段として認められる人身保護手続（ただし，刑訴法上の救済手段をとることが不可能なときにしか利用できないため，活用の余地は限定されざるを得ない）が

8 被疑者の防御 153

考えられる。

9 捜査の終結

捜査に一応のめどがつくと，捜査は終結する。警察における処理と，検察官における処理とに分けて，捜査を終結させる処理を説明しよう。

1 警察における処理

> **事件の送致**

司法警察員は，犯罪の捜査をしたときは，「この法律に特別の定のある場合を除いて」，速やかに書類および証拠物とともに事件を検察官に送致しなければならない（246条）。「特別の定」による例外として，(1) 告訴・告発・自首を受けた事件，(2) 身体拘束の法定期間からくる例外，のほか，(3) 少年法41条による例外，がある。さらに，246条ただし書による例外として，(4) 微罪処分，(5) 簡易送致，がある。

> **告訴・告発または**
> **自首を受けた事件**

司法警察員が告訴・告発または自首を受けたときは，速やかに書類および証拠物を検察官に送付する（242条・245条）。学説には，「送付」とは，事件自体を送らずにとりあえず書類と証拠物だけを送るものだとする見解もあるが，実務では，事件送致も済んだものとして取り扱われている。

> **身体拘束の法定期間**
> **からくる例外**

被疑者が逮捕された場合，身体拘束から48時間以内に，被疑者を検察官に送致する手続がとられる（203条1項・211条・216

154　第2章　捜　査

条)。実務では，被疑者とともに，事件も送致される扱いである。したがって，「捜査をしたとき」「速やかに」（246条）でなく，例外的に「身体を拘束された時から48時間以内に」（203条1項）検察官に事件を送致しなければならないことになるのである。

> **少年法41条による例外**

刑訴法246条にいう「この法律」とは，刑訴法をさすが，他の法律を排斥する趣旨ではない。少年法41条による特則は，少年法の趣旨から，刑訴法246条の例外となる。司法警察員は，少年事件であっても拘禁刑以上の刑に当たる犯罪については，刑訴法246条の原則に従って，検察官に事件を送致する。しかし，罰金以下の事件については，検察官に事件を送致せずに，家庭裁判所に直接送致しなければならない（少41条）。罰金以下の事件については，家庭裁判所が検察官に送致（逆送）することはなく，少年が刑事処分を受けることもないから（少20条1項参照），検察官への経由を省略して，直接家庭裁判所に送致するよう定められているのである。

> **微 罪 処 分**

犯罪が極めて軽微であり，かつ，検察官から送致の手続をとる必要がないとあらかじめ指定されたものについて，司法警察員は，事件を送致しないことができる（246条但書，捜査規範198条）。この処分は，微罪処分と呼ばれる。

　事件の指定は，検事総長の通達（昭和25年の「送致手続の特例に関する件」）に基づき，各地方検察庁の長である検事正が一般的指示（193条1項。⇨44頁）の形で行う。指定される事件は地方により異なるが，被害額や犯情などが軽微であって再犯のおそれのない，窃盗，詐欺，横領，盗品等譲受け等，賭博が，一般に指定される（なお，被疑者が逮捕された事件および告訴・告発・自首のあった事件は除か

9　捜査の終結　155

れる）。

簡 易 送 致

　微罪処分に似た処理で，少年事件について
行われるものが簡易送致である。検察官ま
たは家庭裁判所があらかじめ指定した事件であって，事実がきわめ
て軽微であり，再犯のおそれがなく，刑事処分または保護処分を必
要としないものについては，通常の送致手続をしない。少年事件簡
易送致書を作成し，1ヵ月ごとに一括して検察官または家庭裁判所
に送致する。微罪処分に準じた措置をとり，通常の送致手続に比べ，
簡易に処理される（捜査規範214条）。

② 事件送致後の捜査

　検察官は，必要と認めるときは，自ら犯罪を捜査することができ
る（191条）。検察官は，司法警察職員よりも強い捜査権限をもって
いる。また，被告人以外の者の検察官面前調書は，警察官面前調書
よりも証拠能力の要件が緩和されている（321条1項2号・3号を参照
⇒334頁）。さらに，検察官の方が深い法律知識を有しているので，
公判における審理を念頭において，より有効な証拠の収集を行うこ
とができる。そこで，事件が送致された後，検察官は公判を維持で
きるかどうかという観点から，補充捜査を行う。補充捜査に当たっ
ては，検察事務官を指揮して捜査をし（191条2項），あるいは，司
法警察職員を指揮して捜査の補助をさせる（193条3項）。

　補充捜査の結果も考慮して，検察官は起訴・不起訴の決定をする
ことになる。

③ 検察官の事件処理

　すべての事件が，原則として，検察官のもとに集まる。これらの

156　第2章　捜　査

事件を検察官が処理することになる。検察官による処理は，終局処分（検察官による終結的な処理）と中間処分（終局処分にむけて処理を保留し，または別の検察官に処理を委ねる処分）とに分けられる。

中間処分には，中止処分と，移送処分とがある。犯人が不明であるなど，長期にわたって解消できないと思われる障害があるとき，捜査を一時的に中止することを，中止処分という。これに対して，管轄裁判所に対応する検察庁の検察官に被疑事件を送致する処分を，移送処分という（258条）。ほかの事件とまとめて捜査・処理するのが相当である場合や，土地管轄の関係から，他の検察庁の検察官が処理するのが相当な場合などにも，移送処分がなされる。

終局処分には，起訴処分（公訴提起），不起訴処分，家庭裁判所送致がある。不起訴処分には，（248条に基づく）起訴猶予処分が含まれる。

| 第3章 | 公 訴 |

捜査が一段落したら，原則として，事件はすべて検察官に送致される。検察官は，起訴・不起訴などの事件処理をする。本章では，検察官による事件の終局処理（起訴処分，不起訴処分，家庭裁判所送致）のうち，起訴処分（公訴提起）について述べる。

1 公訴提起の基本原則

1 国家訴追主義・起訴独占主義

国家訴追主義とは，検察官という国家機関が訴追する原則をいう。被害者など私人が訴追する私人訴追主義（被害者訴追主義，公衆訴追主義）と対比される。近代国家においては国家が刑罰権を独占しているわけだから，国家訴追主義は当然の原則だともいえよう。だが，すべての国で国家訴追主義が採用されているわけではない。

例えば，かつてイギリスでは，警察官が，法秩序に関心をもつ一私人として原告になり，犯人を訴追する建前だった（1985年に検察官制度が創設され，従来のような私人訴追主義は貫徹されなくなった）。また，アメリカ合衆国では公的訴追機関としての検察官制度を設けているものの，ほとんどの州と連邦とに大陪審の制度がある。そして，連邦はすべての重罪事件につき大陪審の手続を義務づけている。大

1 公訴提起の基本原則 159

陪審制度のもとでは，大陪審が訴追可能と判断してはじめて，起訴状が正式に裁判所に提出される。大陪審の構成員は一般公衆の代表である。その意味で，このような起訴の制度を，公衆による起訴という趣旨で「公衆訴追主義」と呼ぶことができるだろう。さらに，治罪法の基となったフランス刑訴法や，旧刑訴法に影響を与えたドイツ刑訴法のように，国家訴追主義を原則としながらも，例外的に，私人による訴追や訴訟参加を認める法制もある。わが国でもかつては，例えば旧刑訴法567条以下で，被害者が公訴に伴って損害賠償を請求する「附帯私訴」を認めていた。だが，現行刑訴法はこういった制度を設けていない（ただし，被害者等の刑事手続への参加〔316条の33以下など〕，あるいは被害者等による損害賠償命令の申立て〔犯罪被害保護24条以下〕などが認められている）。現行法は，私人が訴追することを認めていないだけでなく，検察官以外の国家機関（警察など）が起訴することをも禁じている。247条が「公訴は，検察官がこれを行う」と規定するのは，検察官のみが有効に起訴（公訴提起）できることを意味する。起訴の権限を検察官が独占しているという趣旨から，これを起訴独占主義と呼んでいる。

② 起訴裁量（起訴便宜）主義

起訴裁量主義の意義

248条は，検察官の裁量によって不起訴（起訴猶予）にすることを認めている。このような原則を起訴裁量（起訴便宜）主義という。起訴裁量主義は，起訴法定主義と対比される。起訴法定主義とは，一定の要件を満たせば必ず起訴しなければならないという原則である。

起訴猶予は，旧刑訴法279条ではじめて制度として明文化されたが，実務では明治期から行われていた。軽微な罪を犯した者を刑務

所に収容するのは経済的でないという発想が，微罪を起訴しないという運用の重要なきっかけだったといわれる。もっとも，理論的な観点から起訴猶予の運用を歴史的に見ると，重い罪のみを起訴するという一般予防的な考慮に基づく起訴猶予から，犯人の社会復帰という特別予防的な観点に重きをおく起訴猶予へと移り変わってきたことがわかる。

248条は，犯人の性格・年齢・境遇，犯罪の軽重・情状，犯罪後の情況により訴追を必要としないときは，公訴を提起しないことができると規定する。同条は，旧刑訴法279条の規定に新たに「犯罪の軽重」という要件を加えたものである。犯罪の軽重という要件が追加されたことをどう解釈するのかについては，意見が分かれる。さきに述べたように，明治期以降，起訴猶予の性格づけは変わってきた。一般予防的な観点に立った微罪処分的なものから，被害弁償など犯罪後の措置を考慮するもの，さらには犯罪者の更生をはかる特別予防的な観点からの起訴猶予へと，重点の置き方が変化してきたのである。現行法は，「犯罪の軽重」という客観的要素を取り入れ，このような傾向を反省したものと解することもできる。

裁量のコントロール　もちろん，刑事政策の観点からみて起訴しないのが妥当なケースについては起訴を猶予する，という弾力的な運用が可能であり，そこに起訴裁量主義の長所がある。しかし，起訴裁量主義が起訴独占主義と結びつくと，検察官の権限が非常に大きくなってしまう。そこで，検察官の権限をチェックし抑制する手立てが必要になる。起訴裁量主義によって，検察官には，起訴するか起訴を猶予するかという判断ができる権限，つまり訴追裁量権が与えられている。この訴追裁量権の行使が妥当でないとき，2つの方向で問題が生じる。1つは，起訴すべき事件

1　公訴提起の基本原則　　161

なのに起訴しないという，不当不起訴の問題である。不当不起訴の抑止策として，①検察審査会，②付審判請求（準起訴）手続がある。さらに，③検察官の公訴提起は「検察事務」である（検察4条）から，上級検察庁の長に不服を申し立てて，監督権の発動を促すことも可能である。

Column 検察審査会 ▰▱▰▱▰▱▰▱▰▱▰▱▰▱▰▱▰▱▰▱

検察審査会は，検察審査会法によって定められていて，検察官がした不起訴処分の当否の審査のほか，検察事務の改善勧告も行う。衆議院議員選挙人名簿の中から無作為に選ばれた11人の検察審査員で構成される（任期6ヵ月）。検察審査員全員が出席して検察審査会議を開き，過半数で議事を決する（検審27条）。

議事のなかでも，検察官の不起訴処分の当否についての議決が重要である。2004（平成16）年に検察審査会法の一部が改正されたが（施行は2009〔平成21〕年5月），改正前の規定では，検察審査会の議決に法的拘束力がなかった。つまり，検事正は議決を参考にしなければならないものの，起訴相当の議決によって起訴を強制されるわけではなかった。しかし，検察審査会の議決，ことに起訴相当の議決に拘束力がないことは検察審査会制度の弱点だという批判もあった。そこで，改正により，起訴相当の議決に拘束力を持たせることになった。

検察官の不起訴処分の当否に関する議決には，（ⅰ）「起訴を相当とする議決」（以下，「起訴相当の議決」と呼ぶ），（ⅱ）「公訴を提起しない処分を不当とする議決」（以下，「不起訴不当の議決」と呼ぶ），（ⅲ）「公訴を提起しない処分を相当とする議決」がある（検審39条の5第1項）。このうち，起訴相当の議決をするには，検察審査員8人以上の多数によらなければならない（検審39条の5第2項）。

検察審査会は，審査の結果，議決をしたときは，理由を付した議決書を作成し，その謄本を当該検察官を指揮監督する検事正および検察官適格審査会に送付する（検審40条）。検察審査会が，起訴相当または不起

訴不当の議決をし，議決書の謄本を送付した場合，検察官は速やかに公訴を提起すべきか否かを検討し，公訴を提起するか・しないか，どちらかの処分をしなければならない（検審41条1項）。そして，処分後，直ちにその旨を検察審査会に通知しなければならない（検審41条3項）。

起訴相当の議決をした検察審査会が，検察官から公訴を提起しない旨の通知を受けたときは，公訴を提起しない処分の当否について再審査を行う（検審41条の2第1項）。再審査を行うにあたり，検察審査会は，審査補助員を委嘱し（多くの場合，弁護士が委嘱され，「リーガル・アドバイザー」としての役割を果たすだろう），法律に関する専門的な知見を踏まえながら，再審査をしなければならない（検審41条の4）。再審査のうえ，起訴を相当と認めるときは「起訴をすべき旨の議決」（「起訴議決」）をする。起訴議決は，検察審査員8人以上の多数決による（検審41条の6第1項）。検察審査会が起訴議決をするときは，あらかじめ，検察官に対して，検察審査会議に出席して意見を述べる機会を与えなければならない（検審41条の6第2項）。

起訴議決をしたとき，検察審査会は，できる限り日時，場所，方法をもって犯罪を構成する事実を特定したうえで，認定した事実を議決書に記載する。そして，その議決書謄本を当該検察官を指揮監督する検事正および検察官適格審査会に送付するだけでなく，地裁に送付しなければならない（検審41条の7）。裁判所は，起訴議決がなされた事件について，公訴の提起と維持にあたる弁護士（以下，「指定弁護士」と呼ぶ）を指定する（検審41条の9第1項）。指定弁護士は，起訴議決に係る事件について公訴を提起し維持するため，検察官の職務を行うが，検察事務官および司法警察職員に対する捜査の指揮は，検察官に嘱託して行わなければならない（検審41条の9第3項）。指定弁護士は，速やかに，当該事件について公訴を提起しなければならない（検審41条の10）。つまり，起訴独占主義の例外として，検察官ではなく，指定弁護士が公訴を提起することになったのである。

1　公訴提起の基本原則　163

Column 付審判請求（準起訴）手続

　検察官がした不起訴処分に不服のある告訴人らは，裁判所に直接，事件を審判に付してほしいと請求することができる。この手続を付審判請求手続といい，262条以下に規定されている。裁判所が審判に付す決定をすると，公訴提起があったものと擬制される。つまり，検察官が起訴しなくとも審判ができるのである。いわば起訴独占主義の例外であって，これが付審判請求手続の特徴である。検察官は不起訴処分を維持する判断をしているので，公判を維持する検察官の職務を行う弁護士（指定弁護士）を裁判所が指定する。以後，この指定弁護士によって，通常の公判と同じように公判が維持される。付審判請求手続の対象犯罪は，公務員職権濫用罪などに限られている。この点が，付審判請求手続の弱点だという指摘もある。

　いま1つは，不起訴処分にすべき事件を起訴するという，不当起訴の問題である。検察官が訴追裁量権の範囲を逸脱し，権利を濫用して，本来なら起訴を猶予すべき事件を起訴することも考えられる。しかし，法は，検察官による訴追裁量逸脱を抑制する規定を設けてはいない。そこで，訴追裁量逸脱を抑制しようとする理論的な試みが現れた。この理論が，公訴権濫用論と呼ばれるものである。

Column 公訴権濫用論

　裁判所が「公訴権の濫用」だと判断すると，その公訴を棄却できるという理論である。検察官による不当起訴を裁判所がコントロールする，という考えに立つ。現行刑訴法の制定から間もなく，労働争議や公安事件などに関与した弁護士が中心となって主張した。学説では，公訴権論，当事者主義論といった基礎理論と密接に結びついて，さまざまに議論された。しかし，裁判例の大勢は，公訴権濫用論を認めるのに消極的だった。水俣病自主交渉川本事件で，最高裁は「公訴の提起自体が職務犯罪

164　第3章　公　　訴

を構成するような極限的な場合」に限って，訴追裁量を逸脱した起訴が無効となり得ることを認めた（最決昭55・12・17刑集34巻7号672頁〈百選39〉）。そのような限定もあったためか，その後，公訴権濫用論は勢いを失った。

起訴裁量主義と
刑事免責

起訴裁量主義を法的根拠にして，共犯者らに「刑事免責」を与えることができるのか，という問題もある。アメリカでは，合衆国憲法修正第5条などによって，自己負罪拒否特権（privilege against self-incrimination）が被告人に保障されている。しかし，共犯者に供述を強制することができれば，犯罪を立証できる場合もあり得る。そこで，共犯者の一部に刑事免責（immunity）を与えて自己負罪拒否特権を失わせ，強制的に供述させ，その供述を首謀者などの有罪立証に使う方法が考え出された。このような手法は，アメリカでは一定の要件のもとに許容されている。日本国憲法38条1項は「自己に不利益な供述を強要されない」と規定しており，アメリカの自己負罪拒否特権の保障に由来すると言われている（⇨142頁）。わが国でも，巧妙化する組織犯罪などに対処するため，重要な証人に刑事免責を与えて証言を引き出すことも適法ではないか，という議論がなされ，その後，刑事免責制度（157条の2・157条の3）や合意制度（350条の2〜350条の15）が設けられた。

この問題に関連して，嘱託証人尋問調書に証拠能力を認めないと判示した最高裁判決がある。「ロッキード事件」に関して，検事総長と東京地検検事正は，アメリカ在住の証人らの証言を得る目的で，1976（昭和51）年に「不起訴宣明」をした。つまり，証言内容が日本法に抵触しても，248条によって証人らの起訴を猶予すると確約

1　公訴提起の基本原則　165

したのである。この不起訴宣明などを受けて，国際刑事司法共助に基づき，アメリカで嘱託証人尋問が行われた。この嘱託証人尋問調書が日本の法廷に証拠として提出されたので，その証拠能力が争われた。最高裁は，①わが国の刑訴法は刑事免責の制度を採用していないから，刑事免責を付与して得られた供述を事実認定の証拠とすることは許されない，②刑訴法が刑事免責の制度を採用していないのだから，国際刑事司法共助の過程で刑事免責の制度を利用して獲得された，本件嘱託証人尋問調書についても全く同様であって，事実認定の証拠とすることはできない，と判示した（最大判平7・2・22刑集49巻2号1頁〈百選63〉）。

刑事免責制度の創設 もっとも，上記・大法廷判決（最大判平7・2・22）は，刑事免責制度の導入が憲法によって否定されているわけではない旨を明らかにしていた。刑訴法改正（平成28年法律54号）により，証人の証言（および派生的証拠）を当該証人に不利益な証拠として用いないことを条件に，当該証人に証言拒否権（146条「自己が刑事訴追を受け，又は有罪判決を受ける虞のある証言を拒む」権利）を行使させない制度（以下「刑事免責制度」と呼ぶ）が設けられた（157条の2以下）。この制度は，証人の証言について，いわば派生的な使用免責を付与する（証人が公判廷でした供述とその派生証拠を当該証人の刑事責任追及のためには，使わない）ものである。

以下のような手続による。証言拒否権の行使が予想される尋問を予定する場合，検察官は，①証人尋問開始前，(1)尋問に応じてした供述，その供述に基づき得られた証拠は，当該証人の刑事事件につき不利益な証拠とすることができない（証人尋問における証人の行為が証言拒絶等や偽証罪にあたる場合に，この罪にかかる事件で証拠とし

166　第3章　公　訴

て用いることを除く）が，その代わりに，(2)当該証人は証言を拒む
ことができない，とする条件の下で（以下「刑事免責を付与して」と
表現する）証人尋問を行うことを，裁判所に請求する（157条の2第
1項）。

　②証人尋問開始後に証人が証言拒否権を行使したとき，検察官は，
それ以後の証人尋問につき刑事免責を付与して行うことを，裁判所
に請求する（157条の3第1項）。

　平成30（2018）年から令和4（2022）年までの間に刑事免責請求
がなされた件数（累計）は，証人尋問前（157条の2）は37件，証人
尋問開始後（157条の3）は24件だった（https://www.moj.go.jp/
content/001391168.pdf）。

　ちなみに，検察官は，証言の重要性，犯罪の軽重および情状その
他の事情を考慮して，刑事免責を付与して行う証人尋問の必要性を
判断する（157条の2第1項・157条の3第1項）。刑事免責を付与して
行う証人尋問に，対象事件の限定はない（合意制度と比較せよ。⇨275
頁）。

　これらの請求を受けた裁判所は，証人が証言拒否権を行使し得る
事項が尋問事項に明らかに含まれない場合を除き，刑事免責を付与
して証人尋問を行う旨を決定する（157条の2第2項・157条の3第2
項）。つまり，裁判所は，形式的な要件を満たしているか否かだけ
を判断することになる（「明らかに認められる場合を除き」157条の2第
2項・157条の3第2項）。

　すでに述べたように，刑事免責制度の基軸は，証言の使用免責に
ある。換言すれば，検察官による訴追裁量権行使の一環だと言うこ
とができる。したがって，刑事免責を付与して証人尋問を行う旨の
検察官の請求に対して，裁判所は，形式的な要件の具備・不具備だ

1　公訴提起の基本原則　　167

けを判断することになっているのである。

③ 不告不理の原則

裁判所に対して原告が訴えなければ，裁判所は事件を審理することができない。「訴える者がなければ審判人もいない Nemo judex sine actore」というローマ法諺が，この法理をよく表している。この法理は，不告不理の原則と呼ばれる（249条は，直接的には公訴の効力の人的範囲を規定したものだが，その背後には不告不理の原則が横たわっている）。

だれが訴えるのかという観点から見ると，被害者訴追主義，公衆訴追主義，国家訴追主義などに分かれる（⇨159頁）。わが国は国家訴追主義をとるから，検察官が起訴しない限り，裁判所は事件を審理し裁判をすることができないのが原則だ，と解される。旧々刑訴法も不告不理の原則をとってはいた。しかし，現行犯などは検事の請求がなくとも，予審を開始することができた。つまり，例外的に不告不理の原則が適用されない場合があったのである。旧刑訴法は，このような例外を認めなかった。

不告不理の原則は，しかし単に訴えがなければ審理ができないという原則にとどまらない。不告不理の原則は，訴訟の対象を設定する権限との関係で重要な意味を持つ。現行法は訴因制度を採用したので，裁判所が審理し裁判をすることができる対象が，訴因の範囲に限定されることになった。裁判所は，審判の請求を受けた事件について判決をしなかったり，審判の請求を受けない事件について判決をしたりしてはならない（378条）。つまり，検察官が審判対象の設定権を持つという訴因制度をつくったことで，結果として，不告不理の原則の充実がはかられたとも言えるだろう（⇨172頁以下）。

168　第3章　公　訴

4 起訴状一本主義

憲法37条1項は「公平な裁判所」の裁判を受ける権利を保障する。つまり，裁判所は公正で中立な判断者でなければならない。裁判所が予断をもって審理をしてはならないという意味でもある。256条6項は「起訴状には，裁判官に事件につき予断を生ぜしめる虞のある書類その他の物を添附し，又はその内容を引用してはならない」と規定する。この規定のように，検察官は起訴に当たって，起訴状だけを提出しなければならないという原則を，起訴状一本主義という。起訴状一本主義は，裁判所に予断を与えないための原則である（最大判昭27・3・5刑集6巻3号351頁）。

戦前は慣行として，検察官が起訴状とともに，一件記録と証拠物を一括して裁判所に提出していた。そこで，裁判所は公判前にこれらの記録を読み，事件の概要をおさえて，公判の推移を予測できた。だが，このような予測は，捜査機関に有利な証拠から導かれる予断であって，捜査機関の嫌疑をなぞることにほかならない。検察官が裁判所に一件記録を提出すると，公判が単なる捜査結果の引継ぎにすぎなくなり，裁判所があらかじめ心証を形成して公判にのぞむことにもなりかねない。また，裁判所が公判において心証をとることもなく，当事者が公判廷で活発に攻防を行うということも望めなくなる。そのような考えから，現行法に起訴状一本主義が規定されたのである（⇒204頁）。

1 公訴提起の基本原則

2 公訴の提起

① 公訴提起の種類

公判請求の現状

付審判決定の場合をのぞき，裁判所が審理をするには公訴の提起がなければならない（⇒160頁）。公訴の提起には，①公判請求，②即決裁判手続の申立て（350条の16），③略式命令の請求（462条），④交通事件即決裁判の請求（交通事件即決裁判手続法4条），の4つの種類がある。2022（令和4）年に検察官が起訴した総人員22万7,597人のうち，約70％（15万8,531人）が略式命令請求であり，公判請求は30％（6万9,066人）にすぎない（近年では，交通事件のほとんどが略式手続で処理されるため，交通事件即決裁判は，1979〔昭和54〕年以降，1件も請求されていない。即決裁判手続は，略式手続と異なり，拘禁刑を言い渡すことができる〔ただし，執行を猶予しなければならない〕。その意味では，即決裁判手続が重要な役割を担うこととなるだろう）。つまり，量だけからいうと，起訴人員の圧倒的多数が略式手続によっていることになる。もっとも，事件の量と質とを同一には論じられない。公判が請求される事件には，重大な事件や複雑な事件が多く，被告人の人権を擁護するためにも適正で慎重な審判が要求される。そこで，本書では，公判請求を中心にして解説する。

略式命令請求（略式手続）

検察官の請求があると，簡易裁判所は，公判を開かず書面審理によって，簡易裁判所が管轄する事件について，100万円以下の罰金または科料を科すことができる（461条〜470条）。この手続が略式手続である。簡易裁判所が言い渡す裁判（決定）を略式命令と

呼び，検察官がする請求を略式命令請求という。公判を開かず，非公開の簡易な手続で迅速に行われる点が特徴である。検察官は，あらかじめ被疑者に対し，略式手続について理解をするのに必要な事項を説明し，通常の審判を受けることができると告げた上で，略式手続によることに異議がないかどうかを確認し，異議がないことを書面で明らかにしなければならない（461条の2）。略式命令を受けた者または検察官は，略式命令の告知を受けた日から14日以内に，正式裁判を請求することができる（465条1項）。

② 起訴状の提出

【土地管轄・事物管轄】　公訴の提起は，検察官が裁判所に起訴状を提出して，行わなければならない（256条）。起訴状は，事物管轄および土地管轄がある裁判所に対して提出される。土地管轄とは，区域によって振り分けられた第一審の管轄をいう。犯罪地または被告人の住所・居所・現在地を管轄区域とする裁判所が土地管轄をもつ（2条，裁2条2項）。なお，国外にある日本の船舶または日本の航空機内で犯した罪については，寄泊地や着陸地なども土地管轄の基準となる。

　事物管轄とは，犯罪の種類や軽重に応じて，下級裁判所に配分された管轄をいう。簡単に図解すると，**図表3–1**（⇨172頁）のようになっている。

　事物管轄の基本は地方裁判所にある。地方裁判所は，③④について簡易裁判所と競合して管轄権を持つほか，高等裁判所の専属管轄事件（①＝特別権限事件という），簡易裁判所の専属管轄事件（⑤）を除いた事件（②）について，専属的な管轄権を持つ。

2　公訴の提起　171

図表 3-1

高等裁判所

①内乱罪	□□□□□では地裁と簡裁との管轄権が競合する	
	地方裁判所	
	②地裁の専属管轄事件	簡易裁判所
	③常習賭博，横領など	⑤罰金以下の刑に当たる罪
	④罰金を選択し得る罪	（失火，過失傷害など）

> **簡裁の科刑権**

上で見たように，選択刑として罰金が定められている罪（④）や常習賭博などの罪（③）については，簡易裁判所にも事物管轄がある。したがって簡易裁判所は，拘禁刑以上の刑が定められている犯罪についても，審理をすることができる。しかし，簡易裁判所は，原則として拘禁刑以上の刑を科すことができない（例外的に一部の罪について，3年以下の拘禁刑を科すことができる）。これを科刑権の制限という。この科刑権の制限を超える刑を科すのが相当だと認めるときには，簡易裁判所は，事件を地方裁判所に移さなければならない（裁33条2項・3項，刑訴332条）。

③ 審判対象の設定権

当事者主義のもとでは，審判対象を設定・変更する権限が検察官にある。したがって，検察官は，捜査によって知り得た犯罪事実の一部だけを起訴することもできる。たとえば，家屋に侵入して現金を盗んだという事実について，住居侵入の事実は起訴せずに（実務では，これを「呑む」と称する），その一部である窃盗の事実だけを起訴する場合がある（講学上，「一罪の一部起訴」と呼ぶ）。

もっとも，検察官といえども，単一の犯罪を分割し，その一部だ

けを訴追することはできない。検察官にそのような権限が与えられているわけではない。さきに例として挙げた住居侵入・窃盗は、科刑上の一罪であって本来的一罪ではない。したがって、これを分割し、窃盗だけを起訴できるのである。

強姦罪（刑177条。現在は「不同意性交等」と呼び、親告罪ではないが、ここでは親告罪だったころの「強姦罪」について述べる）についても同じ論理が妥当する。強姦行為に伴う暴行または脅迫は、姦淫の事実と密接に結びつく（暴行や脅迫などの行為が全くなければ、和姦である。最判昭27・7・11刑集6巻7号896頁を参照）。したがって、強姦行為に伴う暴行等だけを分割して起訴することは許されないのである。〈強姦罪は親告罪だから、強姦の手段たる暴行だけを起訴できない〉と判示する下級審裁判例もある。だが、もし、親告罪の趣旨を没却することが真の理由ならば、その他の親告罪（信書開封など〔刑135条〕、略取・誘拐など〔刑229条〕、名誉毀損・侮辱〔刑232条1項〕など）についても、同じ観点から説明できなければならない。しかも、住居侵入して強姦した場合に、判例・通説は、住居侵入のみを起訴できると解している。ところが、強姦罪が親告罪であることが真の理由ならば、検察官が住居侵入のみを起訴することは許されないはずである。

この「親告罪だから」という論理が無意味なのは、今日でも同じである。「不同意性交等」の罪（刑177条）は「暴行若しくは脅迫を用い」て「同意しない意思を形成〔させ〕……その状態にあることに乗じて」、「性交等」をすることを犯罪構成要件としている（刑177条1項・176条1項）。そうすると「暴行若しくは脅迫」は「性交等」と本来的な「一体性」を有するから、両者を切り離すことはできない。検察官は単一犯罪を分割し、その一部を起訴できない（分

割により別個の犯罪を創設するから罪刑法定主義に反する）ため，不同意性交等の「暴行若しくは脅迫」のみを分割して起訴することは，許容されないのである。

交付罪（公選221条1項5号）と供与罪（公選221条1項1号）との間でも，同様のことが言える。最高裁は，交付罪は供与罪の準備行為だから，「交付……罪は後の供与等の罪に吸収され，別罪として問擬するをえなくなる」と言う（最大判昭41・7・13刑集20巻6号623頁）。もっとも，交付罪が供与罪に「吸収され」るとは，交付罪がおよそ犯罪として成立しないことを意味するわけではない。交付罪も供与罪も共に成立するが，供与罪を処罰することで交付罪の可罰性をも評価し尽くすことになる（供与罪につき処罰されれば国家の刑罰権が満たされ，あえて交付罪につき処罰をする必要はなくなる）ものと解される（最判昭43・3・21刑集22巻3号95頁の長部裁判官反対意見，最決昭59・1・27刑集38巻1号136頁の谷口裁判官補足意見を参照）。

そこで，最高裁は，（選挙運動員Bに買収資金として現金を交付した被告人Aが，交付罪で起訴された事案で）訴因として交付罪だけが掲げられているが，供与罪が成立する疑いがある場合に，「検察官は，立証の難易等諸般の事情を考慮して，……〔被告人〕を交付罪のみで起訴することが許される……，裁判所としては，訴因の制約のもとにおいて，……交付罪の成否を判断すれば足り」ると判示したと解される（前掲・最決昭59・1・27）。交付罪と供与罪とが共に犯罪として成立している以上，審判対象の設定権に基づき，検察官は，そのどちらか一方のみを起訴することができる（どちらを起訴するかは，立証の難易等諸般の事情を考慮して，検察官が判断する問題である）。

被告人が管理する他人の土地に抵当権を設定し（横領1），さらに当該土地を第三者に売却した（横領2）事案で，最高裁は「所有権

174　第3章　公　訴

移転行為について横領罪が成立する以上，……検察官は，事案の軽重，立証の難易等諸般の事情を考慮し，先行の抵当権設定行為ではなく，後行の所有権移転行為をとらえて公訴を提起することができる」し，「裁判所は，所有権移転の点だけを審判の対象とすべきであ」る，と判示した（最大判平 15・4・23 刑集 57 巻 4 号 467 頁〈百選40〉）。

この場合に，先行行為（横領 1）が犯罪として成立すれば，後行行為（横領 2）はおよそ犯罪として成立しないと考えれば，検察官が後行行為のみを起訴することはできない道理である。この点については，「不可罰的事後行為」論を問い直す必要がある。たとえば窃取した他人の財物を，その窃盗犯が毀損しても，〈後行の毀損行為は，先行の窃取行為によって充足される窃盗罪が予想する違法状態に含まれるから，およそ別罪〔器物損壊罪〕を構成しない〉と，これまで説明されてきた。しかし，後行行為につき，およそ犯罪が成立しないのではない。「先行行為のみが処罰の対象となり，後行行為を訴追・処罰することはできない」（山口厚・法学教室 278 号〔2003〕38 頁）と解するのが妥当である。そのような前提に立つと，先行行為が公訴時効にかかっているなど訴追が困難な場合，検察官が後行行為を審判対象として設定することに何ら問題はないことになる。

この論理は，以下の決定においても，同じである。最高裁は，「検察官において共謀共同正犯者の存在に言及することなく，被告人が当該犯罪を〔単独で〕行ったとの訴因で公訴を提起した場合において，被告人 1 人の行為により犯罪構成要件のすべてが満たされたと認められるときは，他に共謀共同正犯者が存在するとしても……裁判所は訴因どおりに犯罪事実を認定することが許される」と

判示した（最決平 21・7・21 刑集 63 巻 6 号 762 頁）。

3 訴 訟 条 件

1 訴訟条件とは何か

　訴訟条件とは，実体判決の条件（有罪または無罪判決を言い渡すことができる条件）である。裁判所は，実体審理を終局まで進めて結審したのち，訴訟条件が欠けていると判断したときには，（有罪・無罪の判決ができないので）形式裁判で処理することになる。と言うのも，条文（329 条・337 条・338 条・339 条）が訴訟条件を類型で規定しているため，犯罪事実を認定しなければ訴訟条件の存否（具備・不具備）が判断できないからである。

　例えば，地方裁判所には失火につき事物管轄がない（**図表 3-1**
⇨172 頁）。だが，検察官が重過失失火の訴因で（「重過失失火」の管轄権がある）地方裁判所に起訴した以上，起訴状の記載から裁判所が管轄違いを言い渡すことはできない。実体審理の後，被告人の過失行為を通常の過失だと認定したとき，（「失火」については管轄権がないから）管轄違いを言い渡す。つまり，被告人の行為が「失火」に当たると判断して初めて，裁判所は管轄違い（地裁には管轄権がない）を言い渡すのである（東京高判昭 54・2・27 判時 955 号 131 頁）。

　公訴棄却の判決（338 条）の例で言うと，検察官が非反則行為（毎時 40 km 超過で運転）として，反則手続（道交法 126 条〜130 条の 2）を経ずに起訴したが，反則行為（毎時 20 km 超過）だと認定した裁判所は，公訴を棄却する（最判昭 48・3・15 刑集 27 巻 2 号 128 頁）。裁判所は超過速度を認定（非反則行為か否かを判断）せずに公訴を棄却す

176　第 3 章　公　訴

ることができない。このように，訴訟条件の存否判断は事実認定に
かかっている。

　免訴の場合も同じである。犯行後1年1ヵ月余の後に，検察官が
名誉毀損（公訴時効期間3年）で起訴した場合，裁判所は起訴状だけ
を見て，免訴を言い渡すことはしない。審理の結果，被告人の行為
が「具体的事実の摘示」とは認められない（侮辱に当たる）と判断
したのち，（侮辱罪の公訴時効期間は当時は1年だから〔現在は3年〕）
「被告人を免訴する」旨の判決を言い渡した（最判昭31・4・12刑集
10巻4号540頁）。また，（労働組合員がビラ34枚を駅長室の壁などに貼
り付けた行為を）犯行の1年1ヵ月余を経て，検察官が建造物損壊
の訴因で起訴した場合，当該行為が軽犯罪法違反（公訴時効期間1
年）に当たる（建造物損壊に当たらない）と認定して初めて，裁判所
は免訴を言い渡すのである（最判昭39・11・24刑集18巻9号610頁）。

　このように，「管轄に属しない」（329条），「時効が完成した」
（337条4号）など訴訟条件事由の有無は，まさに事実認定の問題な
のである。訴訟条件そのものは，たしかに犯罪事実ではない。しか
し，重過失失火と失火のどちらの事実を認定するか，が裁判所の事
物管轄の有無を分ける。同じく，（かつては，時効期間が異なっていた
ので）犯罪事実が名誉毀損か侮辱かによって，公訴時効完成の成否
が決まった。訴訟条件が欠けるか否かの判断は，まさに裁判所の認
定事実に依拠するのである。

| 訴訟条件 |

　ところで，訴訟条件という概念はもともと，
ビューローというドイツの民訴法学者が
1868年に提唱したものである。彼は訴訟条件を訴訟法律関係の成
立要件だと理解した。これが刑事訴訟法の分野に導入されて発展し
たわけだが，訴訟を成立させる要件だというビューローの理解から

3　訴訟条件　177

は離れて，実体判決の要件だと解されるようになった。そして，わが国でも民事訴訟では，訴訟条件を実体（本案）判決条件だと解するのが通説である。

　これらと異なり，わが国の刑事訴訟では，実体審判条件説が通説だと解されている。つまり，訴訟条件とは，実体判決を言い渡すための条件というだけでなく，実体審理を進めるための条件でもある，というのである。〈民事と違って刑事手続は国家が訴追者であり，被告人にとって大きな負担を強いる。したがって，訴訟条件が欠けると判明した時点で手続を打ち切り，できるだけ早期に被告人を解放するべきだ〉と言われる。さらには，検察官は法律の専門家だから，訴訟条件も具備しないような起訴に対しては実体審理を許さないと解してよい，という判断も背後にある。しかしながら，訴因として掲げた事実によれば訴訟条件に欠けるところはないのだから，このような（訴訟条件が欠缺する起訴は実体審理に値しないという）検察官批判（不当起訴論）は当たらない。また，訴訟条件の有無の判断が裁判所の認定事実に依拠することを考えると，「早期に被告人を解放するべき」だという主張には説得力がない。

　しかも，起訴状の記載だけから欠缺が分かる訴訟条件事由は限られる。たしかに，決定による公訴棄却事由（339条）については，通常，起訴状の記載のみで訴訟条件の存否が判断できる。この事由が存在する場合は，公判を開くことなく決定で公訴を棄却することも可能である。だが，339条所定の事由は，そもそも実体審理を経ずとも判明する。だからこそ，「決定」で公訴を棄却するのである。

　では，訴因が不特定な場合（256条3項）はどうか。たしかに，公訴棄却事由ではある（338条4号）。とは言え，裁判所は，まず検察官に釈明を求め，さらに補正しても訴因が特定されない場合に，公

訴を棄却する。しかも，この場合は「判決」なので，必ず公判を開かなければならない。

このように，訴訟条件が不当な起訴を抑制する機能を果たすこともある。しかし，これらの場合を根拠に訴訟条件は起訴条件だと解するのは妥当でない。訴訟条件の本質はあくまで実体判決条件である。その上で，訴訟条件には（起訴の時点で，以後の手続を阻止する）「公訴抑制機能」もある，と説明するのが妥当だろう。

他方で，訴訟条件は実体審理の条件（手続打切り条件）だと言える場合もないわけではない。最高裁は，高田事件で「手続の続行を許さず，その審理を打ち切るという非常救済手段がとられるべき」だ（最大判昭 47・12・20 刑集 26 巻 10 号 631 頁〈百選 A30〉）と判示した。だが，これは特殊例外的な事例である。

実体審理条件は訴訟条件の本質ではない。訴訟条件の基軸は，やはり実体判決を阻止することにある。もっとも，訴訟条件に（手続を打ち切って，以後の審理を阻止する）「実体審理阻止機能」とでも呼ぶべき側面があることを否定はしない。

このように考えると，訴訟条件を実体判決条件だと定義した上で，訴訟条件が欠けるときに，公訴提起抑制，実体審理阻止，（実体判決を阻止する）実体判決阻止という 3 つの機能が発揮されるものと理解すればよいと思われる。この理解については，つぎに詳しく述べる。

2 訴訟条件を欠く場合の処理

管轄違い・免訴・公訴棄却

訴訟条件が欠けるとき，形式裁判が言い渡される。刑事訴訟法は，形式裁判による処理を，3 つの形式に分けて規定する。管轄

違い，免訴，公訴棄却（判決・決定）の3種である。

（1）管轄違いについて，①管轄権のない裁判所に起訴された場合，裁判所は直ちに管轄違いを言い渡す，②審理を進めてみたら管轄がないことが明らかになった場合，裁判所はその時点で審理を打ち切り，管轄違いを言い渡す，などと言われることがある。だが，①そもそも事件につき管轄権のない裁判所に起訴する検察官がいるとは，およそ考えられない。さきに述べたように，検察官は，訴因を基準に管轄裁判所に起訴するのである。審理の結果，裁判所の心証が訴因と異なったとき，認定事実を基準にすれば訴訟条件が欠けているから，裁判所は管轄違いを言い渡すことになる。

つまり，③実体審理を終局まで進め，事実関係の詳細を認定して初めて，裁判所は管轄違いを言い渡すことができるのである。さきに挙げた例のように，検察官が重過失失火の訴因で地方裁判所に起訴したところ，審理を遂げた結果，裁判所は通常の過失しか認定できなかったとしよう（重過失失火であれば事物管轄は地裁にある。だが，失火ならば簡易裁判所に専属的管轄権がある。**図表** 3-1⇨172頁）。このようなとき，検察官と被告人側とは激しく争うはずで，裁判所が審理の途中で「通常の過失しか認められません」と言って審理を打ち切ることは考えにくい（もし打ち切ったとすれば，当該裁判所は審理不尽の責めを負いかねない）。裁判所は，実体審理を終局まで進めても（つまり，被告人が最終陳述を終え，結審しても）なお，実体判決を言い渡すことができないからこそ，形式裁判をするのである（つまり，管轄違いを言い渡さなければならない。実体判決をすれば，「不法に管轄を認めた」ものとして破棄される。東京高判昭54・2・27判時955号131頁）。

（2）免訴の場合も同様に，①起訴状だけを見て，形式裁判を言い渡す（不適法な公訴提起を抑制する）場合や，②審理を進めてみて，

訴訟条件が欠けることが判明した時点で，実体審理を打ち切る（それ以降の実体審理を阻止する）場合は，通常は考えられない（高田事件は特殊例外的な事例だと言うほかない）。

（3）　公訴棄却（判決）も，免訴の場合と同様に，その基軸は実体判決条件にあると解される。なお，4章 *4* ③（⇒271頁以下）で，訴因と訴訟条件の関係について詳しく述べる。

> **嫌疑なき起訴**

嫌疑もないのに，検察官が起訴をすることが許されるのか，という議論は大正時代からある。この問題は，のちに公訴権論と結びつき，公訴権が成立する要件として「有罪判決の得られる〔高度の〕見込み」が必要だとする見解も出てきた。この見解は，公訴権濫用論（⇒164頁）を支える理論の一つになった。この他にも，検察官には，起訴するに足る嫌疑のない被疑者を訴追せず，一日も早く解放する義務がある，だから嫌疑なき起訴は無効だ，とする見解などがある。

「嫌疑なき起訴」の問題で重要なのは，①公訴提起または冒頭手続の段階で，嫌疑の有無を判断するのが困難である，②証拠調べの段階で嫌疑のないことがわかったら，無罪を言い渡す方が被告人にも有利だ，という2点である。これらの点は，むしろ訴訟条件の理論で説明した方がわかりやすい。嫌疑があるかどうかを，わざわざ実体審理と切り離して審査することはできない。しかし，冒頭手続における検察官への求釈明（裁判官が訴訟関係人に発問して法律上・事実上の点を明確にするよう求めること。規208条）などにより，「嫌疑なき起訴」であることが明らかになる事態は，少なくとも理論的には考えられる。

考えてみると，嫌疑もないのに公訴を提起するなどということは，検察官の訴訟行為として不当なものというほかない。これは，（検

3　訴訟条件　181

察官を懲戒するなど）訴訟外で処理すればよいというものではなく，そもそも，訴訟が適法に成立したとはいえないことにもなる。したがって，およそ嫌疑もないような例外的な事例では，非類型的な訴訟条件が欠缺した場合として，（不適法な）公訴を棄却すべきである。

　しかしながら，「嫌疑なき起訴」の事例があり得るとしても，実際には，そのほとんどが，証拠調べに入った段階で当初の起訴には十分な嫌疑がなかったと判明するケースだと思われる。その場合には，訴訟条件のもつ公訴抑制機能は，もう働かない。嫌疑の有無は，もはや訴訟条件の問題ではなく，実体判断の対象となっている。だから，嫌疑がないことが判明したときは，無罪を言い渡すのが妥当である（最判昭53・10・20民集32巻7号1367頁〈百選A11〉を参照）。

違法捜査と公訴権濫用論

　すでに述べたように，公訴権濫用論とは，もともと，検察官の不当起訴を抑制する理論だった（⇨164頁）。つまり，本来起訴すべきでない事件について，検察官が訴追裁量権を逸脱して起訴した場合に，裁判所が公訴を棄却できるという理論だったのである。したがって，捜査段階での違法は，公訴権濫用論と直ちには結びつかないはずである。しかし，ウィップラッシュ傷害事件をきっかけにして，「違法捜査に基づく起訴」についても公訴権濫用論が適用できるという説が，有力に主張されるようになった。

Column　ウィップラッシュ傷害事件 ---------------------------------

　法定速度を12km/hだけ超えて走行したタクシー運転手を逮捕する際に警察官が暴行を働き，ウィップラッシュ傷害（頚椎変形症）を負わせた。それにもかかわらず，運転手が道路交通法違反で起訴された事件。大森簡易裁判所は，被告人に道交法違反があったと認定した上で，事案の軽微性と捜査活動の違法性とを考慮し，公訴を棄却した（大森簡判昭

40・4・5下刑集 7 巻 4 号 596 頁)。しかし，控訴審はこの判決を破棄し，最高裁も控訴審判決を是認した（東京高判昭 41・1・27 下刑集 8 巻 1 号 11 頁，最判昭 41・7・21 刑集 20 巻 6 号 696 頁〈百選 A13〉)。

「違法捜査に基づく起訴」を公訴権濫用論の一類型だと見る見解のほとんどは，捜査段階で違法な行為があれば，それに基づいてなされた公訴の提起もまた無効になるという論理によった。しかし，この論理は，捜査の違法性が公訴提起に影響を及ぼすはずだという前提の上に成り立っている。すなわち，検察官は，捜査段階での違法をも考慮して訴追裁量権を行使しなければならない。にもかかわらず，捜査段階の違法を見過ごして公訴を提起したのだから，その公訴提起は無効であって，公訴が棄却される，と主張するのである。しかし，捜査段階で違法があっても，その違法の事実を検察官が知り得ない場合などには，この論理は使えない。赤碕町長選挙違反事件は，検察官が捜査段階での違法を知らなかった事例である。

Column 赤碕町長選挙違反事件

被告人 F は，町長候補者 M の運動員だった。F は M 陣営から饗応接待などを受けた。M の当選後，F は警察に自首し，M らの選挙違反を告発した。しかし警察は，町の名士である M らに対しては十分な捜査をせず，F の公職選挙法違反の事実だけを送検した。検察官は送致された F の事件についてのみ起訴した。弁護側は，捜査段階での不平等な取扱いに基づく起訴（公訴権の濫用）だと主張。広島高松江支判昭和 55 年 2 月 4 日（判時 963 号 3 頁）は，共犯関係にある M らと F とにつき，地位の高い M らを有利に取り扱った差別捜査は憲法 14 条に違反する，その差別捜査に基づき F だけを起訴したのは憲法 31 条に違反する，として第一審の有罪判決を破棄し，公訴を棄却した。最高裁は，被告人自身について，一般の場合に比べ，捜査において不当に不利益に取り扱ったわけではないから，憲法 14 条違反とはいえないとして，控訴審判

決を破棄した（最判昭 56・6・26 刑集 35 巻 4 号 426 頁）。

　捜査段階での違法を，検察官の公訴提起行為の不適法と結びつけることは必ずしも容易ではない。そこで，捜査に重大な違法があれば，そのこと自体がただちに訴訟障害事由となって，公訴を棄却できるという論理構成も主張された。しかし，捜査の違法がなぜ訴訟障害になるのか，という説明が必ずしも十分ではないように思われる。公訴権濫用論とは，そもそも検察官が訴追裁量の範囲を逸脱し，訴追裁量権を濫用することを抑制する理論だった。言葉を換えると，248 条違反の公訴を棄却しようという理論だった。しかし，「違法捜査に基づく起訴」は，直接には 248 条の訴追裁量の問題ではない。捜査段階の違法が訴訟条件の欠缺をもたらし実体判決ができなくなることに，問題の本質がある。すなわち，訴訟条件の欠缺によって実体判決が阻止される場合の一類型としてとらえることができる。

公 訴 時 効　（1）　刑事法における時効には，刑の時効（死刑を除く刑の言渡しが確定した後，刑が執行されないまま一定期間を経過したときに，刑の執行を免除するもの。刑 31 条〜34 条）と公訴時効とがある。公訴時効とは，一定の期間内に公訴を提起することを訴訟条件とするものである。公訴時効の期間は刑の軽重に応じて定められており（250 条），時効期間が満了した場合（「時効が完成したとき」）は，免訴が言い渡される（337 条 4 号）。

Column　公訴時効の本質

　公訴時効の本質については，①現象面から見る立場と，②機能面から捉える立場とがある。①は，(a)実体法説（時の経過によって犯罪に対する社会の応報・必罰感情が沈静し，刑の威嚇力や特別予防力が微弱になるため，刑罰権が消滅する，と説明する），(b)訴訟法説（証人の記憶が曖昧に

184　第 3 章　公　　訴

なり，証拠も散逸するため，刑事訴追が困難になる，と説明する），(c)混合説（実体法説と訴訟法説とが挙げる両方の現象が併存する，と説明する），に分かれる。これらはいずれも，公訴時効の現象面を捉えた説明である。しかし，刑罰権が消滅するのであれば無罪を言い渡すべきだし，そもそも時の経過によって社会の応報感情が常に微弱化するわけではないから，(a)説は妥当でない。他方，(b)説では，刑の軽重に応じて時効期間を定めている点を説明できない。また，混合説のように，(a)説と(b)説とを併用すれば両説の欠点が克服できるわけでもなく，むしろ両説への批判の双方が当てはまる。

　①への批判から，②時効の機能面に着目する立場が現れた。1つは，(d)新訴訟法説（犯人が一定期間訴追されていない状態が訴追の利益に優先する，と主張する）である。(d)説は，犯人の社会的安定と捜査・裁判の負担軽減とが犯人必罰の要請に優越するから，国家が訴追権を発動しないのだ，などと説明する。これと異なり，(e)新実体法説（長期間訴追されない事実が処罰制限の根拠となる，と主張する）は，時の経過は量刑の一要素であり起訴にあたっても重視される，あるいは，期間経過後は処罰の相当性が漸減するので訴追・処罰が禁止される，などと説明する。しかし，時の経過が処罰の相当性を漸減させるという説明は，(b)説と同じ欠点を持つ。その他，(f)公訴時効制度を一元的に説明するのは困難であって多くの存在理由がある，と説くものもある。だが，(f)の説明では何も言っていないのと変わりなく，問題の核心をぼやかしてしまう。

　考えるに，公訴時効の本質を解明するには，機能面からするアプローチ（前記②）が正しい。とは言え，(e)説には首肯できない。時の経過が処罰制限の根拠だと解するとしても，なぜ不処罰になるのか，理解できないからである。また，一定期間訴追されていない状態を保護すべきだという(d)説では，海外にいて訴追されない状態（この場合は，時効が停止する）と区別する理由を明らかにできない。

　このように考察してくると，公訴時効の本質とは，まさしく時の経過

3　訴訟条件　185

に応じて，国家の刑罰権発動を手続上制約する機能だと理解するのが妥当だろう。被疑者が海外に逃亡していた期間，国家は正当に権力を行使できなかったのだから，公訴時効が停止するのは当然だということになる（なお，最判昭37・9・18刑集16巻9号1386頁，最決平21・10・20刑集63巻8号1052頁を参照せよ）。国家権力が時を超えて不当に持続することを抑制する制度が公訴時効だと解すると，わが国の刑訴法が凶悪な犯罪について時効期間を廃止した理由も，おのずから明らかになろう（凶悪な犯罪に対する国家権力〔刑罰権〕の発動は，政府や体制の変化，時の経過による制約を受けないのである。ナチス権力犯罪について時効を廃止したドイツの例を想起せよ）。

（2）　公訴時効期間は，刑の軽重等に応じ，ⓐ人を死亡させた罪であって拘禁刑にあたるものにつき3種（250条1項），ⓑ上記ⓐ以外の罪につき7種（250条2項），ⓒ不同意わいせつ等致死傷罪（人を負傷させたときに限る）等につき3種（250条3項。ただし，犯行終了時に被害者が18歳未満である場合，当該被害者が18歳に達する日までの期間を加算した期間の経過によって時効が完成する〔例えば，時効期間20年の犯罪につき，被害者が被害時に満17歳だった場合，時効期間は21年になる〕。250条4項）の期間が設けられている。ただし，人を死亡させた罪であって死刑にあたるもの（刑126条3項・146条・199条・240条・241条）については，時効期間の定めがない（当該犯罪について時効が完成することはない）。

　このような一部犯罪の時効期間撤廃は，2010（平成22）年の改正法（平成22年法律26号）によるものだが，当該改正法の施行前に犯された犯罪であっても，同法施行時に未だ公訴時効が完成していなかったものについては，250条1項（「死刑に当たるものを除く」）が適用される。つまり，「人を死亡させた罪であって死刑に当たる」

犯罪であれば，時効が完成することはない。このことは遡及処罰禁止原則に反しない（最判平 27・12・3 刑集 69 巻 8 号 815 頁〈百選 42〉〔平成 9 年に犯された強盗殺人につき，平成 25 年に起訴された事案〕）。

　時効期間は，訴因として掲げられた犯罪事実の法定刑を基準にして算定する。法定刑が複数ある場合は，最も重い刑に従い（251 条），刑を加重・減軽すべき場合には，処断刑ではなく法定刑に従う（252 条）。

　(3)　時効の期間は，「犯罪行為が終った時から進行する」（253 条 1 項）。挙動犯や未遂の場合は，実行行為の終了時が，時効期間の起算点となる。他方，結果犯については，起算点を実行行為終了時と解するのか，結果発生時と解するのか，争いがある。結果発生時を起算点とする（「犯罪行為が終った時」とは結果発生をも含む趣旨だと解する）のが，通説・判例である。なお，共犯の場合は，最終行為が終わった時から，すべての共犯に対して時効期間を算定する（253 条 2 項）。

　結果的加重犯で基本犯から加重結果が（例えば，傷害から傷害致死などが）生じた場合に，起算点は，基本的結果の発生なのか，加重結果の発生なのか，説が分かれる。最高裁は，被害者が受傷し長期間を経て死亡した事案につき，業務上過失致死罪の公訴時効は死亡の時点から進行を開始すると判示した（最決昭 63・2・29 刑集 42 巻 2 号 314 頁〈百選 43〉）。

　罪数にからむ問題もある。たとえば，科刑上一罪は実体法上数罪だが，一罪として扱われる（刑 54 条 1 項）。この場合，(1)どの行為を公訴時効の期間の基準とするか，(2)公訴時効の起算点はいつか，が問題となる。牽連犯（私文書偽造・詐欺）の例で説明すると，(1)「その最も重い刑」（刑 54 条 1 項。設例では詐欺）によって，牽連犯と

なる行為全体につき時効期間（設例では7年）を判定し，(2)最終行為（設例では目的行為＝詐欺）の終了時から起算する，というのが判例である（大判昭7・11・28刑集11巻1736頁。なお，最判昭47・5・30民集26巻4号826頁）。とは言え，判例も，手段行為（設例では私文書偽造）の公訴時効時間（設例では5年）が経過した後，目的行為（設例では詐欺）が行われた場合には，手段行為についての時効完成を認めている（大判大12・12・5刑集2巻922頁）。

通説は，牽連犯の場合，(1)各犯罪につき公訴時効期間を判定し，(2)各犯罪ごとに起算するものと解している。通説が妥当である。もっとも，科刑上一罪（つまり，刑54条1項所定のもの）という枠組で画一的に見るのは妥当でない。牽連犯と観念的競合とは，確かに，刑法54条1項に共に規定されている。しかし，牽連犯がそもそも数個の行為から構成されるのと異なり，観念的競合は1個の行為につき複数の法的評価が競合しているにすぎない。したがって，観念的競合の場合は，まさしく一罪として処理する（最も重い罪で時効期間を判定する。行為は1つだから，最終行為に差異はない）のが妥当である。

(4) 公訴時効は，公訴提起によって進行を「停止」し，管轄違いまたは公訴棄却の裁判が確定した時から，残余期間の進行が開始する（254条1項）。停止とは異なる「中断」という制度もある。中断では，中断事由が消滅したのち，時効期間が初めから新たに進行する（現行刑訴法に中断の規定はないが，例えば，刑法34条は「中断」を定める。なお，近年では，「中断」の語を使わず「時効は，完成しない（完成猶予）」とし「（完成猶予）事由が終了した時から新たにその進行を始める」との文言を用いるものがある〔民法147条など〕）。

公訴提起行為が結果的に無効な場合でも，検察官の訴追意思が表

明された時点から，時効の進行は停止する。たとえば，起訴状謄本が2ヵ月以内に被告人に送達されないとき，公訴提起行為は遡って効力を失う（271条2項）。だが，この場合であっても，公訴提起によって時効の進行は停止し，公訴棄却決定が確定したときから再び進行を開始する（最決昭55・5・12刑集34巻3号185頁）。なお，訴因変更請求は「公訴の提起」（254条1項）に準じる。したがって，検察官が法律解釈を誤って訴因変更を請求し，許可されたが，後に裁判所によって公訴事実の同一性がないとして訴因変更許可が取り消された場合でも，訴追意思の表明時つまり訴因変更請求書の提出時に，公訴時効は進行を停止する（最決平18・11・20刑集60巻9号696頁〈百選A12〉）。

　共犯者の1人に対する公訴提起行為は，他の共犯に対しても公訴時効の進行を停止する効力をもつ（254条2項）。また，「犯人が国外にいる場合」，または犯人が逃げ隠れして有効に起訴状謄本の送達などができない場合には，その状態が続いている間，公訴時効の進行が停止する（255条1項）。「国外にいる場合」とは単に国外に居ることを要件とする。起訴状謄本の送達不能などは要件でなく，捜査機関が犯罪の発生や犯人を知っていると否とを問わない（最判昭37・9・18刑集16巻9号1386頁）。その他，法律によって訴追ができない間も公訴時効の進行は停止する（国務大臣の在任中〔憲75条但書〕，摂政の在任中〔皇室典範21条但書〕，少47条所定の期間）。

4 起訴状の記載

　起訴状には，①被告人を特定する事項，②公訴事実，③罪名，を

記載しなければならない（256条2項）。

1 被告人を特定する事項

　起訴状には，「被告人を特定するに足りる事項」として，「被告人の氏名その他」を記載しなければならない（256条2項1号）。氏名以外の「その他」とは，以下のような記載をさす。つまり，①被告人の年齢，職業，住居および本籍，②被告人が逮捕または勾留されているときは，その旨（逮捕・勾留されていないときは「在宅」と記載される），を記載することになっている（規164条1項1号・2号）。公訴提起前に偽名や通称で特定されていた場合は，「○○こと××〔本名〕」と表示される。また，被告人の氏名がわからないときは，氏名不詳とした上で，留置番号，性別，身体的特徴，人相などを記載し，写真などを添付する。

　上述のように，通常は，人定事項の記載によって被告人が特定される。とは言え，被告人Xが他人の氏名を冒用したような場合に，起訴状の記載だけで被告人の特定ができるのか，という疑問がないわけではない。氏名が冒用された場合でも，起訴状の記載つまり「表示」を基準に判断すればよい（このような考えは「表示説」と呼ばれる）。もっとも，「表示」（起訴状の記載）と言っても，形式的に判断するのではなく，（釈明によって明らかになる）検察官の意思や被告人の挙動なども考慮に入れて合理的に判断するのが妥当である。このような考えが通説であり，実質的表示説と呼ばれている。

　Column　被告人の特定 ～～～～～～～～～～～～～～～～～～～～～～

　　本文で述べたように，被告人を特定するには実質的表示説がもっとも妥当だと考えられる。重要なのは，〈起訴されているのは誰か〉という問題と，〈裁判の言い渡しを受けたのは誰か〉という問題とを区別しな

ければならないということである。

（1）　氏名が冒用された場合。たとえば，XがAの名を冒用したとき，起訴状の記載によれば，被告人はAである。公判の途中で，冒用が判明すれば，〈起訴されているのは誰か〉が問題となる。検察官が実際に訴追しようと考えた者はXに他ならない。この観点から，意思説（検察官が訴追しようと思った者が被告人であるという説）が出てきた。しかしながら，XがAの名をかたっていたわけだから，「AことX」の意味に解せば済む（起訴状の記載を訂正すれば済む）話であって，実質的表示説が妥当であることに変わりはない。

　ただ，被告人が出頭せず書面審理でおこなう略式手続は，公判における審理と異なるのではないか，という疑問を呈する人もいる。

　この疑問を検討する場合，〈起訴されているのは誰か〉と〈裁判の言い渡しを受けたのは誰か〉という区別を忘れてはならない。略式手続であっても，途中で冒用が判明した場合は，〈検察官が起訴したのは誰か〉が問題となる。XがAの名を冒用した場合，本来検察官が起訴したのはXだと考えるのが常識に合致する。そこで，たとえば，略式手続の途中で，XによるAの名の冒用が発覚した場合は，起訴状の記載の訂正〔「被告人A」から「被告人X」へと訂正〕を認めるべきであろう。

　冒用が途中で判明した場合とは異なり，冒用のまま裁判が言い渡されたときは，〈裁判の言い渡しを受けたのは誰か〉が重要な考察対象として浮上する。

　〈略式命令の効力〔既判力〕が誰に及ぶか〉という問題について，判例は，名前を冒用されたAに及ぶと判示した（最決昭50・5・30刑集29巻5号360頁。無免許で酒気帯び運転をしたXが，逮捕された際にAの運転免許証を示したため，酒気帯び運転につきAに対して略式起訴がなされ，罰金刑が確定した。その後，Xの無免許運転の事実が発覚し，Xは無免許運転で起訴された。そこで，さきのAに対する酒気帯び運転の有罪判決の既判力が無免許運転の事実に及ぶか，が争点となった。最高裁は，さきの略式命令の効力はXに及ばない，つまり，表示された「被告人A」に及ぶと判

4　起訴状の記載　191

示した)。

　他方，公判請求の事案では，最高裁（最決昭60・11・29刑集39巻7号532頁〈百選50〉。窃盗で懲役刑に処せられたXが，5年の経過前に窃盗未遂などで逮捕された。XはAの名を冒用して執行猶予付きの懲役刑を言い渡された。その後，再び窃盗などを犯して逮捕され，A名の冒用が発覚したので，検察官が，さきの執行猶予の取消しを求めた事案）が，「取消請求の対象である執行猶予の判決の効力が申立人〔X〕に及ぶ」ので，「検察官が執行猶予取消権を失わない」と判示している（さきの最決昭50・5・30「は事案を異にして本件に適切でな」いと言う）。

　この判示だけからは，一見，略式手続と公判請求手続との違いが原因で，2つの決定が結論を異にしているようにも見える。

　だが，さきほども述べたように，「表示」は実質的に考える必要がある。最決昭和60年11月29日の事案では，実質的に起訴されているのはXであり，Xが被告人として出頭し判決の言渡しを受けている。したがって，執行猶予判決の効力がXに及ぶのは当然である（略式手続か公判請求手続かの違いによるのではないから，最決昭50・5・30と最決昭60・11・29との間に基本的な相違はないと考えるべきであろう）。

　(2)　身代わりの場合。上で述べた理解は，身代わりの場合も同様である。AがXの代わりに出廷した場合，Aが身代わりだと発覚した時点で，裁判所は公訴を棄却する（この設例は，起訴状記載の被告人はXであるのに，Aが出廷した場合を想定している。これと異なり，捜査段階でAが身代わり犯人として名乗り出て，Aが被告人として起訴された場合は，言うまでもなく，被告人はAである。身代わりだとわかれば，Aに無罪を言い渡す）。

　ここで問題となるのは，〈公訴棄却の効力を誰に及ぼすべきか〉である。たしかに，この事案で検察官が起訴したのはXである（表示は「被告人X」となっている）。しかし，公訴棄却の名宛人はAなのである。挙動説（被告人として行動した者が「被告人」だという主張）は，この観点を強調する説であるが，実質的表示説によっても，〈公訴棄却の効力

が誰に及ぶか〉という観点から考察する限り，同じ結論になる。

　(3)　人違いの場合。被告人はXなのに，人違いでAが出廷したときは，通常，人定質問で人違いが判明するから，X本人の出廷を求めることになる。実際にはあり得ないだろうが，人違いが判明しないまま実体審理に進んだときは，身代わりの場合と同様，Aに公訴棄却を言い渡す必要が出てくるだろう。

② 個人特定事項の秘匿

起訴状抄本等の提出

　公訴を提起するには，公訴事実を記載した起訴状を提出しなければならない（256条1項・2項2号）。ところが，公訴事実には被害者特定事項（「氏名及び住所その他の当該事件の被害者を特定させることとなる事項」290条の2）が含まれていることが多い。これまでも，性犯罪の被害者につき，その氏名を仮名（例えば，A子）にし，住所を記載しない等の措置が，実務上講じられてきた。令和5年法律28号によって設けられた271条の2以下の規定は，これらの措置を整備し，明文化したものである。

　検察官は，必要と認めるとき，起訴状に記載された個人特定事項が被告人に知られないようにするための措置を，裁判所に求めることができる（271条の2第1項）。この場合，検察官は，起訴状と共に起訴状抄本等（「個人特定事項の記載がない起訴状の抄本その他の起訴状の謄本に代わるもの」271条の2第2項）を裁判所に提出する。弁護人には起訴状の謄本が送達されるが（271条の3第2項），被告人には起訴状抄本等が送達される（当然だが，起訴状抄本等には，他の犯罪事実と「識別できる」程度の公訴事実が記載されていなければならない）。

　この場合，起訴状抄本等では「できる限り日時，場所及び方法を

4　起訴状の記載　193

以て罪となるべき事実」（256条3項）を特定できないから，「罪となるべき事実」と読み替え（271条の2第3項），送達すべき「起訴状の謄本」（255条・271条）も，「起訴状抄本等」と読み替える（271条の2第4項後段）。

　裁判所は，弁護人に対し，起訴状抄本等に記載がない個人特定事項（被害者だけでなく，その親族等も含めて，「個人」特定事項と言う）を被告人に知らせてはならない旨の条件を付して，（個人特定事項が記された）起訴状の謄本を送達する（271条の3第2項）。

　起訴状の謄本が弁護人に送達されることによる弊害（（a）被害者等〔親族等を含む〕の「名誉又は社会生活の平穏が著しく害されるおそれ」，（b）被害者等の身体等に害を加え，被害者等を畏怖・困惑させる行為がなされるおそれ）を防止できないおそれがあると認めるとき，検察官は弁護人に送達するものとして，（起訴状謄本ではなく）起訴状抄本等を裁判所に提出できる（271条の3第3項）。起訴状抄本等が提出された場合で，起訴状抄本等に記載がなく，個人特定事項を秘匿すべき被害者等（271条の2第1項1号・2号）に該当する記載について，裁判所は，弁護人に対し該当部分の閲覧・謄写を禁じることができる（271条の6第2項）。

　起訴状抄本等が提出されたとき，裁判所は，遅滞なく，弁護人に起訴状抄本等を送達しなければならない（271条の3第4項）。

　被告人または弁護人から請求があって要件を満たす場合，裁判所は，①個人特定事項の全部または一部を被告人に通知する旨の決定（271条の5第1項）をし，または，②個人特定事項を被告人に知らせてはならない旨の条件を付して，個人特定事項の全部または一部を弁護人に通知する旨の決定をしなければならない（271条の5第2項）。この決定に不服があるときは，即時抗告ができる（271条の5

第5項）。

> 書類・証拠物の閲覧・
> 謄写等

「弁護人は，公訴の提起後は，裁判所におい
て，訴訟に関する書類及び証拠物を閲覧
し，且つ謄写することができる」し（40条
1項本文），「被告人その他訴訟関係人は，……裁判書又は裁判を記
載した調書の謄本……の交付を請求……できる」（46条）。また，検
察官は，弁護人等に対し，証人等の尋問を請求するについては，証
人等の氏名および住居を知る機会，証拠書類等の取調べを請求する
については，これを閲覧する機会を与えなければならない（299条1
項本文）。

　そこで，証人等の氏名および住居を知る機会を与える（299条1
項本文）に当たり，検察官は，弁護人に対し，証人等の氏名および
住居を知る機会を与えた上で，これらの情報「を被告人に知らせて
はならない旨の条件を付し，又は被告人に知らせる時期若しくは方
法を指定することができる」（299条の4第1項本文）。ただし，「被
告人の防御に実質的な不利益を生ずるおそれがあるとき」は例外で
ある（同項但書。なお，271条の5第1項2号・2項2号・271条の6第1
項〜6項の各但書を参照）。

　(a)起訴段階で起訴状抄本等（271条の2第2項）を提出し，(b)公
判段階で訴因変更等請求書面抄本等（312条の2第2項）を提出した
場合（⇨262頁）もまた，上記の措置ができる。

　弁護人が個人特定事項を被告人に知らせてはならない旨の条件に
違反したとき，裁判所は，所属弁護士会または日本弁護士連合会に
通知し，適当な処置を執るよう請求することができる（271条の7第
1項。なお，規34条の3第1項）。請求を受けた弁護士会等は執った
処置を裁判所に通知しなければならない（271条の7第2項。なお，

4　起訴状の記載　195

規34条の3第2項）。

③　公訴事実と訴因

　法は，起訴状に記載すべき事項の1つとして「公訴事実」をかか
げる（256条2項2号）。公訴事実とは，検察官が起訴状に記載する
「罪となるべき事実」だと解される。一方，256条3項は「公訴事
実は，訴因を明示してこれを記載しなければならない」と規定し，
訴因明示の方法として，「できる限り日時，場所及び方法を以て罪
となるべき事実を特定しなければならない」と定めている。「訴因」
とは，アメリカ法から導入された概念で，検察官が主張・立証しよ
うとする個別の犯罪事実を指すものと理解されている。そこで，
256条3項の規定から見て，訴因として記載される事実は，構成要
件該当事実を特定・具体化した記載だということになる。しかし，
公訴事実もまた「罪となるべき事実」つまり，構成要件に該当する
事実の記載なのである。とすると「訴因」と「公訴事実」とは同じ
ものなのか，違うとすれば，両者はどういう関係にあるのか，とい
う疑問が生じる。この問題は，戦後すぐから議論されてきた。

審判対象論

戦前つまり旧刑訴法では，現在の起訴状に
当たる公判請求書に，「犯罪事実」を記載
することになっていた（旧刑訴291条）。だが，例えば「犯罪事実」
には，被告人がAを騙して10万円を交付させた（詐欺）という事
実が掲げられていても，裁判所は，被告人がAを脅して10万円を
交付させた（恐喝）という事実を認定し，恐喝で有罪にすることが
できた。犯罪事実とは公訴の基本的事実であって，その範囲内であ
る限り，裁判所は，検察官が示した罪名にとらわれず，どの構成要
件に該当するかを判断する権限があると考えられていたからである。

196　第3章　公　訴

図表 3-2

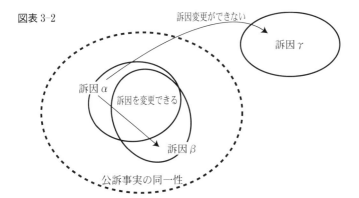

　戦後，訴因の概念が導入されたが，当初の理解は，戦前の考え方とあまり変わらなかった。公訴事実が，法律解釈以前の生の事実であり，訴因は，検察官が公訴事実を法律的に構成したものだと解された。そして，審理の対象はそのような公訴事実であって，訴因の役割は，被告人に対し防御の範囲を示し，不意打ちを防ぐことにあるという，「公訴事実対象説」が主張されたのである。これは，公訴事実が審理の対象であり，訴因は判決の対象だ（検察官が窃盗の訴因で起訴しても，裁判所は公訴事実を同一にする範囲，例えば強盗や盗品譲受けについても審理できる。しかし，不意打ちを防ぐため判決は訴因に拘束されるから，窃盗でしか有罪判決を下せない）というものだった。

　しかし今日では，訴因が審判の対象だと解する「訴因対象説」がほとんどである。昨今は，「公訴事実」という概念をどう扱うか，に議論の焦点が移ってきている。これまでの通説では，「公訴事実（の同一性）」とは，訴因変更が許されるか否かの判断基準となる概念だと解された。つまり，**図表 3-2** のように，訴因 α を，公訴事実を同一にする範囲内にある訴因 β になら訴因変更できる。だが，公訴事実の同一性の枠を超えて訴因 γ に訴因変更することはできな

い，と説明されたのである（以下では，検察官が「訴因α」として起訴したが，審理が進み，「訴因β」に変更したいという場合について説明する）。

　しかし，考えてみよう。いま訴因αが掲げられていて，この訴因αを訴因βに変更したいという訴因変更請求が検察官から出されたとき，裁判所は，それらに共通する「公訴事実」とは何か，といった抽象的な判断をするのだろうか。裁判所は，訴因αとして掲げている具体的な事実と訴因βの事実とを比べて，同一訴訟手続内で審理することが妥当か否か，を判断するはずである。例えば，被告人がAから1000万円を騙し取ったという訴因αを，被告人がAから預かっていた1000万円を横領したという訴因βに変更できるかどうかは，訴因αと訴因βとの具体的な事実を比べて見れば判断できる。それだけでなく，公訴事実とは訴因変更が許されるかどうかの基準を示す概念だと理解したままだと，かえって誤解が生じる。訴因αと訴因β（さらに訴因γ，……訴因ω）との共通の基盤になる事実（＝公訴事実）があらかじめ存在しているかのような錯覚におちいりかねないからである。しかし，そのような共通の基盤となる事実が，あらかじめ存在しているという理解はおかしい。

　まず，そもそも訴因αと訴因βとのいずれをも包含する事実などというものが，あるのだろうか。例えば，被告人Aが，令和10年9月10日に，千葉市にあるB宅から300万円するロレックスの腕時計を盗んだとして窃盗（訴因α）で起訴されたとしよう。Aは公判で，同年9月1日から20日まで北海道にいたとアリバイを主張し，立証された。検察官が，訴因を盗品譲受け（訴因β）に変更したいというとき，訴因αと訴因βとに共通する事実（＝B宅から盗んだか，だれかから盗品と知りつつ譲り受けたかして，Aが不法に腕時

計を取得したという事実）は何を意味するのだろう。このような，訴因 α も訴因 β も包含する事実は現実には存在しえないし，これから事実を解明してゆこうとする審理過程の最初から，このような事実が存在するという前提をとること自体が，おかしい。

　さらに，起訴状に書かれた事実は検察官の主張にすぎない，という点をおさえておく必要がある。審理の手続では，この検察官の主張が証明できるかどうかが争われる。例えば A がロレックスの腕時計を質入れに来て，質屋からの通報で発覚した場合，A が B 宅から盗みましたと自供し，証拠固めされて，起訴状に，そのような事実関係が記載されることになる。つまり，起訴状に記載された事実は，あくまで検察官の主張にすぎず，現実に存在した生の事実ではない。

　この設例でいうと，検察官としては（事件発覚の経緯からして），A が盗品を譲り受けたものと考え，盗品譲受けの訴因 β に変更しようとすることだろう。このようなときに，訴因変更を許してよいかどうかの基準は，訴因 α の事実と訴因 β の事実とが「公訴事実の同一性」という共通の基盤をもつ事実の範囲内にあるかどうかではなく，これまでの手続から見て，同一手続内で訴因 β の審理をすることが妥当かどうかなのである。

　このように考えてくると，「公訴事実」は実在の生の事実でもないし，訴因変更ができるかどうかの基準として「公訴事実」という概念を残す必要もない，ということがわかるだろう。しかし，256 条は「公訴事実」を記載するよう規定している。そこで，「公訴事実」とは，「訴因」を明示して主張されている事実にほかならない，と考えるべきである（なお，「訴因の変更」については，⇨261 頁以下）。

4　起訴状の記載　　199

> **訴因の特定**

裁判所が審理し判決を言い渡すことができる対象を限定するとともに，被告人の防御の範囲を示すために，訴因の特定は欠かせない。そこで，「訴因を明示するには，できる限り日時，場所及び方法を以て罪となるべき事実を特定してこれをしなければならない」と規定する（256条3項後段）。しかし，余りに厳密な特定を要求すると，捜査は長引かざるをえないし，詳細な起訴状を見て裁判官が予断をいだくおそれもある。また，公判審理は起訴状の記載を出発点とし，それに拘束されるわけだから，事実の特定が厳格であればあるほど，公判審理で柔軟な対応をすることが困難になるだろう。そこで（できるだけ厳格に，訴因を特定すべきことはいうまでもないが），具体的な事件がもつ事情に応じた配慮も必要である。有名な白山丸事件では，「被告人は，昭和27年4月頃より昭和33年6月下旬までの間に，有効な旅券に出国の証印を受けないで，……中国に出国した」という起訴状の記載の特定性が問題になった。被告人が昭和27年4月ころまで日本にいたことはわかっており，また昭和33年7月13日に引き揚げ船「白山丸」で引き揚げ者と一緒に帰国したことは明らかだが，密出国した日時・場所・方法は明らかでない。このような「特殊事情がある場合には，……法の目的を害さないかぎりの幅のある表示をしても，その一事のみを以て」，特定していないとはいえないと判示したのである（最大判昭37・11・28刑集16巻11号1633頁〈百選A15〉）。

　覚醒剤使用罪にかかわって，白山丸事件と同様の「特殊事情」があるのかどうかが，議論になる。覚醒剤の自己使用は，被害者がいるわけでもなく目撃者もないことが多いから，被疑者の自白にたよらざるを得ない。尿などから覚醒剤が検出され，注射痕などからも

覚醒剤を使用したことは明らかなのに，いつ・どこで，具体的にどのような方法（注射，吸入など）で覚醒剤を使用したのかを明示できない場合がある。そこで，「被告人は，法定の除外事由がないのに，昭和54年9月26日ころから同年10月3日までの間，……吉田町内及びその周辺において，覚せい剤……を自己の身体に注射又は服用して施用し，もって覚せい剤を使用したものである」という記載の特定性が問題になった（以下，「吉田町事件」と呼ぶ）。最高裁は，このように，日時・場所の表示に幅があり，覚醒剤の量や使用方法の表示が明確でない起訴状の記載であるとしても，「検察官において起訴当時の証拠に基づきできる限り特定したものである以上，覚せい剤使用罪の訴因の特定に欠けるところはない」と判示している（最決昭56・4・25刑集35巻3号116頁〈百選44〉）。ところで，目撃者がいないなどの事情が，白山丸事件と吉田町事件とに共通する「特殊事情」ではないことを正しく理解してほしい。かつて確実に日本にいた被告人が中国から帰国した以上は，必ず「密出国した」はずであり，尿から覚醒剤が検出された以上は，必ず「自己使用した」はずだという点が，まさしく共通する「特殊事情」である。被告人の犯行を立証するのに，いつ・どこから・どんな方法で出国したか，または，いつ・どこで・どんな方法で覚醒剤を使用したか，の特定が不可欠とは言えないのである（犯罪の成否に影響がない。特定の日時におけるアリバイの主張などは無意味である）。

　しかし，白山丸事件の最高裁判決と吉田町事件のそれとを必ずしも同一に論じるわけにいかない。白山丸事件では，被告人が（国交のない中国から）帰国した以上，帰国に対応する密出国が必ず1回ある。しかし，吉田町事件では，複数回にわたって覚醒剤が使用されることがあり得る。したがって，覚醒剤が検出されたとしても，

それに1つの自己使用行為だけが対応するわけではない。複数の自己使用行為があり得る。ところが覚醒剤使用罪は，使用行為1回ごとに一罪が成立する。そこで，検出された覚醒剤に対応する自己使用行為，つまりその覚醒剤を被告人が自分の体に，いつ摂取したのかを特定しなければならないことになるのである。

検察実務では，「尿の提出時に最も近い1回の使用」を起訴したものと説明するのが一般的だと言われる。もっとも，この理解に対しては，観念的な特定方法だという批判もある（単純に「1回の使用」について検察官が起訴したものと解すれば足り，審理の過程で2回以上の使用が具体的に明らかになった場合に，訴因を補正すればよいと言うのである）。

なお，最高裁は，「被告人は，単独又はA及びBと共謀の上，……被害者に対し，その頭部等に手段不明の暴行を加え，頭蓋冠，頭蓋底骨折等の傷害を負わせ，よって，……頭蓋冠，頭蓋底骨折に基づく外傷性脳障害又は何らかの傷害により死亡させた」という（控訴審で追加された予備的）訴因の「特定に欠けるところはない」と判示した（最決平14・7・18刑集56巻6号307頁）。さきに紹介した判例の趣旨が，本件にも当てはまる。たしかに，（中国から帰国した以上は必ず密出国がある，など）一定の事実から必然的に犯行が推認できる「特殊事情」はない。しかしながら，当該日時・場所で第三者から暴行を受けた結果，被害者が死亡し，その暴行に被告人が関与した事実は明示されている。したがって，暴行の態様，傷害の内容，死因について概括的な表示であっても，ただちに訴因が不特定だとは言えないだろう。

また，最高裁は，（被告人が被害者を暴力によって服従させ支配していた状況にあり，一定の期間内，限定された場所で，憂さ晴らしなど共通の

動機に基づき同様の暴行を反復累行し，その結果，個々の暴行と傷害の発生・拡大や悪化との対応を個々には特定できないが，被害者の身体に一定の傷害を負わせたという事案において）「それぞれ，その全体を一体のものと評価し，包括して一罪と解することができる。……訴因における罪となるべき事実は，その共犯者，被害者，期間，場所，暴行の態様及び傷害結果の記載により，他の犯罪事実との区別が可能であり，また，それが傷害罪の構成要件に該当するかどうかを判定するに足りる程度に具体的に明らかにされているから，訴因の特定に欠けるところはない」と判示している（最決平26・3・17刑集68巻3号368頁〈百選45〉）。

> **Column** 訴因の予備的記載・択一的記載
>
> 法は「数個の訴因及び罰条は，予備的に又は択一的にこれを記載することができる」と規定する（256条5項）。しかし検察官は，綿密に捜査し確実な嫌疑のもとで起訴することに誇りをもっているから，訴因を予備的・択一的に記載することは，実際にはまれである。これに対して，審理の経過に応じて，訴因・罰条を予備的に追加することは，よく行われる。

④ 罪　　名

罪名は，適用すべき罰条を示して記載しなければならない（256条4項）。罪名と罰条の記載が要求される理由は，訴因につき，検察官がどのように法律構成しているかを，被告人に明らかにして検討の機会を与え，十分に防御権が行使できるようにするためである。つまり，訴因の記載を補充するために罪名・罰条の記載が要求されるのである。罪名とは，犯罪の名称である。「被告人は，被害者……の財布を窃取した」などといった事実が記載され，「窃盗」と

4　起訴状の記載　　203

いう罪名が記載されていれば，検察官が起訴した犯罪について，まず誤解されることはないだろう。しかし，必ずしもすべての罪名が条文に明記されているわけではない。そこで正確を期すために，罪名だけでなく罰条（例えば窃盗であれば，「刑法235条」）も示すようになっている。罰条の明示は，このように正確を期すための措置だから，罰条の記載に誤りがあっても，被告人の防御に実質的な不利益を与えない限り，公訴提起の効力には影響を及ぼさない（256条4項但書）。

5 その他の記載事項

予断を生じさせるおそれ
のある物の添付・引用

　法は，「起訴状には，裁判官に事件につき予断を生ぜしめる虞のある書類その他の物を添附し，又はその内容を引用してはならない」（256条6項）と規定する。起訴に当たって検察官が裁判所に提出できるのは起訴状だけだ，という意味から，起訴状一本主義と呼ばれている。起訴状一本主義の目的は，予断排除である。裁判官が，事件について何ら先入観を持たずに第一回公判期日にのぞみ，公正な訴訟手続をすすめることができるようにして，公平な裁判所としての性格を確保しようとするものである（最大判昭27・3・5刑集6巻3号351頁）。

　第1に，予断を生じさせるおそれのある書類その他の物を添付することは許されない。もっとも，起訴状一本主義は予断排除のための原則であるから，裁判所に予断を抱かせるおそれがない書類などを添付しても，256条6項に違反しない（例えば，弁護人選任書などのように，裁判所に引き継ぐべき書類。規165条1項）。

　つぎに，予断を生じさせるおそれがある文書の内容を引用するこ

とも許されない。しかし，例えば脅迫文が婉曲・暗示的であって，詳細に引用しなければ文書の趣旨が明らかにならない場合（最判昭33・5・20刑集12巻7号1398頁）や，名誉を毀損する文書の一部を引用すること（最決昭44・10・2刑集23巻10号1199頁）は，訴因を明示するために許されるというのが判例である。

起訴状一本主義と余事記載

256条6項は，予断を生じさせる事項を添付または引用することだけを明文で禁じている。だが，その他の不必要な事項を記載すること（余事記載）も禁じられる場合があるのではないか，という疑問がある。例えば，同種の犯罪について前科があることを起訴状に記載しても許されるか。一般論としては，同種の前科を記載すれば裁判官に予断を抱かせるから，256条6項に違反すると考えられる（甲府地判昭43・9・3下刑集10巻9号895頁，静岡地判昭44・3・13刑月1巻3号256頁など）。しかし，これにも例外がある。最高裁は，「詐欺罪の公訴について，詐欺の前科を記載することは，……裁判官に予断を生ぜしめるおそれのある事項にあたる」としながらも，例えば，①常習累犯窃盗のように，前科が構成要件であるとき，②前科・悪歴の存在が恐喝の手段となっているとき（最判昭26・12・18刑集5巻13号2527頁参照）など，前科が公訴事実の内容となっている場合には，前科を記載しても適法だと判示した（最大判昭27・3・5刑集6巻3号351頁）。また，公訴事実や罰条を具体的に明らかにするため必要な場合には，犯罪の動機を記載しても適法だと解されている（最決昭27・6・12裁判集刑事65号171頁）。

　学説では，余事記載の問題について，大きく分けて2つの立場がある。1つは，余事記載のある起訴状は無効だという立場である。この見解は，訴因について訴因対象説とは若干異なる理解を前提に

4　起訴状の記載　　205

している。以下のようにいう。たしかに，訴因は裁判官の判断対象を明示する検察官の主張である。しかし，検察官自身の言葉で示された主張でなければならず，証拠をして語らしめる主張は証拠調べである。したがって，証拠の存在を示すか否かが，起訴状一本主義に反するかどうかの分かれ目になる。証拠を明示・暗示するにとどまらず，証拠の存在を示すような余事記載は256条6項に違反する，というのである。この見解によれば，そのような余事記載のある起訴状は起訴状一本主義に違反し，無効である。

これに対して，いま1つの立場は，起訴状を検察官の主張にすぎないと考える。この見解に立つと，一方当事者である検察官の主張が直ちに，裁判所に予断を抱かせることにはならない。つまり，起訴状一本主義に反するわけではないから，余事記載があっても起訴状は無効とならず，その記載を削除すれば足りる。ただ，余事記載はどの条文に違反するのかという点で，256条2項違反説と，同条3項違反説とに分かれる。

Column 2項違反か3項違反か

2項違反説は，2項が「左の事項を記載しなければならない」と規定して，被告人の氏名など，公訴事実，罪名をかかげているのは限定列挙だから，これ以外の事項を記載した余事記載は2項に違反すると主張する。これに対して3項違反説は，「訴因を明示して……記載しなければならない」と3項が規定する訴因明示の要求に反するという。3項は，審理を円滑にすすめるために簡潔な記載を要求している。ところが，余事記載は争点を曖昧にし，審理を混乱させて迅速円滑な進行を妨げるから禁止されると解するのである。

206　第3章　公　訴

第4章 公判の手続

この章では，まず，公判廷の構成について述べ，つぎに，公判の流れにそって，公判の準備と公判（冒頭手続，証拠調べ，弁論，判決）の手続を説明する。そののち，公判の諸原則，訴因変更の問題を検討する。

1 公判廷の構成

公判廷とは，公判期日の手続が行われる法廷のことをいう（282条1項）。公判廷には，裁判官および裁判所書記官が列席し，かつ検察官が立ち会う（282条2項）。

① 裁判所の構成

起訴状は，「国法上の意味の裁判所」（⇨19頁。例えば，東京地方裁判所など）に提出される。（国法上の意味の）裁判所は，審理を担当する裁判機関（＝「訴訟法上の意味の裁判所」⇨20頁）に事件を割り当てる。このように公訴の提起を受けて事件の審判を担当する裁判所（裁判機関）を，受訴裁判所（または公判裁判所）と呼ぶ。複数の裁判官（または裁判官と裁判員）が受訴裁判所を構成し（これを「合議体」という），合議によって審判を行う場合と，1人の裁判官が単独で行

1 公判廷の構成　207

う場合とがある。下級裁判所が第一審を受け持つ場合に，その構成は以下のようになっている。高等裁判所は，つねに合議体で事件を取り扱う。高等裁判所における合議体の人数は通常3人だが，内乱に関する罪について審理するときは例外的に5人の合議体による（裁18条）。簡易裁判所では，つねに1人の裁判官が単独で審判を行う（裁35条）。地方裁判所や家庭裁判所では，単独で行う場合と，合議体で審判をする場合とがある（裁26条・31条の4）。

　地方裁判所において合議体で審判する場合，裁判官と裁判員とで構成される合議体（いわゆる法定合議事件の一部〔裁26条2項2号所定の事件〕であって故意の犯罪行為で被害者を死亡させた事件，死刑または無期拘禁刑に当たる事件，については，例外をのぞき〔裁判員3条1項〕，裁判員が参加する。この場合，裁判官3人，裁判員6人で合議体が構成される。ただし，裁判官1人，裁判員4人で構成する旨の決定がなされる場合もある。裁判員2条・3条）と，裁判官のみで構成する合議体とがある。

　地方裁判所が合議体で取り扱う事件には，①殺人，放火，不同意性交等など法定刑が重い罪にかかる事件を取り扱う法定合議事件（裁26条2項2号）などと，②合議体で審判をする旨を決定した裁定合議事件（裁26条2項1号）とがある。法定合議事件ではないが否認事件など困難な事件は，裁定合議事件として合議体で審判されることが多い。

　ちなみに，2023（令和5）年に地方裁判所で処理された終局人員43,882人のうち，41,502人（94.6％）が単独で処理されている。残り2,380人（5.4％）が合議事件だが，そのうち1,916人（4.4％）が法定合議事件で，裁定合議事件とされたのは，464人（1.1％）にすぎない。

② 除斥・忌避

裁判官の公平性に疑いが持たれるとき，当該裁判官は，その事件について職務執行からはずれる。憲法37条1項が規定する「公平な裁判所」の保障を担保する作用がある。法は，公平性が類型的に疑わしいと考えられる場合を除斥事由として規定し，該当する裁判官は当然に職務の執行からはずれるものとした。これに対して忌避は，非類型的な事由により公平性が疑われるときに，職務の執行からはずす制度である。検察官または被告人から申立てがあり，決定で申立てが認容されると，その裁判官は職務執行からはずされる。なお，裁判官が自ら，忌避されるべき原因があると考えるときも職務からはずれる。これを回避という。その裁判官が所属する裁判所に，書面で回避の申立てを行う（規13条）。

除　斥　法が定める除斥事由は，大きく2つに分けられる。1つは，裁判官が事件に対して利害関係を持ち，公平な裁判ができないおそれがある場合である。個人的または一身上の利害がある（20条1号・2号・3号），公平な判断者としての職責と抵触する（同条4号・5号・6号）という理由から，除斥される。いま1つは，当該事件について，すでに一定の判断をし，もしくは取調べに関与しているために予断を抱いていると考えられ，公平性に疑問が持たれる場合である。前審などに関与したことが除斥事由とされている（同条7号）。除斥事由に該当する裁判官は，その事件の職務から当然にはずれる。該当する裁判官が，除斥事由があることを認めないときは，裁判所は職権で除斥の決定をする（規12条1項）。

忌　　避

職務の執行から除斥されるべきとき，または不公平な裁判をするおそれがあるときに，検察官または被告人は，裁判官を忌避することができる（21条1項）。忌避の申立ては，忌避すべき裁判官，または当該裁判官が所属する裁判所に対して行う（規9条）。事件について請求または陳述をしたあとでは，不公平な裁判をするおそれがあるという理由で，裁判官を忌避することはできない（22条）。

21条1項は，除斥事由だけでなく，「不公平な裁判をする虞があるとき」をも忌避理由として掲げる。最高裁は，「手続外の要因により……公平で客観性のある審判を期待できない場合」と「手続内における審理の方法，態度など」とを分け，後者は「それだけでは直ちに忌避の理由となしえない」という（最決昭48・10・8刑集27巻9号1415頁〈百選A24〉。なお，付審判請求事件につき，最決昭47・11・16刑集26巻9号515頁）。判例の見解について，以下のように説明される。当該手続内における審理方法や態度などは忌避申立ての理由とならない。なぜなら，不当な訴訟指揮があれば，異議を申し立て，あるいは抗告して争えばよいし，または終局裁判をまって，裁判に影響を及ぼす限りで上訴によって争えばよいからである，と。これに対して，異議申立てなど他の方法では，①当該裁判官の手続への関与を排除できない，さらには②納得のいかない裁判をするおそれを未然に防ぐ必要がある，という理由で反対する有力な見解がある。

もし，手続外の要因以外はいっさい忌避理由として認めないとすれば，現実問題として，除斥事由とそれに準じる理由以外は，ほとんど忌避理由として認められないことになるだろう。しかし，①除斥と異なり忌避申立ては，非類型的な理由によって裁判の公平性を客観的に担保しようとするものであること，さらに②21条が除斥

事由以外に「不公平な裁判をする虞があるとき」という要件を規定していること，を考慮すると，手続内の事由はいっさい忌避理由とならないとまで考えるのは妥当であるまい。

前述の有力反対説は，要するに，その裁判官に類型的な排除事由が認められないとしても，偏見をもった，あるいは非常識な措置をとる裁判官は手続から排除する必要がある，という考えに立っている。思うに，訴訟指揮や態度などから裁判官の偏頗性（へんぱ）が認められ，不公平な裁判をするおそれを推認させるものであれば，たとえ，それが手続内の審理方法や態度であっても，忌避理由として認める余地もあるのではなかろうか。昭和48年の最高裁決定は，このような解釈を必ずしも否定するものとは思われない。

簡易却下 ）「訴訟を遅延させる目的のみでされたことの明らかな」忌避申立て，事件について請求や陳述の後になされた忌避申立て，規則で定める手続に違反した忌避申立ては，決定で申立てを却下しなければならない（24条）。これを簡易却下という。簡易却下をする場合には，忌避された裁判官も却下の裁判に加わることができる（単独で審判を担当する裁判官に対して忌避が申し立てられたときは，その裁判官が簡易却下をする）。

忌避の制度は，不公平な裁判をするおそれがあるなど，一定の事由がある裁判官を排除し，裁判の公平性を国民に示すためにある。したがって，忌避申立ての対象となっている本人が，その当否を判断すべきものではない。だが，訴訟遅延を目的とすることが明らかな申立てに対しても，23条に定める方式でやっていては，訴訟の遅延を招く。そこで，訴訟遅延を目的とした忌避申立てについては，例外的に簡易却下が認められるのである。

簡易却下の対象となるのは，「訴訟を遅延させる目的のみでされ

1　公判廷の構成　211

たことの明らかな忌避の申立」て（24条）である。さきに引用した
昭和48年10月8日の最高裁決定は，（手続内における審理の方法，態
度などを理由とする）忌避申立ては「裁判長の訴訟指揮権，法廷警察
権の行使に対する不服を理由とするものにほかならず，……訴訟遅
延のみを目的とするものとして……〔簡易〕却下すべきものであ
る」と判示した。しかし，審理方法に対する不服が全く忌避理由に
なり得ないとまでは断定できないとすれば（⇨210頁），ただちに簡
易却下してよいかどうか，疑問がないでもない。

　裁判所書記官に対しても，除斥・忌避・回避の規定が準用される
（26条1項，規15条1項）。ただし，前審などに関与したという事由
は準用されない。

　合議体に裁判員が参加するとき，検察官および被告人は，裁判員
候補者につき「理由を示さない不選任の請求」をすることができる
（裁判員36条1項）。裁判所は，この請求がなされた裁判員候補者に
ついて不選任の決定をする（裁判員36条3項）。「理由を示さない不
選任の請求」には，忌避の規定（21条2項）が準用される（裁判員
36条4項）。

③　被告人の出頭

　被告人は公判廷に出頭する義務がある。被告人が出頭しないとき
は，開廷することができない（286条）。ただし例外的に，被告人が出
頭しなくてもよい場合がある。詳しくは，**図表4-1**（⇨213頁）を見て
ほしい。

　被告人の出頭が必要とされる場合で，勾留されている被告人が，
公判期日に召喚を受けているにもかかわらず，正当な理由なく出頭
を拒否し，刑事施設職員による引致を著しく困難にしたときは，裁

図表 4-1

法 定 刑	根拠条文	判決宣告	冒頭手続	その他の手続
3年を超える拘禁刑，死刑	286条	必 ず 出 頭		
④ 3年以下の拘禁刑 50万円を超える罰金	285条 2項	必 ず 出 頭		裁判所の許可で不出頭可能
③ 拘 留	285条1項	必ず出頭	裁判所の許可で不出頭可能	
② 50万円以下の罰金・科料	284条	出頭不要（代理人の出頭も可）		

① 被告人が法人のときは，代理人を出頭させることができる（283条）。

判所は被告人の出頭がなくとも，その期日の公判手続を行うことができる（286条の2）。被告人は，裁判長の許可がなければ退廷することができない。裁判長は，被告人を在廷させるため，相当な処分をすることができる（288条）。公判廷においては，被告人の身体を拘束してはならない。ただし，被告人が暴力をふるいまたは逃亡を企てた場合は，この限りでない（287条）。

④ 弁護人の出頭

必要的弁護事件　　弁護人の出頭は，一般的には開廷の要件ではない（ただし，裁判所は，必要と認めるとき，弁護人に対して，公判準備・公判期日への出頭と，手続が行われている間の在席・在廷とを命じることができる。この命令を受けた弁護人が正当な理由なくこれに従わないとき，裁判所は，決定で，10万円以下の過料に処すことができる〔278条の3第1項・3項〕。この規定は，「訴訟指揮の実効性担保のための手段として合理性，必要性がある」から，合憲である〔最決平27・5・18刑集69巻4号573頁〕）。

しかし，死刑または無期もしくは長期3年を超える拘禁刑に当たる事件を審理する場合には，弁護人がいなければ開廷することができない。このような事件を，必要的弁護事件と呼ぶ。必要的弁護事

件において，弁護人が出頭しないとき，またはそもそも弁護人がついていないときは，裁判長が職権で弁護人を付けなければならない（289条）。憲法37条3項は「刑事被告人は，いかなる場合にも，資格を有する弁護人を依頼することができる」と規定して，「弁護人の援助を受ける権利」を保障している。もっとも，必要的弁護制度は旧刑訴法でも規定されていた。したがって，憲法の規定と必要的弁護制度とに直接の関係はない，というのが最高裁判例である。つまり，憲法37条3項所定の「権利は被告人が自ら行使すべきもので，裁判所は被告人にこの権利を行使する機会を与え，その行使を妨げなければ足り」（最大判昭28・4・1刑集7巻4号713頁），どのような事件を必要的弁護事件とするかは，もっぱら刑訴法の規定による（最大判昭25・2・1刑集4巻2号100頁），というのが最高裁大法廷の判決である。また，法289条が憲法37条の具体的表現だと解すべきではない，といわれる（最判昭26・11・20刑集5巻12号2408頁）。

　しかしながら，一私人が国の訴追に対抗するには，法律の専門家の援助が欠かせない。必要的弁護制度は，一定の重大な事件については，被告人の請求がなくとも弁護人を付す制度であって，「弁護人の援助を受ける権利」を実質化，強化したものといえる。憲法37条3項の保障の趣旨を充実させ，重大な事件にあっては被告人自らといえども弁護人の援助を受ける権利を放棄できないことを確認したものが，必要的弁護制度だと考えるべきではなかろうか。

| 必要的弁護事件における弁護人の不在廷 |

弁護人が正当な理由なく出頭しなかったり，在廷命令を無視して退廷したり，または法廷秩序維持のために退廷を命じられたりすることがある（288条2項，裁71条。⇨259頁）。このような場合に，正当な理由のない不出頭・退廷などが繰り返されるのを許しておい

214　　第4章　公判の手続

ては，被告人や弁護人の恣意によって公判の進行が害される。そこで立法による解決が試みられ，1978（昭和53）年に「刑事事件の公判の開廷についての暫定的特例を定める法律案」が国会に上程された。しかし，日弁連が強く反対し，法曹三者（裁判所・法務省・日弁連）の間で協議が重ねられて，最終的に廃案となった。なお，法曹三者の協議において，国選弁護人の選任が円滑に行われるよう弁護人推薦体制を弁護士会が整える，不当な弁護活動に対しては弁護士会が公正迅速な懲戒を行う，などが確認された。

　それでもなお，被告人が弁護人の出頭を妨げるなどして訴訟の引き延ばしをはかった例があり，その事案について，最高裁が決定で判断を示している。被告人がもはや必要的弁護制度による保護を受け得ず，実効ある弁護活動も期待できない状態は「刑訴法の本来想定しないところだ」として，「当該公判期日については，刑訴法289条1項の適用がない」と判示したのである（最決平7・3・27刑集49巻3号525頁〈百選52〉）。

　学説には，被告人と弁護人とが呼応して訴訟の遅延をはかるなど，明らかに権限の濫用としかいいようのない場合には，一種の権利放棄だと解する余地があるという見解がある。しかし，さきほど述べたように，単純に「権利放棄」として片付ける見解が妥当とは思えない。また，必要的弁護制度の基本は被告人の弁護権の後見的保障にあると解し，上で述べたような事態が生じたときは，法289条の内在的制約だ（289条がそもそも予定していない事態であるから，機能しない）と理論構成する見解もある。たしかに，必要的弁護制度の存在意義が没却されるような，極限的な事態はあり得る。そのような事態の責任が被告人にあるとき，必要的弁護制度のもたらす利益を，被告人が例外的に享受できないこともあり得るだろう。しかしなが

1　公判廷の構成　215

ら，1978（昭和53）年に「刑事事件の公判の開廷についての暫定的特例を定める法律案」が廃案になった経緯などを考えると，その適用はあくまで極限的な場合に限られるべきである（前記平成7年最高裁決定の事例では，被告人が司法制度を否定したというよりは，個々の要因が大きく作用したともいえる。したがって，その判示を一般化して必要的弁護の例外を広げすぎないように，注意しなければならない）。

2 公判手続の流れ

公判期日における手続は，審理手続（冒頭手続，証拠調手続，弁論）と判決の宣告手続とに大きく分けられる。冒頭手続から順に説明してゆこう。

1 公判の準備

公判準備の手続

（1）起訴状謄本の送達　公訴の提起は，検察官が裁判所に起訴状を提出することによって行われる（256条1項）。裁判所は，検察官から起訴状の謄本が提出されたら（256条の2），直ちに被告人に送達しなければならない（271条1項，規176条1項）。起訴状謄本の送達ができなかったときは，直ちに検察官に，その旨を通知しなければならない（規176条2項）。

（2）弁護人選任に関する通知　公訴の提起があったとき，裁判所は遅滞なく，弁護人に関する以下のことを行う（272条）。すなわち，被告人に対して，①弁護人を選任できる旨を知らせる。そして，②貧困その他により弁護人を選任できない場合には，国選弁護

人の選任を請求できる旨を知らせる（272条1項）。また，③必要的弁護事件にあっては弁護人がなければ開廷できない旨を知らせる（規177条）。②，③の場合に裁判所は，一定期間を定めて，被告人に対し回答を求めることができる。実務では，これらの通知と照会を「弁護人選任に関する通知及び照会」という書面で行っている。

②の場合（貧困を理由とするとき），裁判所が被告人に弁護人選任権を知らせるにあたっては，弁護人の選任を請求するには資力申告書を提出しなければならない旨，および資力が基準額以上であるときは，あらかじめ弁護士会に弁護人選任の申出をしていなければならない旨を教示しなければならない（272条2項）。

③の必要的弁護事件にあっては，回答期限までに，被告人から回答がなく弁護人の選任もなされないとき，裁判長は直ちに被告人のために弁護人を選任しなければならない（規178条3項）。

(3) 公判期日の指定など　　検察官および弁護人の訴訟の準備に関して，公訴提起後速やかに，相互の連絡がなされるようにするため，裁判所は必要があれば，検察官および弁護人の氏名を相手方に知らせるなど適当な措置をとる（規178条の3）。第一回公判期日前に行われる訴訟関係人の訴訟準備を考慮して，裁判長は第一回公判期日を定めなければならない（273条1項，規178条の4）。また裁判所は，公判期日の審理を充実させるため相当と認めるとき，公判期日の審理に充てることができる見込みの時間を，あらかじめ検察官および弁護人に知らせなければならない（規178条の5）。

(4) 被告人の勾留　　被告人の公判廷への出頭を確保し，罪証隠滅を防ぐために，裁判所は被告人の身柄を拘束することができる。これを勾留という。被告人が，①定まった住居を有しない，②罪証を隠滅すると疑うに足りる相当な理由がある，③逃亡しまたは逃亡

2　公判手続の流れ　　217

すると疑うに足りる相当な理由がある，のどれか1つに該当するとき，裁判所は職権で，被告人を勾留することができる（60条1項）。公訴提起があった後，第一回公判期日までは，勾留に関する処分は裁判官が行う（280条1項）。被告事件について，受訴裁判所に予断を抱かせないためである。被告人の勾留は裁判所（官）の職権によるから，検察官に請求権はない（もっとも，逮捕した被疑者を身柄拘束のまま起訴した検察官は，起訴状に，勾留してもらいたいという意思を「逮捕中求令状」と表示して，職権発動を促すのが通例である。⇒76頁）。

勾留の期間は，公訴が提起された日から2ヵ月である。とくに継続する必要があるときは，具体的にその理由を付した決定で，1ヵ月ごとに更新することができる（60条2項本文）。①被告人が死刑または無期もしくは短期1年以上の拘禁刑に当たる罪を犯した場合，②被告人が常習として長期3年以上の拘禁刑に当たる罪を犯した場合，③被告人が罪証を隠滅すると疑うに足りる相当な理由がある場合，④被告人の氏名または住居がわからない場合，には更新を繰り返すことができるが，それ以外の場合，更新は1回に限られる（60条2項但書）。

身柄の釈放

勾留された被告人が釈放されるケースは，以下のように分類できる。

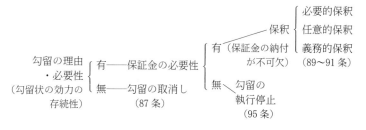

（1） 勾留の取消し　　勾留の理由または必要性がなくなったと

き，裁判所は，検察官，勾留されている被告人，その弁護人，被告人の配偶者などの請求により，または職権で，決定によって勾留を取り消さなければならない（87条1項）。

(2) 勾留の執行停止　勾留の裁判そのものの効力は維持したまま，勾留の執行を停止して，被告人を釈放する場合がある。裁判所が「適当と認めるとき」，決定で，親族や保護団体などに委託し，または被告人の住居を制限して，勾留の執行を仮に解くことを，勾留の執行停止という（95条1項前段。なお，規88条・90条）。この場合，裁判所は適当と認める条件を付することができる（95条1項後段）。また，執行停止の期間を指定できる（必要に応じて，期間を延長または短縮できる。95条2項・4項・5項）。期間を指定する場合は，終期（執行停止が終わる日時）に出頭すべき場所を指定しなければならない（95条3項）。勾留の執行停止は，保証金の納付を条件としないし，被疑者に対しても認められる。また，裁判所の職権によってのみ行われる。勾留の執行停止が認められるのは，実際には，被告人自身の病気，肉親の葬儀への出席など，限られた場合でしかない。

(3) 保釈　保釈とは，勾留の効力の存続を前提としながら，保釈保証金（現金でなくとも，有価証券などでもよい）の納付を条件に，被告人の身柄を解放する決定，およびその執行をいう（被疑者〔起訴前〕の勾留には保釈が認められない。207条1項但書）。保釈保証金の納付が条件となっているなどの点で，勾留の執行停止と異なる。保釈条件に違反したら保証金を没取するという威嚇効果が認められるので，勾留の執行停止に比べて，保釈の方が身柄確保という面からは優れている。

　被告人は有罪の宣告を受けるまでは，無罪の推定（⇨300頁）を

受けるわけだから，証拠隠滅のおそれがない限りは，身柄を解放する方がよい。また，勾留によって身柄を拘束する目的が公判廷への出頭確保にあるとすれば，金銭的な負担でもって出頭確保をはかっても同じである。保釈条件に違反すると保証金が没取される。保証金没取という経済的な威嚇が被告人にとって心理的負担になり，出頭が確保される。このような発想のもとに英米で発達し，わが国の法制に導入されたのが保釈制度である。

保釈には，必要的保釈（89条），任意的保釈（90条），義務的保釈（91条）の3種類がある。さきに述べたように，被告人は無罪の推定を受けるから，保釈保証金の担保によっては逃亡を防止できないと類型的に考えられる場合（89条1号～3号），証拠隠滅のおそれがある場合（同条4号・5号），逃亡のおそれがある場合（6号）以外は，保釈の請求があれば，請求を許さなければならない（89条）。これを必要的保釈ないしは（被告人の権利として保釈が認められているという意味で）権利保釈という。

保釈の請求が89条の各号に該当し，必要的保釈が許されない場合であっても，適当と認めるとき，裁判所は職権で保釈を許すことができる（90条）。これを任意的保釈もしくは裁量保釈と呼ぶ。

被告人の保釈を相当とする特別の事情が認められるとき，任意的保釈がなされる。ただ従来は，その判断にあたって考慮すべき事情が必ずしも明確でなかった。そこで，2016（平成28）年の法改正（平成28年法律54号）により，90条に，考慮すべき事情が明記された（「保釈された場合に被告人が逃亡し又は罪証を隠滅するおそれの程度のほか，身体の拘束の継続により被告人が受ける健康上，経済上，社会生活上又は防御の準備上の不利益の程度その他の事情」）。

保釈に関する決定につき，当事者は抗告をすることができる。た

220　第4章　公判の手続

だし，抗告審は「受訴裁判所の判断が，委ねられた裁量の範囲を逸脱していないか……を審査すべきであり，受訴裁判所の判断を覆す場合には，その判断が不合理であることを具体的に示す必要がある」（最決平 26・11・18 刑集 68 巻 9 号 1020 頁〈百選 A54〉。なお，最決平 27・4・15 判時 2260 号 129 頁）。

憲法は，不当に長く拘禁された後の自白を証拠とすることはできない，と規定している（憲 38 条 2 項）。そこで，勾留による拘禁が不当に長くなったとき，裁判所は，（88 条に規定する）保釈請求権者からの請求により，または職権によって，決定で勾留を取り消し，または保釈を許さなければならない（91 条）。勾留が不当に長くなったとき，裁判所は勾留取消しもしくは保釈をしなければならない，という意味で義務的保釈とよばれる（不当に長い拘禁後の自白だとして，証拠能力を認めなかった事例として，最大判昭 23・7・19 刑集 2 巻 8 号 944 頁，最大判昭 24・11・2 刑集 3 巻 11 号 1732 頁，最大判昭 27・5・14 刑集 6 巻 5 号 769 頁などがある。⇒310 頁）。

───────────
出頭確保のための罰則
───────────
近時，保釈や勾留の執行停止中の者（以下「被保釈人等」と呼ぶ。勾留の執行を停止された被疑者を含める場合がある）の逃亡事案が相次いで発生している（逃走罪〔刑 97 条〕の主体は，「法令により拘禁された者」に限定されている。したがって，逃走罪の主体でない被保釈人等が逃走しても逃走罪は成立せず，元の状態に戻るだけだから，逃走の抑止力にならない）。法 278 条の 2 は，このような状況を背景にしている。

被保釈人等が違反行為（不出頭，逃亡，罪証隠滅，被害者等への威迫など保釈条件違反）をした場合，被保釈人等は保釈や勾留の執行停止（以下「保釈等」と呼ぶ）を取り消されて刑事施設に収容され（96 条 1 項，98 条），（保釈の場合）保釈保証金が没取され得る（96 条 2 項）。

しかし，刑事施設への収容は制裁として弱く（保釈等以前の状態に戻るに過ぎない），保釈保証金を没取されても（たとえ高額の保釈保証金であれ）逃走する被保釈人等はいる（例えば，日産の元社長ゴーン氏が逃亡した事件を想起してほしい）。そこで，被保釈人等の出頭を確保するため，公判期日への不出頭罪が設けられている（278条の2。2年以下の拘禁刑）。

なお，①保釈等が取消し・失効になった被保釈人等が検察官の出頭命令（98条の2・343条の2）に応じないときは，2年以下の拘禁刑に処せられ（98条の3・208条の5・343条の3），②期間を定めて勾留の執行を停止された被告人等が終期に出頭しないときは2年以下の拘禁刑に処せられ（95条の2・208条の3），③実刑の言渡しを受けたが拘禁されていない者が刑の執行のための呼出しに応じて出頭しないときは，2年以下の拘禁刑に処せられる（484条の2）。

また，④制限住居の条件に違反した被保釈人等は2年以下の拘禁刑に処せられる（95条の3・208条の4）。

報告命令制度

裁判所が被保釈人等の生活状況やその変化を直接把握する機会は，これまで乏しかった。ことに審理が長期にわたる場合等では，被保釈人等が逃亡するおそれを適時にかつ適切に判断して，これを防止する措置を執ることが難しかった。

そこで，現在では，《報告命令制度》が設けられている。①被保釈人等の逃亡を防止し，公判期日への出頭を確保するため必要があると認めるとき，裁判所は「その住居，労働又は通学の状況，身分関係その他のその変更が……逃亡すると疑うに足りる相当な理由の有無の判断に影響を及ぼす生活上又は身分上の事項」について，（保釈または勾留の執行停止の決定を受けた）被告人（被保釈人等）に報

告を命じることができ（95条の4第1項），②被保釈人等が報告をせず，または虚偽の報告をしたとき，裁判所は，保釈等を取り消すと共に，保釈保証金を没取することができる（96条1項5号・2項）。なお，「勾留の請求を受けた裁判官は，その処分に関し裁判所又は裁判長と同一の権限を有する」（207条1項本文，規302条1項）から，被疑者の勾留執行停止についても，報告命令制度に関する規定が準用されることになる。

| 監督者制度 |

保釈等を請求する際には，身元引受書を差し出すのが，従来からの実務の一般的な取扱いである。また，被告人の親族等や雇用主等が身元引受人となるのが一般である。しかしながら，この身元引受には法的な根拠がなく，被保釈人等が逃亡しても，身元引受人には何ら制裁が科されない。

そこで，《監督者制度》が設けられた。裁判所は，保釈等を許す場合に，必要と認めるときは，「適当と認める者」を監督者として選任することができる（98条の4第1項）。監督者制度があっても，従来通り，親族等が身元引受人となることはできる（監督者を選任しなければ保釈が許されないわけではない）。

裁判所は監督者を選任するにあたって，監督保証金額を定め（98条の5第1項），監督者が監督保証金額を納付した後に保釈等を執行する（98条の6第1項・2項）。裁判所は，監督者に対し，その責務と監督者保証金の没取につき必要な事項を説明した上（98条の4第2項）で，(a) 出頭義務，(b) 報告義務を命じる（98条の4第4項1号・2号）。監督者が上記命令（(a) 出頭義務，(b) 報告義務）に違反したときなどに，裁判所は監督者を解任し，監督保証金を没取することができる（98条の8）。身元引受人については，これまで法的根

2　公判手続の流れ　223

拠がなかった。これに対し，監督者に対して，原則として「監督保証金」の納付を義務付けている。被保釈人等が逃亡すれば「監督保証金」が没取されるため，監督者に不利益を負わせるのを忌避しようとする心理が被保釈人等に強く働く。したがって，その者の監督に服することを期待し得る関係にある者を監督者として選任すれば，被保釈人等の逃亡を防止する抑止力になり，出頭を確保できると説明されている。

監督者と身元引受人との違いは，①監督保証金の義務づけと（逃亡等の場合の）没取，②被保釈人等が監督に服するものと期待できる人間関係，であろう。

しかし，①について言うと，これまでも，実際には多くの場合，身元引受人が保釈保証金を負担していた。したがって，この点だけに限れば，監督者制度による効果は必ずしも顕著と言えない。また，②については，身元引受人（家族や雇用主）の場合も被保釈人等との人間関係が問題となるのであって，同様である。とは言え，監督者に（a）出頭義務，（b）報告義務を命じることによって，監督者の法的義務が明確になった。

Column 国外逃亡の抑制 ------------------------

1 GPS（位置測定端末）の装着（令和 10・5・16 までに施行）

令和 5 年法律 28 号により位置測定端末（以下，「GPS」と記す）の規定（98 条の 12 以下）が設けられた。改正前でも，被保釈人等が逃亡した場合は，保釈等を取り消して当該被保釈人等を収監することが可能だった（96 条 1 項 2 号）。とは言え，被保釈人が国外に逃亡した場合，その所在を突き止めることが困難なだけでなく，それ以上に，犯罪人引渡条約を締結していない外国に被保釈人が滞在している場合は，身柄の引渡しを受け得る可能性が低い。他方で，国外逃亡のおそれだけを理由にして保釈を許さないことはできない。

224　第 4 章　公判の手続

そこで，被保釈人が国外に逃亡するのを防止するために，被保釈人等の身体にGPSを装着させる規定が創設された（98条の12第1項）。

　このような立法趣旨からして，裁判所がGPSの装着を命じる対象となる被保釈人は，違法な国外逃亡を助ける組織を利用できる者，外国で生活することが困難ではない者，などに限られよう。

　(a)裁判所は，被保釈人に対し，その身体にGPSを装着するよう命じることができる（98条の12第1項。裁判所の命令でGPSを装着した者を，以下では「装着者」と呼ぶ）。(b)裁判所は所在禁止区域（装着者が「出国する際に立ち入ることとなる区域であって，〔装着者〕が所在してはならない区域」〔飛行場，港湾施設の周辺その他〕）を定める（98条の12第2項）。(c)GPSには，以下の機能が求められる。装着者が所在禁止区域内に所在したり，装着者の身体からGPSが離れたり，位置測定通信が途絶するおそれを検知したときなどは，当該事由の発生を直ちにかつ自動的に，装着者および閲覧設備に送信する（98条の12第3項・4項。〔裁判所が管理する〕遵守事項違反の発生を確認することができる機能を有する電気通信設備に信号が送信されて，その発生を確認した裁判所は直ちにその旨を検察官に通知する。98条の20）。しかし，このような機能およびシステムは機動的でないという指摘もある。なお，GPSの装着（98条の13第1項），取外し（98条の15第8項）は，裁判所の指揮により，裁判所の職員が行う。

　装着者は，(1) 所在禁止区域に所在しないこと，(2) GPSを装着し続けること，(3) GPSを損壊し，位置測定通信に機能障害を与える等の行為をしないこと，(4) GPS機能の維持に必要な管理をすること，(5) GPSの損壊，機能障害等を知ったときは，遅滞なく報告すること，を遵守しなければならない（98条の14第1項）。(6) 裁判所は，装着者の位置を把握するのに必要な措置を講ずるために必要があれば，装着者に出頭を命じることができる（98条の14第2項）。

　装着者が遵守義務（上記(1)〜(6)）に違反した場合，裁判所は保釈を取り消し，保釈保証金を没取することができる（98条の18第1項・2

項)。

　装着者が遵守義務に違反した場合，以下の刑罰が科される。(i) 装着者が上記(1)〜(3)の遵守義務に違反したとき（所在禁止禁止区域に所在，GPS を取り外しまたは装着しない，GPS の損壊等）は，1 年以上の拘禁刑に処され（98 条の 24 第 1 項），(ii) 上記(4)(5)の遵守義務に違反して，GPS の損壊・機能障害等について報告せずまたは虚偽報告をしたとき，(iii) 上記(6)の遵守義務に違反して，裁判所が（装着者の位置を把握するのに必要な）出頭を命じた（98 条の 14 第 2 項）にもかかわらず，出頭しなかったときは，6 月以下の拘禁刑に処される（98 条の 24 第 2 項）。

　なお，(a)装着者の身体から GPS が離脱しまたは装着者が所在禁止区域に所在することを閲覧設備で確認した，(b)「〔GPS 信号が〕途絶するおそれがある事由として裁判所の規則で定めるもの」の発生を閲覧設備で確認したが，その後も当該事由の解消を確認できず，かつ装着者から GPS の損壊・機能障害等の報告がなかったとき，裁判所は，装着者を勾引することができる（98 条の 19）。

2　出国制限制度（令和 7・5・16 までに施行）

　(1) 拘禁刑以上の実刑判決を宣告された者（以下，「拘禁刑被宣告者」と呼ぶ）は逃亡するおそれが類型的に高いと言える。とくに国外に逃亡されると，身柄の確保が困難になる。そこで，刑の執行を確保するために，拘禁刑被宣告者は，「裁判所の許可を受けなければ本邦から出国してはならない」ものとした（342 条の 2）。拘禁刑被宣告者等（拘禁刑被宣告者，その弁護人，配偶者等）は出国許可を請求できる（342 条の 3）。出国を許すべき「特別の事情」があると認めるとき，裁判所は，国外にいることができる期間を指定して，決定で，許可することができる（342 条の 4 第 1 項本文）。裁判所は，出国を許可する場合には，「帰国等保証金額」を定めなければならず（342 条の 5 第 1 項本文），「渡航先を制限し，その他適当と認める条件を付することができる」（342 条の 5 第 3 項）。

拘禁刑被宣告者が許可を受けないで出国しようとした場合などには，その者の保釈等を取り消し保証金を没取し，勾留する等の措置を執ることができる（342条の8）。

（2）罰金の裁判を受けた（執行猶予が付かない）者についても，裁判の確定後に罰金を完納できないおそれがあるときは，「勾留状を発する場合を除き，検察官の請求により，又は職権で，決定で，裁判所の許可を受けなければ本邦から出国してはならないことを命ずるものとする」（345条の2第1項）。

事前準備

公判前整理手続に付されない事件の事前準備は，以下のようになっている。

（1）検察官は，公訴提起にあたって，起訴状を裁判所に提出する（256条1項）。裁判所は，起訴状の謄本を，遅滞なく被告人に送達しなければならない（271条1項。なお，193頁以下を見よ）。当事者は，公訴が提起された後，第一回公判期日までに，できる限り証拠を収集し整理しておくなど，事前の準備をしておく必要がある（規178条の2）。また，裁判所は，訴訟関係人がなすべき訴訟の準備を考慮して，第一回公判期日を定めなければならない（規178条の4）。

（2）検察官は，起訴後，第一回公判期日前に，あらかじめ被告人または弁護人に対し，取調べ請求をした証拠につき，閲覧する（弁護人に対しては，閲覧・謄写する）機会を与えなければならない（この閲覧・謄写を，実務では「記録の閲覧」と呼んでいる）。また，尋問を請求した証人等については，その氏名および住居を知る機会を与えなければならない（299条1項）。このとき，検察官が証拠カードを弁護人に送付し，弁護人は証拠を閲覧した後，証拠カードに，伝聞証拠については同意・不同意，その他の証拠については取調べに関する異議の有無を書いて，検察官に通知する（規178条の6第2項

2　公判手続の流れ　　227

2号)。弁護人もまた,被告人が取調べを請求した証拠について同じように行う（規178条の6第2項3号・1項2号）。

公判前整理手続

公判前整理手続に付された事件についても,起訴状の提出や起訴状謄本の送達などの手続は同じである。以下で,公判前整理手続について説明する。

（1）事実認定にも量刑にも影響がない事実は思い切って立証を見送り,最良の証拠を厳選して法廷に顕出するのが,審理を遅延させない1つの方法である。そのためには,両当事者が公判前に争点を整理し,争うべき事実を絞り込む必要がある。

公判前整理手続とは,審理を迅速かつ充実したものとするため,第一回公判期日前に,事件の争点および証拠を整理し,審理計画を策定する公判準備である（316条の2〜316条の24）。とりわけ裁判員の参加する刑事裁判では,一般市民が裁判員として参加するため,審理に要する見込み期間をあらかじめ示す必要があるし,素人にもわかり易い審理を迅速に進めなければならない。したがって,裁判員の参加する刑事裁判の対象事件は,必ず公判前整理手続に付さなければならない（裁判員49条）。

（2）第一回公判期日前に,裁判所が当事者の請求によりまたは職権で,事件を公判前整理手続に付する旨の決定をする（316条の2第1項）。公判前整理手続に付する旨の決定または当事者の請求を却下する決定をするには,あらかじめ当事者の意見を聴かなければならない（316条の2第2項）。

ちなみに,令和5年度では,通常第一審事件の終局総人員（46,400人）のうち,公判前整理手続に付された被告人は1,004人（2,16%）,期日間整理手続（⇒236頁）に付された被告人は118人（0,25%）だった。また,公判前整理手続に付された通常第一審事件

の平均審理期間は 14.6 月，平均開廷回数は 5.8 回だった。

　被告人に弁護人がなければ公判前整理手続を行うことができないので，弁護人がないときは裁判長が職権で弁護人を付す（316 条の 4）。迅速な審理のため，連日開廷が原則となっており（281 条の 6），そのためにも計画的な審理が求められる。そこで，裁判所は，公判前整理手続において公判の審理予定を策定しなければならないし，訴訟関係人は審理予定の策定に協力しなければならない（規 217 条の 2）。

　公判前整理手続には，①公判前整理手続期日を開き，訴訟関係人を出頭させて陳述させる方法と，②書面を提出させて行う方法とがある（316 条の 2 第 3 項）。公判前整理手続で行われる事項は，訴因・罰条の明確化，争点や証拠の整理，証拠の開示などである（316 条の 5）。

　公判前整理手続期日に，検察官または弁護人が出頭しないときは，その期日の手続を行うことができない（316 条の 7）。したがって，弁護人が出頭しない・在席しなくなったときは，裁判長が職権で弁護人を付さなければならない。また，弁護人が出頭しないおそれがあるとき，裁判所は職権で弁護人を付すことができる（316 条の 8）。

Column　証拠開示

　証拠開示とは，当事者がそれぞれ持っている資料（以下，「手持ち証拠」と呼ぶ）の存在および内容を相手方に明らかにすることである。

　「弁護人は，公訴の提起後は，裁判所において，訴訟に関する書類及び証拠物を閲覧し，且つ謄写することができる」（40 条 1 項）。しかし，起訴状一本主義のもとで，公訴提起後に裁判所に引き継がれる検察官の手持ち証拠は，ほとんどない。旧刑訴法のもとでは，公訴提起に際して，検察官が一件記録を一括して裁判所に提出していた。だから，弁護人は

2　公判手続の流れ　　229

公判に付された後，裁判所でそれらの書類・証拠物を閲覧し，書類を謄写することができた（旧刑訴44条1項）。しかし，現行法のもとでは，上述の規定（40条1項）はほとんど意味がない。また，当事者は，証人等の尋問を請求するについては，あらかじめ，相手方に対し，証人等の氏名・住居を知る機会を与えなければならず，証拠書類等の取調べ請求をするについては，あらかじめ，相手方に証拠書類等の閲覧をさせなければならない（299条1項，規178条の6第1項1号）。もっとも，この規定を反対解釈すれば，尋問または取調べ請求をしない証人等，証拠書類等については，検察官には開示する義務がないことになる。

　現行刑訴法の当初から，この点は認識されていて，検察官が任意に証拠を開示するのが通例だった。しかし，一部の労働・公安事件や贈収賄事件，選挙違反事件などでは，検察官が開示を渋り，そのため弁護人が証拠開示を要求して争うという事態が繰り返されてきた。公判前整理手続においては，証拠開示の規定が設けられている。しかし，公判前整理手続によらない手続では，証拠開示についての規定がない。そのため，証拠開示については，かねてから（公判前整理手続が設けられる前から）論争があった。最高裁は，弁護人からの証拠開示請求について，①証拠調べの段階に入った後，②被告人の防御のために特に重要であって，③罪証隠滅，証人威迫などの弊害のおそれがないとき，④裁判所は，その訴訟指揮権に基づいて，証拠開示命令を出すことができる，という見解を示した（最決昭44・4・25刑集23巻4号248頁〈百選A25〉）。

公判前整理手続での証拠開示のあらまし

(1) 公判前整理手続における証拠開示の特徴は，①開示すべき証拠を，(a)請求証拠（316条の14・316条の18），(b)類型証拠（316条の15），(c)主張関連証拠（316条の17・316条の20），の3種類（段階）に分けていること，そして②証拠開示について，裁定（316条の25），開示命令（316条の26），証拠標目一覧表の提示命令（316条の27）の規定を置いていること，である。

230　　第4章　公判の手続

(2) 証拠開示は，証拠の種類ごとに段階的になされる。まず，(a)当事者が取調べを請求した証拠について，相手方に閲覧の機会などを与えなければならない。検察官は，被告人・弁護人から請求があったときは速やかに，自己が保管する証拠の一覧表を交付しなければならない（316条の14第2項）。(b)検察官が請求した証拠の証明力を判断するために重要と認められる証拠で一定の類型に当たるものについて，被告人または弁護人が開示を請求できる（316条の15）。(c)検察官は，請求証拠，類型証拠として開示した証拠以外で，被告人または弁護人の主張（316条の17第1項）に関連すると認められる証拠につき，被告人または弁護人から開示請求があった場合に，相当と認めるときは，これを速やかに開示しなければならない（316条の20第1項）。

(3) 当事者が相手方の請求に応じて，任意に証拠を開示すれば問題はない。当事者が証拠を開示しない場合の方法として，まず，裁判所の裁定がある。裁判所は，（ⅰ）証拠開示の必要性の程度，（ⅱ）証拠開示によって生じるおそれのある弊害の内容および程度，（ⅲ）その他の事情を考慮して，必要と認めるときは，決定で，証拠開示の時期・方法を指定し，または条件を付すことができる（316条の25第1項）。

つぎに，開示命令がある。裁判所は，検察官または被告人・弁護人が開示すべき証拠を開示していないと認めるときは，相手方の請求により，決定で当該証拠の開示を命じなければならない（316条の26第1項）。

裁判所は，証拠開示を命じる決定をするときに，相手方の意見を聴かなければならない（316条の26第2項）。この決定に対しては，即時抗告をすることができる（316条の26第3項）。

| 検察官による証拠開示 |

公判前整理手続における証拠開示のあらましを上で述べた。以下では，手順に沿ってやや詳しく説明しよう。まず，検察官による証拠開示について説明する。

（1）　検察官が証明予定事実（公判期日において証拠によって証明しようとする事実）を記載した書面（証明予定事実記載書面）を裁判所に提出するとともに，被告人または弁護人に送付する（316条の13第1項）。検察官は，証明予定事実を証明するために用いる証拠の取調べを請求しなければならない（316条の13第2項）。この検察官請求証拠（検察官が取調べを請求した証拠）につき，検察官は，被告人または弁護人に対し，証拠書類や証拠物を閲覧（弁護人に対しては閲覧かつ謄写）させ，証人等の氏名・住居を知る機会を与え，供述録取書等のうちで，その証人等が公判期日において供述すると思料する内容が明らかになるものを閲覧（弁護人に対しては閲覧かつ謄写）させなければならない（316条の14）。

（2）　検察官請求証拠以外の証拠については，被告人または弁護人から開示請求があった場合で，以下の要件を満たすとき，検察官は，これを速やかに開示しなければならない。要件とは，①一定の類型（316条の15第1項各号に掲げられた類型）に該当する証拠で，かつ，②検察官請求証拠の証明力を判断するために重要な証拠についての開示請求であること，である。検察官は，ⓐ証拠の重要性の程度，ⓑ開示の必要性の程度，ⓒ開示による弊害の内容・程度，を考慮して，開示が相当か否かを判断し，相当と認めるときに，速やかに証拠を開示する。また検察官は，必要だと認めるとき，開示の時期・方法を指定し，または条件を付すことができる（316条の15第1項）。被告人または弁護人は，開示を請求するにあたり，上記の要

232　第4章　公判の手続

件を判断するのに必要な事項を明らかにしなければならない（316条の15第2項）。

（3）　証明予定事実を記載した書面（316条の13第1項），請求証拠（316条の14），類型証拠（316条の15第1項）の開示を受けた被告人または弁護人は，検察官請求証拠について，同意の有無（326条），取調べ請求に関し異議がないか否かの意見を明らかにする（316条の16）。

（4）　被告人または弁護人は，証明予定事実や法律上の主張を，裁判所および検察官に対して明らかにし，証明予定事実を証明するために用いる証拠の取調べを請求する（316条の17）。なお，取調べを請求した証拠については，速やかに検察官に対し開示をしなければならない（316条の18）。検察官は，被告人または弁護人が開示した証拠につき，同意の有無，取調べ請求に関する異議の有無につき，意見を明らかにする（316条の19）。

（5）　主張関連証拠（請求証拠，類型証拠以外の証拠であって，被告人または弁護人の主張〔316条の17第1項〕に関連すると認められる証拠）について，被告人または弁護人からの開示請求に対して，検察官は，（その関連性の程度など）被告人が防御の準備をするために開示する必要性の程度，開示によって生じる弊害の内容・程度を考慮して，相当と認めるとき，速やかに，当該証拠を開示しなければならない（316条の20第1項）。

> **被告人側による証拠開示**

次に，被告人側の証拠開示について述べる。

（1）　検察官から証明予定事実記載書面（316条の13第1項）を送付され，かつ証拠の開示（316条の14・316条の15第1項）を受けた被告人または弁護人は，被告人側の証明予定事実の他，公判期日に予定している事実

2　公判手続の流れ　233

上・法律上の主張を記載した書面を裁判所に提出し，検察官に送付しなければならない（316条の17第1項）。被告人または弁護人は，証明予定事実を証明するために用いる証拠の取調べを請求しなければならない（316条の17第2項）。裁判所は，検察官および被告人または弁護人の意見を聴いて，被告人側の主張を明らかにすべき期限，証拠調べ請求の期限を定めることができる（316条の17第3項）。

　（2）　被告人または弁護人は，取調べを請求した証拠につき，検察官に対して，速やかに，証拠書類等については閲覧かつ謄写の機会を与え，証人等についてはその氏名・住居を知る機会を与えて，これらの証拠を開示しなければならない（316条の18）。被告人側から証拠の開示を受けた検察官は，同意の有無（326条），取調べ請求に関し異議がないか否かの意見を明らかにする（316条の19第1項）。裁判所は，検察官および被告人または弁護人の意見を聴いて，意見を明らかにする期限を定めることができる（316条の19第2項）。

　　　　　　　　　　　　　　（1）　裁判所は，①証拠開示の必要性の程
証拠開示の裁定と開示　　　度，②証拠開示によって生じるおそれのあ
命令　　　　　　　　　　　る弊害の内容・程度，③その他の事情を考
慮して，必要と認めるときは，決定で，証拠開示の時期・方法を指定し，または条件を付すことができる（316条の25第1項）。

　（2）　裁判所は，検察官または被告人もしくは弁護人が開示すべき証拠を開示していないと認めるときは，相手方の請求により，決定で，当該証拠の開示を命じなければならない（316条の26第1項）。

　証拠開示命令の対象となる証拠は，「必ずしも検察官が現に保管している証拠に限られず，当該事件の捜査の過程で作成され，又は入手した書面等であって，公務員が職務上現に保管し，かつ，検察官において入手が容易なものを含む」（最決平19・12・25刑集61巻9

234　　第4章　公判の手続

号 895 頁〔「警察官の取調メモ（手控え）」〕。なお，最決平 20・6・25 刑集 62 巻 6 号 1886 頁〔「警察官が犯罪捜査規範 13 条に基づき作成した備忘録」〕，最決平 20・9・30 刑集 62 巻 8 号 2753 頁〈百選 54〉〔警察官が私費で購入した大学ノートに記載し，一時期自宅に持ち帰っていた「取調べメモ」〕）。「検察官において入手が容易」か否かも，裁判所が慎重に判断すべきことからである（大阪高決平 20・12・3 判タ 1292 号 150 頁）。

開示を命じる場合，裁判所は，開示の時期・方法を指定し，または条件を付すことができる（316 条の 26 第 1 項。東京高決平 22・3・17 判タ 1336 号 284 頁は，裁判所が付す条件には「開示の場面に関するものに限らず，開示後の複製等の利用方法に関するものも含まれる」として，被告人の取調べ状況を撮影した DVD の謄写枚数，複写禁止等の条件を付けた原決定を是認した）。裁判所は，証拠開示を命じる決定をするときに，相手方の意見を聴かなければならない（316 条の 26 第 2 項）。この決定に対しては，即時抗告をすることができる（316 条の 26 第 3 項。弁護人に棄却決定の謄本が送達された日が即時抗告の起算日である〔最決平 23・8・31 刑集 65 巻 5 号 935 頁〕）。

（3） 裁判所は，証拠開示について決定をするに当たり，必要と認めるときは，検察官，被告人または弁護人に対し，証拠の提示を命じることができる（316 条の 27 第 1 項前段）。また，検察官に対し，その保管する証拠であって，裁判所の指定する範囲に属するものの標目を記載した一覧表の提示を命じることができる（316 条の 27 第 2 項前段）。これらの場合において，裁判所は，何人にも，証拠または一覧表の閲覧もしくは謄写をさせることができない（316 条の 27 第 1 項後段・2 項後段）。

| 公判前整理手続の特例 | 公判前整理手続には，その趣旨から，次のような特例が定められている。 |

2 公判手続の流れ 235

①公判前整理手続に付された事件の審理は，必要的弁護事件（289条）でなくとも，弁護人がなければ開廷できない（316条の29）。

②通常の手続では，冒頭陳述は検察官にとっては必要的である（296条）。他方，被告人または弁護人は，冒頭陳述をしなくてもよい（規198条）。公判前整理手続においては，しかし，被告人または弁護人にとっても冒頭陳述は必要的である（316条の30前段）。

③公判前整理手続が終わったとき，裁判所は，公判前整理手続の結果を，公判期日において明らかにしなければならない（316条の31第1項）。

④公判前整理手続が終わったのちには，「やむを得ない事由によつて」公判前整理手続に提出できなかった証拠を除き，証拠調べを請求することができない（316条の32第1項）。

期日間整理手続

裁判所は，審理の経過にかんがみ必要と認めるときは，検察官および被告人または弁護人の意見を聴いて，第一回公判期日後に，決定で，事件の争点および証拠を整理するための公判準備として，期日間整理手続に付すことができる（316条の28第1項）。

期日間整理手続には，公判前整理手続の規定が準用される（316条の28第2項）。

② 冒頭手続

公判期日の手続は，冒頭手続からはじまる。冒頭手続では，①人定質問，②起訴状の朗読，③黙秘権など諸権利の告知，④被告人・弁護人の陳述が行われる。

冒頭手続のはじめに，裁判長が被告人に対し，人違いでないことを確かめるために必要な事項を質問する（規196条）。これを人定質

問という。その方式は裁判所に委ねられており，本人であることが適切な方法で確認されればよい。通常，起訴状の記載（規164条1項1号）にそって，被告人の氏名，年齢，職業，住居，本籍が尋ねられる。

人定質問が終わったのち，検察官が起訴状を朗読する（291条1項）。その後で，裁判長が被告人に黙秘権など諸権利を告知する（291条5項，規197条）。そして裁判所が，被告人・弁護人に対して，被告事件につき陳述する機会を与える（291条5項）。被告人・弁護人は，事件の実体に関する認否，弁解・主張，訴訟条件の欠缺に関する主張，訴訟手続に関する請求・申立て，などを行う。「証拠調を開始した」のちは，土地管轄について管轄違いを申し立てることができない（331条2項）ので，この機会に主張しておく必要がある。移送請求（19条）についても同様である。

被告人が行う，事件の実体に関する認否は，英米で行われる「アレインメント：arraignment（罪状認否の手続）」とは異なる。アレインメントとは，被告人が有罪（または不抗争）の答弁をしたときは，事実認定の審理を行わず量刑の手続にすすむ制度である。わが国は，アレインメントを採用しなかったので，認否に際して，被告人が起訴事実を全面的に認めたとしても，それだけで有罪とすることはできない（319条3項）。ただ，簡易公判手続に移行することができる（291条の2）。

| 簡易公判手続 |

起訴状記載の事実につき被告人が有罪の陳述をした場合は，死刑または無期もしくは短期1年以上の拘禁刑に当たる事件をのぞき，簡易公判手続による審判が可能となる（291条の2）。簡易公判手続では，当事者が異議を述べない限り，伝聞法則が適用されない（320条2項。伝聞法則に

2　公判手続の流れ　237

つき，⇨311頁）。そのほか，証拠調べに関する主要な規定の適用が
なく，適当と認める方法でこれを行うことができる（307条の2）。

Column 被害者特定事項の秘匿 ━━━━━━━━━━━━━━━

　被害者特定事項（「氏名及び住所その他の当該事件の被害者を特定させる
こととなる事項」290条の2第1項）が公判廷で明らかにされると，被害
者等の名誉・社会生活の平穏が著しく害される。そこで，（性犯罪など
290条の2第1項1号～3号所定の）事件について，被害者等（「被害者の
法定代理人又はこれらの者から委託を受けた弁護士」を含む）から申出が
あるとき，裁判所は，被害者特定事項を公開の法廷で明らかにしない旨
の決定（以下，「秘匿決定」と略す）をすることができる（290条の2第1
項）。このことは性犯罪などに限られない。犯行の態様，被害の状況そ
の他の事情によって，被害者特定事項が明らかにされることで，被害者
やその親族の身体や財産にも危害が及び，またはこれらの者を畏怖・困
惑させるおそれがある場合にも秘匿決定をすることができる（290条の
2第3項）。

　①被害者等の申出を受けた検察官が，意見を付して，これを裁判所に
通知する。②裁判所は，検察官および被告人または弁護人の意見を聴き，
相当と認めるとき秘匿決定をするという手続をとる（290条の2第2
項・3項）。

　秘匿決定があったとき，検察官は被害者特定事項を明らかにしない方
法で，起訴状および証拠書類の朗読を行う（291条2項・305条3項）。
また，訴訟関係人がする尋問または陳述が被害者特定事項にわたるとき，
裁判所は，これを制限することができる。ただし，犯罪の証明に重大な
支障，または被告人の防御に実質的な不利益を生ずるおそれがある場合
は別である（295条3項）。

　証拠開示にあたり，被害者特定事項が明らかにされると被害者等の名
誉や社会生活の平穏が著しく害され，または被害者や親族の身体・財産
に危害が及び，もしくは被害者や親族を畏怖・困惑させるおそれがある

と認めるとき，検察官は，弁護人に対し，その旨を告げて被害者特定事項の秘匿を求めることができる（299条の3）。

これらの規定は，被害者やその親族を保護する趣旨から出ている。被害者・親族以外を保護する規定もある。1つは，(1)証人等（証人，鑑定人，通訳人・翻訳人）の保護である。証人等を尋問するにあたり，裁判所は，証人等またはその親族の身体・財産に危害が及び，またはこれらの者を畏怖・困惑させるおそれがあり，これらの者の住居，勤務先などを特定する事項が明らかになると証人等が十分な供述をすることができないと認めるとき，当該事項についての尋問を制限することができる（295条2項）。また，検察官または弁護人が相手方に証人等の氏名および住居を知る機会を与え，または証拠を閲覧する機会を与える（299条1項）にあたり，上記と同様のおそれがある場合には，相手方に対し，その旨を告げ，住居，勤務先などを特定する事項が，被告人を含む関係者に知られないようにすることを求めることができる（299条の2）。

また，(2)営業秘密構成情報特定事項（営業秘密を構成する情報の全部または一部を特定させる事項）を保護する規定もある。不正競争防止法違反（詐欺行為などによって営業秘密を取得する等の行為）事件において，営業秘密構成情報特定事項を公判廷で明らかにされたくないと被害者等が申し出た場合には，裁判所が当該事項を公開の法廷で明らかにしない旨を決定できる（不正競争23条1項）。秘匿決定があったとき，検察官は，営業秘密構成情報特定事項を明らかにしない方法で，起訴状を朗読する（不正競争24条）。また，裁判所は，訴訟関係人のする尋問または陳述が営業秘密構成情報特定事項にわたるとき，これを制限することができる（不正競争25条1項）。

Column 個人特定事項の秘匿

被害者特定事項の秘匿決定とは，「公開の法廷」で明らかにしないこと（例えば，起訴状を朗読する際に被害者特定事項を明らかにしない等）だった。しかし，逮捕状，勾留状，起訴状等に被害者の氏名等が記載され

ているので，逮捕状・勾留状を呈示された被疑者，起訴状の送達を受け
た被告人は被害者の個人特定情報を把握することが可能になる。そのた
め，二次被害などをおそれる被害者から必要な協力が得られずに，起訴
を断念せざるを得ない事例が多くあった。

　また，被害者に限らず（例えば証人など）個人を特定する事項が明ら
かになると，その者の社会生活の平穏や名誉が害され，またその者やそ
の親族が畏怖したり，危害を加えられたりするおそれがある（271条の
2第1項2号）。そこで，令和5（2023）年法律28号は，対象者を広げて
「個人特定事項」が被疑者・被告人に知られないようにする措置を設け
た（271条の2，299条の4，299条の5など）。

　つまり，個人特定事項（(i) 性犯罪等にかかる事件の被害者，(ii) 個人
特定事項〔被害者の親族を含む〕が特定されることにより「その者の名誉又
は社会生活の平穏が著しく害され」「身体・財産に害を加えられ，被害者を
畏怖・困惑させるおそれ」がある事件の被害者，(iii) 被害者以外の者で，
個人特定事項が被疑者・被告人に知られることで，その者やその親族の「身
体・財産に害を加えられ，畏怖・困惑させるおそれ」がある者，を特定する
事項。271条の2第1項）につき，以下のような措置がとられる。

　①捜査段階では，個人特定事項の記載がない逮捕状，勾留状（以下，
各「抄本」と呼ぶ）を被疑者に呈示する。勾留質問に際して，個人特定
事項を明らかにしない方法で被疑事実を告知する。②起訴・公判段階で
は，起訴状「抄本」を被告人に送達する（⇨193頁）。弁護人に対して
は，起訴状謄本を送達するが，個人特定事項を被告人に知らせてはなら
ない旨の条件（以下，単に「条件」と略称）を付す。証拠書類等の開示
においても同様（一定の場合には，弁護人に対しても個人特定事項を秘匿
する）。また，訴因変更等請求書面の記載（⇨262頁）についても同様。
③判決後も，被告人から裁判書謄本の交付請求があった場合は，個人特
定事項の記載がないものを交付する，といった措置がとられることにな
った。

　ただし，被疑者・被告人の防御に実質的な不利益を生じるおそれがあ

る場合などには，裁判所は個人特定事項の全部または一部を被疑者・被告人に通知する旨の裁判をしなければならない（207条の3・271条の5など）。

　弁護人が「条件」に違反したときの罰則はない。裁判所は，所属弁護士会または日本弁護士連合会に通知し，適当な処置を執るよう請求することができる（271条の7第1項。なお，規34条の3第1項）。請求を受けた弁護士会等は執った処置を裁判所に通知しなければならない（271条の7第2項。なお，規34条の3第2項）。

③　証拠調べ

　冒頭手続が終わると，証拠調べが行われる（292条）。証拠調べのはじめに，まず，検察官が冒頭陳述を行う（296条）。その後，証拠調べ請求がなされ，証拠決定が行われる。

冒頭陳述

　冒頭陳述によって，検察官が証拠によって証明すべき事実が明らかにされる。検察官の冒頭陳述が行われると，「証拠調を開始した」ことになる（19条2項・331条2項を参照）。起訴状一本主義（⇨169頁）により，裁判所は白紙の状態で公判にのぞむわけだから，検察官が事件の概要と立証方針を明らかにすれば，裁判所としては心証（その意味については，⇨285頁）を取る対象が明確になる。つまり，審理方針を立てやすくなるし，証拠の採否などの訴訟指揮が容易になるのである。他方で，被告人側にとっても防御対象が明らかになって防御の準備をしやすくなる。冒頭陳述は書面に基づかず口頭で行ってもよいが，実務では，ほぼ例外なく，冒頭陳述書を作って公判廷で朗読し，書面を裁判所に提出する。検察官は，訴因を構成する事実，その事実の存在を推認させる間接事実だけでなく，補助的な事実，さらには犯

2　公判手続の流れ　　241

罪の動機や犯行の経緯，被告人の経歴なども述べることがある。しかし，証拠とすることができない資料や，証拠として取調べ請求をする意思のない資料に基づいて，裁判所に偏見や予断を生じさせるおそれのある事項を述べてはならない（296条但書）。これは予断排除の原則からくる制約である。

　検察官の冒頭陳述の後で，被告人・弁護人もまた冒頭陳述をすることができる（規198条1項）。被告人・弁護人が冒頭陳述をするには裁判所の許可がいるが，冒頭陳述が明らかに不必要なとき以外は許可されるべきであろう。実務では，検察官が一応の立証を終えて，弁護側が立証をはじめるときに被告人・弁護人の冒頭陳述が行われることが多い（それまで手の内を見せないのは，弁護人の戦略だともいえる）。被告人・弁護人の冒頭陳述にも，予断排除の原則からくる制約がある（規198条2項）。

証拠調べの請求

冒頭陳述につづき，証拠調べの請求がなされる（298条）。証拠調べとは，証人などの尋問，証拠書類・証拠物の取調べ，検証，鑑定などをいう。

　(1)　請求による証拠調べと職権による証拠調べ　　現行法は当事者主義を基本とするから，原則として当事者に証拠提出の責任がある。そこで，まず当事者（検察官，被告人および弁護人）の請求に基づいて証拠調べがなされ，必要なとき補充的に裁判所の職権で証拠調べが行われる。また原告である検察官が，まず，事件の審判に必要と認められるすべての証拠の取調べを請求しなければならない（規193条1項）。そのあとで被告人または弁護人が証拠の取調べを請求する（規193条2項）。

　(2)　請求の時期　　証拠調べ請求は，公判期日にするのが原則であるが，公判期日でなくとも，いつでも証拠調べの請求をするこ

とができる。公判期日外であってもよい。例えば，期日間整理手続においても証拠調べの請求ができる（316条の28）。ただし，第一回の公判期日前（検察官の冒頭陳述が終了するまで）は，証拠調べの請求ができるのは，公判前整理手続において行う場合に限られている（規188条）。

　(3)　請求の方式　証拠調べの対象となる証拠を特定して請求しなければならない。裁判所は，証拠を特定せずになされた証拠調べ請求を却下することができる。また，証拠の立証趣旨（証拠と証明すべき事実との関係）を具体的に明示して請求しなければならない（規189条1項）。立証趣旨が不明確な場合は，裁判所は釈明を求めて，これを明確にさせる必要がある。

　証拠調べの請求は要式行為ではないから，原則として，書面を提出しても口頭で行ってもよい（規296条）。ただし，公判調書の正確性を確保し，裁判所の事務の能率をはかるために，以下の例外がある（規188条の2）。①証人，鑑定人，通訳人または翻訳人の尋問を請求するときは，その氏名・住居を記載した書面を差し出さなければならない。②証拠書類その他の書面の取調べを請求するときは，その標目を記載した書面を差し出さなければならない。

　証人の尋問を請求するときは，尋問に要する見込み時間を申し出なければならない（規188条の3）。

証 拠 決 定　ある証拠について，裁判所が証拠調べをすると決めることを証拠決定という（もっとも，広い意味では，証拠調べの請求を却下することも証拠決定である）。裁判所は，証拠調べの請求に対し，決定でもって判断を示さなければならない。職権で証拠調べをする場合にも，その旨の決定をしなければならない（規190条1項）。証拠決定に当たっては，それが請求

に基づく場合は相手方またはその弁護人の意見を，職権による場合は，検察官および被告人または弁護人の意見を聴かなければならない（299条2項，規190条2項）。証拠調べの決定をするについて必要があるときは，訴訟関係人に証拠書類または証拠物の提示を命じることができる（規192条）。

（1）　証拠調べ請求を却下すべき場合　　証拠調べ請求が適式になされない場合（規189条4項），証拠能力のない証拠（⇨290頁）や，事件と関連性のない証拠（⇨287頁）が証拠調べ請求された場合，裁判所は請求を却下するべきである。

（2）　つぎのものは，職権で証拠調べをしなければならない（法定されているから，わざわざ証拠決定をする必要はない）。①公判準備（⇨227頁）においてした証人その他の者の尋問，検証，押収および捜索の結果を記載した書面，押収した物（303条）。②公判手続を更新する場合に，更新前の公判期日における被告人や被告人以外の者の供述を録取した書面，裁判所の検証の結果を記載した書面など（規213条の2第3号）。

証拠決定に対する不服申立て　　証拠調べに関して不服がある検察官，被告人・弁護人は，異議の申立てをすることができる（309条1項）。つまり，証拠請求を却下する決定には，請求した当事者が，また証拠調べをする決定にはその相手方が，それぞれ，法令違反を理由に異議の申立てをすることができる（規205条1項）。

証明力を争う機会　　裁判所は，検察官，被告人・弁護人に対して，証拠の証明力を争うために必要とする適当な機会を与えなければならない（308条）。裁判長は，裁判所が適当と認める機会に検察官，被告人・弁護人に対して，証拠の証明

力を争うことができる旨を告げなければならない（規204条）。伝聞法則によって証拠とすることができない書面や供述であっても，公判準備または公判期日における被告人，証人その他の者の供述の証明力を争うためには，これを証拠とすることができる（328条⇨349～351頁）。

証拠調べの実施

証拠調べには，証拠書類や証拠物の取調べのほか，証人尋問，鑑定人の尋問などがある。

（1）証人尋問　証人とは，自分の体験によって知り得た過去の事実を供述する者をいう。過去に体験した事実を供述しなければならず，証人が推測や意見を述べることは，許されない。しかし事実を供述する際に，例えば，明るさ（例：「昼間のように明るかった」），年齢（例：「30歳くらいじゃなかったでしょうか」），時間（例：「5時ころだったと思います」）などのように，証人の価値判断を抜きにしては述べることが不可能な事実がある。このような場合には，その実際に体験した事実によって推測した事項を証人に供述させることができる（156条）。

体験した過去の事実を供述するのであるから，他の人が代わることはできない。つまり，代替性がない。この非代替性が鑑定人と異なる点である。したがって，特別の知識によって知り得た過去の事実に関して証言する場合も，証人尋問の規定が適用される（174条）。このような証人を鑑定証人という。

証人となることができる資格を，証人適格という。原則として，何人であれ証人適格がある。つまり，裁判所は何人でも証人としてこれを尋問することができる（143条）。ただし，理論上あるいは法律上，例外的に証人適格が認められない場合がある。たとえば，被

2　公判手続の流れ　245

告人には包括的な黙秘権があるから，供述義務を負わせることができない。したがって，証人としては尋問することができない（被告人質問⇨250頁）。

法律上の例外として，公務員または公務員であった者が知り得た事実について，本人または公務所から職務上の秘密に関するものであるとの申立てがあったときは，当該監督官庁の承諾がなければ証人として尋問できない（144条）。また，国会議員もしくは内閣総理大臣その他国務大臣またはそれらの職にあった者についても同様である（145条）。

証人は，一定の事項について証言を拒むことができる。これを，「証言拒否権」という。すなわち，①自己または近親者が刑事訴追ないし有罪判決を受けるおそれのある証言（146条・147条），および②医師等一定の者が業務上委託を受けたため知り得た事実で他人の秘密に関するもの（149条）である。②の主体は限定列挙であるから，例えば新聞記者が証言拒否権を援用することはできない（最大判昭27・8・6刑集6巻8号974頁）。証言を拒むためには，拒絶の事由を示さなければならない（規122条）。

証人尋問は，まずその証人尋問を請求した当事者によって尋問（主尋問）がなされ，その後で，原則として主尋問の範囲内で（規199条の4第1項），その相手方による尋問（反対尋問）が行われる（304条3項，規199条の2以下）。このような尋問の方式は交互尋問と呼ばれる。

Column 証人の保護 ╼╼╼╼╼╼╼╼╼╼╼╼╼╼╼╼╼╼╼╼╼╼╼╼╼╼

証人尋問は，公開の法廷で実施されるため，事案の性質や証言を求められる事項などによっては，証人の心情に著しい不安または緊張をもたらす場合がありうる。たとえば，暴力団員による恐喝事件の被害者が被

246　第4章　公判の手続

害内容について証言を求められたり，性犯罪の被害者や年少者が事件についての詳細な事項にわたり証言を求められたりする場合，公判廷で証言をすること自体によって著しい苦痛や不利益を受けるおそれもある（いわゆる第二次被害。⇨36頁）。そこで，これまでもこれらに対処するため，証人保護の制度ないし手続として，公開停止（裁70条），期日外尋問（281条），被告人の退廷（304条の2），傍聴人の退廷（規202条）が定められていたほか，平成11（1999）年法律138号によって，証人らの住所等に関する情報を保護するための手続（295条2項・299条の2）が新たに設けられていた（⇨238頁 *Column*）。しかし，犯罪被害者が証人として尋問される場合などに典型的にみられるとおり，これらの証人保護の規定では必ずしも十分とはいえなかったため，2000（平成12）年の刑訴法一部改正により，証人の負担を軽減するための措置として，次のものが導入された。

①証人の付添い。裁判所は，証人の年齢，心身の状態その他の事情を考慮し，証人が著しく不安または緊張を覚えるおそれがあると認めるときは，当事者の意見を聴き，その不安または緊張を緩和するのに適当であり，かつ証人尋問への弊害のおそれがないと認める者を，その証人の供述中，証人に付き添わせることができる（157条の4）。②遮蔽措置。裁判所は，犯罪の性質，証人の年齢，心身の状態，被告人との関係その他の事情により，証人が被告人の面前で供述すると，圧迫を受け精神の平穏を害されると認めるときは，当事者の意見を聴き，両者の間を遮蔽する措置をとることができ（157条の5第1項。ただし，弁護人が出頭しているときに限られる），また，犯罪の性質，心身の状態，名誉に対する影響その他の事情を考慮し，相当と認めるときは，証人と傍聴人との間を遮蔽する措置をとることができる（157条の5第2項）。③ビデオリンク方式。裁判所は，性犯罪の被害者，児童福祉犯罪の被害者など，法廷で証言すると圧迫を受け精神の平穏を害されるおそれがあると認められる者を証人尋問する場合，当事者の意見を聴き，証人を法廷以外の（同一構内にある）場所に在席させ，映像・音声の送受信により相手の状態

を相互に認識しながら通話する方法（「ビデオリンク方式」）により，尋問することができる（157条の6）。また，証人が同一構内に出頭する際に，その身体等を害されるおそれがあるなど所定の事由に該当し，裁判所が相当と認めるときは，当事者の意見を聴き，同一構内以外の場所で，ビデオリンク方式により尋問することができる（157条の6第2項）。

以上3つの負担軽減措置については，いずれか複数の要件に該当する事態も生じることから，それらの併用も考えられる。たとえば，ビデオリンク方式で証人尋問し，かつ法廷のモニターと傍聴人との間を遮蔽することもできる。なお，判例によれば，遮蔽措置，ビデオリンク方式を定めた157条の5・157条の6は，裁判の公開を保障する憲法82条1項・37条1項，被告人の証人審問権を保障する憲法37条2項前段に違反するものではなく，遮蔽措置とビデオリンク方式が併用される場合であっても同様である（最判平17・4・14刑集59巻3号259頁〈百選64〉）。その後，「犯罪被害者等の権利利益の保護を図るための刑事訴訟法等の一部を改正する法律」（平成19年法律95号）により，民事訴訟においても，付添い，遮蔽，ビデオリンク方式が導入されるに至った。

(2)　鑑定人の選定・尋問　　裁判所は，特別の知識・経験を有する者に鑑定を命じることができる（165条）。鑑定を命じられた者を鑑定人と呼び，その専門的知識・経験，もしくは専門的な知識・経験に基づいて鑑定人が下した判断を報告させること（または，報告そのもの）を鑑定という。今日では科学技術が発達し，さまざまな事象が複雑かつ専門化している。医療過誤，大規模な過失事件など，裁判所の知識だけでは判断が難しい事件がある。また，DNA型鑑定（⇨361頁）など新しい捜査技術も発達している。このように，適切な鑑定人を選定して，その専門的な知識に裏づけられた判断をあおぐことが，裁判所の事実認定に欠かせないものとなっている。証人が当該事件に関する具体的事実についての経験を報告する

のに対して，鑑定人は，専門的知識・経験またはそれに基づく判断を報告し，裁判所の判断（事実認定）を補助する。

（3）　通訳・翻訳　　裁判所では，日本語（国語）が使われる（裁74条）。したがって，国語に通じない者に陳述させる場合は，通訳人に通訳をさせなければならない（175条。なお，通訳人の援助を受ける権利につき，人権B規約14条3項(a)(f)参照）。耳の聞こえない者または口のきけない者に陳述させる場合にも，通訳人に通訳をさせることができる（176条）。ここでいう通訳とは，外国の言語だけでなく，手話を日本語に通訳することをも意味する。もっとも，耳の聞こえない者や口のきけない者がすべて，国語に通じない者だというわけではない。裁判官や訴訟関係人との間で意思の疎通が十分になされない可能性があるために，陳述に当たって通訳人に通訳をさせることにしたのである。したがって，通訳は義務的ではない。証人が耳の聞こえないまたは口のきけない者である場合，書面で問い，書面で答えさせることもできる（規125条）。このような観点からすると，生来の聴覚障害者であって，ろう教育を全く受けなかったために意思疎通の手段を持たない者は「国語に通じない者」といえる（大阪地決昭63・2・29判時1275号142頁）。通訳・翻訳も言語に関する一種の鑑定だといえるだろう。ただ，どちらかといえば技術的な作業であって，言語学的な鑑定（語源，方言の分布など）や特殊な古語の翻訳などとは異なる。

（4）　証拠書類・証拠物の取調べ　　証拠書類の取調べは朗読によって行う。当事者が請求した証拠書類は，原則として，請求した者に朗読させる。裁判所が職権で証拠書類の取調べをするときは，裁判長が自ら朗読し，または陪席裁判官もしくは裁判所書記官に朗読させる（305条。実際には，争いのない事件などでは，朗読に代えて要

2　公判手続の流れ　　249

旨の告知をし，取り調べるのが通例である。規203条の2）。証拠物の取調べは，展示（その物を示すこと）によって行う。当事者の請求により証拠物を取り調べるときは，原則として，請求した者に証拠物を示させる。裁判所が職権で証拠物の取調べをするときは，裁判長が自ら証拠物を訴訟関係人に示し，または陪席裁判官もしくは裁判所書記官に証拠物を示させる（306条）。証拠物中書面の意義が証拠となるもの（例えば，金銭出納簿のように書面の存在・状態等と書面の内容の双方が証拠になるもの。「証拠物たる書面」ともいう）は，展示および朗読によって取り調べる（307条）。

（5）　被告人質問　　被告人は終始沈黙し，または個々の質問に対し供述を拒むことができる。しかし，被告人が任意に供述をする場合には，裁判長は，いつでも必要とする事項につき，被告人の供述を求めることができる（311条）。被告人が任意で供述をするときに行われるのが，被告人質問である。陪席の裁判官，検察官，弁護人，共同被告人またはその弁護人も，被告人に質問し供述を求めることができる。被告人が任意にした供述は，証拠となる（319条1項参照）。実際には，ほとんどの事件で，証人尋問に類似した方式で被告人質問が行われている。

> **被害者等の意見の陳述**

被害者等（被害者またはその法定代理人，遺族）が，被害事件に関し，心情その他の意見を陳述したいと申し出たとき，裁判所は，公判期日においてその意見を陳述させる（292条の2）。

　かつては，被害者が公判手続に関与するには，証人として出廷を求められた場合しかなかった。しかし，被害者の手続への参加を積極的に認めることが司法への信頼につながること，心情など意見を陳述することで被害者の応報感情が癒される側面があること，など

から，2000（平成12）年の刑訴法の一部改正によって新設された。

被害者等は，検察官に対し，意見の陳述をあらかじめ申し出る（同2項）。裁判長・裁判官や訴訟関係人は，意見の趣旨を明確にするため被害者等に質問することができ（同3項・4項），裁判長は，訴訟指揮権に基づいて，意見の陳述を制限できる（同5項）。また，裁判所が，審理の状況などから意見の陳述をさせることが相当でないと判断するときは，陳述に代えて書面を提出させ，または陳述をさせないことができる（同7項）。裁判長は，書面の提出があった旨を公判期日に明らかにする（同8項）。なお，証人の保護に関する157条の4以下の規定が準用される（同6項）。陳述された意見または意見を記載した書面を犯罪事実認定のための証拠とすることはできない（同9項）。

Column 被害者参加 -------------------------------------

犯罪被害者の権利利益の保護の観点から，これまでも，証人保護，被害者傍聴への配慮，公判記録の閲覧・謄写，被害者の意見陳述のように刑事手続における種々の手続が導入されたほか，さらに情報通知制度，犯罪被害財産の回復等のように関連領域での施策も実現されてきた。しかし，犯罪被害者等基本法は，さらに積極的に被害者等が直接刑事手続に参加する制度の導入に向けて検討するように求めていたところであり，2007（平成19）年の刑訴法一部改正により，被害者参加の手続が導入されるに至った。その概要は次のとおりである。

被害者参加の対象事件は，故意の犯罪行為により人を死傷させた罪，不同意わいせつおよび不同意性交等の罪など（刑176条〜179条），業務上過失致死傷等の罪（刑211条），逮捕監禁・略取誘拐・人身売買の罪（刑220条・224条〜227条）にかかる被告事件などである。裁判所は，対象事件の被害者等またはこれらの者から委託を受けた弁護士（「委託弁護士」）から，手続参加の申出がある場合において，相当と認めると

2　公判手続の流れ　251

きは，これらの者の参加を許すものとする（316条の33第1項）。参加の申出は，検察官を経由して裁判所に通知される（316条の33第2項）。被害者参加人または委託弁護士は，公判期日に出席することができ（316条の34），また，検察官に対し，当該事件についての検察官の権限行使に関し，意見を述べることができる（316条の35）。被害者参加人が在廷する場合，付添いや遮蔽措置をとることができる（316条の39）。被害者参加人の行う訴訟行為は，次の3つである。①証人尋問。裁判所は，証人尋問する場合に，被害者参加人または委託弁護士から，尋問の申出があり，相当と認めるときは，狭義の情状事項（すなわち，いわゆる犯情は除かれる）についての証人の供述の証明力を争うために必要な事項について，尋問を許すものとする（316条の36第1項）。この申出は，検察官の尋問の直後に，検察官に対してしなければならず，検察官は，意見を付して裁判所に通知する（316条の36第2項）。例えば，被告人の父親が証人として犯罪後における損害賠償交渉の過程について供述したときに，被害者参加人から，その証言にあるような誠意ある対応を示していなかったとして証言の証明力を争う場面などが考えられる。

②被告人質問。裁判所は，被害者参加人または委託弁護士から，被告人質問の申出がある場合に，意見陳述のために必要であり，相当と認めるときは，その質問を許すものとする（316条の37第1項）。申出が検察官を経由することは，証人尋問と同様である（316条の37第2項）。

③弁論としての意見陳述。裁判所は，被害者参加人または委託弁護士から，事実または法令の適用についての意見陳述の申出がある場合に，相当と認めるときは，検察官の論告・求刑の後に，訴因の範囲内で意見陳述することを許すものとする（316条の38第1項）。申出が検察官を経由することは，証人尋問と同様である（316条の38第2項）。この意見陳述は，証拠とはならない（316条の38第4項）。例えば，危険運転致死傷罪の成立について意見を陳述することなどが考えられる。

いずれの訴訟行為も，検察官が訴因について主張・立証し，被告人がこれを防御するという現行法の基本構造を変えるものではない（検察官，

252　第4章　公判の手続

被告人のほかに，新たに被害者参加人という当事者を創設するものではない。「被害者参加人」とは，上記3つの訴訟行為を行う者をそのように呼称するものにすぎない。また，いずれの訴訟行為も検察官経由であることに注意する必要がある。被害者参加人は，まずもって検察官と緊密な意思疎通を図る必要があるのである）。

　ちなみに，令和5年度は，1,526人の被害者等（数値は延べ人員）が被害者参加を申し出た（うち1,517人が参加を許可された）。そのうち，205人が証人尋問を，612人が被告人質問を，また，1,789人が意見陳述をしている（292条の2によるもの1,111人，316条の38によるもの678人）。なお，109人につき付添いの措置，380人につき遮へいの措置が採られている。

4 弁　　論

　証拠調べが終わると，検察官は事実および法律の適用について意見を陳述しなければならない（293条1項）。他方，弁護人および被告人も意見を陳述することができる（293条2項）。

　検察官が，事実および法律の適用について，意見を陳述することを「論告」という。検察官は，有罪を主張するとき，量刑についても意見を述べるのが通例である。この意見を「求刑」と呼ぶ。被告人または弁護人には，最終的に意見を陳述する機会が与えられる（293条2項，規211条。最終弁論）。検察官が陳述した意見に対して，最後に反駁する機会を被告人側に与えた上で，裁判所が判断を下すのが公正だと考えられるからである。したがって，被告人側の意見陳述の後に検察官が再び意見を陳述（補充論告）したときは，被告人側にさらに意見陳述の機会が与えられなければならない。

　すでにした尋問や陳述と重複する陳述，または事件と関連性のな

2　公判手続の流れ　253

い陳述や相当でない陳述は許されない。裁判長は，このような不相当な陳述を制限することができる（295条）。

5 判 決

判決（⇨371頁）を言い渡すには，まず裁判所が，裁判の内容を形成する必要がある。

(1) 単独の裁判官で構成する裁判所の場合は，自分の判断が固まれば，結審の後，裁判書（の草稿）を書くことになるだろう。合議体の場合は，裁判官の意見をまとめる必要がある。そのためには，裁判長が評議を開き，それぞれの裁判官が述べる意見を整理する（裁75条・76条）。意見が分かれた場合，裁判は，原則として過半数の意見による（裁77条）。裁判員事件の場合は，構成裁判官および裁判員の双方の意見を含む合議体の過半数の意見による（裁判員67条）。

(2) 判決の宣告 判決は，公判廷において宣告して，これを告知する（342条）。判決の宣告をするには，裁判長が主文および理由を朗読し，または主文の朗読と同時に理由の要旨を告げなければならない（規35条）。有罪の判決を宣告する場合には，被告人に対し，上訴期間および上訴申立書を差し出すべき裁判所を告知しなければならない（規220条）。裁判長は，判決の宣告をした後，被告人に対して，その将来について適当な訓戒をすることができる（規221条）。

無罪判決が言い渡されると，勾留状の効力は失われる（その他，免訴，刑の免除，刑の全部の執行猶予，公訴棄却などでも同じ。345条）。もっとも，検察官が控訴して控訴審で審理が行われるとき，控訴審判決が言い渡されるまで被告人を拘束しておくことが必要な場合が

254 第4章 公判の手続

ある（とりわけ，被告人が在留資格のない外国人である場合〔最決平 12・6・27 刑集 54 巻 5 号 461 頁を参照〕には，直ちに国外へ退去強制させられる可能性が高い）。

この点につき，最高裁は，(i)第一審が無罪判決を言い渡した場合であっても，控訴審裁判所は，その被告人を職権で勾留することが許され，必ずしも新たな証拠調べを必要としない（前掲・最決平 12・6・27），もっとも，(ii)勾留の要件である「被告人が罪を犯したことを疑うに足りる相当な理由」（60 条）の有無の判断は，「無罪判決の存在を十分に踏まえて慎重になされなければならず，嫌疑の程度としては，第一審段階におけるものよりも強いものが要求される」（最決平 19・12・13 刑集 61 巻 9 号 843 頁〈百選 94〉），という判断を示している。

6 その他の場合

（1）弁論の分離・併合・再開　　関連する複数の事件を分けて，それぞれ別の手続で行うのを分離といい，複数の事件を 1 つの手続にまとめて同時に審判することを併合という。1 人の被告人に対して複数の公訴事実があるときは，同時に審判するのが望ましい。また，複数の共犯者があるとき，できるだけ同時に審理することが望ましいが，場合によっては，被告人らの間で防御の方法などが相反するために，同時に審判すると，かえって審理を遅延させることもあり得る。そこで法は，「弁論」（公判の審理手続）を分離したり併合したりすることを，裁判所の裁量に委ね，さらに当事者にも請求権を与えた（313 条）。また，いったん終結した弁論を再開することができる。弁論の分離・併合，再開は，決定でなされる。

（2）公判手続の停止　　①被告人が心神喪失の状態にあるとき

（明らかに，無罪，免訴，刑の免除，公訴棄却を言い渡すべき場合を除く），②被告人が病気のため出頭できないとき（代理人を出頭させた場合を除く），③犯罪事実の存否の証明に欠かせない証人が病気のため公判期日に出頭できないとき，裁判所は検察官および弁護人の意見を聴き，医師の意見も聴いた上で，決定で公判手続を停止しなければならない（314条）。

また，訴因または罰条の追加または変更により被告人の防御に実質的な不利益を生ずるおそれがあると認めるときは，被告人または弁護人の請求により，被告人に十分な防御の準備をさせるために必要な期間，決定で公判手続を停止しなければならない（312条7項）。

（3）公判手続の更新　開廷後，裁判官が変わったときは，公判手続を更新しなければならない（315条）。公判廷で行われる証言などを，裁判官は直接，見聞きして心証を形成しなければならない（これを，口頭主義・直接主義という。⇒257頁）。裁判官が変わると，あとで担当する裁判官は以前の証言などを直接見聞きすることができない。そこで，それ以前になされた証言や攻撃・防御などのうち，直接主義・口頭主義に反する部分については，審理を新しくやり直そうというのである（もっとも，証人の証言などを記載した公判調書には証拠能力があるため，公判調書を証拠調べして証拠とすることができる。したがって，必ずしも証人を再喚問し証言させる必要はない。⇒337頁）。具体的な更新の手続は刑訴規則213条の2に規定されている。

簡易公判手続の決定（291条の2）が取り消されたときは，公判手続を更新しなければならない（315条の2）。また，開廷後，被告人の心神喪失により公判手続を停止した場合にも，公判手続を更新しなければならない（規213条1項）。開廷後長期にわたり開廷しなかった場合には，必要があれば，公判手続を更新することができる

（規213条2項）。

3 公判の諸原則

① 公判中心主義（直接主義・口頭主義）

公判とは，裁判所における審判の手続をいう。公訴が提起されてから裁判が確定するまでの過程である。必ずしも第一審判決がそのまま確定するわけではない。上訴がなされれば，控訴審や上告審での審判があり得る。もっとも，事実認定の中心は第一審の審理にあるといってよく，第一審の審判手続を念頭において，「公判」が説明されることが多い。

具体的には，公判期日における手続が中心である。もっとも，公判での活動が活発に行われるためには，捜査機関の準備活動である「捜査」や，当事者の事前準備などが不可欠である。しかし，これら準備活動，ことに捜査機関による捜査結果に依存しすぎると，「公判」で実体的真実を明らかにするという理念にそぐわない結果になるおそれがある。かつて予審制度（⇨258頁 *Column*）があったころは，密室での審理結果が公判でなぞられるだけだという批判もなされた。現行刑事訴訟法は，戦前の制度に対する反省から，起訴状一本主義（⇨169頁）などを導入することで，捜査と公判とを遮断するよう心掛けた。だが，今日でも「わが国の第一審は実は検察官の裁判に対する控訴審にすぎない」という批判がまだある。

公判廷に出廷した証人に当事者らが尋問し，証人が証言をする。裁判官がこのやりとりを観察し，証人の態度，物言いを直接見て，心証をとる。これが直接主義の基本である。したがって，当事者の

3 公判の諸原則　　257

尋問や証言などは書面によるのではなく，口頭で行われなければならない。そういう意味では，直接主義も口頭主義も同じことを指している。

Column 予審制度 --

予審とは，事件を公判に付すかどうかを決めるために行われる審理手続をいう。フランスにならって治罪法で取り入れられ，旧刑訴法まで続いた。予審判事は，公判で取り調べにくいと思われる事項について，証拠を収集し，被告人や証人を尋問することができた。非公開の審理であり，弁護人の立会いも原則として認められない。公判は予審判事が収集した証拠を評価するという構造だから，直接主義に反する。また，糺問的色彩が濃いこともあって，戦後，廃止された。

----

2 迅速な・公開の裁判

> 裁判の公開

審理の公開もまた，公判中心主義にとって欠かせない。審理のありさまが公開され，傍聴される中で公判手続がすすめられることで，公正さが担保されると考えられるからである。憲法82条1項は「裁判の対審及び判決は，公開法廷でこれを行ふ」と規定し，手続上も審判の公開が保障されている（審判の公開に関する規定に反したときは，絶対的控訴理由になる。377条3号）。また，（制約はあるものの）確定訴訟記録の閲覧が法定されているのは，裁判の公開を充実させるという意味からも重要である（53条1項）。

もっとも，「公の秩序又は善良の風俗を害する虞がある」場合には，非公開で審理を行うことができる（憲82条2項。その場合，訴訟記録の閲覧も制限される。53条2項）。

憲法82条は，裁判の傍聴を各人が権利として要求できることま

258　第4章　公判の手続

で認めているわけではない，と解されている。刑訴規則215条は，裁判所の許可がなければ，公判廷において写真を撮影し，録音または放送をすることができないと定めているが，この規定は，公判廷における審判の秩序と被告人ら関係人の利益を不当な侵害から守るための規制であって，違憲ではないというのが判例である（最大決昭33・2・17刑集12巻2号253頁）。また，法廷で傍聴人がメモを取ることは，憲法21条1項に照らし尊重に値し，ゆえなく妨げられてはならないが，公正・円滑な訴訟の運営を妨げると判断される場合は，裁判長は法廷警察権に基づき，これを制限・禁止することができる（最大判平元・3・8民集43巻2号89頁）。

Column　訴訟指揮権と法廷警察権

　裁判所がなすべき訴訟行為は，審理を行い判決を宣告することである。判決宣告は裁判所が行うが，判決に至る訴訟手続には当事者の活動が欠かせない。そこで，当事者の訴訟活動を合理的で秩序あるものにして，審理を促進し，充実したものにする必要がある。このような目的のために裁判所には，訴訟を指揮する権限が与えられている（例えば，公判期日の指定，訴訟関係人の弁論の制限など）。この権限を訴訟指揮権と呼ぶ。訴訟指揮権は裁判所に与えられていると考えられるが，迅速な対応ができるよう，法は，公判期日の訴訟指揮権を裁判長に委ねた（294条）。

　これに対して，審理の妨害などを排除して法廷の秩序を維持するための権限（例えば，退廷命令，発言禁止命令などの権限）を法廷警察権という。この権限は事件の内容とは関係なく，裁判所がもつ裁判権（司法行政権）の作用である。したがって，訴訟関係人だけでなく，傍聴人をも含む在廷者全員に及ぶ。訴訟指揮権と同じく，もともと裁判所に属するものだが，適宜適切に行われるよう，裁判長に委ねられている（288条2項，裁71条）。

3　公判の諸原則　259

> **迅速な裁判**

憲法 37 条は「すべて刑事事件においては，被告人は，公平な裁判所の迅速な公開裁判を受ける権利を有する」と規定している。つまり，審理の公開だけでなく，審判の迅速性をも憲法は要求しているのである。もっとも，この規定は長らく，国家が到達すべき目標を掲げたにすぎない規定（＝プログラム規定）だと解されてきた。しかし最高裁は，高田事件で，憲法 37 条 1 項「の保障に明らかに反し，審理の著しい遅延の結果，迅速な裁判をうける被告人の権利が害せられたと認められる異常な事態が生じた場合には……その審理を打ち切るという非常救済手段がとられるべきことをも認めている趣旨の規定である」と判示し，この規定が自力実効性をもつ規定だと認めた（最大判昭 47・12・20 刑集 26 巻 10 号 631 頁〈百選 A30〉）。

Column　**高田事件**

　1952（昭和 27）年に名古屋でおきた一連の集団暴力事件のうち，名古屋地裁刑事第三部に係属した事件の総称。被告人のうち 20 名が，同地裁の別の部に係属した大須事件でも起訴されていた。そこで裁判所は，大須事件を優先的に審理してほしいという弁護人の要請を容れ，次回期日を指定せずに審理を中断した。大須事件の審理が長引くなどして，15 年余り，一回も公判が開かれることなく放置された。被告人らが公判審理の妨害や引延しをしたことはなく，遅延について，やむを得ない特殊事情もうかがわれない。名古屋地裁は，このような遅延は憲法上の「迅速な裁判」の保障に反するとして，公訴時効が完成した場合に準じ，被告人を免訴にした。最高裁は，本件は迅速な裁判の保障条項に明らかに違反し「異常な事態に立ち至っていたもの」だから，非常救済手段として審理を打ち切るべきであり，これ以上実体的審理を進めることは適当でないから，免訴の言渡しをするのが相当だと述べて，第一審判決を支持した。

4 訴因の変更

① 訴因変更の手続

　審判の対象が公訴事実＝訴因であることは，すでに述べた（⇨196頁）。審理がすすむにつれて，検察官の当初の主張では，立証が難しいのではないか，という疑念が生じることがある。そのようなとき，いったん無罪判決を得てから，また違う訴因で起訴をやり直すという法制も考えられないではない。しかし，それでは被告人に無用な負担をかけるし，訴訟経済からいっても無駄である。そこで，当初の訴因αを訴因βに変更して審理をすすめるという方法を，現行法は認めている。

　訴因変更の請求手続　（1）　312条1項は，「裁判所は，検察官の請求があるとき……公訴事実の同一性を害しない限度」で，「訴因又は罰条の追加，撤回又は変更」（以下，「訴因〔の〕変更」と略す）を許さなければならない，と規定する。検察官は「訴因変更等請求書面」（以下，「訴因変更書面」と略す）を提出して，訴因変更を請求しなければならない（312条3項）。検察官は，請求に際し，（裁判所へ提出するものの他）被告人に送達する訴因変更書面の謄本を，裁判所に提出しなければならない（312条4項）。訴因変更書面の謄本が提出されたら，裁判所は遅滞なくこれを被告人に送達しなければならない（312条5項）。ただし，被告人が在廷する公判廷では，検察官は口頭で訴因変更を請求することができる（312条6項）。

　（2）　訴因変更により被告人の防御に実質的な不利益を生ずるおそれがあると認めるとき，裁判所は，被告人または弁護人の請求に

より，決定で，被告人に十分な防御の準備をさせるため必要な期間，公判手続を停止しなければならない（312条7項⇨256頁）。

（3）訴因変更書面が被告人に送達にされると，そこに記載された被害者等の個人特定事項（⇨239頁）が被告人に知られることになる。そこで，検察官は，訴因変更書面とともに，（被告人に送達するものとして）訴因変更書面の謄本に代わる「訴因変更等請求書面抄本等」（以下，「訴因変更抄本」と略す）を提出して，被害者等の個人特定事項が被告人に知られないようにする措置を，裁判所に求めることができる（312条の2第1項・2項）。

裁判所は訴因変更抄本の提出があったときは，この抄本を，遅滞なく被告人に送達しなければならない（312条の2第3項）。上記の諸点につき，起訴状に関する規定（271条の3〜271条の8⇨193〜195頁）が準用される（312条の2第4項）。

② 訴因変更の範囲

審理につれて実体形成がすすむと，審理の結果明らかになってきた事実と，訴因として主張されている事実とが食い違うことがある。このとき，どの程度の食い違いがあれば訴因を変更しなければならないのかという（「訴因変更の要否」の）問題と，どのような訴因になら変更することができるのかという（「公訴事実の同一性」ないし「訴因変更の可否」の）問題が，おこってくる。

どのような場合に，訴因変更が必要か

裁判所は，訴因として掲げられた事実を審理し認定して判決を言い渡す。ところで，審理が進むにつれ，訴因事実αは証明できないが，それに近い事実βならば証明できるという心証を裁判所が抱き，または検察官がそのような見込みを持つことがある（起訴後，

262　第4章　公判の手続

証拠調べ前に，検察官が訴因事実 α とは異なる事実を立証すべく，訴因変更を請求することも考えられる。だが，このような事態は極めて稀である）。訴因 α と事実 β との間に「ずれ」が認められる場合でも，その「ずれ」が一定の幅にとどまるとき，裁判所は訴因 α のままで事実 β を認定することができる。

　しかし，両者の「ずれ」が大きいときは，訴因 α について無罪を言い渡さなければならない（訴因変更請求権は検察官に委ねられている。したがって，実体審理の経過から，訴因 α を維持したままでは無罪が言い渡されると判断した検察官は，訴因変更を請求することになる）。「ずれ」が大きいにもかかわらず，裁判所が訴因 α のまま事実 β を認定すると，訴因逸脱認定（「審判の請求を受けない事件について判決をしたこと」378 条 3 号後段）になり，控訴審で破棄される。

　では，どのような場合に，訴因変更手続を経ずに（訴因 α のまま）事実 β を認定できるのだろうか。かつては法律構成説（事実に「ずれ」があっても，法律構成が変わらなければ訴因変更を要しないという説）が主張されたが，今日では事実記載説（事実に「重大な」ずれがあれば，訴因を変更しなければならないという説）が判例・通説である。

　事実記載説に立ったとき，「重大な」ずれがあるとは，どういう場合なのか。逆に言えば，どの程度の「ずれ」に止まれば，訴因変更手続を経ずに（訴因 α のまま）事実 β を認定できるのだろうか。最高裁は，かねてから，被告人の防御に実質的な不利益が生じない限り，訴因変更手続を要しない，と判示してきた（なお，最判昭 29・12・17 刑集 8 巻 13 号 2147 頁は，訴因変更「手続が要請される所以は……被告人の防御権行使の機会を失わしめ又はこれを徒労に終らしめることを防止するにある」と言う）。

> 「防御上の不利益」
> とは

では、どのような場合なら、被告人の防御に実質的な不利益が生じたことにならないのか。最高裁判例には、たとえば、(1)被告人の弁解通りの事実を認定しても、「実質的な不利益」はないと判示したものがある（最判昭 29・1・21 刑集 8 巻 1 号 71 頁など）。これらの判決を「具体的防御説」と呼んで、批判する者もいる。しかし、事実記載説に立つ場合、審理過程における実際の攻防を無視することはできない。学説においても、事実記載説の論者は、実質的な不利益を生じるおそれがあるか否かは、「各個のばあいの具体的な判断にまつほかない」（団藤）と解した。法律構成説は、この基準を、具体的な審理経過に応じた被告人の防御の仕方に左右されるから妥当でない、などと痛烈に批判した。しかしながら、事実記載説の論者が常に具体的な審理経過だけに沿って判断するわけではなく、類型的な判断基準も立てている。したがって、この批判は的を射ていない（なお、訴因事実 α と認定事実 β とを抽象的・一般的に比較して「実質的な不利益」を判断する見解を「抽象的防御説」と呼び、これが通説だと分析する者もいる）。ちなみに、最高裁が自ら「具体的防御説」、「抽象的防御説」という区別をしたことはない。問題の核心は、公判廷での被告人の弁解の趣旨を正しく理解し、「実質的な不利益」が生じたか否かを的確に判断することにある（具体的防御か抽象的防御かという単純な区分は意味がない）。

最高裁は、その他、(2)訴因事実と認定事実とが具体的には同一の事実であって、法的評価が異なるにすぎないとき（最決昭 35・8・12 刑集 14 巻 10 号 1360 頁など）、(3)犯行の日時・場所、被害の種類・数量などに相違があるが、些末な場合（最決昭 35・2・11 刑集 14 巻 2 号 126 頁など。ただし、訴因の核心的部分についての相違であるため、さ

さいな「ずれ」であっても重要な意味を持つ場合は，訴因変更が必要），に
は，「実質的な不利益が生じていない」（訴因変更の必要はない），と
判示してきた。これらは，要するに，犯罪成立の主要な事実（訴因
の核心的・不可欠な部分）に相違がなければ，訴因変更を要しないと
解したものだ，と評しても間違いではなかろう。

いわゆる「縮小認定」

最高裁は，(4)訴因事実よりも縮小された
事実を認定する（一般に「縮小認定」と呼ば
れる）場合にも，訴因を変更する必要はない，と言う。すでに述べ
たように（⇨200頁），訴因には審判対象限定機能（裁判所が審理し判
決を言い渡すことができる対象を限定する機能）がある。審判対象限定
機能は，被告人の側から見ると，防御の範囲を画する機能でもある。
その観点からすると，縮小認定が許されるのは，当然である（縮小
認定しても，審判対象＝防御の範囲は害されない）。もっとも，訴因事実
αが事実βを包み込む関係にあるか否かについて，最高裁の判示の
中には，妥当でないものもある（最決昭55・3・4刑集34巻3号89頁
は，酒酔い運転〔道交117条の2第1号（当時の規定）〕の訴因に対し，訴
因変更手続を経ずに，酒気帯び運転〔道交119条1項7号の2（当時の規
定）〕の事実を認定できると判示した。しかし，両者の事実は包含関係にな
いから，疑問である）。

**その他，訴因変更の
要否の基準**

判断が難しいのは，何を犯罪成立の主要な
事実と見るか，である。たとえば，誰が実
行行為者かは，通常は犯罪成立の主要な事
実である（もっとも単独犯の場合，被告人が実行行為者だから，通常は問
題とならない）。だが，共同正犯の場合は，必ずしも主要な事実とは
言えない。この点について，最高裁は以下のような判示をしている。
被告人XがYと共謀してAを殺害した事実（訴因α）で起訴され

た事案で，訴因βに変更した際，検察官が実行行為者はXだと明示した。第一審裁判所は「YまたはXあるいはその両名」が実行行為者だ（事実γ）と認定した。この事案で，(a)「審判対象の画定という見地からは」訴因変更は不要だが，(b)「検察官が……実行行為者を明示した以上，判決においてそれと実質的に異なる認定をするには，原則として，訴因変更手続を要する」。しかし，(c)「被告人の防御の具体的な状況等の審理の経過に照らし，被告人に不意打ちを与えるものではない〔し〕……被告人にとってより不利益であるとはいえない〔から〕……，例外的に，訴因変更手続を経ることなく」事実γを認定しても違法でない（最決平13・4・11刑集55巻3号127頁〈百選46〉）。

なお，最高裁は，必ずしも訴因変更手続を要しない事実であっても，控訴審で，争点を顕在化させることもなく，当事者双方が争っていない事実を認定することは，「被告人に対し不意打ちを与え，その防禦権を不当に侵害する」と判示した（最判昭58・12・13刑集37巻10号1581頁〈百選A26〉〔第一審判決は謀議の日を13，14日だと認定した。被告人は13，14日以外の日に謀議が行われたとは主張しておらず，控訴審も12日に謀議がなされた可能性につき「当事者双方の注意を喚起するような訴訟指揮を行っていない」。にもかかわらず，控訴審が「率然として」謀議日を12日だと認定した事例〕）。

Column **同一罰条説，法律構成説，事実記載説** ~~~~~~~~~~

訴因変更の必要性を判断する基準について，かつて同一罰条説が提唱された。この説では，審理の過程で，行為の態様・客体などに差異が生じても，同一罰条に該当すると認められるなら，訴因を変更する必要はない。例えば，作為による殺人で起訴されたが，不作為による殺人だと裁判所が考えた場合，訴因を変更せずに不作為の殺人を認定できること

になる。なぜなら，作為であれ不作為であれ罰条（刑199条）は同一だからである。しかしながら，作為でないことを立証してきた被告人にとって，訴因変更なしに不作為による殺人が認定されれば，不意打ちになる。こういった欠点を克服するために，法律構成説が出てきた。構成要件そのものが問題ではなく，公訴事実の法律構成のしかたに重要な意味があると解する説である（上の例では，作為による殺人と不作為の殺人とでは，法律構成のしかたが異なる）。しかし，同一罰条説も法律構成説も，法律構成を重視する点では同じである。

　同一罰条説や法律構成説が前提にする考え方は，公訴事実対象説の基本的な理解である。このような理解が妥当でないことは，すでに述べた（⇨197頁）。そこで，訴因対象説の理解を前提として，訴因として記載された具体的事実を重視する事実記載説が提唱される。事実記載説は，被告人の防御に実質的な不利益を与えるような，具体的な事実の変動があれば，訴因の変更が必要になるという立場である。もっとも事実記載説といえども，ささいな事実であっても変動さえあれば訴因を変更しろというわけではない。また，法律構成を全く無視した見解でもない。訴因が具体的な事実の主張である以上，事実を重視すべきことはいうまでもない。しかし，検察官は法律の専門家であって，構成要件を念頭において訴因として主張すべき事実を記載しているのだから，法律構成もまた，訴因を変更すべきか否かという判断基準の1つになることはいうまでもない。

| 公訴事実の同一性 |

すでに述べたように（⇨199頁），公訴事実＝訴因と理解するのが妥当であり，公訴事実の同一性は，訴因αと訴因βとの具体的な事実の比較の問題だと解される。では，訴因αが訴因βに変更できる具体的な基準とは，どのようなものだろうか。

　判例は，「基本的事実の同一性」を判断基準にしている。その判

4　訴因の変更　　267

断に当たっては，構成要件や罪質の異同の程度のほか，日時・場所の近接性，被害者・物件の同一性などが考慮される。さらに，判例は，訴因の非両立性（「一方の犯罪が認められるときは，他方の犯罪の成立を認め得ない関係にある」）という判断基準でもって，同一性を判断する場合がある（何らかの共通要素がありながら，それらが両立し得ないのであれば，各別に処罰することができない場合である。すなわち，訴因変更を許して，同一手続内で決着をつけるべきことになる）。例えば，「被告人 A は，10 月 26 日の 5 時 30 分ころ栃木県の自宅で，B に頼んで，覚醒剤を自分の左腕部に注射してもらった」という起訴状記載の訴因 α を，「被告人 A は，10 月 26 日の 6 時 30 分ころ茨城県のスナックで，自分の左腕部に自分で覚醒剤を注射した」という訴因 β に変更することができるか。この設例で，覚醒剤を自己使用したという点は同一だが，犯行の時刻・場所，共犯者の有無，覚醒剤使用の態様が異なるため，基本的事実が同一だといえるか必ずしも明らかではない。しかし，同一人が同じ日に 1 時間ほどしか間をあけずに，栃木と茨城とで覚醒剤を注射することは考えにくい。つまり，2 つの訴因が両立し得ない関係にあるという判断によって，訴因 α と訴因 β との公訴事実の同一性が肯定されるのである。

　学説は，「公訴事実の同一性」の判断について，さまざまな基準を提唱してきた。そのいずれも，法律構成と事実関係との相違に着目している点では基本的に変わらない。しかし，①どちらかといえば法律構成の面を強調する見解（構成要件の本質的な同一性を強調する見解など）と，②事実の側面に重きをおく見解（訴因の基本的な部分が共通であれば，公訴事実は同一だとする見解など）とに分かれる。

　すでに述べたように，審判の対象は訴因である。だから，訴因 α と訴因 β という，訴因として掲げられた具体的な事実を比較し，

同一手続において処理することが妥当かどうかを判断するのが，適切な方法だといえよう。検察官が主張する事実の様々な要素（犯行の日時・場所・方法，被害法益の内容，共犯関係など）の関係を総合的に評価し比較考量して決定する総合評価説や，総合評価という考え方は同じだが，刑罰関心という指標によって総合評価をしようという，刑罰関心同一説も，基本的には同じ見解である。

③ 訴因変更命令

「裁判所は，審理の経過に鑑み適当と認めるときは，訴因……変更すべきことを命ずることができる」（312条2項）。前に述べたように，審判の対象を設定・変更する権限は，本来，検察官が持っている。だが，うまく立証できたかどうかの判断，あるいは法律の解釈について，検察官と裁判所とで見解が異なるときもある。そのようなとき，検察官にしか訴因変更の権限がないとすると，検察官が訴因を変更すれば有罪判決を言い渡せるのに，むざむざ無罪を言い渡さなければならない事態も予想される。このように不当に被告人を利する事態は，刑事司法を適切に行うという理念から外れることになる。そこで，裁判所に訴因変更を命じる権限を認める規定がおかれた。

訴因変更命令の形成力　「裁判所は，審理の経過に鑑み適当と認めるとき」，検察官に対し，訴因を変更すべきことを命じることができる（312条2項）。もっとも，訴因変更命令に法的効力が伴わなければ意味がない。訴因変更を命じても，検察官が命令に従わない場合があり得るからである。そこで，検察官が命令に従わなくとも，訴因が変更されたのと同じ法的効力が生じる（つまり，訴因変更命令には「形成力」がある）はずだ，という見解

4　訴因の変更　269

が主張された。しかし，審判の対象を設定し変更する権限は，あくまで検察官にある，と考えるのが妥当である。この考えを推し進めると，検察官が訴因変更命令に従わないときは，訴訟上の不利益を受ける（無罪判決を言い渡される）という限度にとどめておくべきであろう。判例も訴因変更命令に形成力を認めていない（最大判昭40・4・28刑集19巻3号270頁〈百選A20〉）。

――――――――――
訴因変更命令の義務

312条2項の規定は，裁判所に訴因変更命令の権限を与えたにとどまり，訴因変更を命じる義務まで課したものではない（最判昭33・5・20刑集12巻7号1416頁）。ただし，①訴因を変更しなければ無罪とするほかないが，②訴因を変更すれば有罪であることが証拠上明らかであり，③その罪が相当重大である場合には，例外的に，裁判所には④検察官に訴因変更手続を促しまたは命じる義務（以下，「訴因変更命令義務」と呼ぶ）がある（最決昭43・11・26刑集22巻12号1352頁）。

　裁判所に訴因変更命令義務が（例外的に）あるとは，「裁判所が検察官の意向を単に打診したにとどまり，積極的に訴因変更手続を促しまたはこれを命ずることなく，……〔従前の〕訴因のみについて審理し，ただちに被告人を無罪とした」場合には，「審理不尽の違法」を理由に判決が破棄されるという意味である（前掲・最決昭43・11・26）。通常は，裁判長が検察官に対して釈明を求め（規208条1項），それでも足りないときは，訴因の変更を促し，あるいは更に訴因変更を命じる（訴訟指揮に関する決定をする）といった段階を踏むことになる（訴因変更を促しまたは命じた事実を公判調書に記載する）。事案によっては，「求釈明によって事実上訴因変更を促した」と認められ，「訴訟法上の義務を尽くした」と評価されることがある（最判昭58・9・6刑集37巻7号930頁）。

④ 訴因の変更と訴訟条件

訴因 α で起訴されたが，審理が進むにつれて，裁判所は訴因 β の心証を得た。ところが，起訴時の訴因 α であれば，訴訟条件を満たしているが，訴因 β に変更すれば訴訟条件が欠ける，という場合がある。過去の例だが，例えば，①失火の訴因で簡易裁判所に起訴されたが，簡裁は（地裁に事物管轄がある）放火の心証を得た，②窃盗（非親告罪）で告訴なしに起訴されたが，裁判所は不法領得の意思を欠いているとして器物損壊（親告罪）の心証を得た（東京地判昭 58・9・30 判時 1091 号 159 頁〔被告人は解雇された会社に恨みを抱き「もっぱら嫌がらせの意図で鍵を持ち出し」た。鍵数本を窃取したとの訴因で起訴されたが，裁判所は，被告人が鍵を道路側溝に投棄しており，「鍵の経済的用法に従って処分する意思は当初から全くなかった事実が認められ」ると認定した〕を参照せよ）などである。

訴訟条件欠缺の判断基準

訴訟条件が欠けているかどうかは，何を基準に判断すればよいだろう。訴因対象説による限り，あくまで訴因を基準に判断する。したがって，上に掲げた設例①の場合，検察官が訴因 β（放火）に変更しない限りは，訴訟条件欠缺の問題は生じない。したがって，設例①では簡易裁判所は訴因 α（失火）につき無罪を言い渡すことになろう。これは設例②でも同じである。検察官は事実関係を争っているのだから，訴因 α を維持しても不思議ではない。もっとも，検察官が訴因 β への訴因変更を請求する場合もあるだろう。

訴訟条件の欠ける訴因への変更

そこで，訴訟条件が欠ける訴因 β への訴因変更を許してよいか，という問題が出てくる。そのような訴因 β は「不適法な訴

因」であるから，わざわざ，そのような訴因変更を認めるべきでは
ないという見解がある（「訴因変更の制度は，もともとその手続で有罪判
決を可能にするために認められたの」だから，形式裁判しか得られない訴
因への変更は問題だという理由である）。

　この見解では，先に示した設例の②で告訴がない状態で器物損壊
罪の訴因に変更することには，疑問があると主張することになる。
したがって，裁判所は訴因変更を認めず，②は公訴棄却の判決を言
い渡すことになろう（ただし，検察官は，予備的訴因として器物損壊の
事実を主張するのが一般である。したがって，裁判所は予備的訴因につき
有罪判決を言い渡す）。また設例①では，もし地裁に移送することが
できれば，移送の上，訴因を変更するのが適切だが，現行法は移送
を認めていない。そのため，例外的に簡裁で訴因変更請求を許可し，
管轄違いの判決をしてもよいというのが，この見解の結論である。

　これに対して，訴訟条件が具備しているか否かの判断は，その時
点での訴因を基準にして行われるという見解を論理的に一貫させる
理解も可能である。このような理解によれば，検察官が（訴訟条件
が備わっていない）訴因βへの変更を請求した場合にも，裁判所は
訴因変更を認めることになる。訴因βに変更された後に，裁判所
は訴因βを基準にして，訴訟条件が欠けるかどうかの判断を行う
ことになる。

　なお，次のような判例もある。法定速度の 40 km 超過で自動車
を運転したとして，交通反則手続なしに起訴された事案で，裁判所
は（交通反則手続を経ることが訴訟条件である）20 km 超過と認定し，
有罪判決を言い渡した。しかし，最判昭和 48 年 3 月 15 日（刑集 27
巻 2 号 128 頁）は，（訴因変更することなく）公訴棄却すべきだったと
判示した。

5 罪数の変化と訴因

(1) 起訴状に記載された訴因と裁判所が認定した事実との間で，罪数の判断が異なる場合がある（例，包括一罪として起訴された事実について裁判所が併合罪と認定する場合，あるいはその逆の場合）。その場合，訴因変更の手続等が必要になるであろうか。

(2) まず，一罪から数罪に変化した場合については，①事実には変化がなく，罪数判断だけが異なるときと，②事実が変化したため，罪数判断も異なってくるときがある。①の事例として，一連の物品税逋脱行為を包括一罪として起訴したのに対して，裁判所が，各月分ごとに一罪が成立するので6個の物品税逋脱の併合罪であると認定するには，訴因変更は不要だとしたものがある（最判昭29・3・2刑集8巻3号217頁）。訴因と認定事実との間にまったく違いがなく，法律判断が異なっているにすぎないから，訴因変更を経るまでもなく裁判所が正当と考える罪数判断をしてよい（ただし，処断刑等の点で防御上の不利益が生じうるから，検察官に対する求釈明，被告人・弁護人への意見陳述の機会の付与等により，争点として顕在化させておくべきであろう。なお，1個の訴因に対して，判決は6個の罪について有罪を言い渡しているが，当初の起訴にその主張すべてが含まれていたと解釈できる場合である。また，当初訴因が不特定等の理由で無効であるわけでもないから，訴因を「補正」すべき場合でもない）。②の事例として，X・Y・Zと共謀して落綿11俵を窃取したとの訴因に対して，裁判所が，X・Yと共謀して落綿6俵を，Zと共謀して落綿5俵を窃取し，両者は併合罪であると認定するには，（これらとはさらに別の罪があって処断刑が変化せず）防御に実質的不利益を生じさせないので訴因変更は不要だとしたものがある（最判昭32・10・8刑集11巻10

号 2487 頁)。しかし、日時や共謀関係の食い違う事実を認定すべき場合であるから、訴因変更を必要とすべきであろう。下級審裁判例には、包括一罪として起訴された拳銃・実包の所持の事実について、裁判所が、その期間中に所持の一時中断があったとして前後 2 つの所持の併合罪と認定するには、検察官に訴因変更を促すなどして、被告人に防御の機会を与えるべきだとしたものがある（東京高判昭52・12・20 高刑集 30 巻 4 号 423 頁〈百選 A22〉）。

　(3)　数罪として起訴された事実について裁判所が一罪と判断する場合はどうか。①この場合も、事実そのものに変化がないのであれば、訴因変更の手続は不要である（最決昭 35・11・15 刑集 14 巻 13号 1677 頁は、凶器準備集合の事実と、追起訴された同時点での凶器準備結集の事実について、裁判所が、前者は後者に吸収され結集罪の一罪が成立すると認定するには、訴因変更は不要だとした）。そして、数罪として起訴された甲・乙を併合審理した上で、1 つの事実が起訴されたものであると事後的に評価できる場合（乙の追起訴であれば、事後的に訴因追加と評価できる場合）には、丙一罪について実体判決をすればよく、乙について公訴棄却する必要はない。②他方、事実の変動を伴う場合であれば、訴因変更の手続を経由しなければならない。例えば、X に対するコカイン 1 グラムの譲渡と Y に対するコカイン0.5 グラムの譲渡という 2 つの訴因に対して、同じ日にちに X にコカイン 1.5 グラムを譲渡した一罪であると認定するのであれば、訴因変更を必要とすべきである。

274　　第 4 章　公判の手続

5　特別な手続

合 意 制 度　2016（平成28）年の刑訴法改正（平成28年法律54号）で合意制度（「証拠収集等への協力及び訴追に関する合意」）が設けられた。組織犯罪の場合，組織の下位者（末端の犯罪者）を検挙しても，組織犯罪の全貌を解明することは困難である。合意制度の主たる目的は，組織犯罪にあって，組織の上位者が犯した処罰価値の高い犯罪を立件するため，組織の下位者に刑の減免を与えて供述を得やすくすることにある。

　(a)「特定犯罪」にかかる被疑者・被告人（以下，「協力者」と呼ぶ）が，その犯罪にかかる他人の刑事事件（以下，「他人の犯罪」と呼ぶ）につき，協力行為（取調べに対しまたは証人として真実を供述し，証拠を提出するなど〔350条の2第1項1号〕）を行う。他方，(b)検察官は刑の減軽や免責，訴追の免除等のための措置（起訴しない，起訴する場合でも〔法定刑がより軽い〕特定の訴因により公訴を提起し維持する，〔すでに起訴している場合は〕公訴を取り消す，特定の〔法定刑がより軽い〕訴因への変更を請求する，即決裁判を申し立てる，略式命令を請求するなど〔350条の2第1項2号〕。以下，「減免行為」と呼ぶ）を行う。この制度は，上記(a)と(b)双方の行為につき，両者が協議して合意することを認めるものである。（自己の犯罪事実を認め，国家が減免等を行う「自己負罪型」でなく，他人の犯罪の捜査・訴追に協力して減免等を得る）「捜査・公判協力型」だと言える。

　「特定犯罪」とは，①封印等破棄，公文書偽造，贈収賄，詐欺・恐喝など（350条の2第2項1号），②組織的な犯罪の処罰及び犯罪収益の規制等に関する法律（350条の2第2項2号），③租税に関する法

律，独占禁止法，金融商品取引法の各違反など（350 条の 2 第 2 項 3 号），④爆発物取締罰則，大麻草栽培規制法，覚醒剤取締法などの各違反（350 条の 2 第 2 項 4 号）などを指す（ただし，死刑または無期拘禁刑に当たるものを除く）。

たとえば，①協力者（たとえば，会社ぐるみの犯罪で，平社員）が被疑者の場合，実際の手順は以下のようになる。検察官との協議が整えば，(1)協力者が「他人」の犯罪（たとえば，会社ぐるみの犯罪で，部長の犯罪行為）につき供述し，供述録取書が作成される，(2)検察官は当該供述録取書を証拠調べ請求する，(3)当該供述録取書につき不同意の意見が出されたときは，協力者が証人として公判廷で供述する。他方，検察官は，協力者の犯罪行為（たとえば，会社ぐるみの犯罪に荷担した行為）について減免行為を行う。②協力者が被告人のとき（つまり，起訴後に協力したとき）は，特定の訴因への変更を請求する，公訴を取り消す，などを行うことになる。

合意制度は，減免行為を取引材料にして協力者の供述を引き出そうというものである。したがって，協力者の側からすれば，協力行為に見合う減免行為が得られるか否かは重要な関心事だと言えよう。法的素養のない被疑者・被告人にとって，弁護人の助言は不可欠である。また，合意の内容を明確にしておく必要がある。

そこで，合意には弁護人の同意が必要である（350 条の 3 第 1 項）。また，検察官，被疑者・被告人および弁護人が連署した書面によって合意内容を明らかにしなければならない（350 条の 3 第 2 項）。

合意が成立しなかった場合，被疑者・被告人が協議の過程でした供述を証拠とすることはできない（350 条の 5 第 2 項。ただし，協議における協力者の行為が犯人蔵匿罪，証拠隠滅罪などに当たる場合は，当該犯罪の証拠とすることができる〔350 条の 5 第 3 項〕）。

276　　第 4 章　公判の手続

なお，協力者が（無関係の第三者を引き込んだり，「他人」の役割を誇張する等）虚偽供述をする危険を防ぐための方策が設けられている。

まず，第三者を引き込む危険の緩和という観点からも，弁護人が合意に関与する意味は大きいと見られている。

つぎに，合意の存在と内容とを，事前に明らかにすることが求められる。つまり，検察官は，「他人」の刑事手続において，合意書の取調べを請求しなければならない。これにより，「他人」の弁護人は合意内容を踏まえたうえで，証人（協力者）に対し適切な反対尋問をすることができるし，他方，裁判所は合意の存在を意識しつつ，証人（協力者）の供述の信用性を慎重に吟味することになる。

そのため，検察官は，起訴したときは冒頭手続の終了後（公判前整理手続に付されたときは，その後），遅滞なく，合意内容を記載した書面を証拠調べ請求しなければならない（350条の7第1項）。

検察官が合意に反して，減免行為を行わなかったとき，裁判所は公訴を棄却しなければならない（350条の13第1項）。また，合意に反して，訴因・罰条の追加・変更を請求したとき，裁判所は，たとえ公訴事実の同一性を害しない場合であっても，これを許してはならない（350条の13第2項）。また，検察官が合意に反したときは，合意に基づいてした被告人の行為によって得られた証拠は，これを証拠とすることができない（350条の14第1項）。

6 簡易な手続

簡易な手続として，すでに述べた略式手続（461条以下）の他に，①簡易公判手続と②即決裁判手続とがある。これら2つの手続は，

公判手続である点で，書面審査による略式手続とは異なる。

| 簡易公判手続 |

簡易公判手続とは，（死刑または無期もしくは短期1年以上の拘禁刑に当たるような重大な事件でない）比較的軽い事件について，被告人が起訴状記載の事実につき有罪の陳述をした場合に，公判手続を簡略化するものである（291条の2）。裁判所は，検察官，被告人および弁護人の意見を聴き，簡易公判手続によって審判する旨の決定をする。簡易公判手続では，当事者が異議を述べない限り伝聞法則が適用されない（320条2項。伝聞法則につき，⇨327頁）。そのほか，証拠調べに関する主要な規定の適用がなく，適当と認める方法でこれを行うことができる（307条の2）。

| 即決裁判手続 |

即決裁判手続は，簡易公判手続よりもさらに手続を簡略化するものである（350条の16以下）。簡易公判手続と比較すると以下のような違いが見られる。①簡易公判手続では，被告人が冒頭手続で有罪の陳述をした後，当該手続により審判する旨の決定がなされて初めて簡易公判手続に移る。これに対して，即決裁判手続は，検察官が公判請求をすると同時に，当該手続を申し立てるものである。さらに，②起訴前に，必ず被疑者の同意と弁護人の同意（または留保）を得ておかなければならない。また，③即日判決が原則であり，④拘禁刑を言い渡すときは，刑の執行を猶予しなければならない。刑の執行猶予の言渡しが必要的だからといって安易な虚偽の自白を誘発するものではないから，黙秘権の保障条項（憲38条2項）に反するわけではない（最判平21・7・14刑集63巻6号623頁）。

　検察官は，起訴にあたって，事案が明白かつ軽微であること，証拠調べの速やかな終了が見込まれることなどの事情を考慮して相当

と認めるとき，即決裁判手続を申し立てることができる。ただし，死刑または無期もしくは短期1年以上の拘禁刑に当たる事件については，即決裁判手続を申し立てることができない（350条の16第1項）。

被疑者の同意がなければ即決裁判手続の申立てができない（350条の16第2項）。そこで，検察官は，申立てをするにあたり，被疑者に対し即決裁判手続を理解するのに必要な事項（被疑者に弁護人がないときは，弁護人を選任できる旨を含む）を説明し，同意しなければ通常の審判手続を受けることができる旨を告げたうえで，被疑者の同意を書面で得る必要がある（350条の16第3項）。さらに弁護人の同意も書面で得なければならない（弁護人が同意につき意見を留保するときも，検察官は申立てができる。だが，最終的に，弁護人が同意するかどうかを裁判所が確認する。350条の20）。被疑者が同意したこと，弁護人が同意し，または意見を留保したことについて，書面でその旨を明らかにしなければならない（350条の16第5項）。

刑訴法の一部改正により，被疑者に対しても，国選弁護人が付されることになった（37条の2〜37条の5）。さきほど述べたように，即決裁判手続によることについて被疑者が同意するかどうかを明らかにしようとする場合に，被疑者が弁護人を選任できないときは，被疑者の請求によって，裁判官が被疑者のために弁護人を付さなければならない（350条の17）。即決裁判手続による公判期日は，弁護人がなければ開廷できない（350条の23）。

即決裁判手続の申立てがあったとき，裁判所は，検察官，被告人・弁護人の意見を聴いて，申立て後できる限り早い時期の公判期日を定めなければならない（350条の21）。冒頭手続で被告人が有罪の陳述をすると，裁判所は，即決裁判手続で審判する旨を決定する

（350 条の 22）。

　即決裁判手続による公判審理の特徴として，以下のものを挙げることができよう。①（出頭を要しない事件であっても）被告人に出頭を義務づけ（350 条の 24・284 条・285 条），②伝聞法則による制限を大幅に緩和し（350 条の 27），③証拠調べの方式を簡略にする（350 条の 24），④即日判決が原則であり（350 条の 28），⑤拘禁刑の言渡しをする場合は，執行猶予をつけなければならない（350 条の 29），⑥即決裁判手続においてなされた判決に対して，事実誤認を理由としては，控訴の申立てができない（403 条の 2 第 1 項）。このことが「裁判を受ける権利」（憲 32 条）を侵害するものでないことは，いうまでもない（前掲・最判平 21・7・14）。また，控訴裁判所は，事実誤認を理由に原判決を破棄することができない（403 条の 2 第 2 項）。

第5章　証　拠　法

> 事実の認定は証拠による。証拠法は、直接関係する条文の数こそ少ないものの、その内容は極めて豊富で、刑事訴訟法を学ぶ上では極めて重要な分野である。

1 証拠法の意義

① 証拠法とは

　裁判所が公訴事実その他一定の事実を認定するための根拠となる資料のことを、証拠という。証拠法とは、証拠に基づいて事実を認定する手続を規律する法の全体のことである。証拠法の内容は、①証拠調べの手続に関するもの、②証拠としての許容性（公判廷で証拠として取り調べることができるための要件のこと。証拠能力ともいう）や信用性の判定に関するもの、③証拠による証明活動の性質や範囲に関するものに大別される。そのうち、①についてはすでに第4章 *2*③で触れたので、本章では②、③について説明することとしよう。

　証拠法の法源として重要なものは、憲法37条2項、38条、刑訴法317条から328条までである。もっとも、証拠法の内容となる規範は、すべて直接の明文規定によっているわけではなく、証明活動

1　証拠法の意義　　281

の性質や適正な事実認定の要請から，理論によって解決されるべき領域も広範囲にわたっている（例えば，挙証責任，違法収集証拠など⇨ 298頁，363頁）。

2 証拠裁判主義

事実の認定は証拠による（317条）。これを証拠裁判主義という。刑事訴訟の最も基本的な原理の一つである。証拠裁判主義が明文で規定されたのは，もともと，証拠によるとはいえない近代以前の宗教的ないし迷信的な裁判制度ばかりでなく，明治初期の自白中心の法制からも，訣別したことを宣明するためであった。すなわち，1873（明治6）年の改定律例は，「凡罪ヲ断スルハ口供結案ニ依ル」との定めを置き，自白によって断罪することとしていたが，自白を得るための拷問に結びつきやすかったため，拷問廃絶の主張が高まるとともに，1876（明治9）年には，「凡罪ヲ断スルハ証ニ依ル」との規定に改められたのである（いわゆる断罪依証律）。その後，治罪法および旧々刑訴法では明文の規定が置かれなかったが，おそらく，証拠による断罪が当然の原理として受け入れられたためであろう。旧刑訴法は，「事実ノ認定ハ証拠ニ拠ル」と規定し，証拠裁判主義の明文を復活させ，現行法はこれを引き継いだのである。

もっとも，現行法は，証拠能力に関する厳格な規定を置くとともに，証拠調べに関する規定を整備したものであるから，317条は，単に近代裁判の基本原理を宣明したにとどまらず，犯罪事実を認定するには，証拠能力があり，かつ定められた方式による証拠調べを経た証拠によらなければならないという趣旨をも含んだものと解すべきである（いわゆる「厳格な証明」⇨293頁）。さらに，憲法31条が適正手続を要求しているところから，317条は，事実認定における

282　第5章　証　拠　法

適正手続の基本を定めたものというべきであろう。したがって，違法収集証拠の証拠能力のように直接の明文規定がない場合はもとより，個別の条文がある場合の解釈に当たっても，317条による適正な事実認定手続の要請を考慮すべきである。

③ 自由心証主義

証拠の証明力は，裁判官の自由な判断に委ねる（318条）。これを自由心証主義という。証明力とは，一定の事実の存否を推認させるだけの証拠の実質的価値のことをいうが（⇒289頁），その判断については法規による拘束がないのである。これに対して，一定の事実を認定するためには特定の証拠を必要としたり，あるいは特定の証拠があれば必ず一定の事実を認定しなければならないとしたりする考え方を，法定証拠主義という。

1876（明治9）年，いわゆる断罪依証律が定められた後，証拠の評価は「専ラ裁判官ノ信認スル所ニアリ」とする通達が発せられ，自由心証主義の採用が宣言された。有罪の認定には自白の存在が不可欠ではないこともまた，その意味するところであった。治罪法は，各種の証拠につき「諸般ノ徴憑ハ裁判官ノ判定ニ任ス」と規定してこれを受け継ぎ（旧々刑訴法もほぼ同じ），旧刑訴法では，「証拠ノ証明力ハ判事ノ自由ナル判断ニ任ス」と規定された。現行法は，これを引き継いだのである。法定証拠主義によれば個々の裁判官による心証形成を規制することができ，法的安定に資するともいえそうであるが，種々の事実や証拠について画一的な規定によるのでは具体的妥当性を失うおそれがあるし，何より自白中心の法制と結びつきやすい。そこで，近代以降，人間の理性に対する信頼に重きが置かれるようになってから，裁判官（ないし陪審）の合理的な判断の

1 証拠法の意義　283

方を原則とするようになったのである。したがって,「自由な判断」とは,ほしいままの主観的な認定ではなく,論理や経験則に基づいた合理的な心証形成のことである(最判昭23・11・16刑集2巻12号1549頁参照)。裁判官は,一般人として当然に有すべき常識に加え,その職業的な知識・経験に基づき,個々の証拠の証明力につき適切な評価を下すよう努めなければならない。例えば,相反する証拠がある場合に一方の証拠が信用できて他方が信用できないと判断すること,あるいは,ある証拠から通例は推認できる事実とは反対の事実を認定することなどについては,合理的な説明ができることが必要であろう(現実に判決書に記載するか否かの問題ではない)。また,現行法は,合理的な心証形成を担保するために,いくつかのしくみを設けた。まず,第1に,自由心証主義は,318条の定めるとおり,「証拠の証明力」に法定の制約がないことを意味するのであって,証拠の範囲が無制約となるわけではない。証拠能力の制限の下で,定められた方式による証拠調べをした上で,その結果について適用されるべき原理である。第2に,自白の証明力には制限がある(319条2項⇒317頁)。これは自由心証主義に対する明文の例外規定である。第3に,裁判官の予断を防止し,あるいは当事者主義の観点から裁判官の心証形成を規制して,間接的に自由心証主義を適切にコントロールすべきさまざまなしくみがある。起訴状一本主義(256条6項),証拠調べの方法(304条〜307条),自白の取調べ請求時期(301条),有罪判決における証拠の標目の挙示(335条1項)などが制度化された。また,心証形成の結果は,上級審の審査に服し,さらには再審の対象にもなり得るのである(382条・411条3号・435条)。

なお,精神鑑定について判例は,被告人の心神喪失を判断する前

提となる生物学的，心理学的要素については裁判所の評価に委ねられるとしつつも（最決昭58・9・13判時1100号156頁），生物学的要素である精神障害の有無および程度ならびにこれが心理学的要素に与えた影響の有無および程度については，精神鑑定をした鑑定人の公正さや能力，鑑定の前提条件などの事由により鑑定を採用できない合理的事情がない限り，鑑定意見を十分に尊重して認定すべきであるとしている（最判平20・4・25刑集62巻5号1559頁）。

用語解 心証・経験則

「心証」とは，事実の存否に関する裁判官の内的確信のことである。意識に浮かぶイメージである「心象」とは異なる。すなわち，裁判官は，証拠によって心証を形成していき，その結果として一定の事実を認定するのである。刑事訴訟法にはこの用語は現れないが，民事訴訟法は「自由な心証」という用語を使っている（民訴247条）。もっとも，民事訴訟法では，評価の対象となる証拠の範囲が法文上は無制約であることや，「口頭弁論の全趣旨」（例，主張の時期・方法など）も斟酌できることなど，同じく「自由心証主義」とはいっても，その内容は刑事訴訟法とは異なっている。

「経験則」とは，経験から導き出された事物に関する一般的な法則のことをいう。我々は，気象の変化，食生活の習慣，人間の老化，一定の場所の雑踏状況など，極めて多くの事柄について大量の経験的知識を持っているが，これらから個人差を取り除いて一般化したものが経験則である（例，お盆の前後の高速道路は渋滞することが多い）。経験則は，合理的な判断法則として共有されたものであるから，これに反する心証形成は許されない（例，特別の事情もないのに，8月16日に沼津から東京まで高速道路を1時間で走破したとの供述を信用し，その旨認定すること）。

1　証拠法の意義　　285

2 証拠と証明

1 事実認定のしくみ

証明の対象

裁判所が特定の事実を認定するためには、証拠によりその事実について確信を抱かなければならない。このように裁判所が確信を抱くこと、あるいは、そのような状態に達するように当事者が証拠を提出する活動のことを「証明」という。また、証拠により証明すべき事実を「要証事実」という。

刑事訴訟では、最も基本的な要証事実は、起訴状に記載された公訴事実である。例えば、「被告人Xは、Aの住宅に放火した」との事実を証明するとしよう。この場合、要証事実を直接に証明できる証拠があるときもある。放火した旨のXの自白、Xによる放火を目撃した旨の証人Bの供述などである。しかし、要証事実を推認させる事実を証明し、それらを総合して要証事実の認定に近づくべき場合もある。例えば、火災直前にXが現場付近でガソリンを所持していた事実、XがAに対して友人関係をめぐり強い憤懣を抱

図表 5-1

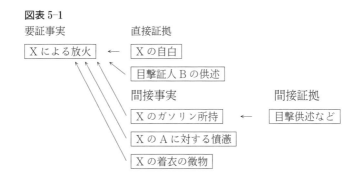

いていた事実，Xの着衣に煤塵のような微物が付着していた事実
などである。これらは，要証事実の証明に間接的に資する事実であ
るから，「間接事実」と呼ばれる。間接事実それ自体も証拠によっ
て証明すべき事実であるから，その認定の根拠となる証拠が必要で
ある。これを「間接証拠」という。これに対して，犯罪事実を直接
に証明する証拠は，「直接証拠」と呼ばれる。

| 関　連　性 | いかなる証拠であれ，要証事実を推認させ
るだけの論理的な結びつきが必要である。

これを「関連性」という。例えば，Xの現場付近でのガソリン所
持を立証するため，その容器としてバケツを証拠にしようとする場
合，単にXの自宅から発見されただけであり，ガソリンの痕跡が
全くなく，他の証拠によってもXがバケツを用いたことがうかが
われないときは，当該バケツから何ら要証事実の存否につき推認す
ることができない。このように最低限の証明力すらないものは，関
連性がないから証拠として許容することができない。単なる意見や
風聞のたぐいも，関連性がないから証拠にはならない。

　また，間接事実から要証事実を推認するための論理的な結びつき
（あるいは，ある証拠により認定される事実が判決の結論に影響を与え得る
こと）についても，同じく「関連性」という用語が用いられること
がある。例えば，Xが消防活動に積極的に協力しなかった事実は，
それだけではXによる放火という事実の証明には資するところが
ない。そのような事実は，「事件に関係のない事項」（295条1項）
として，証明の対象からは除外されるのである。

Column　関連性 --------------------------------

　本文で述べたように，関連性の内容には，ある事実を——積極・消極
のいずれの方向であれ——証明する力があるかどうかと，訴訟の結論に

2　証拠と証明　287

影響を与える争点に関係する証拠であるかどうか，という2つの側面がある。ある証拠について関連性があるというためには，訴訟の結論に影響を与える争点に論理的に関係する証拠であることが前提であり（それすらないのであれば，その証拠を調べたところで何ら意味のある事実を認定することができない。これは，英米法でいうmaterialityにほぼ対応した働き方をしている），さらに，争点に関係する事項について，その証拠に事実を推認させるだけの力（probative value）があることが必要である（同じく，relevancyにほぼ対応している）。英米法では，証拠がrelevantなものとして許容できるというためには，materialであることを前提として，さらにprobativeであることが必要であるとされているが，同じような議論がわが国の刑訴法についても妥当するものと考えられる。そのため，「関連性」という用語が，relevancyとほぼ同趣旨で使われる場合と，materialityとほぼ同趣旨で使われる場合（たとえば，295条1項に関して議論するときなど）があるので，注意が必要である。

　なお，関連性については，有力な学説の影響で，自然的関連性と法律的関連性に分けて説明されることがある。証拠が要証事実について必要最小限度の証明力すらないときには，自然的関連性がないとされる。また，必要最小限度の証明力はあるが，その証明力の評価を誤らせるおそれがあるため，反対尋問や任意性など一定の要件が法律で要求される場合があり，そのような明文の規定がなくても法律的関連性がないとして排除すべき場合があるとされる。この点について，同種前科による立証の許容性を判断した最判平24・9・7刑集66巻9号907頁〈百選60〉は，「証拠としての価値（自然的関連性）を有していること」を要件の1つとして明示した。もっとも，証拠能力の有無を判断する基準としてみれば，後者の法律的関連性と呼ばれるもののうち，反対尋問や任意性の点は明文の規定の解釈・適用の問題であるし，明文の規定なしに排除すべき場合は，審理の混乱や誤りのおそれという弊害を凌駕するだけの証明力が当該証拠に欠けているというのであるから，結局は必要とされるだけの証明力がないことに帰するといえよう。したがって，自然的関連性と呼

ばれるものと法律的関連性と呼ばれるものとの間に本質的な違いがある
わけではない。実質的に重要であるのは，証拠のうち，類型的に証明力
が弱いか，証明力の判断を誤るおそれが強い証拠に該当するものを，ど
のように選別して排除すべきかにつき具体的基準を明らかにする作業で
ある。それらについては，証明の制限（⇨297 頁），非供述証拠の関連性
（⇨357 頁）等を参照。

証　明　力

証明力とは，証拠が事実認定に役立ち得る
実質的な価値のことである。そこでは，証
拠がどこまで要証事実の存否を推認させるかという点（すなわち，
証拠と要証事実との論理的な結びつきの強さの程度），および証拠の信憑
性の 2 つの側面が問題となる。例えば，X の放火を目撃した証人
B の供述は，論理的な結びつきの強さの程度の点では十分であるが，
信憑性は慎重に吟味する必要がある。自由心証主義は，その両者とも
裁判官の合理的な判断に委ねる趣旨である。

用 語 解 証拠能力・証明力

証拠能力……証拠としての許容性

証 明 力……証拠が事実認定に役立ちうる実質的価値

　　　{ 要証事実を推認させる程度（論理的な結びつきの強さの程度）
　　　{ 信用性

　「証拠とすることができる」（例，326 条 1 項）というのは，証拠能力
があるので証拠調べの対象になるという意味だから，その証明力をどう
考えるかは別個の問題である。証拠調べの結果，その供述は信用できな
いと判断することもある。

Column　公訴事実，証拠により証明すべき事実，罪となるべき事実

　証拠は，一定の事実を証明するための資料である。その事実のうち最
も基本的なものは，起訴状に記載された「公訴事実」（256 条 2 項 2 号）

2　証拠と証明　　289

である。公訴事実は，訴因を明示して（256条3項），すなわち，検察官が主張・立証しようとする具体的な犯罪事実（「罪となるべき事実」）を明示して記載するのである。さらに，証拠調べのはじめに，検察官は，「証拠により証明すべき事実」を明らかにしなければならない（296条）。これには，訴因を構成する個々の具体的事実を述べることのほか，必要があれば，間接事実を陳述すること，それら相互の関係を明らかにすることなどが含まれるし，また，犯行態様，犯罪の動機・目的，犯行に至る経緯，さらには情状のみに関する事実を主張することもできる。これらについて，検察官の立証活動により，裁判所が「犯罪の証明があった」（333条1項）と認めるときは，言い渡すべき有罪判決の内容として，「罪となるべき事実」を示すのである（335条1項）。もしも，裁判所が公訴事実について確信を得られないのであれば，「犯罪の証明がない」ものとして，無罪判決を言い渡さなければならない（336条）。このように，検察官が主張する具体的事実について，証拠により裁判所が心証を形成する活動が，証拠による証明のプロセスである。

② 証拠の種類・性質

刑事訴訟で利用される証拠には多様なものがある。そこで，さまざまな角度からの分類がなされている。

証拠能力のある証拠・ない証拠

証拠としての許容性の有無を基準とする区別である。証拠に関連性（relevancy）がないときは，証拠として許容することができない。類型的に見て，証明力の評価を誤らせる危険があるものについては，刑訴法は，証拠とすることができない旨の定めをいくつかおいている。すなわち，任意性に疑いのある自白（319条1項），およびいわゆる伝聞証拠（320条1項）である。また，適正手続の観点から，証拠能力を認めるべきではないと考えられるものもある（例

えば，いわゆる違法収集証拠の排除。⇒363 頁）。

| 人的証拠・物的証拠 |

証拠の存在の仕方，したがって，これを得るための強制処分の方式の違いによる区別である。人的証拠（証人，鑑定人など）は，人が経験した情報がその者の記憶などで存在する証拠であり，これを得るためには，召喚，勾引などの方法が用いられる。また，人体について証拠収集するときは，身体検査や鑑定などによる。これに対して，物的証拠（人以外のもの）について利用すべき強制処分は，押収，検証などである。

| 証人・証拠書類・証拠物 |

証拠調べの方法による分類である。証人（鑑定人，通訳人，翻訳人についても同じ）は尋問で，証拠書類は朗読で，証拠物は展示で，それぞれ証拠調べを実施する（304 条〜307 条。⇒245 頁）。

| 直接証拠・間接証拠 |

要証事実を直接に証明する証拠が直接証拠であり，間接事実を証明する証拠が間接証拠である（⇒287 頁）。なお，間接事実そのものも要証事実を立証するための証拠としての性質を持っているから，間接事実のことを情況証拠と呼んでいる（間接証拠のことを情況証拠ということもあるが，そのように定義すると間接事実を証明するための証拠物や供述証拠も情況証拠だということになり，適切でない）。

| 実質証拠・補助証拠・弾劾証拠 |

要証事実の存否を証明するために用いられる証拠を実質証拠という（例えば，被告人の自白，押収されたナイフ）。これに対して，証拠能力に関する事実（例えば，自白の任意性にかかわる事実，ナイフの証拠能力に影響する押収手続の適法性に関する事実）や，証拠の信用性に関する事実（例えば，公判で証言した A が以前に別の趣旨の発言をしていたという事実，A と被告人との利害関係，A の性格・能力・偏見等

に関する事実）を証明するために用いられる証拠を補助証拠ということがある。補助証拠のうち，他の証拠の証明力を争うための証拠（308条・328条参照。すなわち，証明力を弱めるために用いられる証拠）をとくに弾劾証拠という。弾劾証拠として用いる場合には，証拠提出の効果が限定されるが，伝聞法則の適用は緩和される（⇨349頁）。

供述証拠・非供述証拠

犯罪に関する情報が人の知覚として残った場合，その内容は，証人の証言，参考人の供述，その供述を録取した書面のように，言語による表現（または，これと同視できるもの。例えば，体験談の身振り手振りの様子を記録したDVD）となって現れる。これを供述証拠という。ただし，表現された内容に沿う事実を証明するためではなく，そのような表現の存在そのものを利用する場合は，供述証拠ではない（例えば，「私の母は火星から来た。」というPの発言からPの精神異常を推認する場合，「吉祥寺はきれいな街である。」というQの発言をQがその地名を知っていることの証拠とする場合など。いわゆる非供述的用法）。供述証拠については，原則として反対尋問に服さない限り証拠能力を認めないとする法則が適用される（「伝聞法則」という。⇨327頁）。

これに対して，犯罪に関する情報が人の知覚以外のものとして存在し，それを証拠として用いる場合には，これを非供述証拠という。非供述証拠については，知覚等にまつわる危険はないから，要証事実との関連性が認められれば，原則的には証拠能力を肯定してよい。

用語解 甲号証，乙号証 ----------------------------

　検察官の請求する証拠については，実務上，証拠調請求書として提出する証拠等関係カードに甲・乙の符号を付する慣行があり，甲号証，乙号証と呼ばれている。被告人の自白を内容とする証拠については，取調べを請求する時期に制限があるが（301条），これとの関係で，犯罪事実

292　第5章　証　拠　法

に関係する証拠であって被告人の供述書，供述録取書以外のものを甲号
証といい，先に一括して取調べの請求をするのが通例である。一方，被
告人の供述書，供述録取書のほか，被告人の身上関係書類，前科関係書
類を併せて乙号証と呼んでいる。なお，供述書，供述録取書については，
⇨316頁参照。

3　証明のプロセス

　証拠により一定の事実を証明するプロセスにおいては，何を証明
するのか，どのような方法で証明するのか，どの程度であれば証明
があったとすることができるのか，証明をすべき主体はだれかなど，
多くの問題があり，その多くは理論的な解決が図られている。

厳格な証明・自由な
証明

　証拠による事実認定については，317条に
いう「事実」の範囲，および「証拠によ
る」との文言の意味が問題となる。刑訴法
は，①証拠能力に関する定めを置き，②証拠調べに関して一定の方
式を要求しているから，「証拠による」とは，それら①②の規定を
履践した証明のことをいうと考えられる。これを「厳格な証明」と
いう。そして，同条は，その前身から明らかなとおり（⇨282頁），
「罪を断ずる」場合の規定であるから，そこでいう「事実」とは，
公訴事実のことを念頭に置いている。すなわち，公訴事実の認定は，
厳格な証明によらなければならない。もっとも，簡易公判手続の場
合には，証拠調べの方式および伝聞証拠の制限が，明文の規定で緩
和されている（307条の2・320条2項）。即決裁判手続の場合も同様
である（350条の24・350条の27）。一方，訴訟法上の事実について，
一律に厳格な証明を要求するのは，規定の沿革からも実際上の必要
からみても，余りにも丁重すぎるであろう。そこで，これらは，証

2　証拠と証明　293

拠能力や証拠調べの方式について厳格な制約までは受けない「自由な証明」でも足りるとされるのである。例えば，判決書に記載すべき被告人の住所，自白の任意性に関する事実，公判手続停止の事由である被告人の心神喪失，資料の送付嘱託ないし証人申請の採否にかかわる事実（最決昭58・12・19刑集37巻10号1753頁）などは，自由な証明で認定してよい。ただし，自由な証明であっても，証拠能力が緩和されるのは主として伝聞証拠であって，不任意の自白や違法収集証拠については厳格な証明の場合と同様に考えるべきであるし，また，公判期日の手続では，当事者に争う機会（308条）を付与すべきであろう。

　厳格な証明の対象となる事実には，公訴事実（構成要件に該当する事実，および違法性・有責性を基礎づける事実）のほか，刑の加重減免事由（例えば，累犯前科や自首の事実。最大決昭33・2・26刑集12巻2号316頁〈百選A31〉），罪数判断に関係する事実などがある。量刑に関する事実のうち，犯罪の態様や結果の軽重のように犯罪事実そのものにかかわるもの（いわゆる「犯情」）は，厳格な証明によるが，被告人の経歴・境遇，犯罪後の情況など情状のみにかかわるものは，多様な情報を総合的に考慮すべきであるから，自由な証明でも足りると考えるべきである。ただし，量刑は，多くの事件で最も主要な争点となっているから，証拠調べの方式は原則どおりに履践すべきであろう（実務では，証拠能力の点に関しても，争いがあれば厳格な証明によるのが通例である）。また，管轄違い（329条），免訴（337条），または公訴棄却（338条）の判決で終結する場合については，訴訟法上の事実を認定すべき場合であるから，自由な証明で足りる。判決の形式をとる手続であることを重視して厳格な証明を要求する見解もあるが，例えば，338条1号の事由に関して，つねに所定の証拠

調べが必要であるとまではいえないであろう。

証明の必要

証明の対象となる事実であっても，すべて証明の必要があるわけではない。いくつかの理由から証明が不要とされる場合がある。

(1) 検察官は，起訴状記載の公訴事実については，被告人がこれを認めた場合であっても，つねに証明しなければならない（弁論主義により証明不要となる民事訴訟とは異なる。民訴179条参照）。しかし，アリバイの不存在，あるいは違法性阻却事由や責任阻却事由の不存在などは，それらが実際に争点にならない限り，検察官の側で証明する必要はない。その意味で，被告人にはこれらの事由を争点とすべく主張しておく責任がある（証拠提出の責任，あるいは争点形成の責任などと呼ばれる。⇨299頁）。

(2) 通常の知識経験を有する一般人に共通に認識されている事実は，証明の必要がない。だれもがそのような一般的知識を前提に行動し，これを疑う余地はないから，あえて証拠による認定をしなくても裁判の公正さを害しないし，証拠による認定をしたところで証明の確実さが増すわけではないためである。これを「公知の事実」という。これには，著名な歴史的事実，大きな社会的できごと（例，AがX市長選に当選したこと。その地域では公知の事実である。最判昭31・5・17刑集10巻5号685頁），一般的な情報（例，東京都内の自動車の最高速度を原則として40キロとする当時の規制が，道路標識で示されていること。最決昭41・6・10刑集20巻5号365頁），事物や概念の内容・性質（例，麻雀の勝敗が偶然の事情によること。大判昭10・3・28刑集14巻343頁）などが含まれる。確実な資料（暦，地形図など）で容易に確認できる事実についても，証明が不要であるとする見解があるが，むしろ自由な証明の対象というべきであろう。さらに，

民事訴訟では，裁判所に顕著な事実も証明不要とされ（民訴179条），刑事訴訟についてもその趣旨の判例がある（ヘロインが塩酸ヂアセチルモルヒネを指すことは，裁判所に顕著で証明不要であるとした。最判昭30・9・13刑集9巻10号2059頁。もっとも，これは公知の事実に該当するものであり，現行法では立法上の対応がなされている。麻薬別表第1の16号）。しかし，たまたま裁判所が認識しているからといって，当事者に反証の機会を与えないのは，当事者の納得や公正な裁判の見地からは適切でないから，裁判所に顕著な事実一般について証明不要とすべきではない。あえて証明する必要がないのは，当該事件の審理経過に限るべきである（公判の開廷状況，被告人の身柄など）。なお，裁判官は，個人的に知り得た具体的知識（「私知」）を利用することはできない。事実認定が証拠によらなければならない以上，当然の制約というべきである。

（3）　明文により推定規定が置かれた場合，すなわち，「前提事実Eが証明されたときは，要証事実Fの存在を推定する」旨の定めがあるときは，証明の主題がFからEへと切り替えられ，Fを直接に証明することは不要となる。もっとも，Eの証明があってもなお，相手方は，Fの不存在を証明することができる。したがって，推定は，要証事実を証明すべき当事者にとっては証明主題の切りかえである。相手方にとって挙証責任の転換の効果まであるのかについては，議論がある（⇨300頁）。

Column　推定規定 ‑‑‑‑‑‑‑‑‑‑‑‑‑‑‑‑‑‑‑‑‑‑‑‑‑‑‑‑‑‑‑‑‑‑‑

　推定規定が設けられるのは，要証事実Fを直接証明することが困難と認められる場合に，前提事実Eの証明があれば相当程度の蓋然性をもって要証事実Fの存在を推認できるときである。刑事法の領域での推定規定としては，公害罪法5条，麻薬特例法14条などがある。もっ

とも，公害罪法5条は，原因物質の排出による生命・身体の危険の発生という要証事実を，排出行為，危険発生，それらの因果関係の3つに分けた上で，前二者の事実から因果関係の存在を推定するというものであり，要証事実の一部から残部を推定するという形をとっている。したがって，証明主題の切替えという典型的な推定規定とは，やや異なる。このほか，かつて，賄賂罪における職務との関連性，盗品等に関する罪における知情の事実（それが盗品であることを知っていること）などについて，推定規定を置くべきであるとの議論があったが，結局採用されなかった。なお，推定規定は被告人への挙証責任の転換に近い効果をもつから，そのような規定を置くことには一定の限界がある（⇒300頁）。

(4) なお，証明の対象は事実であるから，法規それ自体について証明ということは考えられない（むしろ，裁判所が法規を知っていなければならない）。ただし，事実の内容に規範的要素が含まれるため，関係法規の内容を証明する必要が生じることもある。例えば，財産犯における財物の他人性について，外国の契約関係法令の内容を認識すべきときなどである。同様のことは，いわゆる経験則についても妥当する。例えば，特定商品の取引慣行などについて経験上知られている法則があるとしても，その内容が公知ではなく，特定の事実を前提にするものであるときには，経験則についても証明の必要が生じる（鑑定などの方法で認定することになろう）。

証明の制限　証明の対象になり得る事実ではあるが，一定の理由で証明が制限される場合もある。第1に，憲法の保障する自由権を侵害する程度が，刑事訴訟における真実発見の利益を上回る場合である。例えば，公職の選挙について個々人の投票内容をすべて明らかにすることなどは許されないであろう（憲15条4項参照）。第2に，刑事訴訟における予断防止の観

点から，公訴事実を証明すべき段階では，被告人に対する不当な予断・偏見を抱かせるおそれのある事実は，原則として証明することができない。これは，「悪性格の立証」とも呼ばれており，被告人の前科，起訴されていない余罪，非行歴などが含まれる（⇒357頁）。

挙証責任

（1）**挙証責任とは**　当事者の立証活動が尽くされても，なお裁判所が確信を抱けないこともあり得る。例えば，被告人がアリバイを主張したので，検察官がそのような事実はなかったとの立証活動を展開したが，裁判所はアリバイの不存在について確信を抱けず，さりとてアリバイがあったと確信することもできなかった場合である。このように，個々の要証事実について，証拠調べを尽くしたのに裁判所が確信を抱けなかった場合，不利益な認定を受ける当事者の立場を「挙証責任」という。

　挙証責任は，具体的な訴訟の帰趨とは関係なく，要証事実の性質によりいずれの当事者がそれを負うかがあらかじめ定まっている。刑事訴訟では被告人は「無罪の推定」を受けるから，原則として挙証責任はすべて検察官が負担する。被告人に挙証責任を負担させると，無罪立証に成功しなかったがゆえに被告人を処罰することにもなり，ときには無実の被告人すら処罰の対象となってしまって，適正な手続とはいえないからである。したがって，「疑わしいときは被告人の利益に」判断すべきなのである（最決昭50・5・20刑集29巻5号177頁〈百選A55〉〔白鳥事件〕は，この原則を「刑事裁判における鉄則」と呼んだ）。アリバイに関しても，検察官がアリバイの不存在について挙証責任を負うから，裁判所は，検察官の不利益に，すなわちアリバイはあったと認定することになる（被告人がアリバイの存在について挙証責任を負うのではない）。正当防衛などの違法性阻却事由，

298　第5章　証　拠　法

心神喪失などの責任阻却事由についても，被告人の有罪立証に直接かかわる事実であるから，検察官がその不存在の挙証責任を負う。免訴，公訴棄却などで手続を打ち切るべき事由については，その不存在が犯罪の成立要件たる事実ではないが，有罪判決を言い渡す前提条件であるし（⇨176頁），訴追の適法性は検察官が証明すべき筋合いであるから，同じく検察官に挙証責任がある。

　挙証責任を負う当事者は，証拠調べが尽くされた段階で裁判所の確信を得られなければ不利益な認定を受けるから，これを避けるための立証活動を行わなければならない。もっとも，このような負担は，挙証責任を負っていることが手続に反映したものにすぎない。むしろ，立証活動を行うべき負担としてそれ自体意味があるのは，個々の刑事訴訟の具体的な展開によってその都度発生する実際上の立証の必要のことである。検察官に挙証責任があり，あるいは裁判所に職権調査の義務があるとしても，その事実が現に証明の対象にならなければ裁判所の判断を受けないから，被告人としては，少なくともこれを争点として浮上させるだけの必要があるし，逆に検察官はその段階になってはじめてその争点について立証活動を展開する負担を課される。例えば，正当防衛が成立するとの事実は，検察官がつねにあらかじめその不存在について立証する必要があるわけではなく，被告人が公判廷でこれを争点として主張し，一応の証拠を提出することにより，検察官が立証の必要に迫られるのである。これは，争点形成の責任にほかならない（⇨295頁）。そして，公判前整理手続（⇨228頁）に付された事件では，被告人・弁護人は，主張明示義務（316条の17）を果たすために，争点を提示しなければならないものとされている。

　なお，アメリカ法にならって，挙証責任を「証拠提出の責任」と

2　証拠と証明　　299

「説得責任」に分けて説明することもある。これは，陪審制度と関係し，当事者が一応の証拠を提出することにより，ある事実の存否について陪審の判断を受け得る地位に立ち（その成否の判断者は裁判官），さらに十分な証拠により陪審を説得すれば自己に有利な認定を得られる（その成否の判断者は陪審）ことを指している。したがって，説得責任は挙証責任とほぼ同じ内容のものといってよいが，証拠提出の責任は，実際上の立証の負担，すなわち争点形成の責任に対応するものである。

用語解

無罪の推定（presumption of innocence）　挙証責任が検察官にあることを示した用語。国際人権規約（B規約）14条2項にうたわれているほか，憲法31条の適正手続の内容になっていると考えられる。さらに広く，被疑者・被告人の有罪が確定するまでは，その自由をできる限り尊重し，必要最小限の制約のみが認められるとする原理（とりわけ，その処遇の側面）も，無罪の推定という用語で説明されることがある。

疑わしいときは被告人の利益に　無罪の推定（狭義）とほぼ同義。19世紀のヨーロッパで，自由主義思想の展開とともに確立した。「疑わしい」とは，裁判所の確信が得られないという意味である。これまで一般には，「疑わしきは被告人の利益に」と表現されてきたが，文語的であるし，判例（最決昭50・5・20刑集29巻5号177頁〈百選A55〉）の言い回しとも異なる。

(2)　**挙証責任の転換**　挙証責任を例外的に被告人に負担させる場合も存在する。これを「挙証責任の転換」という。この関係で問題になるのは，推定規定，挙証責任転換の規定の合理性である。

推定規定は，公害罪法5条や麻薬特例法14条などに見られる。また，各種の両罰規定（例，所税243条，道交123条，労基121条）における業務主処罰に関するいわゆる過失推定説は，被告人である業

300　　第5章　証　拠　法

務主に従業員の選任・監督につき過失があったことを推定することになる（最大判昭 32・11・27 刑集 11 巻 12 号 3113 頁）。このような場合，前提事実 E（例，一定の危険物質の排出行為，および特定地域における生命・身体に対する危険の発生）と要証事実 F（例，その間の因果関係）について，検察官は E を立証すれば足りるのであるから，証明の主題が切り替えられる。裁判所は，E の立証があれば，F の不存在という反証がない限り，F を推認することになるから，被告人にF の不存在について挙証責任が転換されているように見える効果がある。しかし，「疑わしいときは被告人の利益に」という原則から考えると，被告人が反証に成功しなかったからといって，F の存在を認めて処罰してよいのか，その合理性を検討しなければならない。そこで，まず，①検察官が直接に F を立証するのが困難であること（例，因果関係を直接に証明するのは困難である），②E の存在から Fを推認することが合理的であること（例，排出行為がなされ，その排出行為により危険が発生する地域内に同種物質による人の生命・身体の危険が生じているのであれば，その間に因果関係があると推認するのが合理的である），③被告人が，そのような推認を破る（F の不存在を立証する）ために証拠を提出するのが困難でないこと（例，自らが排出した物質が原因物質でないのであれば，その点について容易に証拠を提出できる）が必要である。そして，①②③により推定規定の合理性が認められる場合であっても，推定の効果は，被告人が反証をなし得なかったからといって，裁判所として F を認定しなければならないものではなく，F を認定してよいという限度にとどめるべきである。その場合，被告人が反証に成功したといえるためには，F の不存在について合理的な疑いを超える証明までは不要であるが，F の存在を疑わせるに足りる証拠は提出しなければならないと考えるべきで

2 証拠と証明　301

ある（例，被告人の排出にかかる物質によって危険が発生したのではなかったことを，合理的な疑いを超えて証明するまでの必要はない）。そうすると，推定規定の意義は，Ｅが証明された場合に，被告人として容易に行えるはずの反証（Ｆの存在を疑わせるに足りる証拠を提出すること）すらなし得ないことをもって，裁判所がＦの存在について確信を抱いてよいとするものだといえる。したがって，厳密には，挙証責任の転換，すなわち，Ｆの不存在について真偽不明の場合に被告人の不利益にＦの存在を認定するということまでも意味するものではないのである。

　これに対して，犯罪事実の一部について被告人に挙証責任を転換したと考えられる規定も存在する。例えば，同時傷害の特例（刑207条），名誉毀損における真実性の証明（刑230条の2），児童福祉法違反における児童の年齢の不知（児福60条4項），爆発物取締罰則における非犯罪目的の証明（爆発6条）などである。被告人が証明すべき事項は，それぞれ，自己の暴行から傷害が生ぜずまたは軽い傷害のみが生じたこと，摘示事実が真実であったこと，年齢不知について過失がなかったこと，爆発物取締罰則1条の犯罪目的がなかったことである。これらの場合に，被告人に挙証責任を負わせようとする実質的理由は，④検察官の側からの直接的な証明が極めて困難なことにある。しかし，証明困難だけを理由に挙証責任を転換する規定を設けることはできない。被告人が証明不成功に終わったときにこれを処罰してもなお適正手続に違反しない，といえるだけの合理的な理由が必要である。したがって，④のほか，⑤検察官が証明すべき部分から，被告人の反対立証の対象となるべき事柄が，通常は合理的に推認できること，⑥その事柄を証明すべき資料が通常は被告人側にあるなど，被告人の側で証明することが容易であり，

または便宜にかなっていること，⑦被告人の挙証事項を除いても，犯罪として処罰すべき実質が備わっていることなどを総合して，それぞれの規定の合理性を判定すべきである。そして，被告人が負担すべき挙証責任について，証拠提出の責任の限度でのみ課すべきであろうし，あるいは証明の水準について，合理的な疑いを超えた証明までは要求せず，証拠の優越で足りるとすべきではないかなどの議論がある（ただし，名誉毀損における真実性の証明については，合理的な疑いを超える証明が必要だとする見解もある。東京高判昭59・7・18高刑集37巻2号360頁）。これらは，⑥の事情から被告人が容易に証明できるはずの事柄について，その証明の負担を軽減したにもかかわらず，なおも証明できなかった被告人が処罰されるのはやむを得ないとして，挙証責任の転換の正当性を根拠付けようとするものである。

　この点について，最決平成28年3月24日（刑集70巻3号1頁）は，刑法207条の適用の前提として，検察官は，2人以上による各暴行が傷害を生じさせ得る危険性を有するものであることおよび各暴行が外形的には共同実行に等しいと評価できるような状況において行われたこと，すなわち，同一の機会に行われたものであることの「証明を要する」ものであり，その証明がされた場合，各行為者は，自己の関与した暴行がその傷害を生じさせていないことを「立証しない限り」，傷害の罪責を免れない旨判示している。そして，最決令和2年9月30日（刑集74巻6号669頁）は，Aが先行して被害者に暴行を加え，その機会にBが途中から共謀加担したが，被害者の負傷が共謀成立前後のいずれの暴行によるのか不明であり，その傷害を生じさせた者を知ることができないときは，刑法207条を適用する余地があるが，同条によりBに傷害についての責任を

問い得るのは，Ｂの加えた暴行が当該傷害を生じさせる危険性を有するものであるときに限られる旨判示している。

証明の水準

検察官が公訴事実を証拠により証明したというためには，裁判所の心証が「通常人であれば誰でも疑いを差し挟まない程度に真実らしいとの確信」に達していなければならない（最判昭 23・8・5 刑集 2 巻 9 号 1123 頁）。過去の事実について証拠による推論を積み重ねるのであるから，論理的に 100％ の確からしさまでを要求することはできないにせよ，疑問を差し挟む余地のない確実さが必要とされるのであって，証明の水準は極めて高い。アメリカ法でいう「合理的な疑いを超える証明」（あるいは，「合理的な疑いをいれない証明」）とほぼ同じ基準である。そして，判例（最決平 19・10・16 刑集 61 巻 7 号 677 頁〈百選 58〉）は，刑事裁判における有罪の認定には「合理的な疑いを差し挟む余地のない程度の立証」が必要である旨明言するとともに，合理的な疑いを差し挟む余地がないとは，反対事実が存在する疑いを全く残さない場合をいうものではなく，抽象的には反対事実が存在する疑いがあっても，健全な社会常識に照らして，その疑いに合理性がないと一般的に判断される場合に，有罪認定を可能とする趣旨であって，そのことは，直接証拠による事実認定の場合と情況証拠による事実認定の場合とで何ら異なるところはない旨判示した（事案は，爆発物の郵送による殺人未遂等。情況証拠として，爆発物製造方法を示すサイトへのアクセス，爆発物の原材料たりうる物の購入のほか，いくつかの事実がある。原材料たる薬品を別途費消した可能性などいくつかの反論については，「抽象的な可能性」にとどまるとして，被告人が犯人であることは合理的な疑いを差し挟む余地のない程度に証明されているとした）。もっとも，判例によれば，情況証拠によって有罪認定をすべき場合に

304　第 5 章　証　拠　法

は，情況証拠によって認められる間接事実中に，被告人が犯人でないとしたならば合理的に説明することができない（あるいは，少なくとも説明が極めて困難である）事実関係が含まれていることを要するものとされる（最判平22・4・27刑集64巻3号233頁〈百選59〉。被告人の足取りや犯行現場付近で採取された吸殻などでは有罪認定に足りないとされた）。

　裁判員事件において使用されている構成裁判官から裁判員への説明例では，「裁判では，不確かなことで人を処罰することは許されませんから，証拠を検討した結果，常識に従って判断し，被告人が起訴状に書かれている罪を犯したことは間違いないと考えられる場合に，有罪とすることになります。逆に，常識に従って判断し，有罪とすることに疑問があるときは，無罪としなければなりません。」と表現されている。証明の水準について平易な用語で的確な説示をするものとして参考とすべきである。

　簡易公判手続（291条の2），即決裁判手続（350条の16），略式手続（461条）であっても，犯罪事実を認定する以上，証明の水準は同じである。また，刑の加重減免事由や処罰条件の証明も，処罰の可否や範囲を決めるためであるから，同じ水準とすべきである。これに対して，訴訟法上の事実については，証明の水準を緩和してよいであろう（その事実の性質により一律ではないが，多くは，いわゆる「証拠の優越」で足りよう）。

　なお，「疎明（そめい）」で足りるとされる場合は，裁判官に一応の推測を得させればよい（例えば，19条3項・206条1項・227条2項）。

用語解

合理的な疑いを超える証明（proof beyond a reasonable doubt）
理性のある一般人であれば当然抱くであろうような疑いをいれる余地が

2　証拠と証明　　305

ないまでに証明すること。

証拠の優越（preponderance of evidence）　ある事実についての証拠の重み，証明力が，相手方のそれを上回っていること。

3 被告人の供述

① 被告人の供述と自白

自白の意義

被告人の供述は，それが自己に有利か不利かを問わず，また，被告人が真犯人であるか否かにかかわらず，極めて重要な情報源であることに変わりがない。とりわけ，自白については，古くは「証拠の女王」と形容されたくらいである。自白は，要証事実に直接に関連する証拠であるところから，現在でもその重要性は認めざるを得ないが，その評価を誤ると事実認定の帰趨に大きな影響を及ぼすところから，憲法は自白の証拠能力・証明力の両方について明文で制限を設けた（憲38条2項・3項）。

「自白」とは，被告人の供述のうち，自己の犯罪事実の全部または主要部分を認めるもののことである。日時，場所，犯行態様などが公訴事実とは多少食い違っていても，主要部分を認めるものであれば，自白である。構成要件に該当する事実を認めながら，例えば心神喪失を主張する供述も，犯罪事実の主要部分を認めている以上，自白として扱われる。犯罪事実を認める被告人の供述である限り，そのなされた時期（被告人として公判廷で，被疑者の段階で，さらには捜査開始前でも），その形式（口頭，書面のいずれでも），相手方（捜査機関に限らず，私人に対するものでも，あるいは相手方なしでも）のいか

306　第5章　証　拠　法

んにかかわらず，自白である。

　なお，自白を含んだ広い概念として，「不利益な事実の承認」がある（322条1項）。これは，被告人が当該被告事件に関してした供述で，自己に不利益なもののことである。例えば，犯罪事実の一部を認める供述，犯罪事実の認定の基礎となる間接事実を認める供述，さらにはそれ自体は中立的でも他の事実と合わせれば不利益となる供述（例，被害者との面識を認める供述）などがある。その内容が書面に記載されたものであっても，伝聞法則の上ではその例外として証拠能力が認められるが，自白と同様に，供述の任意性が要求されるのである（⇨308頁）。

| 被告人の供述の機会 |

　（1）　まず，公判期日における被告人の供述についてみると，冒頭手続において「被告事件について陳述する機会」を与えられ（291条5項），証拠調べでは「任意に供述をする」ことができ（311条2項），最終弁論では「意見を陳述すること」（293条2項）ができる。もっとも，冒頭手続や最終弁論での陳述は，第一義的には当事者としての意見の主張であるから，それを直ちに証拠として取り扱うわけではない。例えば，冒頭手続において，裁判所が心証を得るために，陳述の内容について詳しい説明を求めることなどは許されない。しかし，被告人の供述としての性質を持つことも否定できず，有罪であることの「自認」（319条3項）であれば，自白としてその規制に服する。有罪であることの自認とは，犯罪の成立を争わず，罪責を認める陳述をいい，冒頭手続における「有罪である旨の陳述」（291条の2・350条の22）は，これに該当する。これらに対して，証拠調べの段階における被告人の供述は，被告人質問に対する応答はもちろんのこと，証人に対して自ら尋問した際の発言内容なども，証拠となるのであ

3　被告人の供述　307

る。

　(2)　公判期日外での供述は，極めて多様である。時期について
みれば，犯罪前にした供述（動機・計画など），犯行後・捜査開始前
にした供述，捜査段階での供述，さらには起訴後に公判廷以外の場
所でした供述などがあり得るし，形式についてみれば，口頭で相手
方に語ったもの，書面等により提出したもの（いわゆる上申書），相
手方なしに自ら書面その他に記録したもの（日記の記載，録音，パソ
コンへの入力）などがあり得る。いずれにしても，公判期日外の供
述を証拠とするためには，何らかの方法によりその内容を公判廷で
明らかにする（「顕出」する）必要がある。相手方がある場合には，
その者が被告人の供述を書面その他で記録したもの（例，捜査官が
作成した供述調書）を提出したり，その者自身が証人として被告人の
供述内容を証言することが考えられる。また，被告人の供述そのも
のが記録されたものである場合には，その記録自体を提出すればよ
い（例，上申書，日記の記載）。これらを通じて，公判期日外の供述
として，伝聞法則の適用による制限がある（320条1項。⇨315頁）。

②　自白の証拠能力

　自白の証拠能力については，いわゆる「任意性」の要件のほか，
公判期日外の場合について伝聞法則の適用がある。

> **自白の任意性**

　(1)　憲法38条2項は，「強制，拷問若し
くは脅迫による自白又は不当に長く抑留若
しくは拘禁された後の自白」の証拠能力を否定し，これを受けて刑
訴法319条1項は，そのような自白のほか，「その他任意にされた
ものでない疑のある自白」の証拠能力を否定した。自白の証拠能力
に関するこの定めを，「自白法則」あるいは「任意性の原則」など

308　第5章　証　拠　法

と呼ぶ（319条1項が憲法38条2項の趣旨をさらにおし進めたものか，それとも憲法の解釈をそのまま確認したものであるかについては，議論がある）。任意性の原則は，不利益な事実の承認を内容とする書面についても，同様に妥当する（322条1項但書）。

　自白法則の実質的根拠については，いくつかの説明がある。従来から，虚偽排除の観点（強制等は虚偽自白を誘引する危険があるから，任意性を欠く自白は類型的に信用性が乏しいものとして排除すべきであるという考え方），および，人権擁護の観点（憲法38条1項の供述の自由を中心とする被告人の人権保障を担保するため，任意性を欠く自白を排除するという考え方）を併せた見解が通説的であった。しかし，その後，違法排除の観点（自白の採取過程における手続の適正さを担保するため，強制等の違法な手段により獲得した自白を排除するという考え方）が有力に主張されるようになった。これは，自白法則も結局のところ，違法収集証拠の排除法則（⇒363頁）を自白について適用した結果であるとする見方ともいえよう。もっとも，319条1項の文言からすれば，違法な手続により，またはその過程で得られた自白のすべてが同項により規律されると考えるのは困難である。

　判例は，当初，虚偽排除の観点を重視していたといわれる（警察官の叱責・誘導があったとしても強制による自白とはいえないとした最大判昭23・7・14刑集2巻8号856頁，違法な勾留中に作成された自白調書の証拠能力を肯定した最判昭25・9・21刑集4巻9号1751頁など）。しかし，その後，人権擁護の観点を重視していると思われる判例が現れた（手錠をかけたまま取り調べて得た自白について，心身への圧迫によって任意の供述を期待できないと推定されるから，その任意性に疑いを差し挟むべきだとする最判昭38・9・13刑集17巻8号1703頁〈百選A32〉など）。さらには，偽計を用いた取調べ方法による自白を排除した判

決（最大判昭 45・11・25 刑集 24 巻 12 号 1670 頁〈百選 69〉）が現れると，判例は違法排除の観点をとり入れたとする評価もなされたが，そのような説明が適切であるかは疑問である。

　結局のところ，自白排除の原因となる事由にはいくつかの異なったものが含まれているので，自白法則の実質的根拠も競合しているものと考えるべきであろう。例えば，強制を加えると供述の自由が侵害されるばかりでなく，虚偽自白を誘発するおそれも高いから，そのような自白は排除すべきであるし，拷問による自白は，そのような違法な手続自体が禁忌すべきものだから，これを排除するのである。そして，319 条 1 項にいう「任意にされたものでない疑のある自白」とは，供述に関する自由な意思決定を妨げ，あるいは虚偽自白を誘発するような類型的事情の下でなされた自白をいうものと解した上で，さらに，それとは別に違法収集証拠として，任意性とは別の観点から自白が排除される場合があると考えるべきであろう（違法な取調べの影響下でなされた自白について，排除法則を採用して証拠能力を否定した事例として，東京高判平 14・9・4 判時 1808 号 144 頁〈百選 71〉がある）。

　（2）　公判期日における被告人の自白について，任意性が疑われる事例は，通常の場合は考えにくい。しかし，出廷前の脅迫や強要の効果が続いていた場合や，勾留が不当に長くなっていたと判明した場合など，証拠能力を否定すべきときもあり得る（不当に長い抑留・拘禁後の自白として排除した事例として，最大判昭 23・7・19 刑集 2 巻 8 号 944 頁などがある）。

　これに対して，公判期日外でなされた自白については，証拠能力をめぐって深刻な争いが生じることがある。身柄拘束中の被疑者を取り調べる際に，捜査機関が追及的な態度に出ることがあるため，

その結果得られた自白の証拠能力が問題となるのである。まず，強制，拷問による自白であれば，証拠から排除されるのは当然である（最大判昭26・8・1刑集5巻9号1684頁，最判昭32・7・19刑集11巻7号1882頁など）。しかし，多くの場合争いになるのは，強制，拷問等に直ちに該当するとはいえない事情の下で，なお任意性に疑いがあるといえるか否かについてである。①第1に，強制に準ずるものとして，手錠を施したまま取り調べて得た自白（最判昭38・9・13刑集17巻8号1703頁〈百選A32〉，最判昭41・12・9刑集20巻10号1107頁），糧食の差入れを禁じてその間に得た自白（最判昭32・5・31刑集11巻5号1579頁）などは，特段の事情がない限り，自白の任意性について疑いがあるとすべきである。また，被疑者が重病または薬物の禁断症状下であったり，あるいは体調や取調べの状況により疲労困憊に陥ったりしている場合にも，その間になされた自白の任意性には疑いが生じるであろう。②次に，脅迫に準ずるものとして，取調べの状況が威圧的である場合，その程度によっては自白の任意性に疑いが生じる。理詰めの取調べ（最大判昭23・11・17刑集2巻12号1565頁），追及的な質問，数人がかりの取調べなどは，それだけで直ちに任意性に疑いを生じさせるとはいえないが，被疑者の年齢，精神状態などからみて供述の自由が確保されていないようなときは，任意な自白とはいえないであろう。③さらに，畏怖心とは別の心理的圧迫を加えるものとして，利益誘導あるいは偽計による取調べがある。取調べの過程で，起訴猶予（最判昭41・7・1刑集20巻6号537頁〈百選68〉），早期釈放，恩赦など，刑事責任に関する約束をして得た自白は，任意性を肯定することができない。金銭の供与，薬物中毒者に対する薬物の供与などによる利益誘導についても，同様である。偽計による取調べについては，欺罔的手段の内容により，被

疑者の心理をいたずらに混乱させ，虚偽自白を誘発するおそれが類型的に高いと判定されるものもある。いわゆる「切り違え尋問」で共犯者が自白しているものと錯誤に陥れたり（最大判昭45・11・25刑集24巻12号1670頁〈百選69〉），現場に遺留された体液が被疑者のものと一致するとの虚言を用いたり（東京地判昭62・12・16判時1275号35頁）するのが，その例である。

（3）　自白を獲得する過程で手続上違法があったときは，多くの場合，自白の任意性にも疑いが生じる。例えば，違法な身柄拘束中に得られた自白であれば，手続の違法が被疑者の心理に与えた影響は無視できない。もっとも，違法な身柄拘束中の供述調書もそれだけでは任意性は否定されないとした事例（最判昭27・11・25刑集6巻10号1245頁）や，接見時間が2，3分に制限され，警察官の立会いがあったとしても，自白の任意性は当時の情況から別途判断すべきだとした事例（最判昭28・7・10刑集7巻7号1474頁）もある。しかし，違法に獲得された自白は，任意性に疑いがある場合はもちろん，そうでない場合にも重大な違法が伴うときは，手続の公正の観点から証拠能力を否定すべきである。

①まず，身柄拘束について，憲法違反がある場合，あるいは刑訴法に違反する重大な瑕疵がある場合は，その間に得られた自白の証拠能力は否定すべきである。令状主義に反する身柄拘束，法定の期限を超えた身柄拘束，身柄拘束の理由も必要も欠けていた場合などがこれに当たる（要件なしに現行犯逮捕した被疑者の自白を排除した事例として，大阪高判昭40・11・8下刑集7巻11号1947頁）。また，別件逮捕・勾留中に得られた自白の証拠能力に関する問題も，ここでの議論の一環である。②次に，身柄拘束中の被疑者が，弁護人の援助を受ける権利を侵害されたときは，その間の自白の証拠能力は否定

すべきである。弁護人選任の要求を無視した場合，接見制限に重大な違法があった場合などが，これに当たるであろう（⇒150頁）。③黙秘権の不告知については，それだけで自白の証拠能力を否定すべき事由になるか疑問であるが（最判昭28・4・14刑集7巻4号841頁参照），供述義務があると誤信している者にことさら告知せず，あるいは積極的に供述義務ありと誤信させたような場合は，自白を排除する必要がある。

　（4）　任意性に疑いがある自白は，およそ証拠とすることができない。被告人が証拠とすることに同意したときでも（326条），あるいは，簡易公判手続や即決裁判手続において証拠とすることに異議がなくても（320条2項但書・350条の27但書参照），変わりがない。また，弾劾証拠（328条）として用いることもできない。

　自白の任意性についての挙証責任は，それを証拠として提出する検察官にある。そして，不任意の疑いのある自白は証拠能力がないのであるから，検察官は，自白の任意性に疑いがないことを立証しなければならない。もっとも，被告人の側に争点形成の責任はあるから，自白の任意性を争うための一応の事実を提示する必要がある。任意性の立証のためには，被告人質問，捜査官の証人尋問，ときには，取調べ状況把握のために留置人出入簿や取調べ状況報告書，取調べの状況を録画したDVDなどの証拠調べがなされるであろう。

　さらに，301条の2第1項各号に掲げる事件については，検察官は，逮捕または勾留されている被疑者の取調べまたは弁解録取に際して作成され，かつ，同人に不利益な事実の承認を内容とするものの取調べを請求した場合において，被告人または弁護人が任意性につき異議を述べたときは，任意性立証のために同条4項所定の記録媒体の取調べを請求しなければならない。

3　被告人の供述　313

Column 「任意」

　任意とは，もともと，その人の意思にまかせることをいう。もっとも，刑訴法が「任意」という用語を用いるときは，いくつかの場面があるので，その意味は必ずしも一様ではない。まず，「任意に」という用語が，「法律上の義務なしに」という趣旨で用いられることがある（例えば，「任意に提出した物」〔101条・221条〕）。また，法律上の義務がないことを前提として，さらに「圧迫や強制などを受けることなく」という趣旨でも用いられる（例えば，「任意に供述をする場合」〔311条2項〕）。自白が「任意にされたもの」（319条1項）かどうかも，「圧迫や強制などを受けることなく」という意味合いと思われるが，その実質的論拠・基準について本文で述べた議論があるので，それぞれの観点から，「虚偽自白を誘発する類型的事情がないのに」「供述の自由を侵害する事情がないのに」「自白採取の過程における手続に違法がないのに」という趣旨だと解されることになろう。325条が定める「供述が任意にされたものかどうか」の調査については，供述の種類によりさまざまな場合がある（⇨345頁）。これらとは別に，法文上の用語ではないが，「任意処分」「任意捜査」「任意同行」などの言葉も使われる。これらは，いずれも，「強制の処分」（197条1項但書）に相対するものと位置づけられる。すなわち，「相手方の意思を制圧し，重要な法益を侵害する」という意味での「強制」には至っていないということである。「全く自発的に」，あるいは「承諾を与えて」というのと，同じではない。

伝聞法則との関係

　（1）　供述証拠は，被告人の供述に限らず一般に，公判期日の供述と公判期日外の供述とで区別する必要がある。公判期日外になされた供述を証拠とすることは，一定の場合を除き，制限されるのである（320条1項）。これは，いわゆる伝聞法則を定めたものであるが，さらに，憲法37条2項の保障する証人審問権に由来する制約でもある（なお，伝

314　第5章　証　拠　法

聞法則については，⇨327頁。証拠とすることができる一定の場合〔321条
〜328条〕に該当することを，「伝聞例外」という）。

(2) 被告人の供述については，もともとの供述者は被告人自身
であるから，これを「審問する」ことはあり得ず，憲法37条2項
の問題はない。しかし，公判期日外の供述を，その供述内容に沿う
事実を立証するために用いる場合であるから（⇨292頁），320条1項
の対象として考える必要がある。

刑訴法は，公判期日外の被告人の供述として，書面で公判廷に顕
出される場合（「被告人が作成した供述書」および「被告人の供述を録取
した書面で被告人の署名若しくは押印のあるもの」。322条1項）と，伝聞
証人の供述による場合（「被告人以外の者の公判準備又は公判期日におけ
る供述で被告人の供述をその内容とするもの」。324条1項）とを定めて
いるが，伝聞例外として証拠能力が認められる要件は同じである。

すなわち，第1に，不利益な事実を認める場合には，任意性の要
件さえ満たしていれば足りる。自己に不利益な事実を任意に供述し
ているときは，通常はその信用性が高いから，証拠として許容する
ものとしたのである（もちろん，証拠として許容することと，これを信
用することとは別論である。信用性そのものは，裁判官の合理的な判断に
委ねられる）。被告人が公判廷で争っているときには，公判期日外の
承認と公判廷での否認とで供述の内容が食い違っているから（これ
を「自己矛盾」という），当事者としての言い分のいずれをも証拠と
して許容し，心証形成の資料にすべきだということも理由になって
いる。

第2に，供述内容が自己に不利益なものではない場合には，「特
に信用すべき情況の下でされたものであるとき」が，伝聞例外のた
めの要件である。被告人は黙秘権を有するから（311条1項，憲38

3　被告人の供述　315

条1項），検察官からの反対尋問にさらされることはないし，被告人質問（311条2項・3項）によっても公判廷外の供述について十分なチェックができるとは限らない。そこで，いわゆる特信性を証拠能力の要件にしたのである。

　なお，これらとは別に，「被告人の公判準備又は公判期日における供述を録取した書面」も，任意性が認められる限り証拠とすることができる（322条2項）。被告人の公判期日における供述は，本来それを耳で聞いた内容がそのまま証拠になるものであるから，この条項が適用されるのは，被告人が供述した時の裁判官とは異なる裁判官が判決裁判所を構成するときである（例えば，公判手続が更新されたとき，破棄差戻し・移送により新たな裁判所が審理を続けるとき）。公判準備で被告人の供述を録取することは，あまりない（検証に立ち会った被告人の供述，期日外の証人尋問での被告人自らの尋問や反駁などが考えられるにすぎない）。

Column 供述書・供述録取書 ━━━━━━━━━━━━━━

　「供述書」とは，供述者自らがその供述内容を記載した書面である。例えば，上申書，被害届，捜査報告書，さらには，日記，手紙，帳簿など，供述者本人が作成者になっているものが，これに当たる。「供述を録取した書面」とは，第三者が供述者から聞き取った供述内容を記録した書面である（略して「供述録取書」という）。例えば，供述調書，証人尋問調書など，供述者以外の第三者が作成したものが，これに当たる。刑訴法は，供述者が被告人の場合について322条で，被告人以外の者の場合について321条で，それぞれ伝聞例外の要件を定めた。そのいずれについても，供述録取書の場合には，供述者の署名押印が必要である。これは，二重の意味で伝聞証拠だからである。すなわち，供述者Aが直接公判廷で供述していない点だけでなく，供述を聴き取ったBが，自ら公判廷で聴取内容を供述せずに，書面で供述内容を報告している点

316　第5章　証　拠　法

も，伝聞に当たるのである。Ａの署名押印は，このうち第1の伝聞過程について，伝聞例外を認めるための要件である。それは，Ａが録取の正確性を認めたことを意味し，Ｂを公判廷で尋問しなくても，Ｂの聴取した内容がＢ作成の書面に正確に記載されたことを保障することになるからである。これに対して，供述書の場合には，供述者の署名押印は必須ではない（321条につき，最決昭29・11・25刑集8巻11号1888頁。322条につき，東京高判昭40・1・28高刑集18巻1号24頁）。

③　自白の証明力

　被告人の供述（特に，自白）の証明力は，要証事実との関連性の点では極めて強いものがあるので，その信用性は慎重に評価する必要がある。さらに，自白のみで有罪とすることはできないとの特殊な制約が定められている。

補強法則

（1）　憲法38条3項は，「自己に不利益な唯一の証拠が本人の自白である場合」には有罪とすることができないと宣言し，これを受けて刑訴法319条2項は，「公判廷における自白であると否とを問わず」自白のみで有罪を認定することはできないことを定めた。すなわち，被告人を有罪とするには，自白以外の他の証拠が必要である。この場合の自白以外の他の証拠のことを「補強証拠」といい，他の証拠を必要とする原理を「補強法則」という。補強法則は，明文の規定で自白の証明力を制限したものであって，自由心証主義（318条）の例外である。

　補強法則の実質的な根拠は，自白の偏重を防止することによって，誤判の危険を避ける点にある。すなわち，自白の内容だけでどんなに心証形成ができたとしても，なおこれを確認するだけの補強証拠

3　被告人の供述　317

が必要であるとして，有罪の認定に万が一の誤りをも生じさせない工夫をこらしたのである。また，自白だけでは有罪にできないことを宣言することにより，捜査機関の関心を他の証拠にも振り向けさせ，自白獲得に専念することに伴う弊害を防止する効果もある。なお，証拠調べの手続においても，自白の取調べの請求に制限を設けて（301条），自白偏重の防止を図っている。

(2)　公判期日において被告人が自白した場合にも，なお補強証拠が必要か否かについて，憲法の解釈としては争いがあった。判例は，憲法38条3項の「本人の自白」には公判廷の自白が含まれないとして（最大判昭23・7・29刑集2巻9号1012頁〈百選A33〉），補強証拠は不要であるとした。裁判所の面前でなされた供述の信用性は，裁判所自身が判断でき，他の証拠を必要とするまでもないというのであろう。刑訴法が，公判廷の自白の場合にも補強証拠を要求したのは，憲法の趣旨をさらに一歩進めたものと理解するわけである。このような憲法解釈の当否は疑問であるが，刑訴法の規定により公判廷の自白のみで有罪とすることができないのは明らかであるから，実質的な争点になることはほとんどない（ただし，前記の憲法解釈は，アレインメント〔⇒237頁〕の採用をめぐる立法論には関連があるという考え方もある）。

(3)　補強法則の解釈で第1に問題となるのは，補強証拠によって証明すべき事実の範囲である。通説は，これを説明するために「罪体」という観念を用いている。これは，犯罪事実のうち，被告人が犯人であること（犯罪と被告人との結びつき）および主観的要素（故意・過失，目的犯における目的など）を除いた部分を指している。逆に見れば，法益に被害があった客観的事実，およびそれが犯罪行為によるものであることを指すといってもよい（例，火災，およびそ

318　第5章　証　拠　法

れがだれかの放火によること）。自白偏重の防止という観点からすれば、このような犯罪の客観的側面の主要部分について他の証拠の存在することが、必要かつ十分とされるのである。

　もっとも、判例は、補強証拠が自白にかかる事実の真実性を保障し得るものであれば足りるとして（最判昭23・10・30刑集2巻11号1427頁）、さらに緩やかな判断基準を用いている（実質説ともいう）。そして、例えば、強盗致傷罪について傷害に関する被害者の供述だけで（最判昭24・4・30刑集3巻5号691頁）、あるいは盗品等運搬罪について盗難届だけで（最決昭26・1・26刑集5巻1号101頁）、補強証拠としては十分であるとした。これは、自白に補強証拠が必要とされるのは、全く架空の事実を自白した人が処罰されることを防止するためであるとの理解に基づき、個々の事案ごとの証拠関係に柔軟に対処するためであった。しかし、その後判例は、無免許運転罪につき、運転行為だけでなく免許を受けていなかったという事実にも補強証拠が必要であるとしている（最判昭42・12・21刑集21巻10号1476頁〈百選76〉）。これは、罪体説からの結論とも一致しており、判例は、実質説を一応は維持しつつも、補強の範囲を罪体の主要部分とする見解に近づいたともいえよう。

　（4）　第2の問題点は、補強証拠による証明の程度である。これについては、補強証拠それ自体の証明力を要求する考え方と、自白との相関関係で補強の程度を判断すればよいとの考え方がある。判例は、前述(3)の問題とも関連して、被告人の自白と補強証拠とがあいまって全体として犯罪事実を認定できるときは、自白の各部分について一々補強証拠を要するものではないとしているから（最大判昭24・5・18刑集3巻6号734頁）、後者の相対的な考え方によっているようである。しかし、補強証拠は自白の内容のいかんを問わず

3　被告人の供述　319

要求されるものであるから，自白と切り離して補強証拠だけで一応の証明がなされることが必要であるとすべきであろう。とりわけ，公判期日外の自白については，補強証拠の取調べ請求が先行するから（301条），手続的にもこのような判断方法こそがなじむと考えられる。

(5) 第3の問題点は，補強証拠となり得るための要件である（これを，「補強証拠適格」ともいう）。補強証拠も犯罪事実を認定するための証拠であるから，証拠能力がなければならないのは当然であるが，補強法則の趣旨から，自白以外の証拠であることが必要となる。被告人の自白を内容とする第三者の供述は，補強証拠とすることができない（最判昭30・6・17刑集9巻7号1153頁）。被告人の供述は，補強されるべき自白とは独立のものとはいえないから，その供述が自白でないときでも，原則として補強証拠とすることはできない。ただし，捜査の進展とは無関係に作成された記録等で，補強されるべき自白とは別個独立の存在といえるものは，例外的に補強証拠とすることを認めてよい（最決昭32・11・2刑集11巻12号3047頁〈百選A34〉は，犯罪の嫌疑を受ける前に被告人が備忘のため取引関係を記入した未収金控帳につき，補強証拠とすることを認めた。機械的・継続的な記載で，被告人の認識という個性に乏しいから，結論は是認できよう）。

自白の信用性 被告人の供述は，その信用性につき慎重な判断が必要である。とりわけ，公判期日外で自白した被告人が，公判廷で公訴事実を争う場合には，自白の任意性はもとより，その信用性も重大な争点となるであろう。裁判官としては，虚心坦懐に被告人の言い分に耳を傾け，合理的な心証形成に努めるほかないが，その際には，供述証拠一般の性質や自白の特質に関する理解が重要な手がかりとなる。

自白の信用性の判断に当たっては，被告人の属性（年齢，精神状態，被暗示性など），自白に至った情況（取調べの態様，自白の時期・態様）のほか，自白そのものの内容，他の証拠や客観的事実との符合などについて，特に留意する必要がある。いくつかのポイントをあげよう。①自白の経緯，供述の変遷の有無・程度はどうか（捜査段階の初期からすでに自白したものか，自白は一貫して維持されているか，供述内容が大きく変遷している場合にその理由が合理的に説明できるか等）。②他の証拠や客観的事実と符合するか（自白の主要部分について客観的な裏付けがあるか，自白を裏付ける他の供述証拠は取調べの過程で自白との相互の影響なく得られたものか等）。③自白の内容として，あらかじめ捜査官が知り得なかった事項で捜査の結果客観的事実であると確認されたものが含まれているか（いわゆる「秘密の暴露」）。④自白自体に不自然・不合理な内容が含まれていないか（事態の流れとして自然なものか，真犯人であれば当然触れるべき事項が欠落していないか等）。⑤体験供述としての性質をもっているか（具体性，迫真性，臨場感，素朴さ，明確性などが認められるか等）。これらを含めたいくつかの指標から，総合的に自白の信用性を判断すべきである。

> **共犯者の自白**

（1）　被告人Ｘの公判において，Ｘの共犯だとされるＡの供述が証拠として用いられることがある。すなわち，公判廷でＡが「Ｘといっしょに空き巣に入った」と証言した場合，あるいは捜査段階でＡが「Ｘといっしょに空き巣に入った」と供述し，それが検察官調書となっている場合などである。これらのＡの供述をＸに対する関係で用いるとき，一般に「共犯者の自白」と呼んでいる。Ａの供述をＡ自身に対する関係で用いるのであれば，まさに自白そのものであって，他に補強証拠が必要である。では，Ｘに対する関係で用いる場合

3　被告人の供述　　321

にも，証明力が制限されることになるのであろうか。このような疑問が出てくる理由は，こうしたＡの供述は純然たる第三者の供述の場合とは異なって，Ａ自身の罪責を免れるため，あるいは軽減させるために，被告人Ｘに責任を転嫁したり，無関係なのに犯人として指摘して巻き込んだりするなど，虚偽の危険が大きいからである（実は，Ａだけの犯行であったり，あるいはＡが主導的に行った犯行でＸは見張りをしたにすぎない，ということがあり得る）。そこで，Ａの供述は，Ｘ自身の自白ではないが，それと同様に補強証拠を必要とすべきではないか，すなわち，憲法38条3項，刑訴法319条2項にいう「自白」に準じて，補強法則の対象とすべきではないかが議論されるのである。

　(2)　それでは，被告人Ｘが否認し，Ａの供述しかないときに，これを唯一の証拠としてＸを有罪にすることができるか。有罪を言い渡すことはできないとする立場（補強証拠必要説）は，①自白偏重を防止する趣旨からして，Ｘの自白しかない場合とＡの供述しかない場合とを区別すべき理由がないこと，②Ａは自分の自白しかないから無罪とせざるを得ないが，否認しているＸを有罪とするのを認めると，「否認しているＸは有罪，自白しているＡは無罪」という不合理な結果になること，③合一的確定が害される（共犯者だとされているのに，一方は無罪，他方は有罪と事実認定が分かれる）のは好ましくないこと等の論拠をあげる。これに対して，有罪を言い渡すことができるとする立場（補強証拠不要説）からは，①Ａの供述は，被告人Ｘ自身の供述ではないから，自白とは異なること，②Ｘが有罪となるのは，Ａの供述が反対尋問による吟味を経て証明力を評価されたためであって，不合理ではないこと，③共犯者が共同審理されているときはともかくとして，別々の手続で審理され

ているときは，合一的確定の要請も絶対とはいえないこと等の論拠が示される。

（3）　判例は，当初若干の揺れを示したが，その後は一貫して補強証拠は必要ではないとの立場をとっている。その理由は，共犯者も第三者であり，反対尋問によりその信用性を争うことができるから，その供述の評価は裁判官の自由心証に委ねられるべきだということである（最大判昭33・5・28刑集12巻8号1718頁〈百選A44〉〔練馬事件〕，最判昭51・2・19刑集30巻1号25頁，最判昭51・10・28刑集30巻9号1859頁〈百選77〉）。自白とは異なった信用性の吟味が可能であるということを重視すれば，補強証拠は不要であるとの結論を是認することができよう。また，補強法則の必要とされる理由が，架空の事実による処罰の防止，犯罪の客観的側面の裏付け（⇨317頁）である以上，Aの供述に補強証拠を要求しても，実はAによる責任転嫁や引っ張り込みの危険はほとんど防止できないのである（補強法則は，前述の例でいえば，空き巣による被害等の客観的側面につき補強証拠を要求するにすぎず，Xの犯行加担についてまで要求するものではない）。したがって，補強法則ではなく，Aの供述についての十分な反対尋問にこそ，信用性吟味の主役を担わせるべきであろう。

なお，実際問題としては，Aの供述だけで，ほかに全く裏付けとなる証拠がないようなときは，X有罪の確信を得ることは困難である。その意味では，補強証拠の必要・不要をめぐる争いは，むしろ理論的な性格が強い論争であった（Aの供述以外の証拠が，例えば上級審ですべて証拠能力を否定されたような場合に，実際の結論に影響が出るにすぎない）。

（4）　共犯者だとされる者の供述は，自白であるときに限らず，その信用性の吟味において慎重な姿勢が必要である（補強証拠につ

3　被告人の供述　　323

いて，必要・不要のいずれの考え方をとる立場も，このことは共通に認識している）。したがって，供述の信用性に関する種々の判断基準（供述の具体性，供述変遷の理由，他の証拠との合致など）を当てはめるに際しては，被告人の自白の場合にも増して厳密な検討が必要であろう（そのような具体例として，最判平元・6・22 刑集 43 巻 6 号 427 頁）。

4 被告人以外の者の供述

① 供述の機会および内容

刑事訴訟では，被告人以外の者の供述も重要な情報源となる。その中心となるのは，被害者や目撃者などの関係人の供述であるが，そのほかにも鑑定人の供述や，検証をした司法警察職員の供述などさまざまなものが証拠となるであろう。例えば，自動車の運転者が横断中の歩行者をはねて負傷させた場合，目撃者 A の「横断歩道の信号は青だった。」との供述，あるいは事故現場を実況見分した司法警察職員 K が現場の情況を報告する供述などが証拠となる。その場合，例えば A の供述を証拠として取り調べるには，① A 自身が公判廷で証人として証言するものとすればよいが，そのほかにも，② A が供述内容を自ら記載した書面（いわゆる「上申書」など），③ A が供述した内容を第三者が記載した書面（司法警察職員や検察官が作成した供述調書など），④ A が供述した内容を聞いた B の公判供述（「A が横断歩道の信号は青だったと言っていた。」との B の公判供述）によっても，その内容を知ることができる。このように，同じく目撃者 A の供述を証拠にする場合であっても，公判期日における A の供述によるとき（①）と，公判期日外の供述を書面や第三者

324　第 5 章 証　拠　法

Ｂの供述を介して公判廷に顕出するとき（②～④）とがあり得る。そして，刑訴法は，それらを証拠とするための要件を区別し，公判期日外の供述を証拠とすることには慎重な姿勢を示した（320条1項。「伝聞法則」）。

② 公判期日における供述

証人または鑑定人等は，公判廷で尋問することにより証拠調べを実施する（304条。⇨245頁）。ここでは，証人，鑑定人等の順に，公判期日における供述の証拠法上の問題点を取り扱うこととしよう。

証人の供述　証人の公判廷における証言について，証拠能力の制限を定めた直接の規定はない。しかし，証人尋問の性質や手続的制約から，いくつかの場面でそれが問題となることがあり得る。まず，証人は自らが体験したことがらについて，その個人的な知識・経験を証言すべき者であるから，単なる意見・議論のたぐいは証拠とすることができない（規199条の13第2項3号・4号参照。もっとも，直接に体験した事実をもとにして推測した事項を供述させることは可能である。156条1項）。また，証人として証言するためには，過去の経験を記憶し，公判廷でのやり取りを理解して応答しなければならないから，そのような精神的活動を遂行するだけの能力が欠けている者の供述は，証拠とすることはできない。もっとも，精神障害者の供述であってもそれだけで証拠能力が否定されるわけではないし（最判昭23・12・24刑集2巻14号1883頁），年少者の供述であっても同様である（交通事故を目撃した4歳の幼児〔東京高判昭46・10・20判時657号93頁〕，わいせつ被害を受けた4歳の幼児〔神戸地姫路支判平8・10・22判時1605号161頁〕の供述を証拠とした事例などがある）。いずれにしても個別具体的な判断によ

4　被告人以外の者の供述　325

らざるを得ないが，宣誓させないでの証人尋問（155条）や公判期日外の証人尋問（281条）を用いたりするなど手続的な配慮が必要であるし，証拠能力が認められる場合であっても証明力の判断には慎重な姿勢が要求される。

　検察官が取調べ請求した証人が，主尋問の終了した後に，死亡，所在不明，心身の故障などの事由により，反対尋問に応じることができなくなったときは，その供述を証拠とすることには問題がある（公判期日における供述なので，320条1項の制限には服さないが，類似の問題を含んでいるともいえる）。憲法37条2項前段は，被告人に「証人に対して審問する機会」を保障しているから，反対尋問権を行使できなかった場合は，およそ証拠とすることができず，証拠排除決定（規207条）が必要であると考えることもできる。しかし，裁判所の面前の供述であること，偽証の制裁を伴う宣誓の下での供述であることを考慮すると，主尋問に対する供述は，信用性が類型的に欠けているとまではいえない。したがって，供述の直接性や宣誓をもってしても，証人審問の機会に代替しうるだけの信用性の保障が得られず，これを証拠とすると被告人の利益が害される場合に排除決定が必要となると解すべきである。

　供述証拠の証明力を判断することは，必ずしも容易ではない。証人の観察や記憶の正確性を詳細に吟味すること，他の証拠関係との整合性を検討することなどのほか，供述心理学の成果を利用することも考慮すべきである。それでもなお，犯人識別供述（現場で目撃した犯人像と被告人とが一致するか否かに関する供述）の信用性などは，公判において激しく争われることも多い（その一例として，東京高判平7・3・30判時1535号138頁）。

|　鑑定人の供述　| 裁判所は，特別の知識・経験を有する者の判断を必要とするときは，鑑定を命ずるこ

とができる（165条）。例えば，被告人の犯行時および現在の精神状態について，精神科医の専門的な判断を求める場合などである。この場合，鑑定人として選任された精神科医は，宣誓をした上で（166条，規128条），被告人との面接・診断，関係人からの事情聴取，生育歴等に関する資料の調査などをふまえて，鑑定の経過および結果を鑑定書または口頭で報告することになる（規129条）。報告が口頭のみによって行われるのであれば，基本的に証人尋問と同様である（304条・171条）。しかし，特別な知識・経験に基づく専門的な判断は，詳細な鑑定書で報告されるのが通例である。その場合，鑑定書は，公判期日における供述に代えて書面を証拠とするものであるから，伝聞法則の適用を受けることになる（320条1項・321条4項。⇨341頁）。

　なお，捜査段階で捜査機関が鑑定の嘱託をすることもある（223条1項）。例えば，殺人被疑事件で，被害者の死亡原因・死亡時刻について法医学者の専門的な判断を求める必要がある場合である。公判期日にその者の供述を求めるのであれば，証人尋問によることになる。もっとも，鑑定受託者の捜査機関に対する報告も書面でなされるのが通例であり（これも「鑑定書」と呼ばれる），これを公判廷で取り調べるときは，やはり伝聞法則の問題となる（⇨341頁）。

③　公判期日外の供述（伝聞法則）

|　伝聞法則の意義　| 前述（⇨324頁）の設例のとおり，Aの供述は，A作成の上申書，捜査機関が作成

したAの供述調書，Aの供述を聞いた証人Bの公判供述などによ

っても，その内容を知ることができる。しかし，そのようなＡの
目撃証言については，見誤りの可能性はなかったか，記憶の混同・
変容などのおそれなく保持できたか，記憶の内容を言い誤りなく表
現できたか，また虚言その他誠実性を疑わせる事情はないかなど，
供述内容の正確性，信頼性をチェックする必要がある。もしも，Ａ
自身が公判廷で証人として供述するのであれば，①真実を述べる旨
の宣誓をし，偽証について警告されており（154条，規120条），②
裁判所が供述の態度や状況を観察して，心証を形成することができ，
③その供述により不利益を受ける当事者の側で，反対尋問による供
述のチェックをする機会がある。ところが，書面やＢの供述では，
もともとのＡの供述につき①②③のいずれも満たしていないので，
その信用性を直接チェックすることができない。そこで，刑訴法
320条1項は，公判期日の供述に代えて書面（上申書，供述調書等）
を証拠とすること，および公判期日外における他の者の供述（Ａの
供述）を内容とする供述（Ｂの供述）を証拠とすることは，一定の要
件に該当する場合を除きできないものとした。このように，公判期
日外でなされた供述について，供述内容に沿う事実を立証するため
の証拠としては，原則としてその証拠能力を認めない考え方を，
「伝聞法則」という。供述内容に沿う事実を立証するためとは，Ａ
の供述が存在することを証拠とする場合ではなく，Ａの供述の内
容からその内容どおりの事実があることを立証する場合のことをい
う（⇒292頁，330頁）。そして，設例のＡの供述のことを「原供述」
といい，Ａの供述を内容とする書面やＢの供述のことを「伝聞供
述」，特に証人Ｂのことを「伝聞証人」という。伝聞証拠であって
も一定の要件に当たるとして証拠能力が認められる場合があるが，
これを「伝聞例外」という（321条以下。⇒331頁）。このような考え

328　第5章　証　拠　法

方は，もともとアメリカ法にあったものであり，そこでは，憲法的保障としての証人対質権（right of confrontation）と証拠法上の原則としての伝聞法則（hearsay rule）とがその内容をなしていた。わが国も，憲法 37 条 2 項前段の証人審問権，および刑訴法 320 条以下の伝聞法則とその例外として，そのような考え方を導入したのである。

320 条以下の規定に「伝聞」という用語は現れない。しかし，現行法の立法経過からすれば，伝聞法則を採用したものであることが明らかである。判例も現行法制定直後から「伝聞」という用語を用いている（例えば，最決昭 26・9・6 刑集 5 巻 10 号 1895 頁，最判昭 38・10・17 刑集 17 巻 10 号 1795 頁）。もっとも，判例は，憲法 37 条の証人審問権について，現に出廷させた証人に対する反対尋問権を保障しただけであって，反対尋問する機会のなかった者の供述を録取した書類は絶対に証拠にできないという意味ではないとしているから（最大判昭 24・5・18 刑集 3 巻 6 号 789 頁），被告人の側から見て伝聞法則とは証人審問権から必然的に要請されるものである，とまでは理解していないことになる。しかし，当事者の反対尋問が伝聞法則の中核的要素であることからすると，伝聞例外を設けることが適切であるかどうかは，つねに憲法上の保障を考慮しつつ判断すべき事柄であるといえよう。

なお，320 条は「直接主義」（事実認定をする裁判所が直接に証拠を取り調べるという原則）を強化したものであるとの見解もあった。たしかに，旧法までの議論において，捜査機関や予審判事（⇒258 頁）が取り調べた結果としての書類に依存する傾向をめぐって，直接主義の当否が争われていたから，現行法がそれについて一定の結論を示したとの見解にも，理由がないわけではない。しかし，立法の経

4　被告人以外の者の供述　　329

緯や憲法 37 条の存在を考慮すると，320 条は伝聞法則を定めたものと理解すべきである。

Column 非伝聞

　一見すると伝聞法則の適用を受けるような証拠であっても，実はそもそも伝聞ではないものがある。これを「非伝聞」という（伝聞証拠ではあるが一定の例外的事由に当たるとして許容される「伝聞例外」とは異なる）。その 1 は，要証事実との関係で現れる。例えば，「A が X のカンニングを見たと言っていた。」という趣旨の B の供述は，A が目撃した内容に沿う事実を立証するためのものであるならば当然に伝聞であるが，A がそういう発言をした（それによって X の名誉を毀損した）ことを立証するためであるならば，まさに B 自身が知覚した事実であって，非伝聞である。このように要証事実との関係で非伝聞となる場合があるが，そのときは発言の存在そのものを立証することについて，関連性を慎重に判断しなければならない（発言内容に沿う事実の立証ではなくて，発言の存在そのものを立証することは，公訴事実との関係では意味がないことが多い。例えば，最判昭 30・12・9 刑集 9 巻 13 号 2699 頁〈百選 78〉では，強姦致死事件の被害者 A による「X は好かん，いやらしいことばかりする」旨の供述を内容とする B の公判証言は，X が情交を遂げたいとの野心を持っていた事実を立証する場合には，伝聞であるとした。A の発言の存在そのものから，X の野心の有無を認定できるわけではなく，A の発言した内容に沿う事実があったかどうかでその認定が左右されるのである）。その 2 は，供述した者において，知覚・記憶・表現・叙述の過程の相当部分が欠けている場合である。例えば，襲撃計画を練るための事前共謀に当たって，襲撃の予定，分担などの内容を明らかにするために記載したメモ（犯行計画）は，当該事前共謀の存在を要証事実とする場合には，非伝聞としてよい。その書面は作成者のその時の精神状態（犯行の意図）を表示したものであって，反対尋問によって知覚の正確性等をチェックするまでの必要はなく，表現が真摯なものか否か等の点について，適宜の方法で確認すれば足りるからである。作成者以外の共謀加担者との関係では，

共謀参加者全員が共通の犯意を形成したという事実が示されれば，それらの者の犯罪意思や共謀内容を推認することができる（共謀メモの具体例として，東京高判昭 58・1・27 判時 1097 号 146 頁など）。そのほかにも非伝聞として取り扱われるものがいくつかあるが，いずれにしても要証事実との関係を把握しておくことが大切である。

伝聞法則の例外

伝聞法則は，公判廷外の供述証拠について，証人としての宣誓，供述態度の観察，反対尋問による供述過程（知覚，記憶，表現，叙述のプロセス）の吟味が欠けていることを理由として，原則として証拠能力を認めないという考え方である。しかし，事情によっては，それらが満たされなくても供述の信用性を肯定してよい場合もあり得るし，当該供述を用いる必要性が極めて高いこともある。アメリカ法では，伝聞例外が複雑に発達してきたが，それらは「必要性（necessity）」と「信用性の情況的保障（circumstantial guarantee of trustworthiness）」という概念で説明できるとされてきた。このような説明は，わが国の刑訴法 321 条以下の規定を理解するためにも有用である。すなわち，伝聞例外として定められたいくつかの証拠は，①実質的にはすでに原供述について反対尋問の機会が与えられていると考えられる場合，②反対尋問によるチェックと同視できる程度の信用性の情況的保障があり，かつ証拠として用いる必要性が高い場合を基本として整理することができる（個別の要件については後述する）。

なお，理論的には「伝聞例外」と呼ばれてはいるものの，実際の刑事裁判では，321 条以下の規定によって書面が証拠に用いられることは，決して「例外的」なことではない。むしろ，被告人が公訴事実を争わない大多数の事件では，ほぼすべての立証が書面でなされ，公判廷での証人尋問は情状に関する証人のみに限られるのが通

4 被告人以外の者の供述　　331

例である。また，争いのある事件においても，321条1項2号を適用して検察官調書の取調べがなされる事例も少なくないし，その他の証拠書類の利用も相当な程度に及んでいる。

被告人以外の者の供述書・供述録取書

（1）「被告人以外の者が作成した供述書」，および被告人以外の者の「供述を録取した書面で供述者の署名若しくは押印のあるもの」を証拠とすることができるのは，321条1項各号のいずれかの要件を満たす場合に限られる。すなわち，原供述者Aが作成した上申書，Aの供述調書などは，次の各号の要件に従って判断される（なお，供述書・供述録取書の意義，署名・押印の必要性については⇒316頁。判例〔最決平18・12・8刑集60巻10号837頁〕によれば，本項にいう「署名」には，規61条の適用がある）。

①裁判官の面前での供述を録取した書面で，一定のもの（1号書面。裁判官面前調書，裁面調書，JSなどともいう）。

②検察官の面前での供述を録取した書面で，一定のもの（2号書面。検察官面前調書，検面調書，検察官調書，PSなどともいう）。

③その他の供述書，供述録取書で，一定のもの（3号書面。司法警察職員が作成した供述録取書については，員面調書，警察官調書，KSなどともいう）。

（2）書面については，その種類を問わず一般的に，3号が証拠として許容されるための要件を定めている。すなわち，①原供述者が，死亡，精神・身体の故障，所在不明，国外にいることの各事由により，公判期日（公判準備を含む。以下，同じ）において供述することができないこと，②その供述が犯罪事実の存否の証明に不可欠であること，③原供述が特に信用すべき情況の下でなされたことの3点すべてが満たされなければならない。①の要件は，公判廷で供

述が得られないことであるから「供述不能」といい，②の要件とあわせて，書面を証拠として用いる必要性を示している（なお，供述不能の事由は，限定的なものではなく，例示的に列挙したものと理解されている。すなわち，これらと同様な事由により公判廷での供述が得られないときには，供述不能に当たるものとして取り扱うことができる。判例は，証人が記憶喪失を理由として証言しない場合〔最決昭29・7・29刑集8巻7号1217頁〕，証人が証言拒絶権を行使した場合〔最大判昭27・4・9刑集6巻4号584頁。ただし，2号書面の事例〕について，供述不能として供述調書の証拠能力を認めた）。③の要件は，「特信情況」，「特信性」などと呼ばれ，信用性を保障できるだけの事情が必要である。それは，供述の内容そのものを直接に判断するのではなく，供述の動機・態様など供述に付随する外部的な情況を主たる考慮事情として判断しなければならない（もっとも，供述の記載内容から供述当時の情況を推認することは必ずしも否定されないであろう）。また，他の供述と比較するのではなく，その供述自体にかかわる絶対的な判断が要求されている。

　これらの要件が3つとも充足される事態は，それほど多くはない。したがって，一般に，供述書（上申書，日記，被害届，作業日報など），供述録取書（司法警察職員による参考人の供述調書，弁護人が関係者に面接して得た供述の記録など）は数多く存在しうるとしても，3号書面として証拠能力が認められる事例はあまりない。判例上，3号書面とされたものとして，心覚えのため取引を書きとめた手帳（最判昭31・3・27刑集10巻3号387頁），「酒酔い鑑識カード」のうち被疑者との問答を記載した部分（最判昭47・6・2刑集26巻5号317頁。原供述者は，検査・問答をして被疑者の発言・態度などを観察した警察官であって，当該被疑者ではない。供述不能の要件がなく，証拠能力を否定した），

4　被告人以外の者の供述　　333

国際捜査共助の要請に基づきアメリカ合衆国内において，黙秘権の告知，偽証の制裁，公証人の面前という手続の下に作成された供述書（最決平12・10・31刑集54巻8号735頁），韓国の裁判所に起訴された共犯者が，任意に供述できる手続的保障の下でした供述を記載した公判調書（最決平15・11・26刑集57巻10号1057頁）などがある。

(3) 検面調書は，3号書面よりも証拠能力の要件が緩和されている。すなわち，321条1項2号の前段または後段のいずれかが満たされればよい。同じく捜査機関でありながら，員面調書の場合よりもはるかに要件が緩和されているのは，現行法制定当時の事情（捜査書類を原則どおりに排除すると法執行の上で問題があると考えられたこと，検察官に対しては一定の信頼があったこと），検察官の法的地位（法律の専門家であり，また法の正当な適用を請求する立場にあること）などの要因による。しかし，被告人から見ると検察官は相手方当事者であるし，憲法37条2項が反対審問権を保障している趣旨からすれば，2号の要件については厳格に判断する必要がある。

前段は，供述不能の場合である。供述不能の事由は，3号の場合と同じであるが，文言上はそれだけで証拠能力が認められると見える点に特徴がある。しかし，必要性は一般的には肯定できるにしても，信用性の情況的保障がつねに満たされるとまではいいにくい。したがって，ただし書の趣旨が前段にも及ぶ（すなわち，原供述が信用すべき情況の下でなされたときに証拠能力を肯定する）と解すべきである。また，供述不能に至った経緯についても，捜査機関の側でこれを回避できるような事情がなかったか等を検討すべきであろう（なお，最判平7・6・20刑集49巻6号741頁〈百選80〉は，退去強制により出国した者の検面調書につき，検察官が国外退去予定を認識しながら殊更それを利用した場合，あるいは証人尋問決定があるのに強制送還がされ

334　第5章　証　拠　法

た場合など，供述調書の利用が手続的正義の点で公正さを欠くときは，証拠とすることができないとした。さらに，これを前提にしつつも，外国人の証人尋問決定後に強制送還がなされた事例において，裁判所および検察官が証人尋問実現に向けて相応の尽力をし，入管当局も検察官の要請に基づき協力体制を整えていたと認められるときは，当該外国人の供述調書を本号により証拠とすることができる旨の裁判例がある〔東京高判平20・10・16東高刑時報59巻1〜12号111頁〕）。

　後段は，原供述者が公判廷で供述したが，その供述内容が「前の供述」（検察官の面前でした供述のこと）と「相反（あいはん）する」か「実質的に異なった」場合である。これを「自己矛盾」の供述という。この場合，「前の供述を信用すべき特別の情況」の存在することが明文で要求されている（321条1項2号但書）。自己矛盾の供述の場合，その証人の信用性を争うためにこれを用いることができるのはもちろんだが（この証人が食い違った供述をしたこと自体を立証するもの），2号後段は，特信情況を条件として実質証拠（⇨291頁）としてもその証拠能力を認めた。内容の異なる原供述を取り調べる必要性があるし，他方で被告人としては，反対尋問の機会に前の供述についても尋ねることができるからである。もっとも，せっかく公判廷で供述しているのだから，これに代えて検面調書を証拠とするためには，相反または実質的不一致（「相反（そうはん）性（せい）」ともいう），および特信情況のそれぞれについて，厳格な判断が必要であると考えるべきである。例えば，①検面調書の方が詳細である（最決昭32・9・30刑集11巻9号2403頁参照）とか，公判廷での供述が変転しているという事情だけで，直ちに相反性を認めてよいかは疑問であるし，②特信情況についても，主として外部的な付随事情（⇨333頁）による判断であることに留意すべきである。ただし，特信情況は，3号書面の場合と

は異なり，前の供述と公判供述のそれぞれの事情について比較する相対的な判断である。

　公訴事実に争いのある事件では，捜査段階で参考人として供述した者が証人として出頭し，ときには検面調書の内容と異なる証言をするため，特信性の有無が重要な争点となることがある。証人が検察官の主張する事実に沿わない証言をする場合（検察官にとっていわゆる敵性証人の場合），検察官は，まず，その公判証言の信用性を減殺するような尋問をし，さらに，公判供述が検面調書と相反するとして誘導尋問も許されるので（規199条の3第3項6号），調書の供述内容を確認しつつ，特信性の立証に努めるであろう。逆に，証人が検察官の主張する事実に沿った証言をしたのに，被告人の側からの反対尋問で証言内容が揺らいだ場合，検察官は，それが検面調書とは異なる供述であるとして，やはり調書の証拠調べを請求するであろう（この場合，被告人側の反対尋問が成功しているのに，直ちに検面調書でその効果をそぐことを認めるのは，適切ではない。当初の証言内容に沿う検面調書のほうが，なぜ信用できるといえるのか，特信性について厳密な立証を求めるべきである）。いずれにしても，2号後段が検面調書を証拠として採用する根拠となる場面であり，わが国の刑事裁判で供述調書が広く用いられる理由の1つとなっている（なお，最大の理由は，後に述べる326条の同意書面である）。

　(4)　裁面調書は，さらに証拠能力の要件が緩和されている。すなわち，321条1項1号によれば，供述不能の場合，または公判廷の供述が「前の供述と異なった」ものである場合には，それだけで証拠とすることができる。いずれの場合も，裁面調書を用いる必要性は認められるし，信用性の情況的保障についても，通常は宣誓の上でなされた供述であって，裁判官がその内容を直接に吟味・認識

336　第5章　証　拠　法

した場合（いわゆるビデオリンク方式による場合であって，後の公判供述について供述不能であるときを含む。⇨後述なお書き参照）であるため，肯定してよいからである。

1号書面に該当するものとしては，例えば，検察官の請求による第一回公判期日前の証人尋問の調書（226条〜228条），被告人側からの証拠保全請求による証人尋問の調書（179条）などがある。当該事件の公判裁判所の面前でなされた供述を録取したもの（公判調書）は，もちろん含まれない（調書ではなく供述そのものが証拠になるのだし，手続の更新などで調書を証拠とすべきときも，後述のとおり，321条2項の書面として採用する）。別事件の公判調書については，1号書面に当たるものと解してよい（最決昭29・11・11刑集8巻11号1834頁）。なお，別事件で被告人であった者の供述は，宣誓なしでなされた点などで証人の場合とは異なるが，判例は，それを録取した公判調書の供述記載部分も1号書面に当たるとした（最決昭57・12・17刑集36巻12号1022頁〈百選A36〉）。

なお，証人保護のために，第一回公判期日前の証人尋問や証拠保全請求による証人尋問の実施に当たり，ビデオリンク方式がとられ，その模様が録画され，それが公判調書の一部とされた場合，これは，公判廷で反対尋問の機会を与えることにより，証拠とすることができる。他事件の公判廷で同じ措置がとられたときも，全く同様である（321条の2）。宣誓，および裁判官による観察の点は，すでに満たされているからである。

公判調書・検証調書・鑑定書など

（1）当該事件の公判調書・公判準備期日の調書は，そのまま証拠とすることができる（321条2項前段）。当事者が立ち会って反対尋問する機会がすでに保障されていたからである。「公判期日

における供述を録取した書面」とは，公判調書中の証人らの供述を記載した部分のことである。公判期日の供述は，本来それを耳で聞いた内容がそのまま証拠となるのであり，公判調書中の供述記載部分が証拠となるものではない。したがって，2項前段が適用されるのは，証人らが供述した時とは異なる裁判官が判決裁判所を構成するときである（例えば，公判手続が更新されたとき，破棄差戻し・移送により新たな裁判所が審理を続けるとき）。公判準備については，例えば，公判期日外の証人尋問（281条）が行われた場合の証人尋問調書（規38条）がある。この場合にも，当事者には立会権があり（157条），反対尋問の機会が与えられていたから，証拠能力が認められるのである。なお，別事件の公判調書中の供述記載部分は，1号書面である（⇒337頁）。

(2)　裁判所・裁判官が検証した結果を記載した書面（検証調書）も，そのまま証拠とすることができる（321条2項後段）。裁判所は，事実発見のため必要なときは検証することができ（128条），また，受命裁判官・受託裁判官による検証（142条・125条），被告人からの証拠保全請求による裁判官の検証（179条）がなされることもあるが，いずれについても検証調書が作成される（規41条1項）。検証調書も，検証をした裁判官を原供述者とする一種の供述書ではあるが，①検証の性質に照らして，物の状態等を認識した結果を正確に記載したものであること，②原則として，訴訟関係人の立会いがあり，その吟味を経ていること（ただし，被告人については制限がある。142条・113条1項但書），③裁判官を法廷で尋問するのは適切でないこと等の理由により，そのまま証拠能力が認められるのである。他事件の検証調書については，争いがあるが，①ないし③の根拠からすれば，2項後段の書面に含めてよいであろう。

338　第5章　証　拠　法

裁判所の検証には，訴訟関係人，住居等の責任者が立ち会う権利があり（142条・113条・114条），また必要に応じて目撃者・被害者らの立会いを求めるのが通例である。これらの立会人が現場で指示・説明をした場合，その内容が検証調書に記載されることがあるが，それらは独立の供述ではない。例えば，目撃者が「この地点で男が刺された」と説明した場合，それは検証の対象を特定するための現場での指示であって，これを超えて「その場所で」「男が刺された」旨の事実を認定するための供述証拠として用いてはならない。

（3）　捜査機関は，捜査のため必要があれば検証することができ（218条・220条1項2号），その際には検証調書が作成される。捜査機関の検証調書については，裁判所等の場合とは異なり，その供述者（検証を行い調書を作成した者のこと）が「公判期日において証人として尋問を受け，その真正に作成されたものであることを供述したとき」に，証拠とすることができる（321条3項）。これは，物の状態等を認識した結果を正確に記載したものである点で，裁判所・裁判官の検証調書と似てはいるが，①被告人側の立会権が保障されていないこと（222条1項は，113条・142条を準用していない），②検証をした捜査官が証人尋問に適さないとはいえないことなどから，別の取扱いを定めたのである。そして，「真正に作成された」旨の供述とは，単に，調書の作成者が間違いなく本人であるという意味で「作成名義が真正である」ことや，検証結果の記載がなされていることを形式的に述べるだけでは足りず，作成者が相当な方法で真摯に検証し，検証したとおり正確に記載したことについて実質的な尋問を受けることを意味する。なお，立会人の指示・説明については，裁判所・裁判官の検証調書の場合と同様の議論が妥当する。

　捜査機関は，任意処分として実況見分を行うことがあり，その結

果として実況見分調書が作成される。判例は，実況見分調書も3項所定の書面に含まれるとした（最判昭35・9・8刑集14巻11号1437頁〈百選A38〉）。学説には異論もあるが，実況見分も物の状態等を認識して正確に記録する処分であって，強制処分でないことを理由として証拠能力に相違が生じるとまではいえないであろう。このほか，「酒酔い鑑識カード」の化学判定欄の記載等（前掲・最判昭47・6・2⇨333頁。問答記載部分については，⇨333頁），警察犬の臭気選別の結果を記載した書面（最決昭62・3・3刑集41巻2号60頁〈百選62〉）なども，3項の書面として証拠能力が認められた。

　捜査機関が行う実況見分として，被害者に被害状況を再現させてその結果を連続写真等により記録した調書を作成する場合，あるいは被疑者に犯行状況を再現させて同様の調書を作成する場合がある。最高裁の判例（最決平17・9・27刑集59巻7号753頁〈百選82〉）は，このような再現実況見分調書の証拠能力に関して，実質的に要証事実が再現されたとおりの犯罪事実の存在であると解されるときは，321条3項所定の要件のほか，再現者の供述録取部分および写真については，321条1項2号ないし3号所定の（再現者が被害者等の場合），あるいは322条1項所定の（再現者が被告人である場合），それぞれ要件を満たす必要がある（したがって，供述録取部分については再現者の署名押印が要求されることになるが，写真については撮影・現像等の過程が機械的であるから再現者の署名押印は不要である）とした。この事案は，痴漢行為の状況を再現したというだけでは要証事実との関連性を肯定しにくい場合であり，見分結果として記録されているものが，被害者がそのような再現をしたことであったとしても，実質的には被害者が再現内容に沿う被害を受けたことを立証するために用いられているというべきであるから，再現者の供述録取としての

性質をも加味して証拠能力を判定する手法は適切である。

　なお，321条3項の主体が捜査機関に限られているのは，その職責および権限により調書を作成するものとされているからである。したがって，火災原因の調査・判定に関して特別の学識経験を有する私人が燃焼実験を行ってその考察結果を報告した書面には本条3項を準用することはできない（最決平20・8・27刑集62巻7号2702頁〈百選83〉〔なお，本条4項の準用は肯定した〕。他方，税関職員による犯則事件の調査は，捜査官が行う犯罪捜査に類似するから，同職員が作成した書面は，検証の結果を記載した書面と性質が同じであると認められる限り，本条3項所定の書面に含まれる〔東京高判平26・3・13判タ1406号281頁〕）。

　（4）　鑑定人は，鑑定の経過および結果を鑑定書によりまたは口頭で報告することとされているが（規129条），専門的な事項について複雑な内容をもつ報告なので，実際にはほぼ例外なく鑑定書が提出される。鑑定書は，鑑定人の作成した供述書であるから伝聞証拠であるが，捜査機関の検証調書と同じく，作成の真正について証人尋問を受けることで証拠能力が認められる（321条4項）。性質上，専門的知識による認識の結果を正確に記載した書面であると考えられるからである。ここでも，単に作成名義の真正や，鑑定結果の記載をした旨の形式的な供述ではなく，鑑定書の内容の実質にわたった尋問が必要である。

　「鑑定人」とは，本来，裁判所が専門知識に基づく判断を命じた相手方のことである（165条以下）。これに対して，捜査機関も，特別の知識・経験を有する者に鑑定を嘱託することができ（223条），その「鑑定受託者」も鑑定の経過および結果を記載した書面を提出するのが通例である（⇨327頁）。鑑定受託者の鑑定活動の性質は，

専門的判断に基づくものとして，裁判所の命ずる鑑定人の場合と質的に異なるわけではない。ただし，宣誓はなされないし，弁護人の立会権もない（223条以下には166条・170条を準用する規定がない）。そこで，鑑定受託者が作成した鑑定書をどう取り扱うかが問題となりうるが，判例は321条4項の準用を認めた（最判昭28・10・15刑集7巻10号1934頁〈百選A39〉）。鑑定受託者の選定，鑑定事項の内容などから，正確な専門的判断を記載したものとして鑑定人の鑑定書と同視できる場合であれば，その結論を肯定してよい。一方，弁護人の依頼を受けて専門的事項の判断を報告した書面については，その実質が鑑定書に匹敵する場合には321条4項の準用を認める余地があるものの，証拠保全請求（179条）による方法がある以上は準用を認める必要はないとの見解もある。さらに，判例は，医師の診断書についても321条4項の準用を認める（最判昭32・7・25刑集11巻7号2025頁）。しかし，診断書が専門的判断の「経過及び結果」を記載したものとはいえない場合には，その準用を認めることは疑問である。

特に信用すべき情況の下で作成された書面

書面の性質上，類型的に信用性が高く，かつ作成者を証人尋問するよりも書面を利用する方がむしろ適切なものがある。323条は，そのような書面として一定のものを列挙し，無条件で証拠能力を認めている（「特信文書」ともいう）。その1は，公務員がその職務上証明することができる事実について作成した書面である（323条1号）。例示されている戸籍謄本，公正証書謄本のほか，戸籍抄本，登記事項証明書，印鑑証明書，自動車登録ファイルの登録事項等証明書など，さまざまなものがあり得る。その2は，業務の通常の過程において作成された書面である（323条2号）。これは，業務遂行

の過程で機械的に継続して記入されていくので，虚偽の入り込むおそれが小さいと認められるのである。例示されている「商業帳簿」とは，企業において日々生じる取引などの財産関係事項を記載した会計帳簿や，企業の営業財産の状態を示す貸借対照表のことであり（商19条2項参照），その他日計帳，電子式に発行されるレシートなども含まれる。「航海日誌」とは，船員法の規定により航海の状況を日々記載した書類である。そのほか，医師のカルテ，航空日誌なども含まれるし，判例は，漁船団の受信記録も本号の書面に当たるとした（最決昭61・3・3刑集40巻2号175頁）。その3は，そのほか特に信用できる情況の下で作成された書面である（323条3号）。信用性や証拠として用いる必要性が前2号と同程度のものであることを要する。信用ある定期刊行物に記載された数表や価格表，定型的な取引の過程で作成される書面，信用ある企業等が機械的に作成した書面がこれに当たる。これに対して，個々の具体的事情に応じて信用性の情況的保障を判断すべき文書は，本号ではなく321条1項3号の書面として証拠能力を判定すべきである。

| 伝 聞 証 人 |

324条1項は，被告人以外の者Ａの公判期日における供述で，被告人Ｘの供述を内容とするものについて，また，同条2項は，被告人以外の者Ａの公判期日における供述で，被告人以外の者Ｂの供述を内容とするものについて定めた規定で，いずれも伝聞証人による供述の場合である。例えば，Ａの公判供述で，①「Ｘが家に火をつけたと言っていた。」，②「Ｘが火災の時は旅行中だったと言っていた。」，③「Ｂが火災直後の現場でＸを見たと言っていた。」とするものを，それぞれ，Ｘが火をつけたこと，Ｘが旅行中だったこと，ＢがＸを目撃したことの各事実の立証のために用いるのであれば，①②に

4　被告人以外の者の供述　343

ついては 322 条を，③については 321 条 1 項 3 号を，それぞれ準用するのである。したがって，①については X の供述の任意性，②については X の供述の特信情況（これらについては，⇨315 頁），③についてはＢの供述不能，Ｂの供述の不可欠性，Ｂの供述の特信情況のすべてが満たされることが，それぞれ証拠能力を認めるための要件である。

　公判廷での伝聞供述について，不利益を受ける当事者は異議を申し立てることができる（309 条 1 項，規 205 条 1 項）。裁判所は，伝聞供述を求めようとする尋問を中止させるなり，すでになされた伝聞供述を証拠から排除するなりの決定をしなければならない（規 205 条の 6）。しかし，伝聞供述について当事者から異議の申立てがないまま，当該証人に対する尋問が終了した場合には，直ちに異議の申立てができないなどの特段の事情がない限り，326 条の同意（⇨346 頁）が黙示的になされたものとして，その証拠能力を認めてよい（最決昭 59・2・29 刑集 38 巻 3 号 479 頁〈百選 6〉）。

Column 再伝聞 ❖❖❖❖❖❖❖❖❖❖❖❖❖❖❖❖❖

　本文の設例で，Ａの供述が公判期日外のものであったとすれば，どうなるだろうか。例えば，④「Ｂが火災直後の現場で X を見たと言っていた。」という内容のＡ作成の上申書，または同趣旨のＡの検面調書や員面調書，⑤「Ａの話では，Ｂが火災直後の現場で X を見たと言っていたそうだ。」というＣの公判廷での供述などの場合である。これらを「再伝聞」という。文理上は必ずしも明確ではないが，320 条が「公判期日における供述に代えて」伝聞証拠を採用することを禁じていることからすると，逆に伝聞例外に当たるときは公判供述に代えて用いることができると考えられている。したがって，Ａの原供述が伝聞例外として許容できるのであれば，それがＡの公判供述に代わるものとなり，さらにその内容たるＢの供述についての要件を判定することに

344　第 5 章　証　拠　法

なる（なお，Aの「公判供述」に代えるのであるから，Bの署名押印は問題とする必要がない）。すなわち，例えば，④のうちAの検面調書については，それが321条1項2号に当たるとして証拠にできるのであれば，さらにAの供述がBの供述を内容としている点について324条2項・321条1項3号の要件が満たされるか判定することになる。④のその他の書面や⑤の場合についても，それぞれの伝聞過程が伝聞例外に当たる場合か判断しなければならない。判例は，共同被告人Yの検面調書中に被告人Xからの伝聞供述が含まれている場合（「Xが火炎びんを投げつけてきた」と言った旨のYの供述が記載された書面の事例で），刑訴法321条1項2号，324条1項により（したがって，322条を準用して），その証拠能力を認めた（最判昭32・1・22刑集11巻1号103頁〈百選86〉）。

供述の任意性の調査

（以下④の前までの記述では，原供述者が被告人の場合と被告人以外の者の場合との両方が含まれる。）

321条から324条までの規定により証拠にできる書面や供述であっても，あらかじめ，原供述の任意性を調査した後でなければ，証拠とすることができない（325条）。公判期日外の供述については，その供述がなされた情況を考慮しなければならないからである。もっとも，伝聞例外に当たるとして証拠能力が認められる証拠にはさまざまなものがあるから，原供述の任意性についての調査にも差異がある。①被告人の供述のうち不利益な内容のものに関しては，証拠能力の要件（322条1項本文前段・同項但書・324条1項）として原供述の任意性を事前に調査しなければならないのは当然である。②被告人の供述のうち①以外のもの，および被告人以外の者の供述について，特信情況が要件となる場合（322条1項後段・321条1項2号但書・同3号但書・323条3号・324条）についても，原供述の任意性

4　被告人以外の者の供述　345

は，特信情況の有無を判断する重要な一要素になるであろう。③それ以外の書面については，原供述の任意性は，せいぜい証明力の判断資料になるにすぎない。④検証調書（321条2項後段・同条3項），鑑定書（321条4項），特信文書（323条1号・2号）については，特に任意性を論じる意味はない。

したがって，任意性の調査の方法や時期は，それぞれの証拠の性質に応じて検討すべきである。判例は，325条の調査は裁判所が適当と認める方法で行うことができるとし（最判昭28・10・9刑集7巻10号1904頁），その時期も証拠調べの後にその証明力を評価する際で差し支えないとした（最決昭54・10・16刑集33巻6号633頁〈百選A40〉）。もっとも，任意性が証拠能力の判断に関係する場合には，「あらかじめ」判断すべきものとする要請を尊重すべきである。

| 同意書面・合意書面 |

（1）伝聞証拠であっても，検察官および被告人が証拠とすることに同意したものは，相当と認められる限り，321条から325条までの規定にかかわらず，証拠とすることができる（326条1項）。書面の場合には，これを「同意書面」という。この同意は，その実質において，原供述者に対する反対尋問権の放棄を意味する。したがって，当事者が請求した証拠については，相手方による同意の意思表示があれば足りる（裁判所が職権で取り調べる場合には，むろん両当事者の同意を得ることになる）。公判廷での伝聞供述の場合には，適時の異議申立てがなければ黙示の同意があったものとして取り扱われる。

実際の刑事裁判では，公訴事実に争いのない大多数の事件では，検察官請求の書面のほぼ全部につき被告人からの同意があり，公判廷ではその要旨を告知することによって取調べが完了する（305条，規203条の2）。そして，事前準備の段階ですでに書証についての同

346　第5章　証　拠　法

意・不同意の見込みを相手方に通知することになっているから（規178条の6第1項・2項），検察官は，あらかじめ，同意書面の取調べによって立証することができる事実とそうでない事実とを選別して，立証予定を立てることができるのである。したがって，326条1項による同意は，規定の上では例外的な要件を定める体裁になってはいるが，実際の刑事裁判では，同意書面で済ませるのかそうでないかが第一次的な関心事であり，この同意が得られないときにはじめて原供述者の証人尋問，あるいは321条から325条までの規定による書面の採用を考慮することになる（例えば，検察官は，まずAの検面調書を証拠請求し，弁護人がこれに不同意との意見を述べたときに，同調書の証拠請求に代えて，Aの証人尋問を請求することになるであろう。その後に，同調書が2号書面として採用される可能性があることは，前述のとおり〔⇨337頁〕である）。刑事裁判実務において，書面が極めて頻繁に利用されているのは，326条1項が積極的に活用されているからである。なお，同意書面についても，「相当と認めるとき」という要件があるが，これは，任意性を欠き，または証明力が著しく低い等の事由があれば，証拠能力がないという趣旨であり（最決昭29・7・14刑集8巻7号1078頁），それが問題とされることは，実際上あまりない。

　このように，書面に対する同意は重要な訴訟行為であるから，当事者の明確な意思表示を必要とする。規定上は，検察官および被告人の権限であるが，弁護人がついている場合には，弁護人がその包括的代理権（⇨34頁）に基づき同意・不同意の意思表示をするのが通例である。書面の内容が可分であるときは，書面の一部のみについて同意することもできる（その場合には，不同意部分を覆うなり，同意部分のみの抄本を提出するなり，証拠調べの手続において工夫が必要で

4　被告人以外の者の供述　347

ある）。同意を撤回することは，相手方の立証計画を崩すことになるから適当ではないが，証拠調べをする前であれば許してよいであろう。

（2）　被告人が出頭しなくても証拠調べを行うことができる場合において，被告人が出頭せず，また代理人・弁護人の出頭もないときは，326条1項の同意があったものとみなされる（326条2項）。これを，「擬制同意」という。出頭義務のない事件（283条から285条まで）で，実際に被告人が出頭しないのであれば，公判廷で争う権利を少なくともその期日の手続に関する限り放棄したものと取り扱ってよいから，同意があったものとして証拠調べをするのを認めたのである。

　擬制同意の規定が，勾留中の被告人が出頭を拒否した場合（286条の2），あるいは出頭した被告人が無断で退廷したり，法廷秩序維持のために退廷命令を受けた場合（288条2項・341条）にも適用されるかは，問題である。不出頭ないし無断退廷については，被告人が正当に争う意思を放棄したものとして，擬制同意を認めてよい。判例は，さらに，326条2項の趣旨について，被告人が不出頭でも証拠調べができる場合にその出頭がないときは，訴訟の進行を図るため被告人の真意のいかんにかかわらず同意があったものとみなす定めであるとして，退廷命令を受けた被告人の場合にも，擬制同意の適用を肯定した（最決昭53・6・28刑集32巻4号724頁）。議論はあるが，被告人が反対尋問権を正当に行使する機会を自らの責めにおいて封じてしまったのであるならば，反対尋問のないまま書面が証拠となるのもやむを得ないものといえよう。

（3）　裁判所は，検察官および被告人・弁護人が合意の上，文書の内容または予想される公判供述の内容を書面に記載して提出した

ときは，その書面を証拠とすることができる（327条）。これを，「合意書面」という。しかし，実際にはあまり利用されていない。

証明力を争う証拠　（1）　321条から324条までの規定により証拠とすることができない書面・供述であっても，公判期日における証人等の供述の証明力を争うためには，証拠とすることができる（328条）。これを，「弾劾証拠」という。一般に，証明力を争うためには，①その証人が以前に矛盾した供述をしていたことを示すやり方（この証人は，時と所に応じて違ったことをいうから，公判証言は信用できない），②証人について，一般的に，能力・性格・利害関係などを批判するやり方（この証人は，被告人に恩義があるから，公判証言は割り引いてみなければならない）がある。

①の場合は，証人自身の自己矛盾供述を証拠とする場合である。その供述内容の真実性を示そうというのではなく，違った内容の供述の存在自体を示して弾劾するのであるから，もともと非伝聞としての用法である。しかし，実質証拠としても用いられる可能性があり得る供述であるから，その点を明確にするために328条の規定が設けられた。これに対して，当該証人以外の者が公判期日外で異なった内容の供述をしていても，328条の弾劾証拠として使用することはできない。その内容の真実性を前提にしない限り，証人の弾劾のためには無意味だからである（単に異なった供述をする者Ａがいるというだけでは，弾劾にならない。Ａの供述のほうが真実に合致しているといえるからこそ，証人の証言が弾劾されるのである。それは，Ａの供述内容の真実性を前提に要証事実を推認しているのであって，まさに伝聞法則に抵触することになる）。

最高裁の判例（最判平18・11・7刑集60巻9号561頁〈百選85〉）は，328条の意義について，公判期日における被告人・証人等の供述が，

4　被告人以外の者の供述　349

別の機会にしたその者の供述と矛盾する場合に，矛盾する供述をしたこと自体の立証を許す趣旨のものであると判示して，328条が想定しているのは，以上の①の場合であることを明らかにした。そして，矛盾する供述をしたという事実の立証については，刑訴法が定める厳格な証明を要する趣旨であるから，328条により許容される証拠は，信用性を争う供述をした者のそれと矛盾する内容の供述が，同人の供述書，供述録取書（刑訴法の定める署名押印等の要件を満たすもの），同人の供述を内容とする伝聞供述，またはこれと同視できる証拠の中に現れている部分に限られるとした（事案は，火災の目撃者による公判供述を弾劾するために，その者の供述を聞き取った消防職員の作成した「聞込み状況書」が328条の証拠として請求されたもの。目撃者の署名押印がないため本件書証は刑訴法の定める供述録取書には当たらないとして，328条の証拠には該当しないとした）。

　一方，②の場合は，証人の信用性のみにかかわる訴訟法上の事実である。これらの事実には多種多様なものがあるため，関連性の点は厳格に解しなければならない。さらに，前記の最判平成18年11月7日は，328条により許容される証拠の範囲を自己矛盾供述に関するものに限定する趣旨と解されるため，②の場合に当たる伝聞証拠は，同条を根拠として証拠調べ請求をすることができない。もっとも，訴訟法上の事実は自由な証明で足りると解されているから，証人の能力・性格・利害関係などに関する事実がその証言の信用性を判断するために関連性があるといえる場合であれば，当該事実に関する証拠は，伝聞法則の制約を直接に受けることなく，必要と認められる限度で，証明力を争うために（308条参照），証拠調べの対象にできる場合があると考えられる。

(2)　弾劾証拠として，公判供述の信用性を減殺する証拠が提出

350　第5章　証　拠　法

されたときは，これに対抗して，もともとの公判供述の信用性を回復するための証拠も，やはり328条により提出することができる（例えば，証人は，以前にも公判証言と同じことを何度も言っていたこと）。これを，「回復証拠」という。「証明力を争う」証拠とは，弾劾証拠，回復証拠の双方を含むものである（回復証拠は，弾劾証拠との関係では，さらにこれと矛盾する供述の存在を示すものともいえる）。これに対して，単に公判証言の証明力を増強させるためだけの証拠は，328条によっても証拠とすることができない（「増強証拠」などとも呼ばれる）。証明力を増強するには，その内容の真実性を前提にしなければならず，結局は実質証拠として用いることになってしまうからである。

写　し

書面を証拠とする場合，その写しを謄本・抄本などの形態で提出できるか。原則としては，原本の提出によるべきであるが，例外として，①証拠能力のある原本が存在したこと，②原本の提出が不能または困難なこと，③写しの内容が原本と一致していることのすべてが満たされれば許されると考えられている（東京高判昭58・7・13高刑集36巻2号86頁〈百選A42〉は，写しを許容する基準として，原本の存在，写しが原本の忠実な再現であること，原本の性状が立証事項とされていないことを掲げる）。これらの要件を判断するためにつねに写しの作成者の尋問が必要であるわけではなく，適宜の証明方法で足りる。写しの作成過程には伝聞の要素が含まれる場合があるともいえるが，手書きの写しであるときはともかく，複写機器を利用したコピーについては，写実性を伝聞過程として問題にする余地はない。したがって，③の要件については，偽造・改竄等の作為が疑われるような事情があるときに，写しの作成者を尋問するなどして原本との写実性を立証する必要が

生じてくるものと解すべきであろう（その結果，③が満たされないときは，端的に関連性を否定すべきである）。

なお，テレビニュースを録画した DVD，その再生中の画面を写した写真などは，いずれも写しとして証拠能力を判定すべきである（前掲・東京高判昭 58・7・13 参照）。これに対して，コンピュータの記憶装置に収蔵されているデータを出力処理して作成した書面（例えば，自動車登録ファイルの内容を出力した登録事項等証明書）は，それ自体を原本として取り扱うべきであろう。

<u>現 場 写 真</u>　　（1）　写真を証拠とする場合には，文書等の写しを作成する手段として用いる場合等のほか，現場の状況を撮影して保全する手段にする場合がある。後者を現場写真と呼んでいる（写真の利用方法としては，こちらのほうが普通であろう）。現場写真を供述証拠・非供述証拠のいずれと見るかについては，議論の余地がある。非供述証拠と考えるべき理由としては，写真は対象物の状況を光学的に正確に再生するから，撮影者の認識と報告という要素を含まないことがあげられる。これに対して，被写体の選定，撮影条件の設定，デジタルデータの視覚化等の過程には人為的な操作が含まれることを重視すれば，現場写真も，供述証拠として，撮影者の尋問によって，写真で報告された事物について吟味することが必要であると考えることになる。この点につき判例は，現場写真は非供述証拠であるとの見解を採用した（最決昭 59・12・21 刑集 38 巻 12 号 3071 頁〈百選 87〉）。すなわち，伝聞法則の適用はなく，関連性が認められる限り証拠としてよい（なお，再現実況見分調書の証拠能力に関する最決平 17・9・27 刑集 59 巻 7 号 753 頁〈百選 82〉は，写真撮影の過程には伝聞法則にまつわる危険が存在しないことを前提として，再現者の署名押印は不要であるとしている。⇨340 頁）。も

352　第 5 章　証　拠　法

っとも，関連性を立証するために最も適切な方法は，撮影者等にその状況を説明させることであるから，撮影者が判明している場合等では実際の適用において大差が生じるわけではないであろう。

（2）　録音についても，供述の内容を記録する方法として用いる場合と，現場の音声の状況を保全しておくために用いる場合とがあり得る。前者はもちろん供述証拠であるが，後者については現場写真と同じに考えるべきである。現場の状況を保全するために撮影された映像情報は，連続した映像と音声の複合体であるが，対象物の状況を機械的に保全している点から，基本的には現場写真と同様に非供述証拠ととらえることができる。

④　共同被告人の供述

共同被告人

例えば，X・Y 間の賄賂の授受のように，証拠が共通するなどの理由により，複数の被告人が共同して審理を受ける場合がある。この場合，X の側から見て，Y のことを共同被告人（あるいは，相被告人）という（Y の側から見た X についても同じ。以下，同じ）。共同被告人 Y の供述を X の犯罪事実を立証するために用いることには，いくつかの問題がある。Y は，X にとってみれば第三者であるが，Y 自身も被告人としての地位に置かれているからである。

なお，共同被告人は，手続的な概念であるから，実体法上の共犯であるとは限らない。刑法総則上の共犯である場合のほか，上の例のように対向犯である場合，さらには，同一目的の資金調達のために A が脱税し，B が詐欺をした場合のように，共犯関係がない場合も，共同被告人となる場合がある。逆に，共犯であるからといって，必ずしも共同審理を受けるわけではない。証拠の収集状況や立

証計画のために，別々に起訴されることもあるし，また，併合審理されていた弁論が分離されることもある（313条。⇨255頁）。

（1）　共同被告人Ｙも，被告人である以上，証人として供述させることはできない（311条1項参照）。そこで，公判期日でのＹの供述をＸに対する関係で用いる場合であっても，Ｙへの被告人質問（311条2項・3項）によることになる。もっとも，Ｙは被告人として黙秘権を行使できるから，検察官からの質問に対してＸに不利益な供述をしたのに，Ｘからの質問には一切答えないということもあり得る。その場合には，Ｘの側から供述の内容について審問することができなかったのだから（のみならず，もともと宣誓・偽証の制裁という要素もないのであるから，単に裁判所の面前でなされた供述であるという理由だけで），Ｙの供述をＸに対する関係で証拠とすることを認めるべきではない。すなわち，共同被告人Ｙの公判期日での供述をＸに対する関係で証拠とするためには，Ｘからの反対質問が実質的な効果をあげたことが必要であると解すべきである。

（2）　逆に，検察官からの質問に対して，Ｙが黙秘権を理由に供述を拒んだ場合はどうか。検察官としては，裁判所に弁論の分離を請求し，Ｘの被告事件について証人Ｙの尋問を請求するほかないであろう。もっとも，弁論の分離は，共通の証拠調べをするほどのメリットが認められず，Ｘ・Ｙそれぞれの個別審理のほうが適切な場合になされるべきであって，Ｙの証言を得る必要だけのために直ちに弁論を分離してよいわけではない。特に，Ｙが自らの公訴事実を争っている場合，証人Ｙとしては，供述をするか，有罪判決を受けるおそれがあるとして証言を拒絶するか（146条，規122条），困難な対応を迫られることになる。したがって，弁論の分離

について慎重な判断が要求されるし，弁論分離の実質的必要性がないのにYの証言を求めるためだけの理由で形式的に分離したのであれば，分離後の証人Yには被告人としての保護（311条1項）が及び得るものと考えるべきであろう。

| 公判期日外における供述 |

（1）　共同被告人Yの公判期日外における供述をXに対する関係で用いることも考えられる。例えば，Yの検察官調書をXの犯罪事実を立証するために用いる場合である。そのような場合，Xにとっては，Yも「被告人以外の者」であるから，321条1項各号の要件が満たされなければならない。さらに，Yが共犯者でもあって，その供述内容がX・Yによる一体的な犯罪事実である場合，Yの供述の任意性が認められないときは，Xに対する関係においても，類型的に虚偽のおそれが高いものとして，特信性を一般的に否定すべきであろう。

（2）　321条1項2号・3号の要件については，Xに対して実質的な尋問の機会を保障したといえるか，慎重に検討しなければならない。例えば，Yが，捜査段階ではXの関与を認める供述をしたのに，公判廷での被告人質問ではこれを否定しているような場合には，2号後段の自己矛盾に当たるものと考えられる。しかし，その場合にも，検察官調書を証拠として許容するためには，公判期日における供述よりも，「前の供述」である調書のほうを信用すべき情況を示す必要がある。そのためには，検察官への供述をしたときの事情等を立証しなければならないし，一方では，Xの側から，Yの調書の内容について実質的な質問ができたことを要求すべきであろう。これに対して，2号前段または3号の供述不能により調書が採用される余地はほとんどない。Yの死亡等の事由は，ここでは

考える必要がない（Yが死亡したのであれば，もはやYは相被告人ではなく，Xにとって第三者の供述調書一般の問題になる）から，せいぜいYの黙秘，記憶喪失などが供述不能の事由たり得るにすぎない（もしもこれらの事由が供述不能に当たる場合であっても，2号書面であれば，2号ただし書の趣旨が及んで調書の特信性が要求されると解すべきであるし，3号書面であれば，3号の定める極めて限定的な要件を満たさなければならない）。

5 非供述証拠

1 非供述証拠の意義と特色

> 非供述証拠とは

被告人や証人の供述などのように，犯罪に関する情報が人の記憶として残り，その者が体験した事実について報告・伝達する内容が証拠となる供述証拠に対して，それ以外の証拠のことを「非供述証拠」という。例えば，殺人事件で，犯行に使われた凶器，現場に残された血痕，被害者の傷跡などが，これに当たる。また，いわゆる情況証拠（⇨291頁。例えば，被告人が被害者を深く恨んでいたこと）は，それ自体が特定の情報であって，非供述証拠の一種である。最近では，科学技術を応用した方法による証拠の収集が推進されているため，非供述証拠の果たす役割が増大している。

　非供述証拠については，証拠能力や証明力に関する特別の規定はない。それぞれの証拠の性質に応じて判断すべきである。その中でも，とりわけ証拠としての関連性（⇨287頁）が重要である。また，証拠物については，その収集手続の違法性が証拠能力に影響を与え

356　第5章　証　拠　法

る場合があると考えられている。

| 非供述証拠の関連性 |

（1） 証拠物について関連性を判断するためには，要証事実との関係が明らかにされなければならない。そのためには，供述証拠による判断が必要になることが多い。例えば，犯行に使われた凶器としてナイフを公判廷で取り調べるときには，そのナイフが被告人の持ち物で，事件当時被告人によって使用されていた経緯などが明らかにされるであろう。それらは，被告人の供述等により示されることになる。また，証拠物の収集・運搬・保存などの過程で不適切な措置がとられたため，その物の本来の性質が失われていないか，問題になることもある。例えば，現場に残された繊維くずを証拠とする場合において，収集の際に無関係な物が混入しなかったか，保存方法は適切だったか，他の物と取り違えたりしなかったか等，証拠としての適格性について判断する必要がでてくることもあろう。

（2） 情況証拠については，その内容となる情報が要証事実の存否の判断にどれだけ影響を与えるものであるか，検討しなければならない。情況証拠は，それ自体が証拠によって証明されるべき間接事実であるから（⇨287頁，291頁），その事実を証明しようとして証拠調べの請求がなされるであろう。その場合，対象となる情報が公訴事実との関係で関連性を有しないのであれば，証拠調べをすべきではない。例えば，殺人の公訴事実を証明する手段として，被告人の粗暴な性格，平素の行状などに関して証拠請求をすることはできない。公訴事実との結びつきがほとんど認められず，一方で不当な偏見を生じさせるおそれがあるからである（夏祭り会場の食べ物に毒物を混入して人を死傷させたという特異な事件で，動機の立証として，勤務先同僚に種々の嫌がらせをしていた状況等の立証は許されないとした和

5　非供述証拠　357

歌山地決平 13・10・10 判タ 1122 号 464 頁参照）。

　前科，起訴猶予となった余罪なども，公訴事実を立証するための手段としては，原則として用いることができない。前科等による被告人の性格立証，この性格からの公訴事実の推論のいずれについても結びつきが薄弱であるのに対して，争点の拡散，審理の混乱，不当な不意打ちなどの弊害のほうが大きいからである。ただし，①犯罪行為・手口に著しい特徴があるとき，または②犯行の客観的側面についての証明がなされ，故意等の主観的側面のみを証明しようとするときには，他の犯罪事実による立証も許してよい。要証事実との結びつきが相当程度に認められるからである。②について，判例も，寄付名義で金銭を募った事実が証明されている場合に，詐欺の故意を認定するために同種前科により立証することを許容している（最判昭 41・11・22 刑集 20 巻 9 号 1035 頁）。もっとも，①について近時の判例は限定的な姿勢を示している。すなわち，同種前科による立証は，被告人の犯罪性向といった実証的証拠の乏しい人格評価につながりやすく，そのため事実認定を誤らせるおそれがあり，また，当事者が前科の内容に立ち入った攻撃防御を行う必要が生じるなど，争点を拡散させるおそれもある旨の一般論を示した上で，前科証拠は，自然的関連性があることに加え，要証事実について実証的根拠の乏しい人格評価による事実誤認のおそれがないときに初めて証拠能力が認められ，前科証拠を犯人性の証明に用いる場合には，前科事実が顕著な特徴を有し，かつ，それが起訴事実と相当程度類似することから，それ自体で両者の犯人が同一であることを合理的に推認させるようなものであるときに初めて証拠能力が認められるとしている（最判平 24・9・7 刑集 66 巻 9 号 907 頁〈百選 60〉。前科以外の同種犯罪事実について同旨，最決平 25・2・20 刑集 67 巻 2 号 1 頁）。

② 科学的証拠

科学的証拠の展開　科学技術の発展に伴い，証拠の収集にそれ
らの技術が応用される分野も拡大してきた。
人体に関連する情報を取り扱う法医学，生化学，生理学などのほか，
さまざまな科学による知見が利用されているのである。それらは，
犯罪に関する情報の解析に大きく寄与する重要な手段であるが，一
方，その内容の吟味を怠ると捜査や裁判の帰趨に大きな影響を及ぼ
しかねない。したがって，科学技術を応用して収集した証拠につい
ては，証拠能力・証明力の評価を慎重に行う必要がある。特に，科
学的な検査手法の原理や方法論自体に深刻な争いがあるような事例
では，関係する学問分野の研究動向や具体的事例の蓄積の有無など
をふまえて，厳密な検討をしなければならない（もっとも，何が「科
学的」証拠に当たるかについて，一般的な基準や原理があるわけではない。
また，科学的証拠であるということから，直ちに，他の非供述証拠とは異
なる証拠法則が妥当するものとも，考えられていない）。

科学的証拠の具体例　（1）　血液型は，人の同一性を識別するた
めの重要な情報となる。血液型には，古く
から用いられている ABO 式による分類のほか，MN 式，Q 式，E
式，HLA 式など数多くの方法が開発されており，遺伝特性や出現
頻度の知見により，由来の同一性（例えば，現場に残された血痕と被
告人の血液とが同一人物のものであること）について確率的な計算も可
能となっている。しかし，血液型が異なれば同一性が決定的に否定
できるのに対して，同一性の肯定はせいぜい確率的なものにすぎな
いから，これを重視し過ぎることのないよう慎重な配慮が必要であ
る。これに対して，指紋は，別人のものが完全に一致することのな

5　非供述証拠　359

いことが，経験的に知られている。したがって，人の同一性の確認方法としては，極めて有効な手法である。掌紋や足紋も，同じく人の識別のために利用されている。

（2）　人の同一性を識別するためには，その他に，声紋，毛髪，足跡，筆跡なども利用されることがある。もっとも，それらについては識別のための原理や方法自体について問題が指摘されることもあるし，個別の検査経過や結果についてその妥当性が争われることも少なくない。判例は，これらについて一般的な基準を立ててはいないものの，識別の原理に一応の裏付けがある手法について，検査者の適格性，および試料・検体・器具等の妥当性が認められ，検査結果に信頼性があるときには，証拠能力を肯定する傾向にある（例えば，声紋鑑定に関する東京高判昭 55・2・1 刑集 35 巻 8 号 854 頁，筆跡鑑定に関する最決昭 41・2・21 判時 450 号 60 頁，警察犬による臭気選別に関する最決昭 62・3・3 刑集 41 巻 2 号 60 頁〈百選 62〉，話者のアクセント等による言語学鑑定に関する東京地判平 2・7・26 判時 1358 号 151 頁など）。しかしながら，これらの検査手法の中には，いまだ確立された技術とまではいえないものもあり，証拠としての役割も補助的なものにとどまっているというべきであろう。実際にも，警察犬の臭気選別結果の証明力を疑問とした東京地判昭和 62 年 12 月 16 日（判時 1275 号 35 頁），毛髪鑑定に関する証明力について慎重な姿勢を示した名古屋高金沢支判平成 7 年 2 月 9 日（判時 1542 号 26 頁）等の裁判例もあり，個別の事例に即して証拠能力・証明力の判断がなされている。

（3）　犯罪事実に関する認識の存否について，人間の生理的反応を機械的に検出し，それらの反応から心理学的な判定をする手法として，ポリグラフ検査が開発されている。実際には，警察の科学捜

査部門の技術者が捜査段階で実施しており，手続としては鑑定嘱託（223条1項）によっている。その検査結果回答書の証拠能力について，判例は，検査者が自ら実施した検査の経過および結果を忠実に記載したものであって，検査者が技術・経験のある適格者であったこと，検査器具の性能や操作技術から検査結果が信頼できるものであることがうかがわれる場合は，証拠能力を認めてよいとした（最決昭43・2・8刑集22巻2号55頁）。ただし，被検査者の年齢，検査への対応や精神状態等のいかんによっては，検査そのものに適さないこともあると考えられるから，それらの被検査者側の事情によっては，証拠能力を否定すべき場合もありうると考えるべきである。

（4）疾病を集団現象として観察することにより，その原因や発生条件を統計的に解明する学問として，疫学がある。公害事件などでは，原因解明のために疫学に基づく統計的な手法が利用されている。刑事訴訟でも，最高裁は，疫学的証明ないし因果関係が他の客観的事実・証拠によって裏付けられ，経験則に照らして合理的であると認められれば，刑事裁判上の証明があったものとする旨の控訴審裁判所の判断を肯定したことがある（最決昭57・5・25判時1046号15頁）。証明の手段として集団現象からの単なる推論や蓋然的判断が許容されるのではなく，疫学の手法による科学的判断が証拠の1つに供されているものであることに注意する必要がある。この事例では，因果関係の存在について，疫学的証拠と他の病理学的証拠とを総合すると合理的な疑いを超える確実な証明があったものであると判断された。

Column DNA分析 ------------------------------

人の細胞内にあるDNA（デオキシリボ核酸）は，4種類の塩基の配列を含む二重らせん状の構造をもっている。その塩基配列には個体による

差異があり，その多型性を利用して個人識別ができることがわかってきた。その具体的な塩基配列の位置や検出の方法としては，種々のものが開発されているが，わが国でも科学警察研究所などによる成果があり，すでに実際の捜査でも用いられている。その1つであるMCT118法は，ある染色体の特定部位にある塩基配列の繰返しの長さが個体により異なることに着目したもので，その部位を酵素で切断し，PCR法と呼ばれる増幅手段でこれを大量に複製し，電気泳動により分子量に応じた移動距離の検査結果を得て，比較対照するものである。最高裁判所は，MCT118法について，その科学的原理が理論的正確性を有し，具体的な実施方法も技術修得者による信頼できるものであるならば，その証拠価値についてはその後の技術の発達による新たな事項も加味して慎重に検討すべきであるが，証拠として用いることはできるとした（最決平12・7・17刑集54巻6号550頁〈百選61〉）。なお，MCT118法の場合も，検査結果が異なれば由来の同一性を決定的に否定できるのに対して，検査結果が一致したとしても他の証拠とあいまって同一性を認めるべき1つの根拠になりうるにすぎない。前掲・最決平成12年7月17日も，DNA型鑑定が「証拠の一つとして採用された」ものと位置づけており，他の証拠とあいまって有罪の事実認定に用いられたと理解すべきである。ちなみに，同判例の事案では，後の再審によりDNA型鑑定の信用性が否定され，無罪が確定した（宇都宮地判平22・3・26判時2084号157頁）。いっぽう，新たな手法の開発などにより，STR型16座位のDNA型が全て一致する人物は4兆7000億人に1人という出現頻度に鑑み，被告人が本件犯行の犯人であることは優に認定できるとした事例があり（横浜地判平24・7・20判タ1386号379頁），その後も技術的進展に沿って運用の改善が図られている。

③　違法収集証拠の排除法則

排除法則の意義

（1）　捜査官が違法な手続で証拠を収集した場合，その証拠に証拠能力を認めるべきだろうか。供述証拠（その中でも特に，自白）については，明文の規定による証拠能力の制限があり，供述の収集過程に違法性が認められるときは，一定の限度で証拠から排除されることになっている（憲38条2項，刑訴319条・325条）。これに対して，証拠物の収集手続が違法であった場合，その証拠能力を否定すべきものとする直接の規定は存在しない。最高裁も，当初は，仮に証拠物の押収手続が違法であっても，物それ自体の性質・形状に変化はないから，証拠としての価値に変わりはないとして，証拠能力が認められるのは当然だと考えていたようである（最判昭24・12・13裁判集刑事15号349頁）。また，捜査機関による違法は，国家賠償請求や公務員への懲戒などでただすのが筋であって，刑事手続内では証拠能力への影響は考慮する必要はないという考え方が，かつては支配的だったと思われる。

（2）　しかし，適正手続の保障を定めた憲法の趣旨からすると（憲31条），証拠物の収集手続に重大な違法があった場合には，そのような捜査の違法を防止し適正手続の保障を担保するために，当該押収物の証拠能力を否定するという考え方も，十分に成立し得るというべきである。とりわけ，令状主義などの憲法上の要請が踏みにじられた場合にまで，証拠物の証拠能力を認めてしまったのでは，それらの保障の意義が実質的に失われるばかりでなく，刑事司法の廉潔性や信頼感も大きく損なわれかねない。そこで，適正手続重視の観点から，そのような重大な違法があった場合には証拠物の証拠

5　非供述証拠　　363

能力を否定すべきであるとの考え方が，アメリカ法の影響なども受けつつ，広く主張されるようになってきた。これを「違法収集証拠の排除法則（exclusionary rule）」という。排除法則は，憲法の保障する手続の実質化，司法の廉潔性の保持，違法な捜査の抑止という複合的な観点から，主張されているのである。

排除法則の展開　（1）　昭和30年代から40年代にかけて，下級審裁判例の中から，排除法則を採用する動きが出てきた。最も初期の事例（大阪高判昭31・6・19高刑裁特3巻12号631頁）では，最高裁で破棄されてはいるものの（最大判昭36・6・7刑集15巻6号915頁〈百選A6〉），証拠排除を主張する6名の少数意見がついている。その後の下級審裁判例は，違法収集証拠について，およそ論理として排除の可能性はないとする見解よりも，むしろ，証拠排除の理論的可能性を認めつつも，どのような違法があった場合にいかなる限度で証拠能力を否定すべきかを検討するようになってきた。そして，具体的事案の解決としても，証拠排除を必要とするほどの違法性があったと判断する事例が，相当数に達したのである（令状による捜索・差押えに関するもの，逮捕に伴う捜索・差押えに関するもの，職務質問に伴う所持品検査に関するもの，体液の採取に関するものなど）。

（2）　そして，最高裁も，ついに排除法則の採用を明言するに至った（最判昭53・9・7刑集32巻6号1672頁〈百選88〉）。事案は，警察官が職務質問の際に被告人の上着内ポケットに手を入れてその中の物を取り出したところ，覚醒剤だったので差し押さえたというものであるが，最高裁は，このような所持品検査はプライバシー侵害の程度が高く，捜索に類する違法な行為だとした上で，「証拠物の押収等の手続に，憲法35条及びこれを受けた刑訴法218条1項等

364　第5章　証　拠　法

の所期する令状主義の精神を没却するような重大な違法があり，これを証拠として許容することが，将来における違法な捜査の抑制の見地から相当でないと認められる場合においては，その証拠能力は否定される」と判示した。もっとも，具体的事案の解決としては，証拠排除を否定している。

最高裁判例は，排除の基準として，①「重大な違法」があること，②「違法な捜査の抑制の見地から相当でない」ことを掲げた。①の要件は，基準自体としては，あまり異論がない。どのような手続上の違法であっても証拠排除を招来するというのであれば，形式的・技術的なミスがあったときでも被告人の処罰をあきらめよということにもなり，排除法則の実質的論拠（⇨363頁）から見て過大な効果を与えてしまうし，逆に，被告人の処罰を確保するために形式的なミスについて違法性判断を回避する傾向も生じかねない。したがって，重大な違法に限定することには十分な理由があるが，その実質的内容は，必ずしも明瞭ではない。例えば，憲法35条の令状主義に違反する場合，あるいは当該処分により被告人の基本的人権が侵害された場合などが，これに含まれるであろう（なお，違法の重大性を基礎づける事実の存否については，これを確定したうえで証拠能力を判断する必要がある。違法な手続で捜索差押許可状を得た疑いがあるとしても，その疑いが濃厚ではないなどの事情から，証拠能力を肯定的に判断するのは適切ではない。最判令3・7・30刑集75巻7号930頁参照）。②の要件は，排除の相当性を基準とするものである。違法捜査により得られた証拠物を証拠として許容すると，結果的に，そのように違法な手続を容認したのと同じことになり，同種の違法行為を抑制できないからである。①の要件と②の要件とがどのような関係にあるかについては，種々の議論があるが，排除法則の実質的根拠から考

5　非供述証拠　　365

えると，重大な違法がある場合に政策的な論拠も含めて証拠排除の結論に至るのが適切であると考えられるから，①②のいずれもが証拠排除の要件であると解すべきであろう。より重要であるのは，いかなる事情があるときに①および②の要件の充足を肯定すべきかという観点からみた考慮要素の内容である。排除法則は，政策的な論拠をも含む総合的・相対的な証拠法則であるから，①手続違反の程度，②手続違反の性質（捜査官の意図的な行為か，頻発する違法行為かなどの諸事情），③手続違反と当該証拠物獲得の因果性の程度のほか，④対象となる犯罪の重大性や当該証拠の重要性をも加味して，証拠排除の当否を決すべきである。

（3）その後，判例は，昭和53年判決の示す基準を具体的に展開していく。①最判昭和61年4月25日（刑集40巻3号215頁〈百選89〉）は，捜査官が被告人宅の寝室まで立ち入って被告人を任意同行し，警察署に留め置いたことが，任意捜査の許容範囲を超え違法である場合において，これに引き続いて行われた採尿手続も，同じ事件の捜査という「同一目的」に向けられ，一連の手続によりもたらされた状態を「直接利用」して行われたので，違法性を帯びるとした（その違法は重大でないとして，尿の鑑定書の証拠能力は肯定した）。②最決昭和63年9月16日（刑集42巻7号1051頁）は，職務質問後の任意同行，警察署での所持品検査が違法な場合において，引き続く採尿手続も違法性を帯びるとしたが，実質的には逮捕が可能な状況だったから，強制処分の方法の選択ないし手順を誤ったものにすぎず，その違法は重大でないとして，尿の鑑定書の証拠能力を肯定した。③最決平成6年9月16日（刑集48巻6号420頁〈百選2, 29〉）は，自動車の運転を阻止して6時間半も職務質問の現場に留め置いたのは違法であるとしつつも，その程度は重大ではないとして，引

き続く採尿手続で得た尿の鑑定書の証拠能力を肯定した。④最決平成7年5月30日（刑集49巻5号703頁）は，承諾なしに自動車内を調べた行為は所持品検査の許容限度を超えて違法だが，その程度は重大ではなく，また，その後の採尿手続も違法性を帯びるが，応諾もあるからその違法は重大ではないとして，尿の鑑定書の証拠能力を肯定した。以上の①から④の判例では，採尿手続だけを分離して観察するのではなく，一連の手続が「同一目的」「直接利用」の関係に立つ場合には全体として違法性を評価するという方法で，排除法則の働く範囲を広げたという特徴がある。もっとも，いずれの事案でも，違法の重大性を否定しているから，証拠排除の要件は相当に厳格に解されているものといえるであろう。捜査手続の違法性を宣言するにとどめるか，さらに証拠排除にまで至るのか，その限界線の判定はなかなか困難である（現に，これらの事例でも，反対意見が付されている）。

　（4）　以上のような状況の下で，最高裁も初めて証拠排除の結論をとる判断を示すに至った（最判平15・2・14刑集57巻2号121頁〈百選90〉）。事案は，窃盗の被疑事実についての通常逮捕手続に違法があり，これに引き続いてなされた採尿の結果判明した覚醒剤使用の被疑事実について，捜索差押許可状により被告人方を捜索して覚醒剤を差し押さえたというもので，①尿の鑑定書，②覚醒剤およびその鑑定書の証拠能力が争われた。最高裁は，逮捕手続に令状不呈示等の違法があるばかりでなく，警察官が事後的に虚偽の捜査報告書を作成する等の行為に及んでおり，このような警察官の態度を総合的に考慮すれば，本件逮捕手続の違法の程度は令状主義の精神を没却する重大なもので，この逮捕に密接に関連する①の証拠については証拠能力を否定すべきであるが，②の証拠は，捜索差押許可

状によって獲得され，その執行も，既に適法に発付されていた窃盗事件についての捜索差押許可状と併せて行われたものであること等から，その収集手続に重大な違法があるとまではいえず，その証拠能力を否定することはできないと判断した。この事例は，①の証拠を収集する手続そのものの違法よりも，むしろ先行する逮捕手続について，事後の警察官の不適切な対応をも総合的に考慮して，重大な違法があるとしたもので，やや特異な内容のものである（事後的対応により逮捕手続の違法性の程度が重くなるのではなく，そのような警察官側の事情により看取される警察官の主観・態度から，逮捕当時における違法捜査の意図・態度等が推認できるにすぎないというべきであろう）。また，②の証拠の証拠能力については，後述のいわゆる「毒樹の果実」の理論と類似する方法・基準で判断されたものといえよう。違法収集証拠に由来する別の証拠物も違法収集証拠として排除の対象となるが，当初の違法と別の証拠物発見との因果関係が希薄化し，あるいはその因果関係が存在しないときは，証拠排除を否定すべきだとしているとも考えられるからである。

| 排除法則の諸問題 |

（1）　証拠排除の効果は，違法に収集された証拠 A に基づいて発見された別の証拠 B にも及ぶか。アメリカ法では，B も「毒樹の果実」として（もともとの違法により汚染された毒樹 A によってもたらされた果実 B も，同様に汚染されたものであるとのたとえ），証拠排除されるのではないかが議論されている（ドイツ法では，「波及効」の問題）。A に関する違法の程度，A・B 間の結びつきの度合いに応じて判断すべきである。例えば，A の違法が相当程度に及んでも，A からいくつかの手続を順に踏んで B に至ったなどの事情により，A・B のつながりが十分に小さくなっている（「希釈されている」）と評価できれば，B の証

368　　第 5 章　証　拠　法

拠能力は否定されないであろう。

（2）　捜査官が手続を適法と信じて行動した場合，事後的にこれが違法と評価されても（例，捜索差押許可状が事後的に違法・無効であると判断された場合），証拠排除を認めるべきでないのではないか（「善意の例外」）。また，違法収集証拠であっても，他の適法な方法で必ず発見できたはずの物（例，別の被疑事実により適法に捜索差押許可状がすでに発付されており，それが執行される前に，違法に収集された証拠物）は，排除の対象にならないのではないか（「不可避的発見の例外」）。あるいは，違法収集証拠であっても，違法捜査とは無関係な適法な手続によって得ているといえる場合（例，違法逮捕により採取された指紋について，後の別罪での現場遺留指紋との同一性立証のために使用する場合），許容してよいのではないか（「独立入手源の法理」）。いずれも，アメリカの判例で議論されているものである。善意の例外は，そのような場合には違法の抑止効果が無意味であることを，また不可避的発見の例外や独立入手源の法理は，当該証拠物が違法手続の必然的結果として使用されているのではないことを，それぞれ根拠とする。わが国における排除法則の観点から見ても，証拠排除は総合的・相対的に判定すべきであるから，捜査官の法遵守の姿勢が明確であれば，手続違反の性質として証拠排除を否定する方向で作用するであろう。また，不可避的発見がほぼ確実である場合や，証拠物の入手過程と元々の手続の違法との関係が薄い場合には，手続違反と当該証拠物の因果性の程度に影響を与えるものとして，やはり証拠排除を否定する方向に働くと考えられる。

（3）　例えば，採尿結果の鑑定書のように，伝聞法則の適用を受ける場合に，被告人が証拠とすることに同意したとき（326条）は，違法収集証拠であっても証拠能力を認めてよいか。違法な手続によ

5　非供述証拠　　369

って侵害された利益が被告人個人のもので，その処分が可能であるならば，同意による証拠能力の付与を認めてもよい（例えば，プライバシーの利益）。もっとも，違法の程度が重大で，およそ適正手続の観点から容認しがたい場合などは，同意があっても証拠能力を認めるべきではあるまい。

（4）　違法な手続による利益侵害が被告人自身のものでないときにも，証拠排除の申立てができるか（「申立適格」）。被告人の同意によって事後的に証拠能力が付与されること（すなわち，被告人による自己の権利・利益の処分が認められること）からすれば，逆に，被告人自身にかかわらない利益侵害については，排除の申立適格を認めるべきではあるまい。下級審裁判例も，テレビニュースを録画したことが報道の自由を侵すとして被告人が証拠排除を主張した事例について，被告人の申立適格を否定している（東京地決昭 55・3・26 判時968 号 27 頁）。

（5）　違法行為の主体が私人であるときはどうか。捜査機関の依頼による協力者のように捜査の一環と評価できる場合には，もちろん排除法則が妥当する。全く無関係の私人であれば，違法捜査の抑止は問題にならないから，証拠排除を認める必要はない。もっとも，著しく重大な違法があるため適正手続の観点から到底容認できないときは，別論であろう。外国の捜査機関が主体であるときも，基本的には同じことが妥当する。

第6章	実体判決と形式裁判

この章では，まず，「裁判」とは何かを述べ，さらに
実体判決（有罪・無罪）と形式裁判とについて，詳しく
説明する。そののち，裁判の成立，また裁判の確定によ
って生じる効力（一事不再理の効力など）を説明する。

1 公判の裁判

[1] 判決・決定・命令

裁判とは，裁判所または裁判官の訴訟行為であって，意思表示を
内容とする。裁判は，その形式面から，判決・決定・命令の3種に
分けられる（43条）。**図表 6-1**（⇒372頁）のような違いがある。

[2] 実 体 判 決

実体判決とは，犯罪の成否について検察官が主張する事実に理由
があるか否かの判断を示した判決である。実体判決には，有罪判決
と無罪判決とがある。

有 罪 判 決

被告事件について犯罪の証明があったとき
は，判決で刑を言い渡すか，刑の免除をし
なければならない（333条1項・334条）。犯罪の証明があったとは，

1 公判の裁判 371

適法な証拠に基づいて，合理的疑いを超える程度（⇨304頁）に公訴事実が認定され，刑罰法令の適用がなされたことをいう。有罪の言渡しをするには，罪となるべき事実，証拠の標目および法令の適用を示さなければならない（335条1項）。

図表 6-1

	裁判の主体	理由の付与	口頭弁論	不服申立方法	その他
判決	裁判所（合議体によるときもあれば，単独の場合もある）	必要（44条1項）	口頭弁論に基づく必要あり（43条1項）	控訴・上告	公判廷で宣告し，告知する（342条）
決定		上訴を許さない決定・命令には理由をつける必要がない（44条2項）	口頭弁論に基づく必要なし。必要なら事実の取調べをする（43条2項・3項，規33条3項）	抗告（または即時抗告）（419条）	判事補が1人で裁判することができる（45条）
命令	裁判官（裁判長，受命・受託・受任裁判官）			準抗告（429条）	

択一的認定

　　有罪判決を言い渡すには，罪となるべき事実を示さなければならない。ところで，A事実かB事実か，どちらかであることは確かだが，AなのかBなのかが確定できない場合がある。たとえば，川原で泣き叫ぶ乳児の頭を母親が哺乳ビンで強く打ち，乳児がぐったりしたところを，その場に置き去りにしたとしよう。ビンで強打したために乳児が死亡したら，母親が傷害致死罪に問われることはいうまでもない。では，置き去り行為は，どうなるのか。母親の強打によって，置き去りの時点ですでに乳児が死亡していた（A事実）とすれば，死体遺棄罪

372　　第6章　実体判決と形式裁判

（刑 190 条）が成立する。しかし，置き去りのとき乳児がまだ生きていた（B事実）のであれば，母親の行為は保護責任者遺棄罪（刑 218 条。または同致死罪，刑 219 条）に当たる。乳児がどの時点で死亡したのかを，裁判所が認定できなければ，死体遺棄なのか保護責任者遺棄なのかが確定しない。だが，A・B両事実のどちらかであることは確かである。このようなとき，択一的な事実認定をして有罪判決を言い渡すことが許されるのか，これが「択一的認定」の問題である。

　択一的認定を許す下級審の裁判例（札幌高判昭 61・3・24 高刑集 39 巻 1 号 8 頁〈百選 91〉，東京高判平 4・10・14 高刑集 45 巻 3 号 66 頁）があるほか，最高裁の判例として，最決平成 13 年 4 月 11 日（刑集 55 巻 3 号 127 頁〈百選 46〉）がある（奈良との共謀による殺人だが，実行行為者は被告人だとする訴因につき，実行行為者を「奈良又は被告人あるいはその両名」とする択一的な認定は違法でないとした）。

　しかしながら，上の設例のように，A・B両事実の間に公訴事実の同一性が認められ，A・B両事実がそれぞれ異なる構成要件に該当し，しかも，たがいに排他的関係にある場合には，このようなA・B両事実（上の設例のほか，たとえば窃盗と盗品譲受けの事実など）について，択一的な認定をすることは許されない。その理由は，まず，択一的認定を許す規定がないからである（もっとも，訴因の予備的・択一的な記載は許される。256 条 5 項）。しかも，択一的認定を認めると，「疑わしいときは被告人の利益に」の原則に反する。さらに，罪刑法定主義にも反する。というのも，死体遺棄の構成要件から類推的に，新しい（死体遺棄と保護責任者遺棄の両罪を含む）構成要件事実を認定していることに他ならないからである。

　ところで，択一的な「認定」には，①「AかBのどちらか」だ

と認定する，②（AかBのどちらかは確実だという前提で）軽いA（設例では，死体遺棄）の事実を認定する，の2つがあり得る。まず，①のような認定は，A事実について疑念があるからこそ，（同じく疑念のある）B事実と択一的な認定をしているのである。したがって，「罪となるべき事実……を示」した（335条1項）とはいえず，許されない。

しかし，②のような認定は許される。「択一的認定」に似てはいるが，さきに述べた意味での「択一的認定」とはいえないからである。だから，(a)A・B両事実間に（たとえば未遂と既遂，傷害致死と殺人といった）段階的な関係がある場合，軽いA事実だけを認定することは許される。たとえば，傷害の故意は認定できるが，殺意の有無は不明であるので（傷害致死か殺人のどちらかであることは確実だという前提で），軽い，傷害致死の事実を認定する，というような場合である。このような認定は，「疑わしいときは被告人の利益に」の原則に従って，A事実の認定にとどめたものに他ならない。だから，これを「択一的認定」と呼ぶのは適切でない。

また，(b)同一構成要件のなかで複数の事実が選択的に存在する場合に，厳密に特定せずに認定することも許される。たとえば，足蹴りしたのは確かだが右足か左足か不明なときに，「足で蹴った」と認定するなど，である。たしかに個別的事実を厳格に認定したとはいえない。だが全体として見れば，ある特定の犯罪事実が「合理的疑いを超える」程度に確信をもって認定されているのだから，このような認定は許される。右足なのか左足なのか明らかにしなければ，暴行の事実が認められないというわけではないから，「択一的認定」とは異なるのである。このような認定は，一般に「不特定的認定」と呼ばれている。

量　刑

裁判所は，事実の認定および法令の適用とともに，刑の量定をしなければならない。

法定刑から刑種を選択し，加重減軽（再犯加重，法律上の減軽，併合罪の加重，酌量減軽。刑72条）を行って処断刑を導き出したのち，情状などを考慮した上で宣告刑を決める。さらには執行猶予や保護観察を付けるかどうかを決める。

　なお，起訴されていない犯罪事実を「余罪」として認定し，実質上これを処罰する趣旨で量刑の資料に考慮することは，許されない。もっとも，単に被告人の性格，経歴，犯罪の動機・目的・方法など情状を推察するための資料として考慮することは，許される（最大判昭41・7・13刑集20巻6号609頁，最大判昭42・7・5刑集21巻6号748頁。余罪を事実上処罰する趣旨で量刑したとされた事例として，東京高判平3・10・29高刑集44巻3号212頁，名古屋高判平10・1・28高刑集51巻1号70頁，東京高判平27・2・6東高刑時報66巻1〜12号4頁〈百選93〉など）。

無罪の判決

裁判所は，被告事件が罪とならないとき，または被告事件について犯罪の証明がない

ときは，判決で無罪の言渡しをしなければならない（336条）。

訴訟費用

被告人が貧困のため訴訟費用を納付できないことが明らかな場合をのぞき，刑の言渡

しをしたときは，被告人に訴訟費用の全部または一部を負担させなければならない（181条）。訴訟費用とは，①公判期日・公判準備に出頭させ，またはそこで取り調べた証人などの旅費・日当・宿泊料，②鑑定人・通訳人・翻訳人の鑑定料・通訳料・翻訳料，および支払うべき費用・償還すべき費用，③国選弁護人に支給すべき旅費・日当・宿泊料，報酬，をいう（刑事訴訟費用等に関する法律2条）。

1　公判の裁判　　375

③ 形式裁判

　形式裁判は，手続上の要件が存在せず不適法だという判断を示すものである。刑事訴訟法は，裁判の形式から，形式裁判を3つに分けて規定している。管轄違い，免訴，公訴棄却（判決・決定）の3種である。

　　管轄違い

　「被告事件が裁判所の管轄に属しないとき」（329条），つまり，管轄がない裁判所に起訴されたとき，または審理をすすめてみたら，管轄がないことが明らかになったときに，裁判所は管轄違いを言い渡す。たとえば，放火の訴因で簡易裁判所に公訴が提起されると，簡易裁判所は管轄違いを言い渡す。または，失火の訴因で簡易裁判所に起訴されたが，審理がすすむにつれて，放火であることが明らかになったような場合，裁判所は（訴因変更がなされたら，⇒271頁）管轄違いを言い渡す。

　　免　訴

　免訴事由として法定されているのは，(a)確定判決を経たとき，(b)犯罪後に刑が廃止されたとき，(c)大赦があったとき，(d)時効が完成したとき，の4つである（337条）。免訴も管轄違いのときと同じく，①起訴状だけを見て，形式裁判を言い渡す（不適法な公訴提起を抑制する）場合と，②審理をすすめてみて，訴訟条件が欠けることが判明した時点で，実体審理を打ち切る（それ以降の実体審理を阻止する）場合，③実体審理を終局まですすめて（つまり，被告人・弁護人の最終陳述を終え，結審して），なお形式裁判で処理する場合がある。たとえば，捜査段階で違法なことが行われたり（違法なおとり捜査など），公訴権の濫用だと見られる場合には，実体判決を言い渡すことができるだけの心証形成がなされている場合でも，あえて形式裁判で処理す

376　第6章　実体判決と形式裁判

るべきだという見解がある（どのような形式裁判によるかについては，公訴棄却説と免訴説とがある）。

公訴棄却　公訴棄却も，免訴と同様に，上で述べた①〜③までの形態が考えられる。以下のような公訴棄却事由が法定されている。判決で公訴を棄却する事由として，(a)被告人に対して裁判権がないとき，(b)公訴取消しに関する規定（340条）に違反して公訴が提起されたとき，(c)同一裁判所への二重起訴，(d)公訴提起手続がその規定に違反したため無効なとき，である（338条）。決定による公訴棄却事由としては，(a)起訴状謄本が適法に送達されず，公訴提起が失効したとき，(b)起訴状に記載された事実が罪となるべき事実を含んでいないとき，(c)公訴が取り消されたとき，(d)被告人が死亡したなどのとき，(e)同一事件が数個の裁判所に重複起訴されたとき，が法定されている（339条）。

公訴棄却と免訴　公訴棄却と免訴との違いは，形式裁判・実体裁判についての理解だけでなく，既判力と一事不再理の効力とについての理解（⇨380頁）などにもかかわる問題である。かつては，公訴棄却＝形式裁判→既判力なし，免訴＝実体裁判→既判力あり，という区別で説明された。ことに①実体裁判説（免訴は，事実認定をした上で，ある程度の嫌疑があれば下される判決〔犯罪事実が認められなければ無罪になる〕だから，実体裁判だという見解）では，上のような説明が多かった。しかし実体裁判説では，「確定判決を経たとき」（337条1号）を説明しにくい。なぜなら，この説では，無罪の確定判決を経たときも，事実認定をして犯罪事実が認められなければ無罪を言い渡すことになるが，それでは，確定判決を経たときは免訴するという規定に反するからである。そこ

1　公判の裁判　377

で, ②二分説（337条の1号は形式裁判だが, 2号以下は実体裁判だという見解）が出てくる。しかし, 法が同一条項に列挙している事由を勝手に2つに分けて解釈するのが妥当なのか, という疑問がある。そこで, ③免訴はむしろ, 事実をはっきりさせず打ち切ってしまうところに妙味があるから, 免訴は実体審理をせずになされる形式裁判だという, 形式裁判説がでてくる。だが, 形式裁判説によれば, 実体裁判か形式裁判かで, 免訴と公訴棄却とを区別することはできない。そこで, 免訴と公訴棄却との違いは、両者の要件や効果の違いで説明される。最近では, ④実体裁判か形式裁判かの区別を, 実質的意義（実体審理を終局までおしすすめるか否か）と, 形式的意義（事件の実体を判断するか, 実体を判断せず手続を打ち切るか）とに分け, 免訴は, 実質的には形式裁判だが, 形式的には実体裁判（実体審理を終局までおしすすめないが, 公訴の理由の有無は判断する）と理解する説もある。

2 裁判の効力

1 裁判の成立とその言渡し（告知）

　裁判官が心証を固めて裁判書（の草稿）を書き, もしくは合議体で評議をして判断の内容が確定すると, 裁判は内部的に成立する。しかし, それだけでは内部的なものにとどまっている。そののち, 告知（判決の宣告や裁判書謄本の送達）がなされて, その判断内容が当事者など外部の者にもわかるようになる。これを外部的成立と呼ぶ。このように, 裁判の成立を, 内部的成立と外部的成立とに分けて説明するのが一般的である。この区別は, 裁判官に交替があった

378　第6章　実体判決と形式裁判

ような場合をうまく説明できる。まだ内部的な成立がない段階で、開廷後に裁判官が変わると、公判手続を更新しなければならない（⇨256頁）。しかし、判断内容が確定し内部的な成立があった後、つまり判決の宣告のみを残す場合は、裁判官が交替しても公判手続を更新する必要がない（315条但書）。また、外部的な成立があると、裁判所または裁判官が自らの意思表示によって拘束されることになる。裁判が告知されると、自らがこれを撤回し、もしくは取り消すことができなくなるのである（問題があれば、当事者が上訴して、上級審の判断をあおぐことになる）。

　なお、拘禁刑以上の刑に処する判決の宣告があると、保釈または勾留の執行停止は、その効力を失うし（343条）、「判決の宣告を受けた者は、裁判所の許可を受けなければ本邦から出国してはならない」（342条の2⇨226頁）。無罪や免訴などの裁判の告知があると、勾留状はその効力を失う（345条。ただし、第1審の無罪判決に対し控訴があった場合、控訴審は、〔無罪判決の存在を踏まえ、より強い嫌疑が要求されるとは言え〕職権で再度勾留できる。最決平19・12・13刑集61巻9号843頁〈百選94〉）。

　裁判の告知は、公判廷では宣告によって、その他の場合は裁判書の謄本を送達して、行われる（規34条）。判決は、公判廷で宣告しなければならない（342条）。判決の宣告は裁判長が行うが、主文および理由を朗読し、または主文の朗読と同時に理由の要旨を告げなければならない（規35条）。

　裁判をするときは、裁判官が裁判書を作り、署名・押印しなければならない（規53条～55条）。もっとも、宣告に当たっては草稿などを朗読し、宣告した後で裁判書を作成してもよい。告知内容と裁判書が食い違ったときは、告知内容が基準となる。ただし判例は、

判決宣告期日が終了するまでは，判決書を読み間違えても訂正できるし，いったん宣告した内容を変更して改めて宣告しても違法でない，という（最判昭47・6・15刑集26巻5号341頁，最判昭51・11・4刑集30巻10号1887頁）。

② 裁判の確定と確定力

裁判が通常の不服申立方法によっては，もはや争うことができなくなる状態を，裁判の確定という。①上訴期間（358条・373条・414条・422条）を徒過したとき（抗告については，即時抗告を除き，実益〔＝抗告の利益〕がなくなったとき。421条参照），②上訴を放棄・取り下げたとき（359条），③上訴棄却の裁判が確定したとき，に裁判が確定する。ただし，不服申立てが許されない裁判については，告知と同時に確定する。

確定裁判には，確定力が生じる。すでに述べたように，裁判が外部的に成立すると，一種の拘束力が発生する。だが，その裁判は，不服申立ての結果くつがえることもあり得るから，そのような拘束力は確定力に比べてまだ弱い。これに対して，裁判が確定すると，通常の不服申立方法によっては，もはや争えなくなるのである。

一事不再理の効力　　無罪または有罪判決が確定したならば，再び同じ事件で実体審理を受けることはない，という効力を，一事不再理の効力という（なお多数説は，免訴判決にも一事不再理の効力があるという。⇨377頁）。憲法39条は，「何人も，……既に無罪とされた行為については，刑事上の責任を問はれない。又，同一の犯罪について，重ねて刑事上の責任を問はれない」と規定している。確定判決を経た事件について再び起訴がなされた場合には，免訴が言い渡される（337条1号）。

380　第6章　実体判決と形式裁判

一事不再理の効力は，なぜ生じるのか。わが国のかつての通説は，一事不再理の効力が生じる理由を既判力で説明した（既判力説）。通常の上訴によって争うことができなくなったとき，裁判がまず確定する（このように，上訴で争う可能性がなくなったことを「形式的」確定と呼ぶこともある）。裁判が形式的に確定すると同時に，裁判の内容（たとえば，拘禁刑3年の有罪判決）もまた確定して，これが一方で執行力をもつ（たとえば，被告人を刑務所に収容する）。他方で，別訴（後の訴訟）によって裁判の内容を争うことができない，つまり再訴を禁止する効力が発生する。この再訴禁止の効力が，一事不再理の効力だと説明されたのである。

　だが，この既判力説では訴因制度（⇨196頁以下）をうまく説明できない。すなわち訴因制度の下では，裁判所の判断の内容は訴因に限定されるのに，一事不再理の効力（＝既判力）は，公訴事実を同一にする範囲に及ぶからである。だから，たとえば横領の事実につき無罪判決が確定すると，検察官は（公訴事実を同一にする）窃盗の訴因で審判を求めることはできなくなる。既判力説の欠点は，既判力を裁判の判断内容と結びつけたことにある。そこで，裁判が確定したことそれ自体によって生じる効力，確定力の「存在的効力」を一事不再理の効力（＝既判力）だと解する立場が出てきた。この説は，既判力を裁判の判断内容から切り離すことで，審判は訴因に限定されるのに既判力はより広い公訴事実を同一にする範囲に及ぶという矛盾を解消しようとしたのである。だが，この説では一事不再理の効力＝既判力と解するために，原則として実体判決にしか既判力が生じない。

　そこで，上の説明をさらに発展させ，一事不再理の効力と既判力とは全く別のものだと言い切る説が出る（「手続効力」説と呼ぼう）。

手続効力説は，一事不再理の効力＝二重の危険の禁止だと解するのである。ところで，二重の危険の禁止とは何か。刑事訴追されて，ひとたび処罰の危険にさらされた被告人は，二度と同じ事件で刑事訴追を受けることはない，というのが「二重の危険（double jeopardy）」の禁止である。憲法39条は，英米法で発達した二重の危険の禁止の考えを受け継いだものと解されている。そうであるなら，二重の危険の禁止と一事不再理の効力とは同じものではないのか。この疑問から，一事不再理の効力＝既判力という定式をくつがえし，むしろ一事不再理の効力＝二重の危険の禁止だ，という考えが生まれたのである。手続効力説によれば，一事不再理の効力は確定裁判の効力（＝既判力）から出てくるのではなく，二重の危険の禁止に基づく政策的な原則だから，効力の及ぶ範囲が，判断の範囲と食い違っても，なんら問題はないことになる。手続効力説は，被告人が被った審理手続による負担が，二重の危険の禁止の根拠だと説明する。つまり二重の危険は，訴訟手続自体の効果だと理解するのである。

　そして，つぎのように説明する。訴因は，公訴事実を同一にする範囲で変更することが可能である。公訴事実を同一にする範囲で，訴追され審理にさらされ，処罰される危険がつねに被告人につきまとう。したがって，一事不再理の効力は公訴事実を同一にする範囲に及ぶのだ，と（他方，既判力は，裁判が確定すると，別訴で判断内容を変更することを不可能にする。一事不再理の効力とは異なり，確定裁判の判断内容に基づく効力だから，訴因の範囲にしか及ばない。また終局裁判であれば実体裁判だけでなく，形式裁判もまた既判力を持つ，と説明される）。

382　第6章　実体判決と形式裁判

第7章　上　　訴

誤りが生じた場合にこれを正すべきシステムを持つことは，制度を設計する上でつねに考慮すべき事柄である。上訴は，やや技術的な事項が中心となるが，誤りの是正のための仕組みがどのように機能するのか検討する。

1　上訴制度

上訴の意義

刑事訴訟の過程では種々の裁判がなされる（被告人に有罪・無罪を宣告し，または管轄違い等の形式裁判を言い渡す場合のように，事件そのものに関する終局的な判断を示すときのほか，例えば，被告人を勾留すること，不出頭の証人に制裁を科すことのように，派生的な事項について判断を示すときがある）。これらの裁判の内容に誤りがあったり，手続の上で違法があったりすることもあり得るから，その是正の手段を講じておかなければならない。その中心となる手段が「上訴」である。上訴とは，裁判を受け不利益を被った者が，その裁判が確定する前に，上級の裁判所に不服を申し立てて，原裁判の変更または取消しを求めることをいう（「不利益を被った」といえるかどうかについて，「上訴の利益」という用語で説明される議論がある。⇨386頁）。したがって，上訴は，第一

1　上訴制度　383

図表 7-1

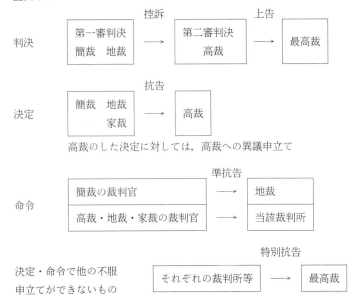

次的には、誤った原裁判を是正することにより、不利益な判断を受けた者を「救済」するための制度である。もっとも、法令の解釈・適用について上級審が判断を示すことにより、それらの統一が図られることも、上訴制度の一つの機能であるといってよい。

上訴の枠組み 上訴の基本的な枠組みは、原裁判の種類によって定まっている（**図表 7-1** 参照）。

上訴は、裁判が確定する前になされる不服申立てであるから、確定後に裁判の是正を図る再審・非常上告とは区別される（⇒第8章）。また、図に掲げた「高裁のした決定に対する異議申立て」や「準抗告」は、「上級の」裁判所に対するものとはいえないが、原裁判所とは別の裁判所による判断を求める申立てであるから、広い意味で

上訴に含めてよい。なお,「準抗告」には,捜査機関の処分に対する不服申立ての場合もある（不服申立ての対象が裁判ではないから,厳密には上訴ではないが,同じくここで取り扱う）。そのほか,原裁判の見直しという点で上訴と共通するものとして,最高裁の判決に対する訂正の申立てがある。

2 控　　訴

控訴の申立て

（1）　控訴の意義　　控訴は,第一審判決を不服として高裁へ申し立てる上訴である。最近では,地裁の第一審判決に対して約1割,簡裁の第一審判決に対して8％程度の控訴申立てがあり,年間で約5千人の申立て人員となっている。そのうち,被告人側の申立てがほぼ99％,残りが検察官控訴および双方控訴となっている。

（2）　控訴権　　控訴の申立てをすることができるのは,第一審判決を受けた当事者である検察官と被告人である（351条1項）。そのほか,被告人の法定代理人または保佐人や（353条）,第一審における代理人または弁護人も（355条）も,被告人のため控訴をすることができる。

　まず,検察官は,法の正当な適用を請求する者（検察4条）として,不当と判断したすべての判決について控訴をすることができる。もっとも,実際には,ほとんどが被告人に不利益な方向での申立て（例えば,無罪判決に対して有罪を主張し,または原判決より重い刑を主張する申立て）である。このような検察官上訴については,憲法39条（二重の危険の禁止）に反するとの主張もあるが,判例は,第一審の

手続と上訴審の手続とでは同じ事件の継続した危険があるにすぎないとして，その合憲性を認めている（最大判昭 25・9・27 刑集 4 巻 9 号 1805 頁〈百選 A47〉）。

これに対して，被告人は，控訴により救済を受けるべき者として，自らに利益な内容を主張して申立てをしなければならない。これを「控訴の利益」という（より一般に「上訴の利益」ともいう）。すなわち，無罪判決に対して控訴を申し立てたり，原判決よりも重い刑を主張して控訴を申し立てたりすることはできない。免訴や公訴棄却等の形式裁判に対して，無罪を主張して控訴を申し立てることができるかについては，争いはあるものの，判例はいずれも上訴の利益を否定している（免訴判決に対する控訴について，最大判昭 23・5・26 刑集 2 巻 6 号 529 頁〈百選 A48〉，最判平 20・3・14 刑集 62 巻 3 号 185 頁〔横浜事件再審判決〕，公訴棄却決定に対する即時抗告について，最決昭 53・10・31 刑集 32 巻 7 号 1793 頁）。有罪・無罪の判断をせずに手続を打ち切った裁判はそれで訴訟を決着させたものと考えられ，事件そのものについての攻防を求める主張は，一般的に利益を欠くというべきであろう。

弁護人については，選任が審級ごとになされるので（32 条 2 項。いわゆる，「審級弁護（審級代理）」の原則），控訴審での弁護人は改めて選任する必要があるが，控訴審そのものを新たに開始させる行為は，第一審における弁護人にも認めた（355 条）。原判決の言渡し後に選任された弁護人については，判例は，第一審における弁護人には当たらないものの，被告人自身の控訴権を代理行使して控訴ができるものとした（最大判昭 24・1・12 刑集 3 巻 1 号 20 頁）。さらに，被告人以外の者が選任した弁護人であっても，等しく被告人の控訴権を代理行使できるものとしている（最大決昭 63・2・17 刑集 42 巻 2 号

299 頁。かつての判例は，被告人以外の弁護人選任権者で上訴権のないもの〔30 条 2 項・353 条参照。例えば，被告人の配偶者〕が選任した弁護人に上訴権を認めると，上訴権を拡張するに等しく不合理だとして，それらの弁護人には控訴の申立てを認めていなかった。これは，数少ない判例変更の事例の一つである）。

（3）　控訴申立手続　　控訴をするには，申立書を第一審裁判所に差し出さなければならない（374 条）。控訴の提起期間は，第一審判決が宣告された日から 14 日以内である（373 条・358 条・342 条。初日は算入せず〔55 条 1 項〕，期間の延長はない〔56 条 2 項〕）。なお，例えば拘置所に勾留中の場合のように，刑事施設にいる被告人が控訴する場合には，その施設の長を経由して控訴することとされ，その場合には，控訴提起期間内に申立書を施設の長に差し出せば，期間を遵守したものとされる（366 条 1 項，規 227 条・228 条）。控訴権者の責めに帰することができない事情により期間内に控訴の申立てができなかったとき（例えば，大災害，予測不能な郵便事故など）には，「上訴権回復の請求」をすることができる（362 条〜365 条）。

（4）　控訴申立ての効果　　期間内に適法な控訴の申立てがあると，その効果として，原判決の確定が阻止され，その執行が停止されるとともに，事件が控訴審に係属する。これを「停止の効力」，「移審の効力」と呼んでいる。一部上訴が認められるような場合を除き，停止や移審の効力は，事件全体に及ぶ。

Column　一部上訴　--------------------------------------

　例えば，第一審判決が，併合罪の一部ごとに，有罪と無罪，あるいは拘禁刑と罰金刑を言い渡した場合のように，可分な裁判であるときは，その一部について控訴することもできる。これに対して，併合罪の全体を有罪として一つの刑を言い渡しているときは，その一部について控訴

することはできない。刑の量定，判決の確定などを統一的に判断する必要があるからである。一部控訴が可能な場合に，部分を限らないで控訴の申立てがあったときは，全部について控訴したものとみなされる（357条）。科刑上一罪は一罪であるから不可分であって，その一部についての控訴ということはない。もっとも，例えば住居侵入・窃盗（牽連犯）について，第一審判決が，その理由中で住居侵入のみについて有罪とし窃盗は無罪とする判断を示して，主文で刑を言い渡している場合に，被告人だけから控訴があったときなどには，別の観点からの議論がある（いわゆる「攻防対象論」。⇒393頁）。

(5) 控訴の放棄・取下げ　　第一審判決の当事者に控訴の意思がないときは，控訴を放棄することができる（359条・360条）。控訴の放棄により控訴権が消滅するので，原判決に不服がなければ控訴提起期間の経過を待たずに直ちに原判決を確定させることができる。慎重を期すために，控訴の放棄は書面によることが必要とされ（360条の3），また，死刑または無期拘禁刑に処する判決については控訴の放棄を許さないこととしている（360条の2）。いったん控訴を申し立てたものの，その後第一審判決に服することを決めた場合には，控訴を取り下げることもできる（359条・360条）。控訴の取下げがあったときは（相手方も控訴していたのでない限り），直ちに原判決が確定する。控訴の取下げも原則として書面によることが必要であるが（規224条），死刑または無期拘禁刑の場合であっても取り下げることができる（なお，控訴の取下げは，訴訟を終了させる効果を持つものであり，特に重大な事件ではその有効性の判断を慎重に行う必要がある。死刑判決を受けた被告人が，判決の衝撃および公判審理の重圧により拘禁反応等の精神障害に陥り，苦痛から逃れることを目的として控訴を取り下げたのを無効とした事例がある。最決平7・6・28刑集49巻6号

785 頁)。

（6） 控訴申立書を受け取った第一審裁判所は，控訴権消滅後の申立てでないかどうかを審査する。控訴権が消滅するのは，控訴提起期間の経過，控訴の放棄または取下げによってである。控訴権消滅後であることが明らかであれば，決定で控訴を棄却する（375条）。それ以外の場合は，第一審裁判所は，訴訟記録および証拠物を控訴裁判所に送付しなければならない（規235条）。

　　　　　　　　　　（1） 控訴申立人は，控訴の申立書とは別
　控訴理由　　　　　　に，控訴趣意書を控訴裁判所に差し出さなければならない（376条）。控訴趣意書には，控訴の理由を簡潔に明示することが必要である（規240条）。控訴趣意書の差出期間は，控訴裁判所が具体的に指定する（規236条）。なお，控訴の相手方も，控訴趣意書に対する意見を記載した答弁書を提出することができる（規243条）。

　控訴の理由は，377条以下に個別の定めがある。控訴の申立ては，そのいずれかを根拠とする場合に限って適法なものと取り扱われる（384条）。すなわち，控訴申立人は，原判決のいかなる点に不服があるのか具体的に明示することを義務付けられ，控訴裁判所は，申立人の主張を中心として原判決の当否を審査するものとされている。しかも，原判決についての瑕疵を指摘するものである以上，その根拠たる事由も原則としてその当時の証拠に基づいて主張しなければならない。控訴審のこのような仕組みに着目して，控訴審の構造は「事後審」（あるいは，「事後審査審」）であるといわれることがある。もっとも，後述するとおり，第一審で取り調べられなかった証拠や，原審の弁論終結後に生じた事情なども一定の限度で控訴裁判所の検討の対象にすることが認められている。

2　控　　訴　　389

控訴の理由は，大別すると，①訴訟手続の法令違反，②事実誤認，③法令適用の誤り，④量刑不当である。最近の実情では（複数の控訴理由がありうるので合計が10割を超える），被告人側の控訴の場合，量刑不当が約7割，事実誤認が約3割，訴訟手続の法令違反と法令適用の誤りがあわせて約1割であり，検察官控訴の場合，量刑不当が約2割，事実誤認が約5割，法令適用の誤りと訴訟手続の法令違反があわせて約3割となっている。

(2) 訴訟手続の法令違反　　訴訟手続の法令違反については，そのうち特に重大な誤りと考えられるものは，原判決への影響の有無を問わず，控訴の理由となる（いわゆる「絶対的控訴理由」）。それら以外のものは，「判決に影響を及ぼすことが明らかである」ときに控訴の理由とすることができる（いわゆる「相対的控訴理由」）。絶対的控訴理由は，377条・378条に列挙されている。それ以外の訴訟手続の法令違反（例えば，証拠能力のない証拠を取り調べたこと）は，すべて相対的控訴理由とされるにすぎない（379条）。当事者の救済を必要としない場合にまで，訴訟手続違反を是正する必要はないからである。

(3) 事実誤認　　原判決の事実認定に誤りがある場合には，「その誤認が判決に影響を及ぼすことが明らかである」ときに，控訴の理由とすることができる（382条）。原判決が有罪判決であれば「罪となるべき事実」が認定されているし（そのほかにも，刑の加重減免の根拠となる事実や没収・追徴の要件となる事実なども示されるであろう。335条），無罪判決の場合にも，ほぼ例外なく，「罪とならない」，「犯罪の証明がない」という判断（336条）の理由として訴因に関する事実認定が示されている。このような実体法上の事実に関する認定の誤りが，事実誤認である。事実誤認については，「やむを得な

390　第7章　上　　訴

い事由によって第一審の弁論終結前に取調を請求することができなかった証拠によって証明することのできる事実」，および「第一審の弁論終結後判決前に生じた事実」も援用することが許されている（382条の2）。したがって，原判決の当否について純粋に「事後的」な審査をするのに比較すれば，控訴理由にできる内容が緩和されている（それらの事実は原判決の考慮対象外だったにもかかわらず，これを理由に原判決の事実認定を争うものであるから）。

　なお，即決裁判手続においてなされた判決に対する控訴の申立ては，有罪とされた事実について事実誤認があることを理由としてはすることができない（403条の2。また，この控訴制限には，合理的理由があるから，憲法32条に違反しない〔最判平21・7・14刑集63巻6号623頁〕）。

　（4）　法令適用の誤り　　法令適用の誤りも，「判決に影響を及ぼすことが明らかである」ときに控訴の理由となる（380条）。原判決が有罪判決のときは，認定された「罪となるべき事実」に対して刑罰法令が適用され，刑の量定（処断刑の判断，執行猶予の要件など）についてもその適用がある。また，無罪判決の場合にも，刑罰法令の解釈を理由として「罪とならない」との判断がなされることもあろう。法令適用の誤りとは，これらの刑罰法令について，解釈を誤ったり，適用条文の操作に誤りがあったりした場合のことをいう。

　（5）　量刑不当　　処断刑の範囲内で具体的に宣告された刑について，その量定が「不当」なときも控訴の理由とすることができる（381条）。犯罪事実に関して情状の評価を誤ったり，狭義の情状事実（示談の成否，被告人の境遇など）についての誤認や評価の誤りがあったりする場合が含まれる。刑種の選択，刑期の長短，執行猶予の有無など，さまざまな判断を「不当」だとして争うことがあり得

る。量刑不当に関しても，事実誤認の場合と同じく，援用できる事実の範囲が緩和されている（382条の2）。

（6）　その他の控訴理由　　以上のほか，再審の事由があること（383条1号），原判決後に刑の廃止・変更または大赦があったこと（383条2号）も控訴の理由となる。

Column　控訴審の構造

控訴審のあり方を類型的にとらえると，①第一審判決とは別に，自らが事件の審理を全面的にやり直す方式（「覆審」という），②第一審の審理内容を引き継ぎ，新たに提出された証拠をも加味して判決する方式（「続審」という），③原判決の当否について，その当時の証拠に基づいて審査する方式（「事後審」という）などがあり得る。旧刑訴法では，控訴審は覆審とされ，控訴申立人は申立書を提出すればよく，控訴裁判所は事件そのものについて判決するものとされていた。これに対して，現行法は，控訴理由として一定の事由を定め，控訴裁判所がこれらを中心に原判決の当否を審査するという点で，事後審化したといわれる。第一審に証拠を集中させ，その審理を充実強化させるとともに，控訴審は，当事者の申し立てた不服に基づいて事後的な審査をする審級であると位置付けられたのである。このような考え方を徹底すれば，事後審査は第一審判決当時の事情を基準になされるべきであるし，第一審で取り調べなかった新証拠の取調べは厳格に制限されることになり，さらに原判決を不当とする場合でも控訴裁判所は事件そのものについては判断せず原審へ差し戻すのが原則だということになろう。しかし，現行法は，職権で原判決後の情状について取り調べることを認め（393条2項），事実誤認や量刑不当については，第一審で取り調べられなかった証拠による事実の援用を許容し（382条の2），原判決破棄に伴い事件について自判する可能性を認める（400条但書）など，一定の限度で続審の要素をも加えた構造をとっていると考えられる。

控訴審の審理

（1）　控訴裁判所は，まず控訴申立ての適法性や控訴趣意書の方式等を審査する。これらが要件を満たしていなければ，決定で控訴を棄却する（385条・386条）。

（2）　審理の対象　　控訴審は，当事者の申し立てた控訴理由を中心として原判決の当否を審査することを基本とするので，控訴理由の調査が重要な意義を持っている。控訴審の手続では，第一審の場合の起訴状一本主義に相当する制限はなく，第一審の訴訟記録および証拠物が送付されているので（規235条），公判期日前に，これらの記録等と控訴趣意書・答弁書とをつぶさに検討することができる。控訴裁判所による控訴理由の調査は，控訴趣意書に包含された事項に関する「義務的調査」と，それ以外の事項に関する「職権調査」とに分かれる（392条）。職権調査は，控訴理由に該当し得る事項について裁量的な調査をするものであるが，当事者に控訴理由の提出を要求している趣旨からすれば，おのずと限度があるというべきである。すなわち，控訴趣意書の記載と関連する事項，控訴申立人が職権発動を促している事項，法令違反の是正が必要と認められる事項などが対象となる。被告人のための後見的機能から，被告人が主張しなかった事項について，その利益な方向で調査する義務を認めるべき場合もあろう。なお，いわゆる「攻防対象論」の見地から，控訴裁判所の職権発動が違法と判断される場合がある。

Column　いわゆる「攻防対象論」

　　牽連犯の一部を有罪，残部を無罪とした原判決に対して，被告人のみが控訴した場合，牽連犯全体が控訴審に移審しているとしても，無罪部分は当事者のいずれも不服を申し立てていないから，控訴裁判所がこれに職権調査を及ぼして有罪の判断をするのは不適切ではないか。判例は，

そのような場合には無罪部分は攻防の対象から外れているから，控訴審が職権調査の上，有罪の自判をすることは，被告人への不意打ちであって，当事者の申し立てた控訴趣意書を中心として事後的審査を加えるという控訴審の性格からみて，職権発動の限界を超え，違法であるとした（最大決昭46・3・24刑集25巻2号293頁〔新島ミサイル事件〕）。上告審でも，このような攻防対象論の適用があるとされている（最判昭47・3・9刑集26巻2号102頁）。もっとも，判例は，業務上過失傷害事件で，過失の態様についての証拠関係上，本位的訴因と予備的訴因が構成された場合において，本位的訴因につき無罪，予備的訴因につき有罪とした第一審判決に対して，被告人のみが控訴したときは，控訴裁判所が本位的訴因に関して職権調査をすることは許されるとして，攻防対象論の適用範囲を絞っている（最決平元・5・1刑集43巻5号323頁）。いっぽう，本位的訴因（賭博開張図利の共同正犯）を排斥し，予備的訴因（賭博開張図利の幇助犯）を認定した第一審判決に対し，検察官が控訴をしなかったときは，その時点で本位的訴因につき訴訟追行を断念したとみるべきであって，本位的訴因は当事者の攻防の対象から外されていたものと解されるから，控訴裁判所が本位的訴因について職権調査し，有罪の自判をすることは許されないとした事例がある（最決平25・3・5刑集67巻3号267頁〈百選98〉）。

（3）　事実の取調べ　　控訴裁判所は，控訴理由の調査をするについて必要があるときは，事実の取調べをすることができる（393条）。もっとも，訴訟手続の法令違反については訴訟記録により（なお，52条参照），また法令適用の誤りについては原判決そのものから，ほぼ判断できるから，原審の訴訟記録や証拠物のほかに事実の取調べの必要性が考慮されるのは，実際上，事実誤認または量刑不当の場合である。事実の取調べとは，一般に，裁判所が裁判の基礎とするために適宜の方法で証拠を調べることであるが，控訴理由

394　　第7章　上　　訴

の調査については，判決の基礎にするものであるから，口頭弁論に基づかなければならない（43条1項）。事実の取調べの結果，原判決を破棄し，事件そのものについて自判する場合もあり得るから（⇨398頁），公判廷での証拠調べの手続にのっとって実施されるのが通例である。実際には，被告人質問によることが多いが，証人尋問，証拠書類・証拠物の取調べ等がなされることもある。

　取り調べることのできる証拠の範囲については，学説上の議論があった。限定的に考える見解は，原則として第一審で取り調べた証拠（および，取調べを請求したが却下された証拠）に限るものとし，例外は393条1項ただし書の証拠（事実誤認・量刑不当の証明に不可欠の証拠で，382条の2の事由があるとの疎明があったもの）について認められるだけであるとする。控訴趣意書で援用できる事実は限定されているし，政策的に見ても，第一審に証拠を集中させて審理を充実強化するとともに，控訴審の負担の軽減を図るのが適切だと考えるのである。いっぽう，393条1項ただし書の要件を欠く新証拠であっても，同項本文により取り調べることができるとの見解も主張された。控訴理由の調査のために新証拠を取り調べる必要は否定できず，その限りで事後審としての制約も緩和されるとするのである。実務は，職権による新証拠の取調べは認められるとして，判断資料をできるだけ確保する要請に応えてきた。そのような運用をふまえて，判例は，393条1項本文により，第一審判決以前に存在した事実に関する限り，第一審判決の当否を判断するために必要であれば，裁量で新証拠を取り調べることができると判断した（最決昭59・9・20刑集38巻9号2810頁〈百選A50〉）。第一審への証拠集中の要請は，集中審理方式の定着により実務的には果たされており（事前準備に関して⇨227頁），控訴審における新証拠の制限を強調すべき政策的

2　控　訴　　395

理由は乏しい。むしろ，控訴審も事実審理をする審級である以上，直接に証拠を取り調べる必要があること，そしてそれは控訴裁判所の裁量によることのほうが重視されているのである。

（4）　控訴審の公判手続　　控訴審の公判手続については，第一審の公判に関する規定が準用される（404条）。しかし，原判決の当否に関する主張を中心として審理・判決するという控訴審の特性により，いくつかの点で第一審とは異なっている。

控訴審の当事者は，控訴理由を適切に展開し，あるいは相手方の主張に十分な反論をする必要があるから，弁護人は，弁護士に限られる（387条）。被告人は，公判期日に出頭する権利はあるが，義務ではないし（390条。ただし，出頭を命じられる場合がある〔390条但書，390条の2〕），出頭しても自ら弁論することはできない（388条）。もっとも，実際上は被告人も出頭しているのが通例である。

公判期日には，まず被告人の人定質問をするのが慣行である。ついで，検察官および弁護人は，控訴趣意書に基づいて弁論をしなければならない（389条）。控訴申立人は控訴趣意書に記載した事由を，相手方はそれに対する反論を陳述する。弁論に引き続いて事実の取調べが行われることが多く，最近では，約3分の1の事件で実施されている（もっとも，その多くは被告人質問である）。なお，控訴審で訴因の追加・変更ができるかについては，基本的に原判決の当否を審査するという控訴審の性格からして，議論の余地があるが，判例は，控訴審において原判決を破棄して自判する場合に備えて，被告人の実質的な利益を害さない限り，訴因変更の請求を許すべきであるとしている（最判昭30・12・26刑集9巻14号3011頁）。

控訴審の裁判

（1）　控訴審の裁判の種類　　控訴審の裁判は，大別すると，①控訴棄却，②原判決

396　第7章　上　訴

破棄および差戻し・移送，③原判決破棄および自判である（差戻し・移送や，自判は，原判決破棄と同一の裁判でなされるのであり，別途の判決によるのではない）。最近では，（取下げで終局した約2割を除外した残りのうち）控訴棄却が約9割，原判決破棄が約1割で，原判決破棄の場合には，ほぼ95％が自判されている。

（2）　控訴棄却　　控訴が不適法である場合の決定による控訴棄却については，すでに述べた（375条・385条・386条）。また，公判審理により控訴が不適法であると判明したときは，判決で控訴を棄却する（395条）。これらは，いずれも極めて少数である。適法な控訴の申立てがあったものの，その理由に該当する事由がないのであれば，やはり判決で控訴を棄却しなければならない（396条）。例えば，量刑不当を理由とする控訴に対して，第一審判決の量刑を是認する判断を示すときなどである。複数の控訴理由が主張されているときは，控訴を棄却するにはそのすべてを排斥することになる。

（3）　破棄判決　　控訴理由に該当する事由があるときは，判決で原判決を破棄しなければならない（397条1項）。複数の控訴理由が主張されている場合には，どれか一つでも認められれば，原判決を破棄することになる。これとは別に，原判決には瑕疵がなくても，原判決後の情状について控訴審が職権調査した結果，原判決を破棄しなければ明らかに正義に反すると認めるときにも，判決で原判決を破棄することができる（397条2項）。原判決の量刑は不当なものではなかったが，例えば，その後の示談成立により，これを維持するのが正義に反する場合，2項により破棄するのである。破棄判決のかなりの割合が，量刑不当（381条）または第一審判決後の情状（393条2項）を理由とするものである。なお，控訴理由が認められる場合であっても，第一審が公訴棄却の決定をすべきであったのに

これを看過したというときは，原判決を破棄するまでもなく，決定で公訴棄却することになっている（403条）。

(4) 差戻し・移送，自判　控訴裁判所が原判決を破棄する場合，事件そのものについてさらに判断する必要が生じる。控訴審が原判決の当否を審査するという性格を強調すると，原判決を不当とする場合はさらに第一審で審理をやり直させるべきであるから，事件を原裁判所に差し戻し，または適切な第一審裁判所に移送するのが本来だということになる。もっとも，訴訟記録や取調べ済みの証拠から，控訴裁判所が直ちに判決できるようなときは，あえて差戻し・移送するまでの必要はないし，むしろ訴訟経済にも反するから，自ら事件について判決することを認めてよい。現行法は，こうした観点から，原判決を破棄するときは差戻し・移送をすべきこと，ただし自判可能であればこれを認めることを定めたのである（398条〜400条）。400条の規定が差戻し・移送を原則としているように見えるのとは異なり，最近の実情では，原判決破棄のときはほぼ95％が自判されている。

(5) 破棄差戻し・移送がなされるのは，管轄についての誤り，不法に公訴棄却・免訴した誤りがあったとき（398条・399条参照）のほか，絶対的控訴理由があるとき，訴訟手続の法令違反の程度が重大で改めて審理しなおすべきとき，事実誤認や量刑不当の場合でも，さらに第一審で攻防を尽くさせるべきときなどである。差戻しまたは移送を受けた第一審裁判所の手続については，刑訴規則がいくつかの特例を定めている（規217条）。また，控訴裁判所の判断は，第一審裁判所を拘束するので（裁4条），差戻し・移送を受けた第一審では，破棄判決の理由とされた判断に従わなければならない（これを「破棄判決の拘束力」という。第一審が破棄判決に従わない判断がで

きるならば，またもや控訴，原判決破棄といつまでも決着せず，適当でない）。もっとも，判例によれば，破棄判決の拘束力は，破棄の直接の理由（すなわち，原判決のいかなる点が否定されるべきか）について生じるものとされていて，それを裏付けるための判断には拘束力はないものとされている（最判昭 43・10・25 刑集 22 巻 11 号 961 頁〈百選 A52〉〔八海事件〕）。また，事実問題について，差戻し・移送後の第一審が新たな証拠を取り調べた場合，別の認定をすることもできる。

（6）　破棄自判　　控訴裁判所が破棄自判できるのは，訴訟記録および取調べ済みの証拠により，事件について直ちに判決ができる場合である（400 条但書）。このように自判するのに熟した状態であることを「自判適状」という。例えば，法令適用の誤りや量刑不当のみを理由として原判決を破棄するときは，ほとんどの場合，自判適状にあるといってよい。事実誤認を理由として破棄する場合であっても，控訴理由の有無について調査するために，事実の取調べが実施され，公訴事実について被告人の防御が十分に尽くされたといえるときは，自判することが認められるであろう。

（7）　不利益変更の禁止　　有罪判決の自判をする場合，被告人のみが控訴をした事件については，原判決の刑よりも重い刑を言い渡すことはできない（402 条）。これを「不利益変更の禁止」という。その主たる根拠は，被告人が原判決に不服でも，控訴審での不利益変更を恐れて控訴を断念するのは好ましくないから，そのような事態を防ぐべきだという政策的理由である（最大判昭 27・12・24 刑集 6 巻 11 号 1363 頁参照）。「より重い刑」であるか否かは，刑法 10 条を形式的に当てはめるのではなく，第一審と控訴審の言い渡した刑を総合的に見て，実質的に考察しなければならない（最決昭 39・5・7 刑集 18 巻 4 号 136 頁〈百選 A53〉）。例えば，拘禁 1 年の刑を拘禁 1 年

6月・執行猶予3年・保護観察付きの刑に変更するのは，不利益変更に当たらないであろう（最決昭55・12・4刑集34巻7号499頁参照）。

3 上　告

――――――――――
上告の申立て
――――――――――

（1）　上告とは，高裁の判決を対象として，最高裁に申し立てる上訴である。高裁の判決は，ほとんど全部が控訴審判決であるが，例外として，いわゆる特別権限事件に関する高裁の第一審判決（⇨171頁）も上告の対象となる。最高裁は，法令の違憲審査や解釈の統一を主たる任務としているから，上告申立ての理由となるのは，憲法違反および判例違反に限られている（405条）。なお，高裁の判決に対しては，それらの事由がない場合であっても，法令の解釈に関する重要な事項を含むときには，上告審として事件を受理すべきことを申し立てることができる（406条，規257条。「事件受理の申立て」という）。このほかに，地裁・簡裁の判決で違憲判断をしたもの等に対しては，控訴を経ずに直ちに上告することができるし（406条，規254条。「跳躍上告」という），憲法違反等のみを理由とした控訴については，最高裁へ事件を移送することもできる（406条，規247条）。

　最近では，高裁の判決を受けた人員のうち2千人弱について上告の申立てがあるが，そのほとんどが被告人側からの申立てである。事件受理の申立ては，年間で数十件なされることもあるが，跳躍上告や事件移送はほとんど実例がない。

　（2）　上告の申立てについては，ほぼ控訴の申立てについて述べたことと同趣旨が妥当する（上訴通則〔351条〜367条〕の適用，また

400　第7章　上　訴

は414条による控訴審の規定の準用)。申立権者,上告申立書の原審への差出し,上告提起期間,上告の放棄・取下げ,不適法上告の決定棄却,上告の効果,一部上告など,すべて控訴の申立てと同様である。

上告の理由

(1) 上告理由の第1は,原判決に憲法違反があること,または憲法の解釈に誤りがあることである(405条1号)。憲法違反があるとは,原判決の内容または原審の訴訟手続が憲法に違反していることをいい,憲法の解釈に誤りがあるとは,原判決の理由中に示された憲法解釈が誤っていることをいう。憲法違反を主張する上告であっても,その実質が単なる訴訟手続の違反であるようなときは,適法な上告理由に当たるものとはいえない(例えば,公平な裁判所の裁判を受ける権利に関する憲法37条1項違反を主張していても,実質は忌避申立ての適否を争っているような場合)。

(2) 上告理由の第2は,原判決が最高裁の判例と相反する判断をし,または最高裁判例がない場合に高裁判例等と相反する判断をしていることである(405条2号・3号)。判例とは,具体的事件において裁判所が示した結論的判断で,当該事件を越えて同種事件の先例として妥当すべきもののことである。一般的な法律論や仮定的に示した解釈などは,いわゆる傍論であって,ここでいう判例には当たらない。

(3) 上告理由は,いずれも,上告趣意書に明示しなければならない(407条)。上告理由は簡潔に明示しなければならず(規266条・240条),判例違反を理由とするときはその判例を具体的に示さなければならない(規253条)。

上告審の手続

(1) 上告審の手続は,基本的には控訴審のそれに準ずる。もっとも,法律審として

の性格から，いくつかの点で著しい特色がある。

（2）　上告裁判所は，原審から送付されてきた訴訟記録，上告申立人の提出した上告趣意書，相手方の答弁書等に基づいて，上告理由の存否や，職権破棄事由（⇨403頁）の有無などについて調査する。調査に際して必要があれば，事実の取調べをすることもできる（414条・393条）。そのような必要が生じるのは実際上はまれであるが，職権破棄事由を調査するためには，事実誤認や量刑不当に関する事実の取調べがなされることもあり得る。なお，最高裁では，すべての事件について裁判所調査官（裁57条）による調査がなされている。裁判所調査官は，担当事件について，記録等を検討・整理するほか，上告審の裁判をするのに必要な判例等の調査に従事している。

（3）　上告審では，公判期日はあまり開かれることがない。上告趣意書等の調査によって，上告理由が明らかに405条の事由に該当しないと判明すれば，決定で上告を棄却することになるし（414条・386条1項3号），上告趣意書に適法な上告理由の記載があってもそれが認められないことが明らかであれば，弁論を経ないで上告棄却の判決をすることができるからである（408条）。公判期日が開かれる場合であっても，法律審であるため被告人の出頭は不要であるから，召喚することもない（409条）。

| 上告審の裁判 |

（1）　上告審の裁判は，大別すると，①上告棄却，②原判決破棄および差戻し・移送，③原判決破棄および自判である。最近では，（取下げで終局した2割程度を除外した残りのうち）99％程度が上告棄却であり（しかも，その大部分は決定によるもの），判決による上告棄却や，原判決破棄は，あわせて年間わずか数件程度にすぎない。

402　第7章　上　　訴

（2）　上告の申立てが提起期間後であるなど明らかに上告権消滅後のものであるときは，原裁判所が決定で上告を棄却する（414条・375条）。また，上告の申立てが不適法であったり，上告趣意書が方式・要件を満たしていないときは，上告裁判所が決定で上告を棄却する（414条・385条・386条）。例えば，上告理由として憲法違反・判例違反の主張をしているように見えても，その実質が明らかに単なる法令違反等にすぎないのであれば，決定で上告が棄却されるのである（414条・386条1項3号）。また，適法な上告理由の主張があっても，その理由に該当する事由が認められないのであれば，判決で上告が棄却される（414条・396条）。さらに，上告理由に該当する事由があっても，原判決に影響を及ぼさないことが明らかであったり，判例違反があっても，判例変更をして原判決を維持するのが相当であるときは，やはり，判決で上告が棄却される（410条1項但書・2項）。

（3）　上告理由があると認められるときは，判決で原判決を破棄する（410条1項本文）。また，上告裁判所は，上告理由がない場合であっても，411条各号の事由があって，原判決を破棄しなければ著しく正義に反すると認めるときは，判決で原判決を破棄することができる（それらを「職権破棄事由」という）。最高裁は，法律審であるが，同時に最終審でもあるわけで，具体的な救済をしないと正義に反する結果になる場合に，これを放置することはできないのである。上告申立ての実情を見ても，適法な上告理由を主張するものは，せいぜい3割程度で（しかも，これらのほとんどが上告審において適法な上告理由とは認められないと判断されていて），他の多くは職権発動による原判決破棄を求めているものである。しかし，411条が発動される実例はほとんどない。

3　上　告　　403

訂正の判決	最高裁の判決は，最終審の判決であるから，判決の宣告により直ちに確定させるという

制度も考えられるが，万が一にも誤りがあると不都合であるので，当事者からの申立てによる訂正の可能性を認めた。すなわち，上告審判決の宣告の日から10日以内になされた検察官，被告人，弁護人の申立てにより，判決内容に誤りがあることを発見したときは，判決でこれを訂正することができる（415条）。したがって，上告審判決の確定は，訂正の申立て期間が経過したとき，または訂正の判決ないし訂正申立ての棄却決定があったときである（418条）。なお，上告棄却決定は，判決ではないから訂正申立ての対象にならないが，3日以内に異議の申立てをすることができる（414条・385条2項・386条2項・422条。最大決昭30・2・23刑集9巻2号372頁）。

4 抗 告

抗告とは	決定に対する上訴を，一般に抗告という。もっとも，裁判所が決定をする場面には

種々のものがあるので，それに対する不服申立ても一様ではない。現行法における抗告の体系は，おおむね**図表7-2**（⇨405頁）のとおりである。「抗告」という用語は，広い意味ではそれら全部を含むものであるが，ふつうは特に断らない限り一般抗告を指す（例えば419条・420条などから，①「抗告」には②「即時抗告」と③それ以外のものの2つがあることがわかる。これらを区別するために，それぞれ，①「一般抗告」，②「即時抗告」，③「通常抗告」という表現が用いられている）。最近では（少年事件を除き），年間で，抗告が約2千件，異議申

404　第7章　上　訴

図表 7-2

種　類	意　　義	該当条文	抗告審	原　審
一般抗告	通常抗告および即時抗告	419条以下		
通常抗告	提起期間に定めがないもの	419条以下	高裁	地裁・家裁・簡裁
即時抗告	提起期間が限定され，個別に規定があるもの	422条，19条3項，25条など	高裁	地裁・家裁・簡裁
異議申立て	高裁の決定に対するもの	428条	高裁	高裁
特別抗告	憲法違反等を理由とするもの	433条	最高裁	すべての下級審

立てが約2百件，特別抗告が約1千件ほど申し立てられている。これらとは別に，裁判官の命令等に対して，準抗告の制度がある。

通常抗告　　(1)　通常抗告の対象となる決定は，裁判所のした決定のうちから，①即時抗告の対象となる決定，②裁判所の管轄に関する決定，③訴訟手続に関して判決前にした決定の3つを除外したものである（419条・420条）。①は，迅速に確定をはかることが望ましい決定で，個別に規定されている（⇒407頁）。②は，例えば，関連事件についての審判の分離・併合の決定など，③は，例えば，公判期日変更の決定，被告人の不出頭許可の決定，証拠請求に関する決定，訴因変更に関する決定，弁論の分離・併合に関する決定など，実にさまざまなものが含まれる。これら②および③の決定が抗告の対象から除外されるのは，それらの決定に一々独立の不服申立てを許さなくても，その不当不法が事件の審理に影響を及ぼす限り，その終局判決に対する上訴において救済を求めることができるからである（最決昭29・10・8刑集8巻10号1588頁参照）。勾留・保釈・押収・押収物還付・鑑定留置

4　抗　　告　　405

の決定は，本来は③の範疇に含まれるが，独立して救済を認めるべき必要があるので，抗告の対象としている（420条2項）。実際には，通常抗告は，勾留・保釈に関する決定に対して申し立てられる事例が多い。

（2）抗告申立権者は，検察官，被告人，弁護人らのほか，決定を受けた者（352条），勾留理由開示の請求をした者（354条）である。例えば，①付審判請求をした者は請求却下決定に対して，②保釈の請求をした配偶者は請求却下決定に対して，③保釈保証金を納めた者は没取決定に対して（最大決昭43・6・12刑集22巻6号462頁），それぞれ抗告することができる。

（3）抗告をするには，原決定をした裁判所に抗告申立書を差し出さなければならない（423条1項）。通常抗告は，提起期間の制限がないので，取消しの実益がある限り，いつでも申し立てることができる（421条）。原裁判所は，抗告申立書により自ら抗告の理由があると認めるときは，決定を更正しなければならない（423条2項前段。「再度の考案」という）。抗告に理由がないと認めるときは，申立書を受け取った日から3日以内に，意見書を添えて，これを抗告裁判所に送付しなければならない（423条2項後段）。通常抗告は，原決定の執行を停止する効力がないが，原裁判所または抗告裁判所は，執行停止の決定をすることができる（424条。例えば，保釈を許す決定に対して，執行を停止する場合）。

（4）抗告裁判所は，申立書や記録を調査するほか，必要があれば事実の取調べをすることができる（43条3項，規33条3項。実際には，関係人に対する電話聴取や面接，提出書類の閲読等，簡易迅速な方法がとられている）。調査の結果，抗告が不適法であると認めるときは（例えば，通常抗告の対象とならない決定に対する申立て，原決定を取り消

す実益がない申立て等），決定で抗告を棄却する（426条1項）。適法な抗告であっても，抗告理由が認められないのであれば，やはり決定で抗告を棄却する（426条1項）。抗告が理由のあるときは，決定で原決定を取り消し，必要があればさらに裁判をしなければならない（426条2項）。例えば，職権で保釈を許した決定に対しては，原決定の取消しで足りるが，保釈請求却下決定を取り消すときは，さらに，保釈を許し，保釈保証金額を定める裁判をすることになる。なお，自判が適当でないときは，原裁判所に差し戻すこともできる。抗告裁判所の決定に対して，さらに抗告することはできない（427条。ただし，最高裁へ特別抗告する可能性は残されている）。

即時抗告

即時抗告の対象となる決定は，個別に明文の規定が置かれている。その主なものは，①公判裁判所の選定や構成に関するもの（19条3項・25条），②強制処分の拒否などに対して制裁を科すもの（133条2項・137条2項・150条2項・160条2項・171条・178条・278条の3第4項），③訴訟費用に関するもの（186条・187条・187条の2・188条の3第3項・269条），④証拠開示に関するもの（316条の25第3項・316条の26第3項），⑤終局裁判などに関するもの（339条2項・364条・375条），⑥略式手続に関するもの（463条の2第3項・468条1項），⑦刑の執行猶予取消しに関するもの（349条の2第5項），⑧再審や確定後の手続に関するもの（450条・504条）などである。即時抗告が認められている決定は，その性質上，不服申立ての手続が終了してから執行するのが望ましいものである。そこで，即時抗告では，提起期間が3日に限定されるとともに（422条），その申立てによって原決定の執行が当然に停止する（425条）とされた。その他の手続については，通常抗告の場合と同じである。

4 抗 告 407

|異議申立て| 例えば，高裁が，控訴審に係属している事件の被告人について，保釈請求を却下した決定のように，本来であれば抗告を認めるべき場合であっても，上級審である最高裁に対して不服申立てを許すことは，最高裁の負担や事件の性質からして適切ではない。そこで，高裁がした決定に対しては抗告は許さないものとする代わりに，通常抗告または即時抗告の対象となり得る決定については，高裁に対する異議申立てを認めることとした。異議申立てについては，抗告に関する規定が準用される（428条）。

Column 異議申立て

　刑事手続で「異議」ないし「異議申立て」と呼ばれるものには種々のものがある。①一定の訴訟行為などについて当事者が同意しない旨の意思表示をする場合（例えば，公判期日の変更に関する276条3項，公判手続の更新に関する315条の2など）。②公判調書の正確性に関する異議申立て（50条1項・51条1項）。これは，公判調書の記録について当事者が同意しない事由を申し立てるものである。③証拠調べに関する異議申立て（309条1項），および裁判長の処分に関する異議申立て（309条2項）。いずれも，当事者の申立てによって公判裁判所自身がその内容の是正をする点で共通する。④高裁の決定に対して不服がある場合に，抗告に代えてする異議申立て（428条2項・385条2項・386条2項）。

|特 別 抗 告| 特別抗告とは，不服申立てができない決定または命令に対して，憲法違反または判例違反を理由として，最高裁に申し立てる抗告のことである（433条）。例えば，抗告裁判所の決定（427条），準抗告裁判所の決定（432条）などが，その対象となる。「訴訟手続に関し判決前にした決定」に対しても抗告することができないから（420条1項），特別抗告の対

象となりそうであるが，それらの決定による不利益は事件についての終局裁判に対する不服申立てにより救済されるべきものであるから（⇨405頁），やはり特別抗告の対象とならない。もっとも，終局裁判に対する不服申立てでは実質的な救済を図ることができない決定もあり得るから，それらに限り，特別抗告の申立てを許容すべきである。判例も，判決宣告期日の変更（最決昭36・5・9刑集15巻5号771頁），証拠開示命令（最決昭44・4・25刑集23巻4号248頁〈百選A25〉），付審判事件の審理方式（最決昭49・3・13刑集28巻2号1頁）などについて，特別抗告の申立てを認めている。

特別抗告の提起期間は，5日である（433条2項）。申立書の原審への差出し，再度の考案，執行停止の効力がないこと，決定の手続など，すべて通常抗告の場合に準ずる（434条）。特別抗告の理由は，上告の場合と同じである（433条）。そのほかに，判例は，職権破棄に関する411条の準用を認めている（最決昭26・4・13刑集5巻5号902頁）。

準 抗 告

（1）　裁判官がした裁判（命令）のうち一定のものについては不服申立てを認めるべき必要があるので，その裁判官所属の裁判所（簡裁裁判官については，管轄地裁）に対して，原裁判の取消しまたは変更を請求できるものとした（429条）。これを「準抗告」という。例えば，勾留に関しては，勾留の請求を受けた裁判官（207条），第一回公判期日前の処分をする裁判官（280条），急速を要する場合における裁判長等（69条）が裁判する場合，これに不服があれば準抗告の申立てによるのである。これに対して，第一回公判期日後に公判裁判所が勾留の裁判をするのであれば（60条），これに対する不服申立ては，高裁への抗告である（公判裁判所が一人の裁判官によって構成されている場合で

あっても，その裁判が決定である以上，同様である）。準抗告の対象となる裁判は，429条1項に列挙されているが，そのうち，特に勾留および保釈に関する事例が多い。なお，逮捕に関する裁判は2号の裁判に含まれず，準抗告の対象とならない（最決昭57・8・27刑集36巻6号726頁）。

また，捜査機関による接見指定・押収・押収物還付の処分に不服がある場合，管轄する地裁または簡裁に，その処分の取消しまたは変更を求めることができる（430条）。この不服申立ても「準抗告」と呼ばれる。もっとも，429条の準抗告が裁判に対する不服申立てであって上訴に準じる性質を持っているのに対して，430条の準抗告は，捜査機関の処分に対する不服申立てを，（行政不服審査や行政訴訟ではなく）刑事手続内で処理しようとするものであって，その法的性質は大きく異なる。

最近の実情では，429条の準抗告は増加傾向にあり，年間で約1万5千件，430条の準抗告は百件程度である。

（2）　準抗告をするには，請求書を管轄裁判所に差し出さなければならない（431条）。準抗告の提起期間には制限がないが（例外，429条5項），準抗告の実益がなくなれば申し立てることができない。準抗告裁判所を構成するのは，裁判に対する準抗告の場合は合議体であり（429条4項），処分に対する準抗告の場合は一人の裁判官である（裁26条1項・35条）。請求書は原裁判官を経由しないので，再度の考案はない。準抗告の審理および裁判は，抗告に準じて行われる（432条）。

第8章　非常救済手続

> 裁判が確定した後に誤りが発見されることは，本来あってはならない。しかし，発見された誤りを放置することは，さらに不当である。究極の是正手段として再審と非常上告がある。

非常救済手続とは　　再審と非常上告とをあわせて，「非常救済手続」と呼ぶ。いずれも，判決確定後にその誤りが発見された場合にそれを是正するための手続である。本来は，いったん判決が確定した以上，訴訟としてすでに決着したといえるから，その誤りを理由に再度争うことを認めるのは法的安定性の見地から（さらには，裁判制度の存在理由からして），適切でない。しかしながら，重大な誤りが新たに発見されたにもかかわらず，判決の確定を理由にその是正ができないとすることは，その確定判決で不利益を被っている者に対する具体的救済の必要や，刑事裁判に対する信頼の確保の観点からして，明らかに不当である。そこで，現行法は，確定判決の事実認定が誤っている場合の救済手段として再審を，また確定判決に法令違反があった場合の救済手段として非常上告を，それぞれ定めたのである。そして，憲法39条の一事不再理の趣旨からして，確定判決を受けた者に利益な方向でのみ，その是正の効果を及ぼすことになっている。

411

再　審

（1）　再審とは，有罪の確定判決に対して，その事実認定の誤りを正すことによって当該判決の言渡しを受けた者の救済を図ることを目的として，一定の者からの請求により開始される非常救済手続のことである。再審の手続は，再審請求に理由があるか否かを審理する手続と，請求に理由があるとして再審を開始し，事件について再審公判により審理する手続という，二段階の仕組みによっている。

（2）　再審請求の対象となるのは，有罪の言渡しをした確定判決である（435条。その他一定の場合に，控訴棄却・上告棄却の確定判決も対象になる〔436条〕）。再審請求をするためには，一定の再審事由が必要である（435条各号）。それらのうち，1号から5号まで，および7号の事由は，確定有罪判決の証拠が偽造・偽証によるものであったこと等が，別の確定判決により証明されたことを理由とするものであり，その実例はあまりない。再審請求の多くは，6号の事由，すなわち，有罪判決を受けた者に無罪等を言い渡し，あるいは原判決よりも軽い罪を認めるべき「明らかな証拠をあらたに発見した」ことを根拠とするものである。6号の定める要件を，「証拠の新規性」および「証拠の明白性」という。

　証拠に新規性があるというためには，原則として請求人が判決確定後にその証拠を発見したことを要する。いわゆる身代わり犯人については議論があるが，本人からの請求には新規性は認められないとすべきであろう。証拠の明白性については，判断の方法と明白性の程度が問題とされた。判断方法として，かつては，当該新証拠だけで明白と認められるか検討すべきだとされたが（いわゆる単独評価説），それでは，真犯人が現れたなど特殊な場合を除けば，ほとんど明白性を認めることはできない。しかし，最高裁は，いわゆる白

412　　第8章　非常救済手続

鳥事件決定で，もし新証拠が確定判決手続中に提出されていれば原認定に到達していたかという観点から，「当の証拠と他の全証拠とを総合的に評価して判断」すべきであるとして（最決昭 50・5・20 刑集 29 巻 5 号 177 頁〈百選 A55〉），いわゆる総合評価説に立つべきことを明示した。また，明白性の程度についても，かつては，高度の蓋然性が要求されると考えられていたため，結果的に再審請求を容れる余地が閉ざされていたが，白鳥事件決定は，再審開始のためには原認定につき合理的な疑いを生じさせれば足りるという意味において，「疑わしいときは被告人の利益に」という刑事裁判の鉄則が適用されると判示し，6 号の事由による誤判救済の可能性を広げることとなったのである。そして，最高裁は，「疑わしいときは被告人の利益に」という原則の適用に当たっては，原認定の正当性についての疑いが合理的理由に基づくことで，必要かつ十分であるとしている（最決昭 51・10・12 刑集 30 巻 9 号 1673 頁〈百選 A56〉〔いわゆる財田川事件決定〕）。

　（3）　再審請求権者は，検察官，有罪の言渡しを受けた者，その法定代理人・保佐人，その者の死亡等の場合における一定の近親者である（439 条）。不当な有罪判決を受けた者の社会的な名誉を回復する趣旨もあるから，その者が死亡していても，また期間の制約なしに（441 条），再審請求を認めることとしている。再審請求を受けた裁判所は，再審請求理由があるか否かについて調査することになるが，必要があれば事実の取調べをすることができる（445 条）。また，請求をした者，およびその相手方の意見を聴かなければならない（規 286 条。再審請求審の審理方式については，このほかに定めがないが，証拠開示などをめぐって，近時活発な議論がある）。裁判所は，再審請求が不適法であると認めるときは，決定でこれを棄却し（446 条），

適法であっても理由がないのであれば，やはり決定でこれを棄却しなければならない（447条）。再審の請求が理由のあるときは，再審開始決定をしなければならない（448条1項）。その場合には，原確定判決による刑の執行を停止することができる（448条2項）。再審開始決定が確定すれば，事件について，その審級に従い再審公判を開くことになる（451条1項）。その場合，有罪判決の言渡しを受けた者が死亡していても公訴棄却することはないし，心神喪失の状態にあっても公判手続を停止することはない（451条2項から4項まで）。その者の名誉回復が第一義的であるからである。再審開始決定が証拠の新規性・明白性によりなされた場合には，当然のこととして，ほぼ例外なく無罪判決（あるいは，より軽い罪を認定する判決）で終局している。再審公判により無罪判決を言い渡したときは，官報および新聞紙でこれを公示しなければならない（453条）。

（4）　かつては，6号の事由が狭く理解されていたこともあって，重大な事件で再審開始決定がなされることはほとんどなかった。しかしながら，再審開始の要件に関する白鳥決定以降の判例の動向や，相前後する学説の理論的深化に伴い，重大事件での再審開始決定が相次いだ。とりわけ，確定死刑囚の再審無罪判決が，免田事件（1983年〔昭和58〕），財田川事件（1984年〔昭和59〕），松山事件（1984年），島田事件（1989年〔平成元〕）と4件連続したことは，社会的にも大いに注目された。死刑を言い渡した原判決が確定してしまった原因について詳細な検討が必要であるのは当然であるが，一方で再審手続が誤判救済の手段として機能し得たことには，要件・手続につきなお議論はあるものの，一定の評価を与えるべきであろう。なお，最近の実情では，年間の再審請求件数は，300件弱である。それらのうち，再審開始決定があったのは数件程度で，そのほとんど

414　第8章　非常救済手続

が検察官請求によるものである。事案としては，自動車による人身事故および道路交通法違反が相当部分を占め，身代わり犯人の事例や，保険金詐取目的の偽装事故が発覚した事例がみられる。もっとも，重大な事案で被告人であった者からの請求により再審開始決定があったものもある。

非常上告

非常上告とは，確定判決に対して，その事件の審判が法令に違反したことを発見したときに，検事総長から最高裁に申し立てられる非常救済手続である（454条）。事実認定の誤りを正して有罪を言い渡された者を救済するのではなく，法令解釈の是正・統一を図る点に特色がある。対象となる裁判は，有罪判決に限られず，無罪判決や手続打切りの形式判決も含まれる。また，「判決」に限らず，決定であっても原審の手続を確定させる終局裁判であるときは，非常上告の対象となる（最決昭25・4・13刑集4巻4号567頁）。実際にも，非常上告は，略式命令（性質は簡裁による決定である）に対するものが相当数を占めている。非常上告の理由である法令違反は，実体法，手続法の双方についてあり得る。もっとも，法令違反の審査一般をすべて非常上告の課題とするのは，上訴制度との関連や最高裁の任務からみて，適切ではない。そこで，法令違反が明白な場合であって，非常上告による救済が被告人の利益または法律秩序の利益にかなう場合に，非常上告の申立てを認めるものとすべきである。非常上告が理由のあるときは，原判決が法令に違反したのであればその違反した部分を，訴訟手続が法令に違反したのであればその違反した手続を，それぞれ破棄する（458条）。原判決が被告人に不利益であれば，原判決そのものを破棄して，被告事件についてさらに判決する（458条1号但書）。その場合には，被告人を具体的に救済する必要があるから，

415

非常上告の判決の効力が被告人に及ぶが，それ以外については法令違反の是正には理論的な効果が認められるにすぎない（459条）。最近の実情では，非常上告の申立ては，年度により0件ないし20件程度である。

判例索引

大審院・最高裁判所

大判大 12・12・5 刑集 2 巻 922 頁 …………………………………………………188

大判昭 7・11・28 刑集 11 巻 1736 頁 ……………………………………………188

大判昭 10・3・28 刑集 14 巻 343 頁…………………………………………………295

最大判昭 23・5・26 刑集 2 巻 6 号 529 頁〈百選 A48〉………………………386

最判昭 23・7・14 刑集 2 巻 8 号 856 頁 …………………………………………309

最大判昭 23・7・19 刑集 2 巻 8 号 944 頁 ………………………………221, 310

最大判昭 23・7・29 刑集 2 巻 9 号 1012 頁〈百選 A33〉……………………318

最判昭 23・8・5 刑集 2 巻 9 号 1123 頁 …………………………………………304

最大判昭 23・10・30 刑集 2 巻 11 号 1427 頁…………………………………319

最大判昭 23・11・16 刑集 2 巻 12 号 1549 頁…………………………………284

最大判昭 23・11・17 刑集 2 巻 12 号 1565 頁…………………………………311

最大判昭 23・12・24 刑集 2 巻 14 号 1883 頁…………………………………325

最大判昭 24・1・12 刑集 3 巻 1 号 20 頁…………………………………………386

最判昭 24・4・30 刑集 3 巻 5 号 691 頁 …………………………………………319

最判昭 24・5・14 刑集 3 巻 6 号 721 頁……………………………………………51

最大判昭 24・5・18 刑集 3 巻 6 号 734 頁………………………………………319

最大判昭 24・5・18 刑集 3 巻 6 号 789 頁 ……………………………………329

最大判昭 24・11・2 刑集 3 巻 11 号 1732 頁……………………………………221

最大判昭 24・12・13 裁判集刑事 15 号 349 頁 ………………………………363

最大判昭 25・2・1 刑集 4 巻 2 号 100 頁…………………………………………214

最決昭 25・4・13 刑集 4 巻 4 号 567 頁 …………………………………………415

最判昭 25・9・21 刑集 4 巻 9 号 1751 頁…………………………………………309

最大判昭 25・9・27 刑集 4 巻 9 号 1805 頁〈百選 A47〉……………………386

最決昭 26・1・26 刑集 5 巻 1 号 101 頁 …………………………………………319

最決昭 26・4・13 刑集 5 巻 5 号 902 頁 …………………………………………409

最大判昭 26・8・1 刑集 5 巻 9 号 1684 頁………………………………………311

最大判昭 26・8・1 刑集 5 巻 9 号 1715 頁………………………………………400

最決昭 26・9・6 刑集 5 巻 10 号 1895 頁…………………………………………329

最判昭 26・11・20 刑集 5 巻 12 号 2408 頁……………………………………214

最判昭 26・12・18 刑集 5 巻 13 号 2527 頁……………………………………205

最大判昭 27・3・5 刑集 6 巻 3 号 351 頁……………………………169, 204, 205

最大判昭 27・4・9 刑集 6 巻 4 号 584 頁…………………………………………333

最大判昭 27・5・14 刑集 6 巻 5 号 769 頁 ……………………………………221

最決昭 27・6・12 裁判集刑事 65 号 171 頁……………………………………205

417

最判昭 27・7・11 刑集 6 巻 7 号 896 頁 ………173

最大判昭 27・8・6 刑集 6 巻 8 号 974 頁………246

最判昭 27・11・25 刑集 6 巻 10 号 1245 頁………312

最大判昭 27・12・24 刑集 6 巻 11 号 1363 頁………399

最大判昭 28・4・1 刑集 7 巻 4 号 713 頁………214

最判昭 28・4・14 刑集 7 巻 4 号 841 頁 ………313

最判昭 28・7・10 刑集 7 巻 7 号 1474 頁 ………312

最判昭 28・10・9 刑集 7 巻 10 号 1904 頁 ………346

最判昭 28・10・15 刑集 7 巻 10 号 1934 頁〈百選 A39〉………342

最判昭 29・1・21 刑集 8 巻 1 号 71 頁 ………264

最判昭 29・3・2 刑集 8 巻 3 号 217 頁………273

最決昭 29・7・14 刑集 8 巻 7 号 1078 頁 ………347

最決昭 29・7・15 刑集 8 巻 7 号 1137 頁 ………53

最決昭 29・7・29 刑集 8 巻 7 号 1217 頁 ………333

最決昭 29・10・8 刑集 8 巻 10 号 1588 頁 ………405

最決昭 29・11・11 刑集 8 巻 11 号 1834 頁………337

最決昭 29・11・25 刑集 8 巻 11 号 1888 頁………317

最判昭 29・12・17 刑集 8 巻 13 号 2147 頁 ………263

最大決昭 30・2・23 刑集 9 巻 2 号 372 頁 ………404

最大判昭 30・4・6 刑集 9 巻 4 号 663 頁 ………90

最判昭 30・6・17 刑集 9 巻 7 号 1153 頁………320

最判昭 30・9・13 刑集 9 巻 10 号 2059 頁 ………296

最判昭 30・12・9 刑集 9 巻 13 号 2699 頁〈百選 78〉………330

最大判昭 30・12・14 刑集 9 巻 13 号 2760 頁〈百選 A3〉………72

最大判昭 30・12・26 刑集 9 巻 14 号 3011 頁 ………396

最判昭 31・3・27 刑集 10 巻 3 号 387 頁………333

最判昭 31・4・12 刑集 10 巻 4 号 540 頁 ………177

最判昭 31・5・17 刑集 10 巻 5 号 685 頁 ………295

最決昭 31・10・25 刑集 10 巻 10 号 1439 頁………70

最判昭 32・1・22 刑集 11 巻 1 号 103 頁〈百選 86〉………345

最大判昭 32・2・20 刑集 11 巻 2 号 802 頁 ………29

最判昭 32・5・31 刑集 11 巻 5 号 1579 頁 ………311

最判昭 32・7・19 刑集 11 巻 7 号 1882 頁 ………311

最判昭 32・7・25 刑集 11 巻 7 号 2025 頁 ………342

最決昭 32・9・30 刑集 11 巻 9 号 2403 頁 ………335

最判昭 32・10・8 刑集 11 巻 10 号 2487 頁………273

最決昭 32・11・2 刑集 11 巻 12 号 3047 頁〈百選 A34〉………320

最大判昭 32・11・27 刑集 11 巻 12 号 3113 頁 ………301

最大決昭 33・2・17 刑集 12 巻 2 号 253 頁 ························259

最大決昭 33・2・26 刑集 12 巻 2 号 316 頁〈百選 A31〉 ·······294

最判昭 33・5・20 刑集 12 巻 7 号 1398 頁 ·······················205

最判昭 33・5・20 刑集 12 巻 7 号 1416 頁 ·······················270

最大判昭 33・5・28 刑集 12 巻 8 号 1718 頁〈百選 A44〉 ·······323

最大決昭 33・7・29 刑集 12 巻 12 号 2776 頁〈百選 20〉 ·······109

最決昭 35・2・11 刑集 14 巻 2 号 126 頁 ··························264

最決昭 35・8・12 刑集 14 巻 10 号 1360 頁 ······················264

最判昭 35・9・8 刑集 14 巻 11 号 1437 頁〈百選 A38〉 ········340

最決昭 35・11・15 刑集 14 巻 13 号 1677 頁 ·····················274

最決昭 36・5・9 刑集 15 巻 5 号 771 頁 ··························409

最大判昭 36・6・7 刑集 15 巻 6 号 915 頁〈百選 A6〉 ···116, 364

最決昭 36・11・21 刑集 15 巻 10 号 1764 頁〈百選 A14〉 ······103

最大判昭 37・5・2 刑集 16 巻 5 号 495 頁〈百選 A9〉 ···········143

最判昭 37・9・18 刑集 16 巻 9 号 1386 頁 ················186, 189

最大判昭 37・11・28 刑集 16 巻 11 号 1633 頁〈百選 A15〉 ····200

最判昭 38・9・13 刑集 17 巻 8 号 1703 頁〈百選 A32〉 ···309, 311

最判昭 38・10・17 刑集 17 巻 10 号 1795 頁 ····················329

最決昭 39・5・7 刑集 18 巻 4 号 136 頁〈百選 A53〉 ···········399

最判昭 39・11・24 刑集 18 巻 9 号 610 頁 ·······················177

最大判昭 40・4・28 刑集 19 巻 3 号 270 頁〈百選 A20〉 ········270

最決昭 40・7・20 刑集 19 巻 5 号 591 頁 ··························29

最決昭 41・2・21 判時 450 号 60 頁 ·····························360

最判昭 41・6・10 刑集 20 巻 5 号 365 頁 ·······················295

最判昭 41・7・1 刑集 20 巻 6 号 537 頁〈百選 68〉 ···········311

最大判昭 41・7・13 刑集 20 巻 6 号 609 頁 ·····················375

最大判昭 41・7・13 刑集 20 巻 6 号 623 頁 ·····················175

最判昭 41・7・21 刑集 20 巻 6 号 696 頁〈百選 A13〉 ····153, 183

最決昭 41・7・26 刑集 20 巻 6 号 728 頁 ·······················147

最決昭 41・11・22 刑集 20 巻 9 号 1035 頁 ·····················358

最判昭 41・12・9 刑集 20 巻 10 号 1107 頁 ·····················311

最大判昭 42・7・5 刑集 21 巻 6 号 748 頁 ······················375

最判昭 42・12・21 刑集 21 巻 10 号 1476 頁〈百選 76〉 ·······319

最決昭 43・2・8 刑集 22 巻 2 号 55 頁 ·························361

最大判昭 43・3・21 刑集 22 巻 3 号 95 頁 ······················174

最大決昭 43・6・12 刑集 22 巻 6 号 462 頁 ·····················406

最判昭 43・10・25 刑集 22 巻 11 号 961 頁〈百選 A52〉 ········399

最決昭 43・11・24 刑集 22 巻 12 号 1343 頁 ····················400

判例索引　　419

最決昭 43・11・26 刑集 22 巻 12 号 1352 頁 ···270

最決昭 44・3・18 刑集 23 巻 3 号 153 頁〈百選 A4〉 ··································109

最決昭 44・4・25 刑集 23 巻 4 号 248 頁〈百選 A25〉·······················230, 409

最決昭 44・7・14 刑集 23 巻 8 号 1057 頁〈百選 A28〉······························86

最決昭 44・10・2 刑集 23 巻 10 号 1199 頁···205

最大決昭 44・11・26 刑集 23 巻 11 号 1490 頁 ····································108

最判昭 44・12・5 刑集 23 巻 12 号 1583 頁 ··153

最大判昭 44・12・24 刑集 23 巻 12 号 1625 頁 ···································136

最判昭 45・5・29 刑集 24 巻 5 号 223 頁···153

最判昭 45・7・28 刑集 24 巻 7 号 569 頁···144

最大判昭 45・11・25 刑集 24 巻 12 号 1670 頁〈百選 69〉···········8, 310, 312

最大決昭 46・3・24 刑集 25 巻 2 号 293 頁··394

最判昭 47・3・9 刑集 26 巻 2 号 102 頁 ···394

最判昭 47・5・30 民集 26 巻 4 号 826 頁 ··188

最判昭 47・6・2 刑集 26 巻 5 号 317 頁 ·······································333, 340

最判昭 47・6・15 刑集 26 巻 5 号 341 頁 ··380

最決昭 47・11・16 刑集 26 巻 9 号 515 頁 ··210

最大判昭 47・11・22 刑集 26 巻 9 号 554 頁 ·······································143

最大判昭 47・12・20 刑集 26 巻 10 号 631 頁〈百選 A30〉·········10, 179, 260

最決昭 48・3・15 刑集 27 巻 2 号 128 頁·······································176, 272

最決昭 48・10・8 刑集 27 巻 9 号 1415 頁〈百選 A24〉·····················210, 212

最決昭 49・3・13 刑集 28 巻 2 号 1 頁··409

最決昭 50・5・20 刑集 29 巻 5 号 177 頁〈百選 A55〉·········7, 298, 300, 413

最決昭 50・5・30 刑集 29 巻 5 号 360 頁··191, 192

最判昭 51・2・19 刑集 30 巻 1 号 25 頁 ··323

最決昭 51・3・16 刑集 30 巻 2 号 187 頁〈百選 1〉··························60, 61, 62

最判昭 51・10・12 刑集 30 巻 9 号 1673 頁〈百選 A56〉·························413

最判昭 51・10・28 刑集 30 巻 9 号 1859 頁〈百選 77〉·························323

最判昭 51・11・4 刑集 30 巻 10 号 1887 頁 ··380

最判昭 51・11・18 判時 837 号 104 頁〈百選 23〉··································112

最決昭 52・8・9 刑集 31 巻 5 号 821 頁···90, 101

最判昭 53・6・20 刑集 32 巻 4 号 670 頁〈百選 4〉··································55

最判昭 53・6・28 刑集 32 巻 4 号 724 頁··348

最判昭 53・9・7 刑集 32 巻 6 号 1672 頁〈百選 88〉····················8, 55, 364

最決昭 53・9・22 刑集 32 巻 6 号 1774 頁···53

最判昭 53・10・20 民集 32 巻 7 号 1367 頁〈百選 A11〉·························182

最決昭 53・10・31 刑集 32 巻 7 号 1793 頁 ··386

最判昭 54・7・24 刑集 33 巻 5 号 416 頁···30, 33

最決昭 54・10・16 刑集 33 巻 6 号 633 頁〈百選 A40〉 ················346
最決昭 55・3・4 刑集 34 巻 3 号 89 頁··············265
最決昭 55・4・28 刑集 34 巻 3 号 178 頁〈百選 36〉··············147
最決昭 55・5・12 刑集 34 巻 3 号 185 頁··············189
最決昭 55・9・22 刑集 34 巻 5 号 272 頁〈百選 A1〉··············56
最決昭 55・10・23 刑集 34 巻 5 号 300 頁〈百選 28〉··············62, 140
最決昭 55・12・4 刑集 34 巻 7 号 499 頁··············400
最決昭 55・12・17 刑集 34 巻 7 号 672 頁〈百選 39〉··············165
最決昭 56・4・25 刑集 35 巻 3 号 116 頁〈百選 44〉··············201
最判昭 56・6・26 刑集 35 巻 4 号 426 頁··············184
最決昭 57・5・25 判時 1046 号 15 頁 ··············361
最決昭 57・8・27 刑集 36 巻 6 号 726 頁 ··············85, 152, 410
最決昭 57・12・17 刑集 36 巻 12 号 1022 頁〈百選 A36〉··············337
最判昭 58・9・6 刑集 37 巻 7 号 930 頁 ··············270
最決昭 58・9・13 判時 1100 号 156 頁··············285
最判昭 58・12・13 刑集 37 巻 10 号 1581 頁〈百選 A26〉··············266
最決昭 58・12・19 刑集 37 巻 10 号 1753 頁··············294
最決昭 59・1・27 刑集 38 巻 1 号 136 頁··············174
最決昭 59・2・29 刑集 38 巻 3 号 479 頁〈百選 6〉··············61, 95, 344
最決昭 59・9・20 刑集 38 巻 9 号 2810 頁〈百選 A50〉··············395
最決昭 59・12・21 刑集 38 巻 12 号 3071 頁〈百選 87〉··············352
最決昭 60・11・29 刑集 39 巻 7 号 532 頁〈百選 50〉··············192
最判昭 61・2・14 刑集 40 巻 1 号 48 頁··············136
最判昭 61・3・3 刑集 40 巻 2 号 175 頁··············343
最判昭 61・4・25 刑集 40 巻 3 号 215 頁〈百選 89〉··············366
最判昭 62・3・3 刑集 41 巻 2 号 60 頁〈百選 62〉··············340, 360
最大決昭 63・2・17 刑集 42 巻 2 号 299 頁··············386
最決昭 63・2・29 刑集 42 巻 2 号 314 頁〈百選 43〉··············187
最決昭 63・9・16 刑集 42 巻 7 号 1051 頁··············55, 366
最決平元・1・23 判時 1301 号 155 頁〈百選 72〉··············150
最大判平元・3・8 民集 43 巻 2 号 89 頁··············259
最決平元・5・1 刑集 43 巻 5 号 323 頁 ··············394
最判平元・6・22 刑集 43 巻 6 号 427 頁··············324
最決平元・7・4 刑集 43 巻 7 号 581 頁〈百選 7〉··············95
最決平 2・6・27 刑集 44 巻 4 号 385 頁〈百選 33〉··············105, 113, 152
最決平 2・7・9 刑集 44 巻 5 号 421 頁〈百選 19〉··············108
最決平 6・9・8 刑集 48 巻 6 号 263 頁〈百選 21〉··············111
最決平 6・9・16 刑集 48 巻 6 号 420 頁〈百選 2, 29〉··············53, 141, 366

判例索引　　421

最大判平 7・2・22 刑集 49 巻 2 号 1 頁〈百選 63〉 ………………………166

最決平 7・2・28 刑集 49 巻 2 号 481 頁 ……………………………26, 27

最決平 7・3・27 刑集 49 巻 3 号 525 頁〈百選 52〉 ………………215

最決平 7・4・12 刑集 49 巻 4 号 609 頁…………………………………79

最決平 7・5・30 刑集 49 巻 5 号 703 頁 ……………………………56, 367

最判平 7・6・20 刑集 49 巻 6 号 741 頁〈百選 80〉 ………………334

最決平 7・6・28 刑集 49 巻 6 号 785 頁 ……………………………388

最決平 8・1・29 刑集 50 巻 1 号 1 頁〈百選 13, 27〉 ………………71, 117

最判平 9・1・30 刑集 51 巻 1 号 335 頁〈百選 A8〉 ………………126

最判平 10・3・12 刑集 52 巻 2 号 17 頁……………………………27

最決平 10・5・1 刑集 52 巻 4 号 275 頁〈百選 24〉 ………………113

最大判平 11・3・24 民集 53 巻 3 号 514 頁〈百選 34〉 ………97, 146, 147, 148, 149

最判平 11・12・16 刑集 53 巻 9 号 1327 頁〈百選 32〉………105, 126, 127, 132

最判平 12・6・13 民集 54 巻 5 号 1635 頁〈百選 35〉 ………………150

最決平 12・6・27 刑集 54 巻 5 号 461 頁…………………………255

最決平 12・7・17 刑集 54 巻 6 号 550 頁〈百選 61〉 ………………362

最決平 12・10・31 刑集 54 巻 8 号 735 頁 ………………………334

最決平 13・4・11 刑集 55 巻 3 号 127 頁〈百選 46〉 ………………266, 373

最判平 14・7・18 刑集 56 巻 6 号 307 頁…………………………202

最決平 14・10・4 刑集 56 巻 8 号 507 頁〈百選 A5〉 ………………109, 110

最判平 15・2・14 刑集 57 巻 2 号 121 頁〈百選 90〉 ………………367

最大判平 15・4・23 刑集 57 巻 4 号 467 頁〈百選 40〉 ………………174

最判平 15・5・26 刑集 57 巻 5 号 620 頁〈百選 3〉 ………………54

最判平 15・11・26 刑集 57 巻 10 号 1057 頁 ………………………334

最決平 16・4・13 刑集 58 巻 4 号 247 頁…………………………144

最決平 16・7・12 刑集 58 巻 5 号 333 頁〈百選 11〉 ………………134, 135

最判平 17・4・14 刑集 59 巻 3 号 259 頁〈百選 64〉 ………………248

最判平 17・4・19 民集 59 巻 3 号 563 頁〈百選 A10〉 ………………150

最判平 17・7・19 刑集 59 巻 6 号 600 頁…………………………125

最決平 17・9・27 刑集 59 巻 7 号 753 頁〈百選 82〉 ………………340, 352

最判平 18・11・7 刑集 60 巻 9 号 561 頁〈百選 85〉 ………………349, 350

最決平 18・11・20 刑集 60 巻 9 号 696 頁〈百選 A12〉 ………………189

最決平 18・12・8 刑集 60 巻 10 号 837 頁 ………………………332

最判平 19・2・8 刑集 61 巻 1 号 1 頁〈百選 22〉 ………………112

最決平 19・10・16 刑集 61 巻 7 号 677 頁〈百選 58〉 ………………304

最決平 19・12・13 刑集 61 巻 9 号 843 頁〈百選 94〉 ………………255, 379

最決平 19・12・25 刑集 61 巻 9 号 895 頁 ………………………234

最判平 20・3・14 刑集 62 巻 3 号 185 頁…………………………386

最決平 20・4・15 刑集 62 巻 5 号 1398 頁〈百選 9〉‥‥‥‥‥‥‥‥‥‥‥106, 137
最判平 20・4・25 刑集 62 巻 5 号 1559 頁 ‥‥‥‥‥‥‥‥‥‥‥‥‥‥‥‥‥285
最決平 20・6・25 刑集 62 巻 6 号 1886 頁 ‥‥‥‥‥‥‥‥‥‥‥‥‥‥‥‥‥235
最決平 20・8・27 刑集 62 巻 7 号 2702 頁〈百選 83〉‥‥‥‥‥‥‥‥‥‥‥‥341
最決平 20・9・30 刑集 62 巻 8 号 2753 頁〈百選 54〉‥‥‥‥‥‥‥‥‥‥‥‥235
最判平 21・7・14 刑集 63 巻 6 号 623 頁‥‥‥‥‥‥‥‥‥‥‥‥278, 280, 391
最決平 21・7・21 刑集 63 巻 6 号 762 頁 ‥‥‥‥‥‥‥‥‥‥‥‥‥‥‥‥‥176
最決平 21・9・28 刑集 63 巻 7 号 868 頁〈百選 30〉‥‥‥‥‥‥‥‥‥‥61, 105
最決平 21・10・20 刑集 63 巻 8 号 1052 頁‥‥‥‥‥‥‥‥‥‥‥‥‥‥‥‥186
最判平 22・4・27 刑集 64 巻 3 号 233 頁〈百選 59〉‥‥‥‥‥‥‥‥‥‥‥‥305
最判平 23・8・31 刑集 65 巻 5 号 935 頁 ‥‥‥‥‥‥‥‥‥‥‥‥‥‥‥‥‥235
最判平 24・9・7 刑集 66 巻 9 号 907 頁〈百選 60〉‥‥‥‥‥‥‥‥‥288, 358
最決平 25・2・20 刑集 67 巻 2 号 1 頁‥‥‥‥‥‥‥‥‥‥‥‥‥‥‥‥‥‥358
最決平 25・3・5 刑集 67 巻 3 号 267 頁〈百選 98〉‥‥‥‥‥‥‥‥‥‥‥‥394
最決平 26・3・17 刑集 68 巻 3 号 368 頁〈百選 45〉‥‥‥‥‥‥‥‥‥‥‥‥203
最決平 26・11・17 判時 2245 号 124 頁〈百選 14〉‥‥‥‥‥‥‥‥‥‥‥‥‥75
最決平 26・11・18 刑集 68 巻 9 号 1020 頁〈百選 A54〉‥‥‥‥‥‥‥‥‥‥221
最判平 27・4・15 判時 2260 号 129 頁‥‥‥‥‥‥‥‥‥‥‥‥‥‥‥‥‥‥221
最決平 27・5・18 刑集 69 巻 4 号 573 頁‥‥‥‥‥‥‥‥‥‥‥‥‥‥‥‥‥213
最判平 27・12・3 刑集 69 巻 8 号 815 頁〈百選 42〉‥‥‥‥‥‥‥‥‥‥‥‥187
最決平 28・3・24 刑集 70 巻 3 号 1 頁‥‥‥‥‥‥‥‥‥‥‥‥‥‥‥‥‥‥303
最決平 28・12・19 刑集 70 巻 8 号 865 頁〈百選 51〉‥‥‥‥‥‥‥‥‥‥‥‥26
最大判平 29・3・15 刑集 71 巻 3 号 13 頁〈百選 31〉‥‥‥‥‥61, 106, 138, 139
最決平 30・10・31 判時 2406 号 70 頁 ‥‥‥‥‥‥‥‥‥‥‥‥‥‥‥‥‥‥89
最決平 31・3・13 判時 2423 号 111 頁 ‥‥‥‥‥‥‥‥‥‥‥‥‥‥‥‥82, 145
最決令 2・9・30 刑集 74 巻 6 号 669 頁 ‥‥‥‥‥‥‥‥‥‥‥‥‥‥‥‥‥303
最決令 3・2・1 刑集 75 巻 2 号 123 頁〈百選 25〉‥‥‥‥‥‥‥‥‥‥113, 118
最判令 3・7・30 刑集 75 巻 7 号 930 頁 ‥‥‥‥‥‥‥‥‥‥‥‥‥‥‥‥‥365
最決令 6・4・24 裁判所時報 1838 号 4 頁‥‥‥‥‥‥‥‥‥‥‥‥‥‥‥‥‥77

高等裁判所

大阪高判昭 31・6・19 高刑裁特 3 巻 12 号 631 頁‥‥‥‥‥‥‥‥‥‥‥‥‥364
大阪高判昭 38・9・6 高刑集 16 巻 7 号 526 頁‥‥‥‥‥‥‥‥‥‥‥‥‥‥‥57
東京高判昭 40・1・28 高刑集 18 巻 1 号 24 頁 ‥‥‥‥‥‥‥‥‥‥‥‥‥‥317
大阪高判昭 40・11・8 下刑集 7 巻 11 号 1947 頁 ‥‥‥‥‥‥‥‥‥‥‥‥‥312
東京高判昭 41・1・27 下刑集 8 巻 1 号 11 頁‥‥‥‥‥‥‥‥‥‥‥‥‥‥183
東京高判昭 41・6・28 判タ 195 号 125 頁‥‥‥‥‥‥‥‥‥‥‥‥‥‥‥‥70
福岡高決昭 42・3・24 高刑集 20 巻 2 号 114 頁 ‥‥‥‥‥‥‥‥‥‥‥‥‥88

東京高判昭 44・6・20 高刑集 22 巻 3 号 352 頁〈百選 26〉·················116

東京高判昭 45・10・21 高刑集 23 巻 4 号 749 頁 ························110

東京高判昭 46・10・20 判時 657 号 93 頁 ···························325

仙台高判昭 47・1・25 刑月 4 巻 1 号 14 頁〈百選 A7〉·············125

福岡高決昭 49・10・31 刑月 6 巻 10 号 1021 頁 ····················89

大阪高判昭 50・9・11 判時 803 号 24 頁···························103

東京高判昭 52・12・20 高刑集 30 巻 4 号 423 頁〈百選 A22〉·······274

名古屋高判昭 54・2・14 判時 939 号 128 頁·························62

東京高判昭 54・2・27 判時 955 号 131 頁 ······················176, 180

東京高判昭 54・8・14 刑月 11 巻 7＝8 号 787 頁〈百選 15〉·······94, 95

東京高判昭 55・2・1 刑集 35 巻 8 号 854 頁 ·······················360

広島高松江支判昭 55・2・4 判時 963 号 3 頁·······················183

広島高判昭 56・11・26 判時 1047 号 162 頁〈百選 26〉·············112

東京高判昭 57・10・15 判時 1095 号 155 頁 ·······················134

東京高判昭 58・1・27 判時 1097 号 146 頁·························331

東京高判昭 58・7・13 高刑集 36 巻 2 号 86 頁〈百選 A42〉 ·····351, 352

大阪高判昭 59・4・19 高刑集 37 巻 1 号 98 頁······················101

東京高判昭 59・7・18 高刑集 37 巻 2 号 360 頁·····················303

大阪高判昭 60・12・18 判時 1201 号 93 頁〈百選 A2〉···············71

札幌高判昭 61・3・24 高刑集 39 巻 1 号 8 頁〈百選 91〉·············373

東京高判昭 63・4・1 判時 1278 号 152 頁 ·························138

東京高判平 3・10・29 高刑集 44 巻 3 号 212 頁·····················375

東京高判平 4・10・14 高刑集 45 巻 3 号 66 頁 ·····················373

東京高判平 4・10・15 高刑集 45 巻 3 号 85 頁 ·····················127

大阪高判平 6・4・20 高刑集 47 巻 1 号 1 頁 ·······················110

名古屋高金沢支判平 7・2・9 判時 1542 号 26 頁 ···················360

東京高判平 7・3・30 判時 1535 号 138 頁 ·························326

札幌高判平 9・5・15 判タ 962 号 275 頁···························127

名古屋高判平 10・1・28 高刑集 51 巻 1 号 70 頁 ···················375

東京高判平 14・9・4 判時 1808 号 144 頁〈百選 71〉···············310

東京高判平 20・10・16 東高刑時報 59 巻 1〜12 号 111 頁 ···········335

大阪高決平 20・12・3 判タ 1292 号 150 頁·························235

東京高決平 22・3・17 判タ 1336 号 284 頁·························235

福岡高判平 23・7・1 判時 2127 号 9 頁〈百選 37〉···············145

東京高判平 26・3・13 判タ 1406 号 281 頁·························341

東京高判平 27・2・6 東高刑時報 66 巻 1〜12 号 4 頁〈百選 93〉 ·······375

名古屋高判平 28・6・29 判時 2307 号 129 頁·······················139

広島高判平 28・7・21 高刑速平成 28 年 241 頁·····················139

東京高判平 30・9・5 判時 2424 号 131 頁 ……………………………………………106

東京高判令 3・3・23 判タ 1499 号 103 頁 ……………………………………………106

東京高判令 3・6・16 判時 2501 号 104 頁〈百選 38〉……………………………………93

地方・簡易裁判所

大阪地決昭 35・12・5 判時 248 号 35 頁 ………………………………………………85

東京地決昭 39・10・15 下刑集 6 巻 9＝10 号 1185 頁………………………………………85

大森簡判昭 40・4・5 下刑集 7 巻 4 号 596 頁…………………………………………182

横浜地決昭 42・2・2 下刑集 9 巻 2 号 161 頁 ………………………………………78

鳥取地決昭 42・3・7 下刑集 9 巻 3 号 375 頁…………………………………………148

甲府地判昭 43・9・3 下刑集 10 巻 9 号 895 頁 ………………………………………205

静岡地判昭 44・3・13 刑月 1 巻 3 号 256 頁 …………………………………………205

金沢地七尾支判昭 44・6・3 刑月 1 巻 6 号 657 頁 …………………………………90

京都地決昭 44・7・4 刑月 1 巻 7 号 780 頁 …………………………………………85

京都地決昭 44・11・5 判時 629 号 103 頁〈百選 12〉………………………………70

東京地決昭 47・4・4 刑月 4 巻 4 号 891 頁〈百選 16〉………………………………87

福岡地決昭 47・6・27 刑月 4 巻 6 号 1244 頁 …………………………………………29

仙台地決昭 49・5・16 判タ 319 号 300 頁〈百選 17〉…………………………………89

東京地決昭 50・1・29 刑月 7 巻 1 号 63 頁……………………………………………103

富山地決昭 54・7・26 判時 946 号 137 頁〈百選 5〉…………………………85, 94

東京地判昭 55・3・26 判時 968 号 27 頁……………………………………………370

東京地判昭 58・9・30 判時 1091 号 159 頁 …………………………………………271

東京地判昭 62・12・16 判時 1275 号 35 頁……………………………………312, 360

大阪地決昭 63・2・29 判時 1275 号 142 頁 …………………………………………249

東京地判平 2・7・26 判時 1358 号 151 頁 …………………………………………360

浦和地判平 2・10・12 判時 1376 号 24 頁〈百選 18〉…………………………………91

千葉地判平 3・3・29 判時 1384 号 141 頁〈百選 10〉………………………………133

神戸地姫路支判平 8・10・22 判時 1605 号 161 頁…………………………………325

東京地決平 10・2・27 判時 1637 号 152 頁 …………………………………………113

横浜地判平 10・3・18 判時 1646 号 171 頁 …………………………………………134

福岡地判平 12・6・29 判タ 1085 号 308 頁 …………………………………92, 101

和歌山地決平 13・10・10 判タ 1122 号 464 頁 ……………………………………357

宇都宮地判平 22・3・26 判時 2084 号 157 頁 ………………………………………362

横浜地判平 24・7・20 判タ 1386 号 379 頁…………………………………………362

事項索引

あ 行

相被告人 …………………………353
赤碕町長選挙違反事件 ……………183
悪性格の立証 ……………………298
アレインメント ……………237, 318
異議申立て ………………………346, 408
　　高裁に対する── …………………408
　　高裁のした決定に対する── ……384
　　証拠決定に対する── …………244
　　証拠調べに対する── …………344
　　訴訟指揮に対する── …………210
意見陳述 …………………………252
意思能力……………………………26
医師の診断書 ……………………342
移審の効力 ………………………387
移　送………………………………78, 272
移送処分 …………………………157
一罪(一逮捕)一勾留の原則…………89
一事不再理 ……………377, 380, 411
位置測定端末　→GPS
一部起訴 …………………………172
一部上訴 …………………………387
一件記録(書類)…………………169, 229
一般司法警察職員…………………41
一般的指揮…………………………44
一般的指示…………………………44, 155
一般的指定制度 …………………147
一般予防 …………………………161
一般令状 …………………………109
違法収集証拠 …………8, 283, 291, 309
　　──の排除法則 ………………363
遺留物 ……………………………105
引　致………………………………73, 212
員面調書 …………………………332

ウィップラッシュ傷害事件 ……153, 182
疑わしいときは被告人の利益に…7, 298,
　　300, 373, 374, 413
写　し………………………………351
営業秘密 …………………………239
疫学的証明 ………………………361
STR 型 16 座位 …………………362
越境リモートアクセス …………118
エックス線検査……………………61
MCT118 法 ………………………362
押　収 ……………………………105
押収拒絶権 ………………………113
押収品目録 ………………………114
大須事件 …………………………260
おとり捜査 ……………133, 153, 376

か 行

改定律例 …………………………282
回　避 ……………………………209
回復証拠 …………………………351
科学的証拠 ………………………359
確定力(裁判の)…………………380
科刑権の制限 ……………………172
科刑上一罪………………………88, 187
過失推定説 ………………………300
家庭裁判所送致 …………153, 155, 157
仮還付 ……………………………114
川崎民商事件 ……………………143
簡易却下 …………………………211
簡易公判手続……237, 256, 278, 293, 305,
　　313
簡易送致 …………………………156
管轄違い ……176, 179, 237, 272, 294, 376
監視付移転 ………………………135
間接強制 …………………………122, 126

間接事実 …………241, 286, 287, 291, 357
間接証拠 ………………………287, 291
鑑　定 ………………………………248
鑑定受託者 ………………123, 327, 341
鑑定書 ………………327, 341, 346, 367
鑑定証人 ……………………………245
鑑定嘱託 ……………………123, 327
鑑定処分許可状…………46, 122, 124, 140
鑑定手続実施決定……………………22
鑑定人 ………………248, 324, 325, 341
鑑定留置 ……………………123, 152
鑑定留置状 ……………………………123
監督者……………………………………81
監督者制度……………………81, 223
監督保証金………………………81, 223
還　付 ………………114, 152, 410
関連性…112, 233, 244, 253, 287, 288, 330,
　350, 353, 356
機会提供型……………………………134
帰国等保証金 ……………………………226
期日間整理手続 ……………236, 243
希　釈 ………………………………368
擬制同意………………………………348
起訴議決 ……………………………163
起訴裁量主義 ………………………160
　──と刑事免責 ……………………165
起訴状
　──の記載 …………………………189
　──の抄本 …………………………193
　──の提出 …………………………171
　──の朗読 …………………………236
起訴状一本主義…169, 204, 229, 241, 257,
　284, 393
起訴状謄本
　──に代わるもの …………………193
　──の送達 ………………187, 216, 227
起訴独占主義 ………………159, 160
　──の例外 ………………………163, 164

起訴便宜主義 ………………………160
起訴法定主義 ………………………160
起訴猶予 …………157, 160, 311, 358
既判力 ………………………377, 381
忌　避 ………………………209, 210
義務的保釈 …………………………220
逆　送 ………………………………155
逆探知 ………………………………132
旧々刑訴法 …………………3, 168, 272, 273,
求　刑 ………………………………253
旧刑訴法…3, 28, 43, 96, 144, 160, 168, 196,
　214, 258, 282, 283, 392
求釈明 ………………………181, 243, 273
凶　器………………………………54, 115
協議・合意制度 ……………………275
供述拒否権 …………………………143
　──の告知…………………………95, 102
供述書 ………………293, 316, 332, 350
供述証拠 ………………292, 314, 356, 363
供述調書 ………11, 93, 100, 101, 316, 327
供述不能 …………………333, 333, 356
供述録取書……93, 102, 293, 316, 332, 350
行政警察………………………………41
行政検視………………………………47
強制採血 ……………………………125
強制採尿…………………62, 125, 139
強制採尿令状 …………………125, 140
強制処分…40, 57, 132, 138, 140, 151, 366,
　407
　──と任意処分の区別………………59
　新しいタイプの──………………61
　通信の傍受と── …………………126
強制処分法定主義……………………58
強制捜査………………………………57
共同被告人 …………………………353
共犯者の自白 ………………………321
挙証責任 ………………………298, 313
　──の転換 ………………………296, 300

事項索引　　427

切り違え尋問 ……………………312
記録の閲覧 ……………………227
記録媒体の差押え ……………118
記録命令付差押え ……………119
緊急検証 ………………………117
緊急執行……………………………66
緊急処分説 ……………………115
緊急捜索・差押え ……………117
緊急逮捕 …………………71, 85
緊急配備活動としての検問…………56
具体的指揮…………………………44
具体的指定書……………………147
具体的防御説 …………………264
クリーン・コントロールド・デリバリー
　……………………………………136
訓　戒 …………………………254
刑
　——の時効 ……………………184
　——の執行…………………………17
　——の廃止 ……………………376
　——の廃止・変更 ……………392
　——の免除 ……………………371
　——の量定…………………………11
警戒検問 ……………………………56
経験則 …………284, 285, 297, 361
警察官…………………………………40
警察官（面前）調書 …………156, 332
警察庁…………………………………42
警察比例の原則…………………………55
形式裁判 ………179, 180, 272, 376
形式裁判説 ……………………378
形式的確定 ……………………381
刑事施設…………………………………78
警視庁…………………………………42
刑事補償…………………………………18
刑事免責…………………………………165
　——と自己負罪拒否特権 …………165
刑事免責制度 …………………166

刑罰関心同一説 ………………269
刑罰権………………………2, 8, 17, 159
血液型 …………………………359
決　定 …………………………371
厳格な証明 ………………282, 293
嫌疑なき起訴 …………………181
原供述 …………………………328
現行犯逮捕 …………………69, 85
現行犯人……………………………69
言語学鑑定 ……………………360
検察官 ………………16, 23, 43
　——と司法警察職員…………………43
検察官事務取扱検察事務官……………25
検察官送致 …………43, 74, 155
検察官送付 ……………48, 154
検察官（面前）調書 ………156, 332, 334
検察官同一体の原則……………………24
検察事務官………………16, 24, 43
検察審査会 ………18, 36, 162
検察庁…………………………………23
検　視……………………………46
検事正 ………24, 44, 155, 163
検　証…………………………………104
検証許可状 ……………………108
検証調書 ………………338, 346
現場写真 ………………………352
憲　法………………………2, 44
権利（権限）の濫用…………30, 114, 215
権利保釈 ………………………220
合意書面 ………………………349
合意制度 ………………………275
合一的確定 ……………………322
勾　引……………………………63, 291
公害罪法 ………………………296
航海日誌 ………………………343
公開の停止 ……………………247
合議体…………79, 207, 254, 372, 378, 410
　裁判員の参加する——……21, 208, 254

拘　禁……………………………………63
抗　告　………………………210, 404
交互尋問　……………………………246
公衆訴追主義　………………………159
控　訴
　——の意義　…………………………385
　——の提起期間　……………………387
　——の放棄・取下げ　………………388
　——の利益　…………………………386
公訴棄却……153, 176, 179, 272, 294, 299,
　　377, 386, 397, 398, 414
控訴棄却　……………………………397
控訴権　………………………………385
　——の消滅　…………………………388
公訴権濫用　…………………164, 376
公訴権濫用論　………164, 181, 182, 184
公訴時効　………………………184, 260
　——の期間　…………………………184
　——の起算点　………………………187
　——の中断　…………………………188
　——の停止　…………………………188
公訴事実　…………196, 286, 289, 293
　——の同一性…197, 199, 262, 267, 373,
　　381
公訴事実対象説　………………197, 267
控訴趣意書　…………………389, 393, 395
控訴理由　……………………………389
拘置所……………………………………78
公知の事実　…………………………295
交通検問……………………………………56
交通事件即決裁判　…………………170
交通反則手続　………………………272
口頭主義　………………………256, 257
公判期日
　——の指定　…………………217, 259
　——への不出頭罪　…………………222
公判期日外の証人尋問　…………325, 338
公判裁判所　…………………17, 18, 207

公判請求　……………………………170
公判前整理手続……9, 21, 22, 33, 228, 299
　——の特例　…………………………235
公判中心主義　………………103, 257, 258
公判調書　………………17, 243, 256, 337
公判手続
　——の更新　…………………………256
　——の停止　………………26, 255, 262
攻防対象論　…………………………393
合理的な疑い
　——をいれない証明　………………304
　——を超える　………………………374
　——を超える証明　………301, 304, 305
勾　留
　——の意義　…………………………63, 74
　——の期間……………………………77, 218
　——の更新　…………………………218
　——の裁判の不服申立て……………79
　——の執行停止………80, 124, 219, 379
　——の請求……………………………76
　——の手続……………………………76
　——の取消し　………………78, 80, 218
　——の場所……………………………78
　——の必要　…………………75, 91, 218
　——の理由　…………………75, 91, 218
勾留期間の延長の請求…………………78
勾留質問　………………………………76, 81
勾留状　……………………………76, 81, 379
　——に代わるもの……………………77
　——の抄本……………………………77
勾留請求　………………………………74
勾留理由開示……………………………81, 406
呼気検査　……………………………126
国際刑事司法共助　…………………166
国際捜査共助　………………………334
国選弁護人　……………29, 72, 215, 216
　——の解任事由………………………33
　——の辞任……………………………33

事項索引　　429

国選弁護人選任請求権·················30
告　訴 ·······················47, 48
　　——の客観的不可分··············50
　　——の主観的不可分 ············50
　　——の取消し ················48
告訴調書 ·····················48
告訴人 ·················16, 35, 164
告訴不可分の原則···············49
告　発 ····················47, 50
告発義務 ····················50
国民の司法参加·················20
個人特定事項················66, 240
個人特定事項の秘匿············67, 239
　　——と被疑者·被告人の防御 ······240
　　——の対象················67, 240
　　起訴状における——········68, 193
　　勾留手続における—— ·········68, 76
　　証拠開示における—— ·········195
　　訴因変更手続における—— ·······262
　　逮捕手続における——········66, 68
国家公安委員会·················42
国家訴追主義 ·················159
国家賠償請求 ·················363
国家賠償法 ··················153
固有権······················34, 145
コントロールド・デリバリー ·······135

さ　行

採　血 ·····················125
再勾留······················86
最終弁論 ··················253, 307
罪証隠滅 ····················217
　　——のおそれ········65, 75, 87, 145, 148
罪状認否の手続 ···············237
再審事由 ····················412
罪　数 ·····················273
罪　体 ·····················318
再逮捕 ······················86

再逮捕・再勾留 ················92
財田川事件 ················413, 414
在　宅 ·····················190
裁定合議事件 ·················208
再伝聞 ·····················344
再度の考案 ··················406
採　尿·················62, 125, 140, 366
サイバー犯罪 ·················121
裁　判
　　——の外部的成立 ·············378
　　——の確定 ················380
　　——の公開 ················258
　　——の内部的成立 ············378
裁判員 ·····18, 20, 208, 212, 228, 254, 305
　　——不選任の請求 ············21
裁判員法·····················21
裁判書 ···················378, 379
裁判官···16, 18, 76, 79, 102, 106, 119, 122,
　　124, 128, 152, 218, 372, 409
　　——の司法審査·············44, 59, 64
裁判官面前調書 ··············332, 336
裁判所·······················18
　　——に顕著な事実 ············296
　　——の構成 ················207
　　公平な—— ·········169, 204, 209, 401
　　国法上の意味の——·········19, 207
　　訴訟法上の意味の——········20, 207
裁判所書記官 ·········17, 20, 207, 212
裁判所調査官 ·················402
裁判長······30, 213, 217, 236, 244, 254, 259
罪　名 ·····················203
裁量保釈 ····················220
酒酔い鑑識カード ············333, 340
差押え ·····················104
　　——の対象··············106, 115
　　——の必要 ················106
差し押さえるべき物 ·············107
サーバ ·····················118

狭山事件	90	実質的表示説	190
参考人	101	実体裁判説	377
参　審	20	実体審判条件説	178
事案の真相	6	実体審理	178, 181, 376, 380
資格を有する弁護人	28, 214	実体的真実主義	6
磁気ディスク	107, 110	実体判決	176, 178, 184, 371
事件移送	400	実体判決条件説	178
事件事務規程	148	実体法上一罪説	88
事件受理の申立て	400	実体法説	184
事件単位説	86	指定司法警察員	64
事件単位の原則	85, 101	指定弁護士	163, 164
時　効	184	自動車検問	56
──の完成	376	自動速度監視装置	137
──の完成猶予	188	自　認	307
事後審	389, 392	自　白	
自己負罪拒否特権	142, 165	──の意義	306
自己矛盾	315, 335, 349, 355	──の証拠能力	92, 96, 306, 308
指示（立会人の）	339	──の証明力	284, 317
事実記載説	263, 266	──の信用性	320
事実誤認	280, 390, 394, 398, 399, 402	自白法則	142, 308
事実認定	286	自　判	394, 398
事実の取調べ	372, 394, 396, 402, 406, 413	自判適状	399
自　首	51	GPS	224
私　人	69, 370	GPS 捜査	61, 105, 138
私人訴追	36	GPS 装着者	225
私人訴追主義	159	GPS 装着命令	225
事前準備	9, 227, 257, 346, 395	事物管轄	171
自然的関連性	288, 358	司法解剖	46
私選弁護人	29, 33	司法警察	41
死体検案書	47	司法警察員	42
私　知	296	──にのみ与えられる権限	42
実況見分	104, 324, 340	司法警察職員	16, 40
実況見分調書	340	司法警察職員捜査書類基本書式例	44
執行力	381	司法警察職員等指定応急措置法	41
執行猶予	375	司法巡査	42
実質証拠	291, 335, 349, 351	司法制度改革審議会	13, 20
実質説	319	島田事件	414
		氏名冒用	191

事項索引　　431

指　紋 …………………………359	――の優越 ……………303, 305, 306
釈　放………………………74, 218	証拠開示 …………………………229, 407
釈放命令の執行停止………………80	――に関する裁定 ………………230, 234
写真撮影……62, 105, 117, 122, 136, 152	検察官による―― ………………232
公判廷における―― ……………259	被告人による―― ………………233
捜索・差押えの際の―― …………113	証拠開示命令 ……………………230, 234
遮蔽措置 …………………………247	上　告 …………………………400
臭気選別 ……………………340, 360	上告趣意書 ………………………401, 402
終局処分 …………………………157	上告理由 …………………………401
住居不定 ……………………65, 75	証拠決定 …………………………243
自由心証主義 …………283, 289, 317	――に対する異議申立て …………244
集中審理 …………………………395	証拠裁判主義 ……………………282
自由な証明 ………………………293	証拠書類の取調べ ………………249
重要参考人 ……………………101, 102	証拠調べ …………………………241
縮小認定 …………………………265	――の請求 ………………………242
取材フィルム（ビデオテープ）の差押え	証拠提出の責任 ……………242, 295, 299
……………………………………107	証拠等関係カード ………………292
主尋問 ……………………246, 326	証拠能力 …………8, 281, 284, 289, 290
受訴裁判所…………………………17, 207	証拠排除 ……………………135, 153, 364
主張関連証拠 ……………230, 233	証拠排除決定 ……………………326
主張明示義務 ……………………299	証拠標目一覧表の提示命令 ……230, 235
出国制限 ……………………226, 379	証拠物の取調べ …………………249
出頭・不退去義務…………………96	証拠法 …………………………281
出頭命令 …………………………222	証拠保全 ……………………151, 337
準起訴手続 ………………162, 164	証拠保全請求 ……………………338
準現行犯人…………………………71	情　状 …………………………391
準抗告 ………79, 84, 148, 152, 384, 409	上申書 …………308, 316, 324, 327, 332
召　喚 ……………………212, 291	上　訴
情況証拠 …………………291, 356, 357	――の意義 ………………………383
商業帳簿 …………………………343	――の放棄・取下げ ………………380
証言拒絶 ……………………333, 354	――の利益 ………………………386
証言拒否権 ………………166, 246	上訴期間 …………………………380
証　拠	上訴権回復の請求 ………………387
――としての許容性 …………281, 290	証　人 …………………………324
――とすることの同意 ……………313	――の保護 …17, 36, 239, 246, 251, 337
――の新規性 ……………………412	――への付添い …………………247
――の標目 ………………………284	証人尋問 …………………………245
――の明白性 ……………………412	――の請求 ………………………102

被害者参加人の—— …………252
証人審問権 …………………314, 329
証人尋問調書 …………………102
証人対質権 …………………329
証人適格 …………………245
　被告人の—— …………………142
少年法 …………………155
小陪審………………20
証明予定事実 …………………232
証明力 …………232, 283, 284, 287, 289
　——を争う機会 …………………244
　——を争う証拠 …………292, 349
嘱託証人尋問調書 …………………165
職務質問………………52, 364, 366
女子の身体検査 …………122, 125
女子の身体の捜索 …………………111
所持品検査………………54, 364, 366
除　斥 …………………209
処断刑 …………………375, 391
職権主義 …………………8
職権証拠調べ …………242, 244
職権調査 …………………393, 397
職権破棄事由 …………………402, 403
書類・証拠物の閲覧・謄写 …………229
　——における被害者特定事項の秘匿
　　　…………………195
白鳥事件 …………………298, 412
資力申告書………………31
審級弁護（審級代理）の原則 …………386
人　権 …………………133
親告罪………………49
　——の告訴期間………………49
新実体法説 …………………185
心　証………………22, 241, 257, 285, 307
心証形成 ……169, 284, 285, 315, 317, 320
心神喪失………………26, 123, 255, 414
人身の自由 …………………2
人身保護手続 …………………153

真　正 …………………339, 341
迅速な裁判 …………………9, 260
新訴訟法説 …………………185
身体検査 …………………121, 124
身体検査令状 …………121, 125, 140
人定質問 …………………236, 396
人的証拠 …………………291
審判対象論 …………………196
信用性の情況的保障 ………331, 336, 343
推定規定 …………………296, 300
請　求 …………………47, 51
　——を待って受理すべき事件………51
請求証拠 …………………230
正式裁判の請求 …………………171
精神障害者の供述 …………………325
精密司法 …………………12
声紋鑑定 …………………360
接見禁止決定………………82
接見交通 …………………82
接見交通権 …………………144, 145
　——の侵害 …………………150
接見指定 …………………146, 152, 410
　——の方式 …………………147
　——の要件 …………………148
絶対的控訴理由 …………258, 390, 398
説得責任 …………………300
善意の例外 …………………369
前　科 …………………205, 298, 358
宣告刑 …………………375
前審関与 …………………209, 212
宣　誓 …………………123
訴　因 …………7, 168, 196, 256, 381, 390
　——の特定（明示）…196, 200, 205, 206
　——の非両立性 …………………268
　——の補正 …………………273
　——の予備的追加 …………………203
訴因対象説 …………………197, 267, 271
訴因変更 …………………197, 261

事項索引　433

——と訴訟条件 ……………………271
控訴審での—— ………………396
訴因変更等請求書面 …………………261
——の抄本 ………………………262
訴因変更命令
——の義務 ………………………270
——の形成力 ……………………269
臓器移植 ……………………………47
増強証拠 ……………………………351
総合評価説 …………………269, 413
捜　査……………………………………39
捜査関係事項照会……………………62
捜査機関 ……………………………40
捜　索 ………………………………104
承諾による—— ………………104
捜索・差押え
——の際の写真撮影 ……………113
——の理由 ………………………108
逮捕に伴う—— …………………115
捜索差押許可状 …………107, 108, 109
捜索証明書 …………………………114
捜査の端緒 ……………………39, 45
相対的控訴理由 ……………………390
相対的親告罪……………………………50
争点形成の責任 ………295, 299, 300, 313
争点の整理 …………………………228
相当説 …………………………115, 116
相反性 ………………………………335
即時抗告 …………………………231, 407
続　審 ………………………………392
組織（的）犯罪 ……………127, 165
訴訟経済 …………………………261, 398
訴訟行為…………………………………27
訴訟指揮 ……………………210, 211, 241
訴訟指揮権 ………212, 230, 251, 259
訴訟条件 …………49, 51, 176, 271, 376
——の欠ける訴因への変更 ………271
——の欠缺 …………………180, 184, 271

訴訟手続の法令違反 …390, 394, 398, 401
訴訟能力………………………………26
訴訟費用 …………………………375, 407
訴訟法説 ……………………………184
訴追裁量権 …………………………161
——の濫用 ………………………164
即決裁判手続…33, 170, 278, 293, 305, 313
疎　明 ………………………………305

た　行

第一回公判期日…151, 218, 227, 243, 337, 409
——後の取調べ …………………103
体液の採取 …………………122, 124
退去強制 ……………………………334
代行検視……………………………………47
退廷命令 ……………………………348
第二次被害…………………………36, 247
大陪審 ………………………20, 159
逮　捕
——の意義……………………………63
——の違法………………………………84
——の現場 …………………115, 116
——の必要……………………64, 70, 91
——の理由……………………64, 91
逮捕・勾留の一回性の原則…………86
逮捕・勾留の分割の禁止………………88
逮捕状
——に代わるもの ………………66
——の抄本………………………………66
——の請求………………………………64
——の呈示………………………………66
——の発付………………………………64
逮捕中求令状…………………76, 218
逮捕前置主義…………………75, 83, 88
代用刑事施設………………………………78
代理人………………………………………28
高田事件………………………………260

434　　　事項索引

択一的認定 ……………………372	手続打切り ……10, 26, 135, 178, 260, 386
蛸島事件………………………90	電磁的記録の差押え ………………118
立会い	電子メール ……………………127
検証の―― ……………………338	伝聞供述 ………………………328
身体の捜索の―― ……………111	伝聞証拠 ………………………293
接見交通の―― ………………145	伝聞証人 …………………328, 343
通信の傍受の―― ……………128	伝聞法則……244, 292, 307, 308, 314, 325,
立会権 …………………………338, 339	327, 369
立会人 …………………………110, 339	――の不適用 …………………237, 278
弾劾証拠 …………………291, 313, 349	伝聞例外 ………315, 317, 328, 331, 344
断罪依証律 ………………………282, 283	電話接見 ………………………150
単独評価説 ………………………412	電話の傍受………………………61
治罪法 …………………3, 258, 282, 283	同　意 …………………234, 344, 370
中間処分 …………………………157	――の撤回 ……………………348
中止処分 …………………………157	同意書面 ………………………346
抽象的防御説 ……………………264	同一罰条説 ……………………266
聴覚障害者 ………………………249	当事者主義…………7, 10, 147, 242, 284
跳躍上告 …………………………400	当事者追行主義……………………10
直接強制 …………………………122, 125	当事者能力………………………26
直接主義 …………………256, 257, 329	答弁書 …………………389, 393, 402
直接証拠 …………………………287, 291	逃亡のおそれ ………65, 75, 124, 145
通常抗告 …………………………405	毒樹の果実 ……………………368
通常逮捕 …………………………64, 84	特信情況 ………………333, 335, 345
通信の傍受 ………………………126	特信性 …………………316, 333, 336
通信傍受法 ………………………126	特信文書 ………………………342, 346
通信履歴 …………………………120	独任制の官庁……………………24
通知事件制度 ……………………148	特別権限事件 …………………171, 400
通　訳 …………………………249	特別抗告 ………………………408
罪となるべき事実 ………………196	特別司法警察職員 ………………41
DNA 型鑑定（分析）…………248, 361	特別弁護人………………………28
帝銀事件…………………………90	特別予防 ………………………161, 184
停止の効力 ………………………387	独立代理権………………………34
提示命令 …………………………244	独立入手源の法理 ………………369
提出命令 …………………………105	土地管轄 ………………………171
訂正の判決 ………………………404	都道府県公安委員会………………42
敵性証人 …………………………336	取調べ …………………………58, 92
適正手続 …………282, 290, 300, 363	――と接見交通…………………93
適正な手続 ………………………2	――の可視化……………………98

事項索引　　435

——の録音・録画 ……………98, 99

偽計による—— ………………311

起訴後の—— …………………103

取調受忍義務 …………………97

な 行

新島ミサイル事件 …………………394

二次被害……………………36, 240, 247

二重逮捕・勾留……………………86

二重の危険の禁止 ……………382, 385

日本司法支援センター…………………32

任意出頭………………………93

任意処分………40, 57, 58, 104, 314, 339

——と強制処分の区別…………………59

任意性…………………97, 308, 346

任意捜査……57, 95, 97, 134, 138, 314, 366

——の許容限度…………………61

——の原則 …………………40, 58

任意提出物 …………………105

任意的保釈 …………………220

任意同行 ……………52, 61, 85, 94, 314, 366

認 否 …………………237

年少者の供述 …………………325

は 行

陪 審…………………20, 300

陪審法…………………20

破棄差戻し・移送 …………………398

破棄判決…………………397

——の拘束力 …………………399

白山丸事件 …………………200

バッギング …………………127

罰 条…………………203, 256, 267

罰条同一説 …………………267

犯意誘発型 …………………134

判 決…………………254, 371

——の宣告 …………………254

犯罪捜査規範………………58

犯罪の明白性………………70

犯罪被害者等基本法……………37, 251

犯罪被害者等給付金………………36

犯罪被害者保護関連2法………………36

判事補…………………372

犯 情…………………294

反対尋問……246, 292, 322, 326, 331, 336, 337

反対尋問権 …………………348

犯 人…………………25

——の明白性………………70

犯人識別供述 …………………326

判 例…………………401

被害者…………………17, 35, 48

被害者還付 …………………114

被害者参加 …………………251

被害者等…………………67

被害者等の意見の陳述 …………………250

被害者特定事項 …………………238

被害者特定事項の秘匿………67, 193, 238

被害者特定事項の秘匿決定 …………238

被害届…………………48

被疑者 …………………16, 25

在宅の——…………………64

被疑者国選弁護………………31

非供述証拠 …………………292, 356

非供述的用法 …………………292

尾 行…………………138

被告人 …………………17, 25

——であった者…………………18

——の勾留 …………………217

——の出頭 …………………212

——の特定 …………………190

——を特定する事項 …………………190

被告人質問…246, 250, 307, 313, 316, 354, 355, 395, 396

被害者参加人の—— …………………252

被告人訊問…………………96

436　　事項索引

微罪処分·················40, 155, 161	プロバイダ ····················119
──の基準準則·····················44	別件基準説···························90
非常救済手続 ····················411	別件捜索・差押え················112
非常上告 ···························415	別件逮捕・勾留·············89, 100
筆跡鑑定 ···························360	弁解の機会·························72
必要的弁護事件········30, 213, 217	弁解録取書·························73
必要的保釈 ·······················220	弁護士···························28
必要な処分 ·······················110	弁護人·············17, 27, 28, 72
ビデオ撮影 ·······················137	──となろうとする者 ···········145
ビデオリンク方式·········247, 337	──の権限························34
非伝聞 ······················330, 349	──の立会い··········98, 102, 258
人単位説 ····························86	──の冒頭陳述 ················242
秘密交通権 ·······················145	弁護人依頼権 ······27, 44, 144, 146
秘密の暴露 ·······················321	弁護人選任権 ····················144
秘密録音 ···························132	弁護人選任届·····················29
評 議 ····························254	変死者···························46
表示説 ·····························190	弁 論 ····························253
ファックス ·······················127	──の再開 ····················255
不意打ち ·············197, 267, 394	──の分離 ···············255, 354
不可避的発見の例外 ···········369	──の併合 ····················255
武器の使用·························69	包括的代理権····················34, 347
覆 審 ····························392	包括的黙秘権 ····················143
不告不理の原則 ·················168	報告命令制度···············80, 222
付審判請求·················36, 162, 164	傍 受
附帯私訴 ···························160	──の期間 ····················128
物的証拠 ···························291	──の記録 ····················131
不同意性交等 ·····················173	会話の── ····················132
不当起訴 ···························164	傍受令状 ···························128
不当に長い抑留・拘禁 ···········308	法人格のない社団・財団··········26
不当不起訴 ·······················162	法曹一元···························13
不特定的認定 ·····················374	法定刑···························375
プライバシー·················60, 133	法廷警察権 ·················212, 259
──の正当な期待 ·············137	法定合議事件··············22, 208
不利益な供述 ·····················143	法定証拠主義 ····················282
不利益な事実の承認 ·······307, 309	法廷秩序維持 ·········214, 259, 348
不利益変更の禁止 ···············399	冒頭陳述 ···························241
プログラム規定 ·················260	冒頭手続 ··········181, 236, 278, 307
フロッピーディスク ···········113	法律構成説 ·················263, 266

事項索引　437

法律的関連性 …………………………288

法律の留保 ………………………………2

法令適用の誤り …………………391, 394

補強証拠 ………………………………317

補強証拠適格 …………………………320

補強法則 ………………………………317

補佐人………………………………………28

保　釈………………75, 81, 86, 219, 379, 406

　──の取消し …………………221, 223

保釈保証金 ……………………………219

補充捜査 ………………………………156

補助証拠 ………………………………291

没　取 …………………………………219

ポリグラフ検査 …………………141, 360

本件基準説……………………………………90

本人の自白 ……………………………317

翻　訳 …………………………………249

ま　行

麻酔分析 ………………………………141

松山事件 ………………………………414

麻薬特例法 ………………………107, 136

身代わり犯人 …………………………412

水俣病自主交渉川本事件 ………………164

身元引受人 ……………………………223

ミランダ判決……………………………98

無罪の推定 ………………………298, 300

無罪判決…………………………18, 371, 375

命　令 …………………………………371

面会切符制 ……………………………147

面会接見 ………………………………150

免　訴…177, 179, 184, 260, 294, 299, 376,
　379, 380, 386, 398

免田事件 ………………………………414

申立適格 ………………………………370

毛髪鑑定 ………………………………360

黙秘権………44, 126, 142, 315, 334, 354

　──の告知……………………………96, 237

──の不告知 …………………………313

や　行

有形力の行使……………………………61, 133

　強制採尿と── ……………………140

　職務質問と──…………………………52

有罪の陳述 ……………………………278

有罪判決 ………………………………371

誘導尋問 ………………………………336

由来の同一性 ……………………359, 362

要旨の告知 ………………………249, 346

要証事実……286, 289, 292, 296, 298, 330,
　358

抑　留 …………………………………63

余　罪 ………………85, 147, 358, 375

余罪取調べ…………………92, 100, 103

余事記載 ………………………………205

吉田町事件 ……………………………201

予　審 ……………………………168, 258

予審判事 ………………………………329

予　断……………………169, 200, 218

　──の排除 ………………………204, 242

　──の防止 ………………………284, 297

予備的訴因 ……………………………394

読み聞け…………………………………93

ら・わ　行

ライブ・コントロールド・デリバリー
　………………………………………136

立証趣旨 ………………………………243

立証の必要 ……………………………299

リモートアクセス ………………118, 113

略式手続…………11, 170, 191, 305, 306

略式命令 …………………………170, 415

略式命令請求 …………………………170

留　置 …………………………………63, 74

留置人出入簿 …………………………313

量　刑…………………237, 253, 294, 375

量刑不当……391, 394, 395, 397, 398, 399, 402

糧　食………………………82, 145, 311

領　置 …………………………105, 115

臨時司法制度調査会………………12

類型証拠 …………………………230

令　状
　——の呈示 …………………………109
　——の有効期間…………65, 108, 122

令状主義…6, 44, 59, 64, 101, 104, 312, 363, 365
　——の例外…………………………69, 114
　緊急逮捕と—— ……………………71

録　音 ………………………………353

ロッキード事件 ……………………165

論　告 ………………………………253

ワイヤータッピング ………………127

事項索引　　439

【有斐閣アルマ】

刑事訴訟法〔第7版〕

Criminal Procedure, 7th edition

2001 年 9 月 30 日　　初　版第 1 刷発行	2017 年 3 月 30 日　　第 5 版第 1 刷発行
2005 年 4 月 10 日　第 2 版第 1 刷発行	2020 年 5 月 25 日　　第 6 版第 1 刷発行
2008 年 4 月 20 日　第 3 版第 1 刷発行	2024 年 12 月 24 日　第 7 版第 1 刷発行
2015 年 4 月 5 日　　第 4 版第 1 刷発行	

著　者　　寺崎嘉博・長沼範良・田中　開

発行者　　江草貞治

発行所　　株式会社有斐閣

　　　　　〒101-0051 東京都千代田区神田神保町 2-17

　　　　　https://www.yuhikaku.co.jp/

装　丁　　デザイン集合ゼブラ＋坂井哲也

印　刷　　株式会社理想社

製　本　　牧製本印刷株式会社

装丁印刷　株式会社亨有堂印刷所

落丁・乱丁本はお取替えいたします。定価はカバーに表示してあります。
©2024, Y. Terasaki, N. Naganuma, H. Tanaka.
Printed in Japan ISBN 978-4-641-22236-6

本書のコピー，スキャン，デジタル化等の無断複製は著作権法上での例外を除き禁じられています。本書を代行業者等の第三者に依頼してスキャンやデジタル化することは，たとえ個人や家庭内の利用でも著作権法違反です。

JCOPY　本書の無断複写（コピー）は，著作権法上での例外を除き，禁じられています。複写される場合は，そのつど事前に，（一社）出版者著作権管理機構（電話03-5244-5088，FAX03-5244-5089, e-mail:info@jcopy.or.jp）の許諾を得てください。